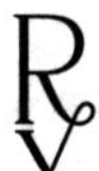

Volker Hagedorn

FLAMMEN

Eine europäische Musikerzählung
1900–1918

ROWOHLT

Originalausgabe
Veröffentlicht im Rowohlt Verlag, Hamburg, Mai 2022

Lektorat Uwe Naumann
Satz aus der Adriane Text bei Dörlemann Satz, Lemförde
Druck und Bindung CPI books GmbH, Leck, Germany
ISBN 978-3-498-00201-5

Die Rowohlt Verlage haben sich zu einer nachhaltigen Buchproduktion verpflichtet. Gemeinsam mit unseren Partnern und Lieferanten setzen wir uns für eine klimaneutrale Buchproduktion ein, die den Erwerb von Klimazertifikaten zur Kompensation des CO_2-Ausstoßes einschließt.
www.klimaneutralerverlag.de

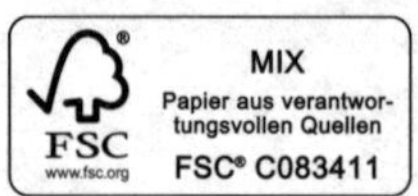

Für Marleen Hoffmann und Bernd Goetzke,
die wichtigsten der vielen Autoren, ohne
die dieses Buch nicht hätte entstehen können.
Ihre unschätzbaren Arbeiten bahnen neue
Wege zu Ethel Smyth und Claude Debussy.

Alles, was wir sehen, könnte auch anders sein.

Ludwig Wittgenstein,
Tractatus logico-philosophicus

INHALT

KAPITEL 1

1902, davor, danach. Paris, Berlin, Wien. Ein Dichter bedroht Claude Debussy. Wer ist Ethel Smyth? Kaiser Wilhelm II. lernt sie kennen. Schrekers *Flammen* – (k)eine Uraufführung. Kämpfe um Dreyfus und um *Pelléas et Mélisande.* 13

KAPITEL 2

1906, 1907. *Salome* in Graz. «Mahler u. Frau». Eisenbahngespräche. Verdrängtes im Kessel von Wien. Ethel Smyth spielt für Gustav Mahler und verliebt sich in eine Sängerin. Alban Berg sieht die Romantik im Staub liegen. 65

KAPITEL 3

1908. Suizidversuche, missglückt, vollendet. Debussy trifft Smyth in London und mag ihre Lieder. Proust hört sie in Paris, wahrscheinlich ... Schönbergs *opus 10*: Am Traunsee werden die Grenzen der Kunst und eine Ehe gesprengt. 116

KAPITEL 4

1910. Analytischer Spaziergang in Leiden. 350 Münchner Kinder und ein zermürbtes Genie. Debussy und die Angst. Ein *black friday* in London. Kreisler spielt Elgar, Ethel Smyth wird politisch. Das Wesen der Menschen ändert sich. 164

KAPITEL 5

1912–1913. Ethel Smyth wird inhaftiert. Ein junger Russe lässt Chouchou an Bären denken – Claude und Igor spielen den *Sacre*. Schönbergs *Pierrot* in Berlin. Kriegsmeldungen vom Balkan. Ethel erlebt eine Wiener Saalschlacht. 201

KAPITEL 6

1913–1914. Die Kunst ist das Leben – ein Skandal. *Le Sacre du Printemps*. Debussy hat ein Problem mit Ravel, eine Ehekrise und keine Lust auf Moskau. Ethel Smyth wird in Ägypten viktorianisch und komponiert eine Posse. 248

KAPITEL 7

1914–1915. Ende eines Sommers. Smyth flieht in die Heimat. In sieben Tagen sterben 150 000 Soldaten. Haben Strauss und Berg den Krieg schon vorher komponiert? Ein Pianist verliert einen Arm. Debussy kämpft gegen die Zeit. 293

KAPITEL 8

1917–1918. Ethel wird Röntgenassistentin. Die Deutschen bombardieren Paris. Claude raucht mit Jacques seine letzte Zigarette. Der deutsche Musketier Paul Hindemith wird im Elsass zum Europäer. Wann endet dieser Krieg? 332

AUSBLICK

As time went on: Ethel Smyth, Paul Hindemith, Alban Berg, Igor Strawinsky – und Emma-Claude «Chouchou» Debussy 359

ANHANG

Anmerkungen 363
Verwendete Literatur und Quellen 412
Kaufkraft europäischer Währungen 1900–1918 422
Namenregister 424
Musikalische Werke 437
Nachbemerkung 443
Bildnachweis 448

KAPITEL 1

1902, davor, danach. Paris, Berlin, Wien. Ein Dichter bedroht Claude Debussy. Wer ist Ethel Smyth? Kaiser Wilhelm II. lernt sie kennen. Schrekers *Flammen* – (k)eine Uraufführung. Kämpfe um Dreyfus und um *Pelléas et Mélisande*.

Er rast die Treppen hoch, immer zwei Stufen nehmend, seinen Spazierstock umklammernd, mit erneuerter Wut, noch wütender als eine knappe Stunde zuvor, als er in Passy aus dem Fenster der Parterrewohnung auf die rue Raynouard sprang, an seiner entsetzten Frau vorbei, an Georgette, für die er das tut, für die er alles tut, die von diesem Monster, diesem Trottel einfach so über Bord geworfen wurde, von der Bühne gefegt, auf der sie singen sollte, seine Worte! Worte, die er schrieb, ehe noch Georgette in sein Leben kam, und in denen sie doch schon war, Worte, die in Töne zu bringen er diesem Idioten nie hätte erlauben dürfen, «krank im Kopf, wie alle Musiker», denkt Maurice Maeterlinck wieder, «ich werde ihn lehren, wie man sich zu benehmen hat!» Das hat er ihr vorhin zugerufen, der Gedemütigten. Ihn selbst kann nicht einmal die Niederlage vor dem Schiedsgericht demütigen. Gut, sollen sie dieses Machwerk doch aufführen! Es wird durchfallen, zur Hölle damit. Aber vorher soll der Komponist seine Lektion erhalten, an diesem 21. Februar 1902.

Vierter Stock, der Dichter hält inne im schattigen, engen Treppenhaus, 58, rue Cardinet, liest die Namensschilder. Essensgerüche, Mittagszeit. Noch eine Etage! Er reißt an der Schnur der Türglocke. Noch einmal. Die Tür wird geöffnet, eine junge

Frau erscheint, keine dreißig, schmal und blass. «Guten Tag, Madame.» Er nimmt den Hut ab. «Ich möchte …» «Mein Mann ist nicht da», sagt sie sofort. Lilly hat das schon häufiger gesagt, selbst dann, wenn seine Klaviertöne ins Treppenhaus drangen, immer beschützt sie ihn. «Natürlich ist er da», sagt Maeterlinck laut. «Monsieur Debussy!», ruft er in den kleinen Korridor. «Ich habe mit Ihnen zu sprechen!» «Monsieur, er ist …»

Er geht einfach hinein, an ihr vorbei, geradeaus, ins Esszimmer zur Straße hin, aus dem eine graue Katze herausschießt, dann ist er schon im Arbeitszimmer rechts daneben, zuerst auf einen leeren Sessel blickend, hinter dem ein Klavier aus Palisanderholz an der Wand steht. Es riecht nach Zigaretten. Claude Debussy ist anwesend. Am Schreibtisch sitzend, am Fenster, hat er den Kopf zur Seite gewandt. Er sagt nichts. Maeterlinck baut sich vor ihm auf, er steht auf einem dicken, weichen Teppich, den Spazierstock erhoben. «Monsieur! Nein, ich habe nicht mit Ihnen zu sprechen. Ich habe Sie zu maßregeln!» Er fasst seinen Stock unterhalb des Knaufs, wie eine Waffe.

Von draußen hört man das fröhliche Geschrei von Schulkindern, die in die Freiheit stürmen, es ist Freitagmittag. Debussy, massig und reglos dasitzend, hat ein Gesicht weiß wie Wachs, noch betont durch die dunklen, gekräuselten Haare, ganz so wie im vorigen Jahr, als er zu Maeterlinck nach Passy kam. Er scheint nur auf dessen Füße zu blicken und macht keine Anstalten aufzustehen. «Monsieur!» Lilly ist gekommen. «Mein Mann ist krank, bitte gehen Sie!» Sie hat ein Fläschchen mit Riechsalz in der Hand und stellt sich zwischen die beiden Männer, die Hand auf Debussys Rücken. Maeterlinck hat seinen Stock sinken lassen. Er steht noch zwei, drei Sekunden da, dann geht er, wortlos.

Seit gut zwei Jahren leben Lilly Texier und Claude Debussy zusammen, im 17. Arrondissement im Nordwesten von Paris, unfern dem Park Monceau, drei Zimmer. Am 23. April 1899 hat sie ihn erstmals hier besucht. «Es gibt keinen Aufzug», hat er vorher entschuldigend geschrieben, und sein erster Brief danach endet: «Impatient de ta bouche, de ton corps et de t'aimer.» Lilly arbeitet als Mannequin in einem der elegantesten Modehäuser, bei Sarah Mayer nahe der Opéra Garnier, wo sie, wie Claude an sie schreibt, «die schlanke Anmut ihres Körpers äußerst luxuriösen Kleidern leiht, die später die verblühten Körper einiger alter Puppen schmücken». Im letzten Herbst des alten Jahrhunderts haben sie geheiratet, der 38-jährige Komponist und Rosalie, 27 Jahre alt. Der Sohn eines Geschirrhändlers, die Tochter eines Telegrafenkontrolleurs. Nach der Trauung im Rathaus des Arrondissements sind sie mit ihren Trauzeugen ins Bierlokal Pousset gezogen, mit dem Dichter Pierre Louÿs, dem Komponisten Erik Satie und zwei weiteren Freunden, und haben für sechs Francs gefeiert, dem Rest von dem, was Debussy am Vormittag mit einer Klavierlektion verdient hatte.

Dass Pierre Louÿs zur Runde zählte, glich fast einer Versöhnung. Paris, die ganze französische Republik ist zerrissen in diesen Jahren der Affäre Dreyfus, es zerreißen viele Familien und Freundschaften dabei. «Mon vieux», hat Louÿs im März 1898 dem Freund Debussy geschrieben, «bist du in die Affäre Dreyfus so verwickelt, dass du es nicht wagst, mir ins Gesicht zu sehen?» Louÿs, der acht Jahre jüngere, der inspirierende und bewundernde Dichterfreund, hält Dreyfus für einen Verräter, und er möchte wissen, wo Debussy steht. Er kann sich wohl denken, dass der Komponist nicht unter jenen war, die auf der Straße Zeitungen verbrannten und den Schriftsteller Émile Zola als «fettes Schwein» besangen, das man ebenfalls verbrennen werde.

Zola hatte sich am 13. Januar 1898 mit einem spektakulären Appell für den inhaftierten Alfred Dreyfus eingesetzt – als Hauptmann der französischen Artillerie sollte er militärische Geheimnisse an die Deutschen weitergegeben haben. Was 1894 mit fünf Fetzen Papier begann, die eine spionierende Putzfrau aus einem Papierkorb der deutschen Botschaft in Paris fischte, führt zur Jahrhundertwende bis an den Rand eines Bürgerkriegs, eines Staatsstreichs – und enthüllt das uralte Feindbild vom verräterischen Juden. Einer, gegen den auch unlautere Mittel erlaubt zu sein scheinen, Fälschungen wie ein Brief, der Dreyfus belasten soll. Die Fälschung fliegt auf, ihr Urheber durchtrennt sich die Kehle.

Da hat Alfred Dreyfus, der aus einer jüdischen Familie im Elsass stammt, bereits mehr als drei Jahre in strenger Isolationshaft auf einer Insel im Atlantik verbracht. Da ist der tatsächliche Informant der Deutschen, ein aus Ungarn stammender Major, längst freigesprochen worden, der Offizier aber, der ihm auf die Spur kam, unehrenhaft aus der Armee entlassen. Émile Zola schreibt, dass das erste Kriegsgericht «einen Angeklagten auf der Grundlage eines geheim gebliebenen Beweisstücks verurteilt hat, und ich klage das zweite Kriegsgericht an, diese Gesetzwidrigkeit auf Befehl gedeckt und dabei seinerseits das Rechtsverbrechen begangen zu haben, wissentlich einen Schuldigen freizusprechen». Die neu gegründete, kaum bekannte Literaturzeitschrift *L'aurore*, auf deren erster Seite dieses «J'accuse» steht, der Titel sechs Zentimeter hoch, wird innerhalb weniger Stunden 200 000 Mal verkauft.

Gleichzeitig greift man in Paris jüdische Geschäfte und Händler und die Häuser bekannter Dreyfusards an. Vor dem Varieté Moulin Rouge am Montmartre verbrennen junge Antisemiten eine Puppe mit dem Namen von Mathieu Dreyfus, dem Bruder des Verurteilten. Zola, 58 Jahre alt, berühmtester lebender Autor Frankreichs, wird wegen Verleumdung verurteilt und entflieht der Haftstrafe nach London. Doch sein «J'accuse» führt zur Wiederaufnahme des Verfahrens gegen Dreyfus. Nach vier Jahren Einzelhaft in einer Hütte auf der Teufelsinsel vor Französisch-Guayana erscheint der 40-Jährige 1899 bis auf die Knochen abgemagert und mit Lücken im Gebiss vor dem Kriegsgericht in Rennes. Einem seiner beiden Anwälte wird auf offener Straße in den Rücken geschossen. Er überlebt, der Attentäter wird nie gefasst. Dreyfus wird erneut verurteilt, aber begnadigt – aus Gründen der «Menschlichkeit», während kein einziger Offizier oder Richter sich zur Rechenschaft gezogen sieht.

So bleibt die Spaltung offen, und es gibt keinen Bereich, den sie nicht erfasst: Familien, Freunde, die Literatur, die Kunst, die Musik. Längst nebensächlich ist die Weitergabe von Details zur hydraulischen Bremse eines 120-Millimeter-Geschützes, wie sie Dreyfus unterstellt wurde. Von dessen Schuld bleibt Louÿs überzeugt. Wie Debussy darüber denkt, erfährt er nie. Doch für eine Weile scheint ihm zu genügen, was ihm der Musiker am 27. März 1898 geschrieben hat: «Du bist der Einzige, in den meine Freundschaft Vertrauen hat.»

Während sich Frankreich zerfleischt, wird Paris aufgerissen, es lärmt wie zu Baron Haussmanns Zeiten. Seit September 1898 arbeiten 2000 Männer Tag und Nacht am ehrgeizigsten Projekt seit dem Eiffelturm, an der ersten Linie einer unterirdischen, elektrisch betriebenen Metro, wie sie in London und Budapest bereits existiert. Zur Weltausstellung im neuen Jahrhundert soll sie auf der Ost-West-Achse, auf sechzehn Kilometern zwischen der Porte de Vincennes und der Porte Maillot, achtzehn Stationen verbinden. Oben bewegt man sich mit 50 Straßenbahnlinien, elektrisch, von Dampfkraft oder Pferdekraft angetrieben, mit 40 Buslinien, vorerst noch von Pferden gezogen, dazwischen rollen 186 000 Fahrräder und ab und zu eines von gut 600 Automobilen, fast jedes zweite eine Voiturette von Renault, 250 Kilo leicht, 22 Stundenkilometer schnell, zweisitzig, ohne Dach und ohne Rückwärtsgang, 3500 Francs.

Ein Hauch von Benzin liegt zur Jahrhundertwende hier und da in der Luft, aus der der Gestank der Senkgruben verschwunden ist. Seit Kurzem sind sämtliche Pariser Haushalte an die Kanalisation angeschlossen. Noch aber riecht es in den Straßen neben dem Rauch der Kohleheizungen vor allem nach Pferdemist wie schon 1864, als Manuel Debussy sein kleines Porzellangeschäft in Saint-Germain-en-Laye aufgab und mit dem zweijährigen Achille-Claude, der einjährigen Adèle und ihrer 28-jährigen Mutter Victorine in Paris von einer Behausung in die andere zog, von einem Job zum nächsten, bis er, Kämpfer in der blutig niedergeschlagenen sozialistischen Commune, ins Gefängnis kam. Ausgerechnet auf dem Schlachthügel der Commune, dem Montmartre, wächst seitdem wie ein pompöser Traum die Kirche von Sacré-Cœur empor, in strahlend weißem Travertin, während ringsum in winkligen Gassen die Boheme sich eingenistet hat. Die Kuppel der Kirche wird sich bald schließen. Doch bis zur Weihe dauert es noch lange, sehr lange. Nicht einmal den Termin im fernen Oktober 1914 wird man, als die Bauarbeiten abgeschlossen sind, einhalten können.

*

Nur ein paar Minuten muss sie vom Hotel Reichshof die Wilhelmstraße entlanggehen, von der Nummer 70 zur Nummer 77. Die beiden hohen gusseisernen Tore zum Vorhof des Palais, sonst um diese Zeit schon geschlossen, sind geöffnet. Kurz nach sieben, Mittwoch, 5. März 1902. Ein Schutzmann winkt sie durch, als sie das Kärtchen vorweist. Der große Festsaal in der ersten Etage ist nicht beleuchtet. Sie geht den Weg zur Wohnung der Bülows, die sie bestens kennt, sie kommt oft zum Musizieren mit Madame de Bülow. Außer ihr wird Ethel Smyth die einzige Dame in der Runde sein, bei einem jener inoffiziellen Diners, die der Kaiser gern im Palais des Reichskanzlers anberaumt, um entspannt zu plaudern. Der Kaiser!

Seine Majestät der Kaiser und König geruhen allergnädigst, Fräulein Smyth kennenlernen zu wollen, ausgerechnet sie, eine englische Komponistin. Und das jetzt, da man in Berlin den Hass auf Engländer fast mit Händen greifen kann und die Leute immer noch glauben, britische Soldaten hätten im afrikanischen Transvaal burische Säuglinge aufgespießt. Es ist keine zwei Monate her, dass Reichskanzler Bernhard von Bülow sich im Reichstag dieser Stimmung beugte und den englischen Kolonialminister brüskierte.

Aber der Kaiser, der Bülow zum Kanzler machte, mit jetzt 43 Jahren ein knappes Jahr jünger als Ethel Smyth, ist ja ein Enkel ihrer Queen Victoria, die im vorigen Jahr starb, und mitten in seinem Reich, in dem neben der Hochindustrie auch die Bühnen florieren, ist es den Bülows gelungen, aus dem Kanzlerpalais an der Wilhelmstraße eine Art römischen Palazzo zu machen – inwendig wenigstens und in dem Bereich, den sie bewohnen, mit all den Bildern und Gobelins, die sie aus Rom mitbrachten, mitsamt Laura Minghetti, der jetzt 73 Jahre alten Mutter der Madame de Bülow, einer feurigen und strengen Italienerin, die es vollkommen lächerlich findet, dass in Deutschland die Herren nach den Diners unter sich sein wollen, um bedeutende Dinge zu besprechen. «Sie werden niemals aus deutschen Köpfen herausbekommen», hat Ethel ihr gesagt, «dass Frauen bestenfalls reines Spielzeug sind.» Auf Französisch, versteht sich, der *lingua franca* der höheren Kreise in Europa.

Ob sie an diesem Abend ein Spielzeug sein soll? Niemand würde sich dafür schlechter eignen als diese Frau, die schon vor fünfundzwanzig Jahren nur den Kopf schütteln konnte über das ergebene «Mein Mann sagt ...» der Professorengattinen in Leipzig, wo Ethel Smyth Musik studiert hat. Nicht, wie so viele junge Frauen, um als passable Pianistin bessere Chancen auf einen Gouvernantenjob zu haben. Sie wollte Komponistin werden, und sie ist es geworden – eine der ersten hauptberuflichen

Komponistinnen, neben der Französin Cécile Chaminade und der Deutschen Louise Adolpha Le Beau.

Ihr Vater hat es zuerst für einen Witz gehalten, damals in Frimhurst, dass sie Komposition studieren wollte, in Leipzig. Von dort kam eine der vielen Gouvernanten, die sich auf wechselnden Landsitzen um die acht Kinder des Generalmajors John Henry Smyth und seiner Frau Nina kümmerten. Durch dieses Fräulein Schultz, eine ausgebildete Pianistin, lernte die zwölfjährige Ethel die Sonaten von Beethoven kennen und war entflammt. Später brachte ein Freund der Mutter ihr Wagners Opern und Berlioz' Instrumentierungslehre nahe und nahm sie mit zu Konzerten in London; er stellte sie dort sogar Clara Schumann vor. Für die siebzehnjährige Ethel stand fest, sie wolle Komposition studieren. «Lieber sehe ich dich unterm Gras!», hat der Generalmajor gebrüllt. Mit einem Hungerstreik hat sie ihren Vater eines Besseren belehrt.

Weil es in England keine ernst zu nehmenden Ausbildungsmöglichkeiten gibt, zieht sie mit achtzehn nach Leipzig und nimmt zuerst privat Klavierunterricht. Mit neunzehn tritt sie ins Konservatorium ein – Komposition bei Carl Reinecke, Klavier bei Louis Maas, Musiktheorie bei Salomon Jadassohn, der ihr nach einem halben Jahr ins Zeugnis schreibt: «Sehr talentvoll u. fleisig sowohl in der Theorie, wie auch in freien Compositionsversuchen.» Dann studiert sie privat Kontrapunkt bei Heinrich von Herzogenberg, verliebt sich in seine Frau Elisabeth, Lisl genannt, und lernt mit den Jahren, aus England immer wieder nach Leipzig kommend, jeden der Großen persönlich kennen, die dort gastieren, von Grieg bis Tschaikowsky. Den verschrobenen Johannes Brahms, für den bei allem Respekt vor Clara Schumann eine Frau keine Komponistin sein kann, trickst Ethel aus, gemeinsam mit Lisl. Sie hat eine zweistimmige Invention im Stil von Bach geschrieben, mit einer kleinen Extravaganz der Harmonik, wie man sie für 1730 allenfalls dem Thomaskantor zutrauen könnte. Lisl kündigt Brahms das Stück als Ausgrabung der Bach-Gesellschaft an und spielt es für ihn, er ruft begeistert: «Dem Kerl fällt doch immer wieder was Neues ein!»

Mittlerweile ist Ethels zweite Oper fertig, ein Einakter, *Der Wald*, die Berliner Uraufführung steht kurz bevor. Dass Miss Smyth, selbstbewusst und energiegeladen, sich nicht als Spielzeug eignet, weiß auch Reichskanzler Bernhard von Bülow. Er hat sich im Familienkreis mit Interesse ihre Kritik an seiner «Granitbeißer»-Rede angehört und weiß, was er riskiert, wenn er sie direkt neben seinem Dienstherrn Wilhelm II. platziert. Denn das tut er, vermutlich auch auf sanften Druck seiner Frau und in der Hoffnung, der Theaterliebhaber Wilhelm werde sich mit einer Komponistin nicht langweilen, deren Werk an der Berliner Hofoper gespielt werden soll, die sich mit dem englischen Botschafter in Berlin, Frank Lascelles, bestens versteht und diesen sogar zum Golfspiel begleitet. Mit Lascelles' Tochter Florence hat Ethel ausführlich ihre Garderobe für diesen Abend im Kanzlerpalais besprochen.

Harnack ist da, der Theologe mit dem Adlergesicht und einer Aureole grauer Locken, «Hoftheologe», wie Bülow ihn mitunter bissig tituliert, da der 53-jährige Ordinarius für Kirchengeschichte die Kunst, dem Monarchen zu schmeicheln, besonders gut beherrscht, auch wenn ihn an diesem Abend der Hofmaler Anton von Werner noch übertreffen wird. Lichnowsky natürlich, Anfang vierzig, der auf keiner Party fehlt, der Hausfreund und «zahme Kater», wie Ethel ihn für sich nennt, nicht ahnend, welch geschickter Strippenzieher dieser Plauderer ist. Ein Architekt ist zugegen, den der Hausherr mit ein paar Umbauten beauftragen möchte, und noch fünf oder sechs weitere Herren, teils in Ausgehuniform, teils zivil, mit hohen, engen, weißen Hemdkragen, Krawatten, Westen, Uhrketten, glänzendem Schuhwerk. Und der stattliche 52-jährige Bernhard von Bülow, charmant und faszinierend. Wie kann einer, der so wenig Zeit zum Lesen hat, so belesen sein? Wie kann einer, dessen Reisen und Reden in der europäischen Presse reflektiert werden und weltpolitische Folgen haben, so gelassen sein?

In all dem männlichen Schwarz-Weiß leuchtet Maria de Bülow, gut ein Jahr älter als ihr Mann. Noch immer spürt man, was im vorigen Jahrhundert so viele um den Verstand brachte, die in ihre Nähe gerieten. Ethel spürt es ebenfalls. Und Wilhelm II., hat man ihr gesagt, schätzt Madame mehr als jede andere Dame im Reich, ausgenommen natürlich Kaiserin Auguste Viktoria, mit der er sieben Kinder hat. Wo bleibt er übrigens?

Die Dienstmädchen, die rechts und links der Tür zum Speisesaal auf Winke der Hausherrin warten, scheinen plötzlich zu versteinern, und die Gespräche der Gäste, die um die gedeckte Tafel herumstehen, unterliegen einem rasanten *decrescendo*. Ethel muss an einen Schüler der *6th Form* denken, Primaner, wie sie hier heißen, als sie ihn eintreten sieht. Wilhelm II. trägt eine Art schwarzes Messgewand, einer englischen Schuluniform nicht unähnlich, freilich mit Achselschnüren und einem Schwert an der linken Seite, auf dem die Hand ruht. Er hat etwas Jungenhaftes, bei aller Würde, er bewegt sich geschmeidig. Man spricht wieder, nur keine Förmlichkeiten, *sans façon*! Ethel, mit den Royals ihrer Heimat gut bekannt, sieht die Familienähnlichkeit, trotz der kurios an den Wangen hochgezwirbelten Bartspitzen. Die Hautfarbe ist dunkler als die seiner Mutter, das Gesicht etwas härter, der Umgang nicht: Ethel findet diesen Herrscher über 57 Millionen Untertanen angenehm und natürlich. Englisch spricht er fließend, so wie sie Deutsch – neben Französisch und Italienisch.

Ihm gefällt es, dass diese Nachbarin, die rechts von ihm und links von Fürst Lichnowsky sitzt, nicht vor Respekt erstarrt. Die Gräfin von Bülow hätte ihr gar nicht erst den Rat geben müssen, mit dem Kaiser «absolut natürlich» umzugehen. Smyth beherrscht zwar die Etikette, sie weiß gute Manieren sogar sehr zu schätzen, aber jede Art und Form der Unterwerfung ist ihr verhasst.

Er habe Großes über sie gehört, sagt Wilhelm II. höflich, aber nicht formell, während die Schildkrötensuppe aufgetragen wird, und kommt gleich auf ihre Oper zu sprechen, die in «seiner Oper» gespielt werden soll, dem Hoftheater seit Friedrichs des Großen Zeiten, und auf das jähe Ableben des Intendanten Georg Pierson vor einer Woche. Was des Allerhöchsten musikalische Kenntnisse angeht, kommt Ethel schnell zu einem ähnlichen Befund wie Cosima Wagner, die bei den Bülows auch schon mit dem deutschen Kaiser plauderte: «Um ihm auch nur die Anfangsgründe der Kunst klarzumachen, müsste ich drei Jahre mit ihm allein auf einer einsamen Insel sein.»

Eine Märchenoper also, im deutschen Walde? Vortrefflich. Er halte nichts von Künstlern, sagt er, die in Stil und Sujet «in den Rinnstein niedersteigen», und Herr von Werner auf der anderen Seite des Tisches lässt ein «Oh ja! Oh ja!» verlauten, tupft sich den Mund ab und möchte Namen nennen, als der Kaiser ganz grundsätzlich wird: «Ein Mann ist in der Lage, einen Baum zu malen. Schön! Ein anderer kann einen Menschen darstellen. Noch schöner! Doch das wirkliche Problem ist, Mann und Baum auf einer Leinwand auf künstlerische Weise zu vereinen.» Ethel weiß nicht, was sie dazu sagen soll, während Kanzler Bülow seltsam träumerisch in die Ferne blickt. Der Maler aber murmelt, ohne den Kaiser anzusehen, wie von Bewunderung überwältigt: «Eine erstaunliche Äußerung! Die ganze Funktion der Kunst in einem Satz zusammengefasst!»

Anton von Werner kommt das bemerkenswerte Verdienst zu, Frauen vom Kunststudium an der Berliner Akademie ausgeschlossen zu haben, 1879 hat er das in den Regularien festschreiben lassen. Es wurden zu viele Künstlerinnen, und zu gute. Aber die gibt es ja auch anderswo, und so wurde vor sieben Jahren eine Meisterschülerin von Franz Lenbach in

München, Vilma Parlaghy, von Wilhelm II. mit der Anfertigung seines Porträts beauftragt. Das hat Herr von Werner ungern gesehen. Er ist es immerhin, der auf fünf mal sechs Metern die Proklamierung des Deutschen Kaiserreiches am 18. Januar 1871 im Schloss von Versailles verherrlichte, einen für die Franzosen zutiefst demütigenden Vorgang nach der verheerenden Belagerung von Paris und der Kapitulation ihrer Truppen. Wilhelm II. wird darauf noch zu sprechen kommen …

Inzwischen ist man beim Tafelspitz, einem Gericht, das Fürstin von Bülow wohl auch deswegen gewählt hat, weil das zartmürbe Fleisch dem hohen Gast das Zerteilen erleichtert. Erst jetzt bemerkt Ethel, dass ihr Nachbar nur in der rechten Hand Besteck hält, ein spezielles. Es ist eine Kombination aus Messer und Gabel, die der Kaiser äußerst geschickt verwendet. Sie muss sich zwingen, nicht auf seinen Teller zu spähen. Sein linker Arm ist seit Komplikationen bei der Geburt nur begrenzt bewegungsfähig und kürzer als der rechte. Darum auch lässt Wilhelm II., wenn er steht, die linke Hand gern auf dem Schwertknauf ruhen. Und er steht, wie sich nach dem Essen erweist, überaus gern.

Soeben, sagt er zu Smyth, als man sich erhebt, habe er einen Brief von Eugénie erhalten, der einstigen Kaiserin von Frankreich. Er weiß offenbar, dass die Engländerin in enger Verbindung zu ihr steht. Es ist nun gut zehn Jahre her, dass Ethel Smyth mit dieser Dame durch die Adria segelte, eine späte *demoiselle d'honneur* der María Eugenia Ignacia Agustina de Palafox Portocarrero de Guzmán y Kirkpatrick, bis 1870 letzte und schönste Kaiserin der Franzosen, in reiferen Jahren noch immer von überwältigender Anmut. Nach dem Ableben ihres Mannes, vormals Napoléon III., hatte sie im englischen Exil einen Landsitz unfern dem der Smyths bezogen und war entzückt, in Ethels Mutter eine gebildete Nachbarin zu finden, die das Französische fließend beherrschte.

Nach dem Tod der Nina Smyth lud sie deren zweitälteste Tochter zur Jachttour in der Adria ein. Schier irreal, wie im Sommer 1891 die *Thistle* von Korfu über Venedig nach Monaco kreuzt, hier und da die Häfen des Hochadels anlaufend wie etwa den der Insel Lampedusa und ihres Fürsten, des «Leoparden». Die *Thistle* ist ein luxuriöser Dreimaster mit Dampfmaschine, 544 Tonnen schwer, mit 23 Mann Besatzung und einem Dutzend Köche und Kammerdiener für gerade einmal drei Passagiere: die Impératrice Eugénie, Graf Giuseppe Primoli, Gégé genannt, passionierter Fotograf und Urgroßneffe von Napoléon Bonaparte – und Ethel Smyth, die auf dieser Fahrt ihr bis dahin größtes Werk schreibt, gewidmet einer unnahbaren Freundin, die sie wie eine Heilige verehrt – eine *Messe in D-Dur* für vier Solisten, Chor und Orchester.

Die Exkaiserin sorgt im selben Jahr dafür, dass Smyth ihr Werk Queen Victoria persönlich vorstellen kann – in einem ihrer schottischen Gutshöfe unfern von Balmoral, bei stürmischem Oktoberwetter. Eine winzig kleine Dame von 72 Jahren ist die Königin, mit wundervollen blauen Augen und einem Strohhut auf dem Kopf, den ein schwarzes Band hält, am Stock gehend, aber keine Hilfe duldend. Es schadet natürlich nichts, dass der Bischof von Rochester der Schwager von Ethels ältester Schwester ist, aber Victoria scheint es wirklich zu gefallen, was die kühne junge Dame da vorführt: Klavier spielend, mit den Füßen trommelnd, Trompeteneinsätze mit der Stimme akzentuierend, sämtliche Solopartien selbst singend und die Choreinsätze dazu, das ganze *Benedictus*, das ganze *Sanctus* ... Wenig später darf Ethel Smyth das vor versammeltem Hofstaat auf Schloss Balmoral wiederholen, nach einem Dinner. Die Höflinge lauschen schreckensstarr – der Königin und ihrer Familie gefällt es. «Good night ... We hope that we shall see you at Windsor», sagt Victoria zum Abschied. Das ist weit mehr, als sie höflicherweise sagen müsste.

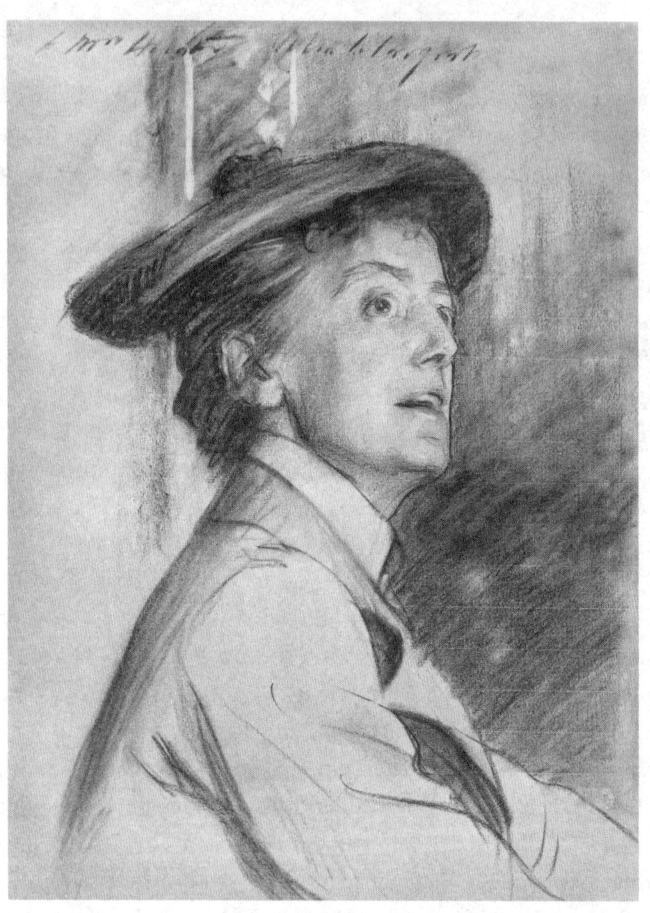

Eineinhalb Stunden lang spielte und sang Ethel Smyth in ihrem Haus One Oak im Dezember 1901 für den amerikanischen Starporträtisten John Singer Sargent, der sie währenddessen mit Kohlestift zeichnete.

Ihre Anerkennung bewirkt, dass Ethels Smyths große Messe im Januar 1893 in der Royal Albert Hall uraufgeführt wird. Der Kritiker der *World* kommt nach ein paar Einwänden und dem Beiseiteräumen aktueller Konkurrenz wie Antonín Dvořáks *Requiem* – «langweilig und mechanisch» – zur Sache: «Vor allem ist das interessant als Beginn dessen, was ich so oft prophezeit habe: Die Eroberung der für ein großes Publikum geschriebenen Musik durch Frauen. (...) Da Frauen in der Profession Victor Hugos auffallend erfolgreich sind, kann ich nicht erkennen, warum sie nicht gleichermaßen in der von Liszt Erfolg haben sollten, wenn sie ihre Aufmerksamkeit darauf richten.» Dieser 37-jährige Kritiker ist einer der eigensinnigsten Köpfe der Zeit. Er heißt George Bernard Shaw.

Wie lange ist das alles her, und wie fern hier im Berliner Kanzlerpalais! Ethels kaiserliche Beschützerin Eugénie ist für Wilhelm nur ein Anlass, die Rolle seines «Großpapas» nach 1870 herauszustreichen, inzwischen fließend englisch redend. Wilhelm I. sei es viel mehr als Bismarck gewesen, der die deutschen Lande zum Reich vereinigt habe. Schon ehe Bismarck die berüchtigte Emser Depesche veröffentlicht habe, seien die Franzosen auf dem Kriegspfad gewesen! Dann versichert er Ethel Smyth, jederzeit sein Bestes versucht zu haben, mit der britischen Regierung zusammenzuarbeiten, es sei aber die schlechteste von allen auf der Welt. «Ich bitte Lord Salisbury, mir zu helfen, eine Ladestelle für Kohlen zu bekommen, an der chinesischen Küste, and, my dear Miss Smyth, he simply laughs at me!» Er wirbelt herum, mit einem kindlichen Jauchzer, und schlägt sich auf die Schenkel. «Und was tue ich? Ich nehme Kiautschou ein!» Es klingt, als sei das gestern gewesen, mit ihm persönlich an der Spitze eines todesmutigen Landungskorps. Doch die kampflose Einnahme der Bucht im Südosten Chinas liegt fünf Jahre zurück.

China, das führungsschwache Riesenreich, wird von den Großmächten als formidable Beute betrachtet. Japan hat Taiwan annektiert, die Deutschen kontrollieren Kiautschou mit dem Hafen Tsingtau, als «Schutzgebiet» für 99 Jahre gepachtet, französische Eisenbahnen fahren durch die Provinz Yunnan, Hongkong ist schon seit 1843 britische Kronkolonie. Vor zwei Jahren hat die maßlose Arroganz der Europäer den Widerstand junger Chinesen, der «Boxer», entfesselt, es kam zu Morden an Missionaren und Offizieren. In Peking waren rund 1000 Ausländer eingeschlossen, der deutsche Gesandte wurde erschossen, und noch 229 Ausländer verloren das Leben, ehe eine Armee der acht Großmächte ihre Landsleute befreite. Danach wurde China eine Entschädigungszahlung auferlegt, die das Reich nun fast ruiniert.

Ethel Smyth hat neulich in der Berliner Hofoper eine Delegation des chinesischen Kaiserhauses gesehen, eigens angereist, um sich zu entschuldigen, und sie feiner und kultivierter gefunden als die uniformierten Automaten, so erschienen ihr die deutschen Offiziere, die auf diese vermeintlichen Barbaren herabblickten. Immerhin konnten sich die Chinesen in Würde bewegen, anders als die Samoaner, Männer und Frauen, aus einem weiteren «Schutzgebiet» herbeigeschafft, die im Sommer 1900 für 50 Pfennig Eintritt im Berliner Zoo zu besichtigen waren, singend und tanzend. «Zu dauernder Arbeit ist der Samoaner nicht zu bewegen», erklärte der Katalog. Und der hellwache Alfred Kerr schrieb unbekümmert: «Sie haben was Vegetatives, und die Frauenzimmer riechen förmlich nach Pierre Loti ...»

Die Komponistin verteidigt die britische Regierung, besonders den Kolonialminister Chamberlain, was den Kaiser überraschenderweise begeistert. Er scheint vollständig vergessen zu haben, dass nach seiner Ansicht Frauen nur mit Kindern, Küche und Kirche befasst sein sollten und mit dem Wahlrecht vollständig überfordert wären. Er setzt das Gespräch mit ihr, stehenderweise, noch eine ganze Stunde fort, unter den besorgten Blicken seines Kanzlers. «Das britische Empire», sagt sie, «ist so groß – man kann eher einen Gletscher dazu bringen, sich schneller zu bewegen. Die Politiker müssen auf dieses Tempo eingehen – wie Chorleiter!» Er starrt sie an: «Es ist gut, was Sie sagen. Und es könnte sein, dass Sie recht haben.» Es könnte auch sein, dass es zu diesem Zeitpunkt schon zu spät ist, die Interessen der beiden Großmächte zu harmonisieren. Dass Bernhard von Bülow, der Gastgeber, mit seiner viel zitierten «Granitbeißer»-Rede vor fünf Wochen diejenigen in England gestärkt hat, die im deutschen Kaiserreich den Feind Nummer eins sehen.

Bülow war es ja auch, der nach der Einnahme von Kiautschou erklärt hatte: «Wir wollen niemanden in den Schatten stellen, aber wir verlangen auch unseren Platz an der Sonne.» Der zwei Jahre später sagte: «Träumend beiseite stehen, während andere Leute sich den Kuchen teilen, das können wir nicht, und das wollen wir nicht.» Um nach dem Hinweis, es gehe «um die friedliche Ausdehnung unseres Handels und seiner Stützpunkte», wieder einen dieser gefährlichen Sätze zu äußern: «In dem kommenden Jahrhundert wird das deutsche Volk Hammer oder Amboss sein.» Als sich endlich, nach ganzen eineinviertel Stunden, der Kaiser anderen zuwendet, landet die erschöpfte Ethel Smyth neben Bernhard von Bülow, der gleich beim Thema bleibt. Er habe über Minister Chamberlain negativ sprechen müssen, weil er mit jedem freundlichen Wort Deutschland gegen sich aufgebracht haben würde! Hofft er am Ende, dass sie das dem britischen Botschafter beim Golfspiel erzählt?

*

Ende April 1902 soll die Oper *Pelléas et Mélisande* uraufgeführt werden. Seit neun Jahren schon gehört Maurice Maeterlincks trauriges, märchenhaftes Schauspiel zum Leben Debussys. Er hatte es bereits gelesen, ehe er 1893 die Uraufführung in Paris besuchte, die einzige Vorstellung, weitere folgten erst einmal nicht. Er bat Maeterlinck, den Gleichaltrigen, den jungen belgischen Dichter, um die Erlaubnis, das Stück zu vertonen, und erhielt sie. Mitten im vierten Akt fing er an, mit den Worten des Pelléas, der am Brunnen auf Mélisande wartet. «Das ist der letzte Abend … der letzte Abend … alles muss aufhören … ich habe wie ein Kind um etwas herumgespielt, das ich nicht argwöhnte … ich habe träumend zwischen den Fallstricken des Schicksals gespielt … Wer hat mich plötzlich geweckt? Ich werde fliehen, schreiend vor Freude und Schmerz, wie ein Blinder, der vor dem Brand seines Hauses flieht.»

Pelléas et Mélisande, das ist die Geschichte einer jungen Frau, die aus einer unbestimmten, fernen Welt in den Wald des Schlosses Allemonde gerät und dort Golaud begegnet, einem der Bewohner des Schlosses, das abgeschieden an der Meeresküste sich erhebt. Er nimmt die Verirrte mit, und sie lernt die Familie kennen: den alten König, dessen Tochter, die die Mutter von Golaud und dessen jüngerem Halbbruder Pelléas ist. Mélisande wird Golauds Frau und erwartet sein Kind – einen Sohn aus früherer Ehe hat er bereits. Sie liebt aber den sensibleren Pelléas. Einem ihrer Treffen lauert Golaud auf, er tötet seinen Rivalen. Als Mélisande im Schloss ihr Kind zur Welt gebracht hat, stirbt sie.

Damit ist nichts gesagt über die Welt der Seele, die in einer einfachen, plastischen, leuchtenden, symbolischen Sprache zur Wirklichkeit wird, über die beschwiegenen Abgründe, die alle Gestalten verbinden und trennen, über die unheimliche Körperlichkeit dieser Sprache, die in der Ferne des Märchenhaften die Nähe des Seelischen spüren lässt. Bald nachdem Debussy mit der Komposition begonnen hat, besucht er den belgischen Dichter in Gent. Der ist auch mit Kürzungen einverstanden. Im Oktober 1895 gibt Maeterlinck dem Musiker die schriftliche Erlaubnis, die Oper aufzuführen, «wo, wie und wann Sie es wünschen». Keiner von beiden hätte sich vorstellen können, dass dieser Brief einmal zu einem der bittersten Zerwürfnisse führen würde, die es je zwischen zwei großen Künstlern gegeben hat. Noch weniger, welche Zeitläufte die Oper *Pelléas et Mélisande* danach überstehen würde.

Am 1. Februar 1900, nachdem Debussy an der Reinschrift von *Pelléas* gesessen hat, geht er abends in die Generalprobe der Oper *Louise*, missmutig. Er muss sich blicken lassen in der Opéra-Comique, wo man sein Werk zu spielen erwägt. Er mag den Neubau nicht, die mittlerweile dritte Salle Favart nahe dem Boulevard des Italiens. Beide Vorgängerbauten sind niedergebrannt. Das neue Haus, 1899 eröffnet, ist wie jetzt alle Pariser Theater durchweg elektrisch beleuchtet und gleicht, wie Debussy findet, einer Mischung aus Bankgebäude und Bahnhof.

Gustave Charpentier, wenig älter als Debussy, selbst aus kleinen Verhältnissen kommend, feiert in *Louise* die Pariser Boheme, Montmartre, das unbürgerliche Leben. Ist das die Oper der Gegenwart? Nach dem Finale verlässt Debussy das Haus so schnell, dass er nicht einmal seinen Freund Pierre Louÿs trifft, der auch da ist, wie alle da sind, auch Jules Massenet, Charpentiers Lehrer, Vincent d'Indy, eine Reihe von Kritikern der rund zwanzig in Paris erscheinenden Zeitungen, und Opernenthusiasten wie der Herr, der neben Debussy an der Haltestelle steht – ein paar Minuten von der Comique entfernt, auf dem Platz der Opéra Garnier, wo sieben Tramlinien verkehren. «Ah, wie viele Jahre hat man darauf warten müssen!», sagt der Mann strahlend.

«Was meinen Sie? Warten worauf? Die Tram?» Debussy entzündet eine Zigarette. «Pardon! Ich sah Sie vor mir aus der Salle Favart gehen, Monsieur. *Louise!* Endlich eine wahrhaft französische Oper, von einem, der die Lektion des allmächtigen Wagner kennt, aber nur übernimmt, was zu uns passt, zur französischen Rasse.» «Sacré mâtin, Sie erkennen wohl nicht, dass das tausendmal konventioneller ist als die *Hugenotten* ...» «Monsieur, das ist doch ein neuer Geist voller Liebe, Schmerz, Melancholie, Freude, Passionen ...» «Das soll Leben sein! ... Gott im Himmel!

Ich würde lieber sofort sterben! Das ist Bierstubenkunst!» «Aber nein, das ist die Gegenwart!», ruft der Enthusiast. «Hätten Sie denn gern immer noch Götter und Helden? Hier erleben Sie die Realität. Die Arbeiter, Bohemiens, Grisetten, die Hungernden. Man könnte Charpentier vorwerfen, die Sprache sei oft zu vulgär, und weil die Musik ihr folgt, ist sie manchmal ... nun, da gibt es stilistische Längen.»

«Meinen Sie die *cris de Paris*? Sie sind rhythmisch so reizvoll. Und dieser Rompreisträger macht Kantilenen an den Mond daraus und schleppt sie durch Lehrbuchharmonien!» «Ich bestreite nicht, dass es auch ein paar unnötige Takte gibt. Nicht so wichtig! Was ihm gelingt, ist eine Schlichtheit, mit raffinierten Mitteln, eine Schlichtheit, sage ich, die uns unendlich berühren kann!» «Sie vielleicht! Ich höre da die Sentimentalität des Monsieur, der um vier Uhr morgens nach Hause kommt und gerührt ist über die Straßenkehrer und Lumpensammler. Und er bildet sich ein, sich in die Seelenzustände der armen Leute hineinversetzen zu können!» Debussy wirft die Zigarette weg, der andere denkt nach und erklärt: «Nun, diesen Leuten wird hier ein wenig Poesie zugestanden. Wenn Sie Prosa bevorzugen, lesen Sie besser Zola!»

Der Komponist blickt über den Platz. «Da kommt meine Tram», sagt er. Schwer rumpelnd nähert sich der zweistöckige Vierzehn-Tonnen-Akku-Wagen mit dem Linienschild «TN» der Haltestelle. «Ich muss hinüber, Monsieur», ruft der andere im Weggehen, «meine kommt auch. Sind Sie wenigstens mit dem Dirigenten einverstanden? Ich habe das Orchester länger nicht so sicher, so feurig ...» «Messager ist gut», brummt Debussy.

Louise wird ein rasender Erfolg. Ein Grund mehr, sich mit *Pelléas* zu beeilen, außer für Debussy, der auf Druck oft trotzig reagiert. Er liefert die Partitur nicht vor dem letzten Apriltag ab, wie sein Verleger sich das wünscht. Georges Hartmann wird die Partitur überhaupt niemals sehen. «Das Schicksal behandelt mich wahrhaftig mit beißender Ironie», schreibt Debussy Mitte Mai 1900 an Louÿs. «Ich finde den einzigen Verleger, der sich auf meine empfindliche kleine Seele einlassen kann, und er muss sterben!» Am 23. April ist Hartmann mit 56 Jahren einer jähen Krankheit erlegen. Nun fehlt dem Komponisten der Realisierer, der Motivierer, der an ihn glaubt, und nicht zuletzt der Mann, der immer wieder die Miete für ihn zahlt. Ein Trost ist vorerst, dass im gigantischen Programm der Weltausstellung auch Debussys Streichquartett und zwei weitere seiner Werke aufgeführt werden. Und Lilly erwartet ein Kind. Lilly, von deren langen, lockigen, mal blonden, mal kastanienbraunen Haaren er schwärmt wie Pelléas von denen der Mélisande, mit der sie, schmal, blass, mädchenhaft, viel Ähnlichkeit hat.

Sieht man die beiden im Sommer 1900 über die Esplanade des Invalides gehen, wo ein Team der Brüder Lumière seinen *cinématographe* aufgebaut hat, emsig kurbelnd? Auf dem weiten Platz dreht sich ein Mann kurz nach der Kamera um, während er mit seiner Frau gen Süden schlendert – groß, vollbärtig, auf den massigen Kopf einen hellen Strohhut gezwängt. Man könnte meinen, es sei Claude Debussy, rechts neben einer zierlichen, im bodenlangen dunklen Kleid anmutig gehenden Lilly, die ihren hellen Hut mit dunkler Feder geschmückt und mit weißem Schleier am Haar festgesteckt hat, von ihrem Begleiter gelegentlich zart am Rücken berührt, in stummen 26 Sekunden auf Zelluloid.

Weiter zum zur nahen «Straße der Zukunft». Vorsichtig setzt Lilly den Fuß auf das *trottoir roulant*, und Claude hilft ihr hinauf, zuerst auf das langsamere von zwei Laufbändern nebeneinander, die eine Hauptattraktion der Expo sind, in sieben Metern Höhe. Zuerst begibt man sich auf eine feste Plattform, neben der sich zwei Laufbänder aus Holzsegmenten bewegen, mit Elektromotoren auf Schienen, die dem Dreieck zwischen Invalidendom, Eiffelturm und Seineufer folgen. Das innere Band bewegt sich mit vier Stundenkilometern, das äußere doppelt so schnell. Das Betreten ist für die Damen wegen ihrer fast bodenlangen Kleider eine kleine Herausforderung, aber immerhin gibt es Holzsäulen zum Festhalten. Die Herren springen gern demonstrativ sportlich auf den rollenden Weg, wo sie dann, stehend, sofort ihre Zigaretten und Zigarren entzünden, um das Panorama der Stadt an sich vorbeifließen zu lassen – und ab und an einem der *cinématographes* in die Linse zu blicken.

Marcel Proust, einer der bis zu 70 000 Trittbrettfahrer täglich, vergleicht noch 20 Jahre später die Romane Gustave Flauberts mit einem *trottoir roulant*, das der Leser besteige. Lange wird sich das Riesenkarussell im Gedächtnis der Millionen von Besuchern bewegen, ein sanft rumpelndes Spielzeug, das sich wie in einer ewigen Kindheit dreht, während Rohrpost, Telefon, Automobil, Metro ins neue Jahrhundert führen, Filme auch, sogar mit Tönen: Auf eine riesige Leinwand projizieren die Lumières vor 25 000 Zuschauern bewegte Bilder aus der Oper, zu denen man Tonaufnahmen vernimmt. Es wird nicht mehr lange dauern, bis auch Claude Debussy vor einem Schalltrichter spielt.

Mitten in dieser vom Fortschritt berauschten Stadt des Lichts, wo am gigantischen Eingangstor der Weltausstellung 3200 Glühbirnen und 40 Bogenlichtlampen die Nacht zum Tage machen, steht dunkel die «Symphonie aus Stein», wie Victor Hugo die Kathedrale von Notre-Dame genannt hat. Sie birgt jene Orgel, die Aristide Cavaillé-Coll 1868 mit rund 5000 Pfeifen und 86 Registern fertiggestellt hat, im Farbenrausch des Zweiten Kaiserreiches. Als im Mai 1900 der neue Titularorganist seinen Dienst antritt, werden die fünf Manuale seiner Orgel von zwei alten Petroleumlampen beleuchtet, die Pedale von einer Kerze in einer Kutschenlaterne. In ihrem trüben Licht erkennt Louis Vierne eine Kruste von getrocknetem Schlamm, die Fußklaviatur ähnelt einem Fußabtreter. Und wie seit Jahrhunderten schon werden die Blasbälge von Helfern bedient, den Kalkanten. Es ist ein Quintett verwahrloster, stets angezechter Tagelöhner, und sie müssen erst einmal sauber machen. Nur mühsam kann der 29-jährige Vierne sehen, ob ihnen das gelingt. Er ist halb blind. Aber er wird bis zu seinem Tod 37 Jahre später diese schlecht bezahlte Stelle behalten – und in seinen großen Orgelsymphonien Romane des Lebens und Leidens komponieren.

Im August erleidet Lilly eine Fehlgeburt, einen Monat später widerfährt das gleiche Louise, der Frau von Pierre Louÿs, die dabei fast verblutet. So fern von der Realität ist Maeterlincks Märchen nicht, in dem Mélisande die vorzeitige Geburt ihres Kindes nicht überlebt, das möglicherweise ebenfalls stirbt. Das Kind eines Mannes, den Mélisande nicht liebt, der die Verirrte zum Sitz seiner Familie gebracht, zu seiner Frau gemacht hat und auf ihre Traurigkeit wie ein hilfloser Bürger, wie ein Charles Bovary reagiert und sogar zugesteht, dass das Schloss, die ganze Gegend etwas bedrückend sein mag: «Aber das alles kann man fröhlicher machen, wenn man will. Und dann, die Freude, die Freude, die hat man nicht alle Tage ... du weinst, weil du den Himmel nicht siehst? Aber, aber, in deinem Alter weint man doch nicht mehr um solche Dinge!»

Obwohl auch 1901 weder Partitur noch Klavierauszug gedruckt sind, entschließt sich Albert Carré, Chef der Opéra-Comique, *Pelléas et Mélisande* auf die Bühne zu bringen. Maurice Maeterlinck ist begeistert, und in seiner Lebensgefährtin Georgette Leblanc sieht er die Idealbesetzung. 1869 in Rouen geboren, war sie in Brüssel die erste blonde Carmen, spielte den Rest des Ensembles an die Wand und entflammte den Dichter für sich, mit dem sie dann nach Paris gezogen ist. Dort veranstaltet sie *causeries*, weniger Liederabende als unberechenbare Performances, in denen Stéphane Mallarmé erlebt, wie der «Flug ihrer nackten Arme» musikalischer Ausdruck wird: «Sie selbst ist die Quelle von Oper und Drama.» Opernchef Albert

Carré verpflichtet sie 1899 als Carmen für die Eröffnungspremiere der neuen Salle Favart, wo ihr heftiger Realismus – sie hat für die Rolle in Granada recherchiert und wirft auf der Bühne mit Apfelsinen – das Publikum entzweit. Sie gilt als «intelligent», was viele Männer nach wie vor für keine erstrebenswerte weibliche Eigenschaft halten. Und sie denkt nicht daran, sich auf die Avancen des Opernchefs einzulassen.

Im Sommer 1901 begibt sich Debussy in den Pariser Vorort Passy, um ihr und dem Dichter seine Oper vorzustellen. Maeterlinck bewohnt das Erdgeschoss eines Hauses im Empirestil, dessen Terrasse fast bis zur Seine hinabreicht. Tulpenbeete, hier und da große Bäume. Im Arbeitszimmer zieren vergoldete Rosetten eine weiße Wand, dazu fotografische Reproduktionen von Gemälden der Renaissance. Auf einem Regal sind Werke der wenigen Autoren versammelt, die er liebt: Shakespeare, Corneille, La Bruyère, Montaigne. Debussy ist beeindruckt. «Er machte sparsame Gesten und lächelte wenig», erinnert sich Georgette Leblanc.

Sie hat an diesem Nachmittag den Eindruck, dass die beiden Männer einander defensiv gegenüberstehen. Sie spürt bei Debussy eine geradezu körperliche Zurückhaltung, eine schmerzvolle Sensibilität, sogar etwas Kränkliches, das auf seine Stunde lauert. Vor ihrem Gefährten Maurice sieht sie das vertraute imaginäre Warnschild: «Stören Sie mich nicht.» Bei Debussy scheint es zu lauten: «Lassen Sie mich nicht leiden.» Seine Blicke haben eine etwas starre Intensität, die keine Reaktion erwartet. Am befremdlichsten findet Georgette den Körper dieses Mannes, «gebaut für eine Kraft, von der er ganz offensichtlich nicht bewohnt wurde. Seine Kraft war von seinem Genie aufgesogen worden.»

Dieses Genie macht sich bemerkbar, als Debussy aus seiner Partitur spielt. Während Maeterlinck, den Musik kaum interessiert, dabei fast einschläft, ist Georgette Leblanc begeistert.

Sie bringt den Komponisten dazu, sich mehrere Male mit ihr zum Proben zu treffen, aber Debussy ist sich nicht sicher – sie durchdringt den Text zutiefst, aber von ihrer «gewalttätigen» Carmen zur zerbrechlichen Kindfrau Mélisande ist es ein weiter Weg, wie er ihr selbst sagt. Für Operndirektor Carré kommt Leblanc nicht mehr infrage, weil sie ihm einen Korb gab. Debussy ist als Diplomat vollkommen überfordert. Er hat mit der energischen Sängerin selbst dann noch Verabredungen zum Proben, Ende 1901, als die Besetzung der Uraufführung nahezu feststeht – ohne sie.

Mélisande ist die Schottin Mary Garden, 27 Jahre alt, die als Einspringerin in *Louise* zur Sensation wurde. Sie und weitere vier Solisten treffen sich mit Opernchef Carré und dem Komponisten in der Wohnung des Dirigenten André Messager. Abschriften des Klavierauszugs haben sie bereits. Die blutjunge Jeanne Gerville-Réache wird Geneviève sein, Mutter von Pelléas und Golaud. Jean Périer ist ein 32-jähriger hoher Bariton, der auch in Stummfilmen auftritt; der gleichaltrige Bassbariton Hector Dufranne ist ein erprobter Alberich. Der greise König Arkel ist Félix Vieuille, der an der Comique bis jetzt nur Nebenrollen sang. Debussy erscheint zuletzt und setzt sich nach kurzer Begrüßung an den Flügel, die anderen schlagen ihre Noten auf.

Er singt alle Partien selbst, mit seiner Grabesstimme, höhere Passagen eine Oktave tiefer. Seltsame Atmosphäre, Unbehagen zunächst. Dirigent Messager, der sich seit vier Jahren um dieses Werk bemüht, spürt Misstrauen und Widerstand bei den Sängern. Doch Debussy hat etwas Unwiderstehliches. Zuerst wächst die Aufmerksamkeit, dann die Ergriffenheit. Mary Garden hat das Gefühl, sich beim Zuhören in eine andere zu verwandeln. Zwei Stunden fliegen dahin. «C'est toi, Mélisande?» «Oui.» Sie spricht schon selbst stumm dieses «Ja», in der Szene am Brunnen, dann merkt sie, dass ihr Tränen in die Augen steigen, bald kann sie die Noten nicht mehr lesen, es ist unerträglich, sie klappt das Buch zu. Die Angst. Der Kuss. «Alle Sterne fallen.» Golaud erschlägt Pelléas, und es geht weiter, weiter, sie liegt im Bett, sie hat ein Kind, sie ist zu schwach, um es zu halten. Mary Garden springt schluchzend auf, neben ihr Madame Messager, die sie, selbst weinend, in ein Nebenzimmer führt.

Als die Töne verstummt sind, kehren die beiden Frauen zurück, die Runde sitzt schweigend da, als wäre hier wirklich ein Mord geschehen. Debussy steht auf: «Meine Damen und Herren, dies ist meine Oper *Pelléas et Mélisande* ... Ich bitte Sie, vergessen Sie, dass Sie Sänger sind! Au revoir.»

Als Mary Garden zur ersten Einzelprobe in die Opéra-Comique kommt, sitzt er schon am Klavier. «Wie geht's?», fragt er. «Bonjour. Bien. Et vous, Monsieur?» «Pas mal.» Es dämpft ihre Nervosität nicht, dass er nach seiner knappen Begrüßung kaum ein weiteres Wort verliert, neben den Worten, die er singt. Sie gehen in dem kleinen Probenraum die Auftritte der Mélisande durch, Garden ist bestens vorbereitet. Sie erreichen den dritten Akt. «Mein langes Haar fällt bis zur Schwelle des Turmes ...», singt sie. Mit heiserer Stimme deutet Debussy die Töne des Pelléas an, wobei er sich von dessen wachsender Begeisterung für die Haare der Mélisande nichts anmerken lässt. Das exaltierte «ils m'aiment» geht fast in seinen Klaviertönen unter, diese wahnsinnige Passage, in der Pelléas sich von ihren Haaren geliebt fühlt, «ils m'aiment plus que toi!» – «Laisse-moi, lass mich, es könnte jemand kommen ...» Als sie das gesungen hat, steht er vom Klavier auf, abrupt, ohne Wort und Blick, und verlässt den Raum.

Mary Garden steht verblüfft neben dem Klavier. Hat sie etwas falsch gemacht? Ihr Akzent? Sie wartet. Sie fühlt sich maßlos beschämt. Nach einer Weile setzt sie ihren Hut auf. Er wird eine andere wollen. Als sie zur Tür geht, öffnet die sich, ein Junge kommt herein und bittet sie ins Büro des Direktors. Sie folgt ihm die Treppen aus dem fünften Stock hinab wie zu ihrer eigenen Hinrichtung. Als sie das Büro betritt, sitzen dort Albert Carré und Claude Debussy, der sich sofort erhebt, auf sie zugeht und ihre Hände ergreift. «Wo sind Sie geboren?», fragt er. «In Aberdeen, Schottland.» «Sich vorzustellen, dass Sie erst den weiten Weg vom kalten Norden hierher zurücklegen mussten, um meine Mélisande zum Leben zu erwecken – denn genau das werden Sie tun, Mademoiselle.»

Erst aus dem *Ménestrel* vom 29. Dezember 1901 erfahren Georgette Leblanc und Maurice Maeterlinck, dass die junge Schottin die Mélisande sein wird. So kommt es während laufender Proben zum bittersten Kampf, den je ein Dichter gegen einen Komponisten führte. Der 39-jährige Belgier erzwingt Anhörungen vor der *Société des auteurs et compositeurs dramatiques*, zuerst allein, dann zugleich mit Debussy dort erscheinend, der, die Zusage von 1895 in der Hand, das Gremium von der Rechtmäßigkeit der Produktion überzeugt. Auch zur nächsten Tagung der *Société* am 21. Februar 1902 kommt Maeterlinck. Diesmal kündigt er an, vor Gericht ziehen und dort auch gegen den Opernchef klagen zu wollen. Offenbar machen ihm Rechtskundige klar, dass seine Chancen schlecht sind. Am selben Freitag erscheint der Dichter stockschwingend in der rue Cardinet, Hausnummer 58. Und das ist nicht die letzte seiner Attacken.

*

Fünfzehn Minuten Fußweg sind es von Ethels Hotel zu den Proben in der Hofoper, wo am 9. April 1902 *Der Wald* über die Bühne gehen soll. Tag für Tag genießt Ethel Smyth den Gang durch ungeheuren Lärm und großes Gedränge. Unter den Linden heißt dieser 60 Meter breite Boulevard, nur eine englische Meile lang vom Brandenburger Tor bis zum Schloss. Auf der Südseite geht sie vorbei am Schaufenster des *Berliner Lokal-An-*

zeigers, in dem stets die jüngsten Telegramme ausgestellt sind, dann folgen Hôtel Bristol, Russische Botschaft, Hôtel Westminster, die Linden-Galerie, durch die man zum Theater Metropol kommt, der Prachtbau des Herrenschneiders Fasskessel & Müntmann, die Kaiser-Galerie, eine dreizehn Meter hohe Passage nach Pariser Vorbild ...

Unter den Linden verkehren, auf kaiserliches Geheiß, keine Straßenbahnen – die seit Neuestem in der ganzen Stadt mit Oberleitung betrieben werden –, aber Pferdeomnibusse, Kutschen, Dreiräder, Zweiräder, dazwischen etliche der inzwischen gut 1500 mit Benzinmotoren bewegten Automobile. Vorerst nur ein paar der 9000 Taxameter-Droschken fahren mit Benzinmotoren, aber auch mit leisem, geruchlosem Elektroantrieb, das Steuer rechts zwischen den Beinen des Chauffeurs mit seinem weißen Hut. Unablässiges Klingeln, Tuten, Rufen, Rasseln der Räder. Die Straße zu überqueren, ist auch für Geübte ein Wagnis, und noch gibt es es keinen Verkehrspolizisten. Der erste uniformierte Verkehrsregler Preußens wird im Dezember sein Amt antreten, an der Kreuzung von Unter den Linden und Friedrichstraße, mit einer Trompete in der Hand.

An der Ecke Friedrichstraße gibt es das Café Bauer, von einem Wiener betrieben, der große Saal ist mit einem Bilderzyklus vom unvermeidlichen Hofmaler geschmückt: Anton von Werners *Das römische Leben*. Es gibt auch ein Damenzimmer – wie in London und Paris schickt es sich für Damen auch in Berlin sonst nicht, Kaffeehäuser aufzusuchen. Ganz unbegleitet sollten sie sich sowieso nur in besseren Straßen wie dieser bewegen. Abends aber, wenn Unter den Linden elektrische Bogenlampen so hell leuchten, dass die Leute darunter Zeitungen lesen, sind gleich um die Ecke, in der Friedrichstraße, die «Frauenzimmer mit bemalten Backen» zu finden, mit Federhüten und Federboas, einige der 20000 Prostituierten der Stadt, viele von ihnen waren zuvor miserabel bezahlte Hausmädchen.

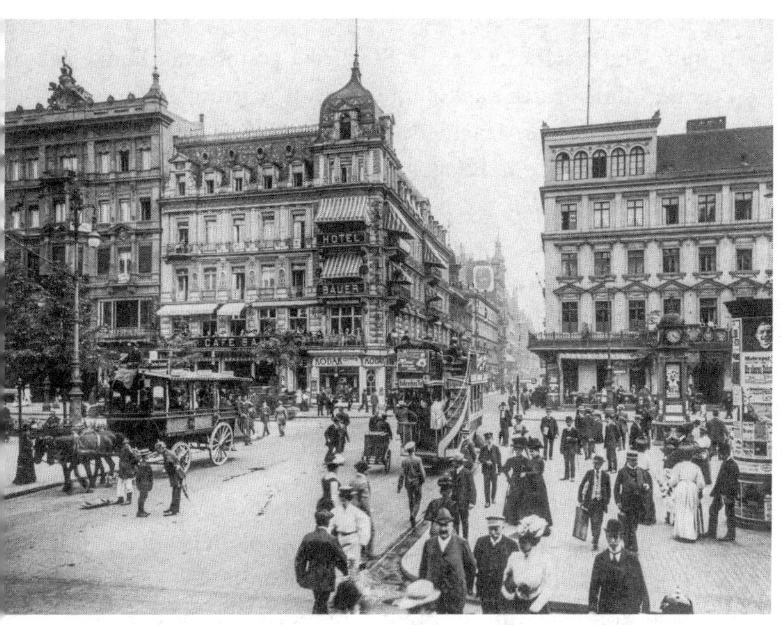

Fünfzehn Minuten Fußweg sind es von Ethels Hotel zu den Proben in der Hofoper. An ihrem Weg befindet sich auch das Café Bauer an der Kreuzung Unter den Linden / Friedrichstraße – hier zu sehen auf einem Foto von 1909.

Das Café bietet elektrische Beleuchtung und nicht weniger als 800 Zeitungen aus ganz Europa. Die *Times* kann Ethel Smyth mit zwei, drei Tagen Verzögerung lesen. In der vom 2. April findet sie einmal mehr ihren charmanten Gastgeber zitiert, «Count von Bülow's Italian Journey». Die Deutschen seien «desirous of peace», hat er der Regierung in Rom erklärt, er sehe auch «keinen Grund zur Besorgnis in der Englisch-Japanischen Vereinbarung». Offenbar ist er dabei, ein paar Scherben zu kitten. Daneben wirbt die *Times* sogar indirekt um Verständnis für das neue deutsche Gesetz, das Borsäure für die Fleischkonservierung verbietet, was die Amerikaner für eine Handelsschikane halten. Und Mr. Rhodes ist in Südafrika gestorben, ehemaliger Premierminister der Kapkolonie, in zwei Tagen pilgerten schon 20 000 Besucher zur Leiche des Milliardärs.

Noch schnell ein Blick in die *Vossische* oder in die *Volkszeitung*? Im *Tageblatt* fände Ethel den *Hund von Baskerville* als Fortsetzungsroman – ein viel gelesener Import. Nein, weiter zum Theater. Ihr Kaffee hat 25 Pfennig gekostet, dazu 5 Pfennig Trinkgeld. Das entspricht zwei Euro, liegt acht Pfennig über dem Stundenlohn einer Wäschenäherin und zwei über dem eines Straßenbahners. Mehr als fünfzig Stunden pro Woche arbeiten die Wagenführer, für 100 Mark im Monat, das aber auch erst seit einem spektakulären Streik.

Von zwei Millionen Berlinern lebt ein Drittel in krasser Armut. Das ist in Paris, Wien, London nicht anders. Der wachsende Wohlstand geht vorbei an den Hinter- und Seitenhäusern von Wedding, Neukölln, Friedrichshain, der Luisenstadt, später Kreuzberg genannt, dem Scheunenviertel nordöstlich der Hochbahn, deren Billetts – zehn Pfennig – für viele ein Luxus sind. Keine Wohnungstür gibt es dort, an der nicht mehrere Namensschilder klebten; die Toiletten auf den Treppenabsätzen teilen sich bis zu 40 Mieter. Wenn Kinder im Hinterhaus Masern bekommen, haben sie eine Überlebenschance von 37 Prozent, im Vorderhaus wären es 78 Prozent. Das alles meint der SPD-Abgeordnete Albert Südekum mit seinem Satz: «Man kann einen Menschen mit einer Wohnung geradeso gut töten wie mit einer Axt.» Falls Ethel am 5. April 1902 in der *Volkszeitung* blättert, kann sie erfahren, dass der Berliner Magistrat 332 000 Mark für den sozialen Wohnungsbau bewilligt hat, 2,3 Millionen Euro, während die Grundeigentümer toben: «Der heutige humanitäre Zug wendet sich in einem geradezu beängstigenden Umfange der Wohnungsfürsorge zu.»

Ethel kommt Unter den Linden auch vorbei am neobarocken Prachtbau der Disconto-Gesellschaft, der mächtigsten der deutschen Banken. Seit seiner Gründung 1871 erlebt das Kaiserreich ein Wirtschaftswunder. Am schnellsten ist die Elektroindustrie gewachsen, besonders in ihrem Zentrum, Berlin. Die Firma Siemens & Halske verlagert sich gerade von Charlottenburg nach Westen, wo eine ganze «Siemensstadt» entsteht. Die AEG produziert an fünf Standorten. Allein in der «Stadt der Elektrizität», Berlin Mitte, stellen 20000 Arbeiter Transformatoren, Kleinmotoren, Großmaschinen und Lokomotiven her.

200000 Kilometer Eisenbahnschienen durchziehen nun Europa, die Telegrafie bildet ein *worldwide web*, das der Telefone wächst – die Elektrohauptstadt Berlin verzeichnet jetzt gut 50000 Anschlüsse. Die Rohrpost der Metropolen befördert Briefe und Karten dicht unter dem Pflaster mit zehn Metern pro Sekunde, in der deutschen Reichshauptstadt wird die Post elf Mal täglich zugestellt. Die technische Entwicklung, schon um 1850 schwindelerregend, hat ein Tempo, eine Omnipräsenz, eine Macht erreicht, die Gegenbewegungen hervorbringt, bewusste vom britischen «Arts and Crafts» bis zu den Steglitzer Wandervögeln und weniger bewusste, die aus der Distanz deutlich werden.

Im Musiktheater sind es Märchenstoffe, die neben Milieustudien wie *La Bohème* und *Louise* boomen: Waldesrauschen, Schlösser, Brunnen, Feen und Hexen. Ethel Smyths Einakter *Der Wald* passt dazu bestens. Etwa jede zweite neue Oper bringt jetzt Volksmärchen, Kunstmärchen, Mythisches, Symbolisches in Töne. So weit Ethel Smyth und Claude Debussy in diesem Jahr 1902 voneinander entfernt sind, so nahe sind sie einander und vielen Kollegen in dem, was dem Schauplatz nach wie eine Flucht aus der Realität anmutet.

Als vor nicht einmal zehn Jahren in Weimar *Hänsel und Gretel* von Engelbert Humperdinck geprobt wurde, rechnete niemand mit dem Welterfolg, zu dem das dann rasch wurde. Der Komponist konnte ein Schlösschen erwerben. Richard Strauss, der erste Dirigent von *Hänsel und Gretel*, versucht es ebenfalls mit Märchenopern, ist da aber bislang – ungeachtet seiner steilen Karriere als Tondichter und Dirigent – gescheitert. In *Guntram* entsagt ein Paar der Liebe, in *Feuersnot* muss sich hingegen eine Dietlind einem Kunrad hingeben, der die allenfalls der AEG vergleichbare Zauberkraft besitzt, einer ganzen Stadt das Licht ausgehen zu lassen. Dass eine Frau im Interesse des Gemeinwesens zum Beischlaf mit einem Erpresser genötigt wird, hat 1901 nicht zu vollen Häusern, sondern zum Aufführungsverbot durch das sächsische Königshaus geführt.

Im selben Jahr 1901 werden zwei andere Märchenopern zu Kassenschlagern: Antonín Dvořáks *Rusalka* ist eine tschechische Undine, eine Nixe, die, in Menschengestalt verwandelt, unter Menschen fremd bleibt – darin der Mélisande ähnlich. In einer Saison 77 Mal gespielt wird *Der Bärenhäuter* von Siegfried Wagner, der damit so wenig aus seines Vaters Schatten kommt wie viele, darunter begabteste Zeitgenossen. Richard Wagners Musiksprache ist in ihrer Abgründigkeit, ihrer modulatorischen Bodenlosigkeit, mit der Aura immaterieller Macht, die der Komponist auch um sich selbst herum geschaffen hat, noch achtzehn Jahre nach seinem Tod in Venedig von ungeheurer Sogkraft.

Das Märchen, die Sage als kleinerer Mythos ist das Gelände, in dem sich Komponisten von Humperdinck bis Pfitzner an Wagner abarbeiten können. Auch in Ethel Smyths Partitur wirkt der nach, den Claude Debussy einen «alten Giftmischer» nennt. Hans Pfitzners *Rose vom Liebesgarten*, an Wagnerismen reich, wird ebenfalls 1901 uraufgeführt, in Elberfeld. Ein Siegnot liebt eine Minneleide, die erst nach Tod und Wiederaufstehung des Helden mit ihm glücklich wird. Übrigens ist sie eine Feenkönigin und damit, wie viele Frauen in all diesen Opern, keine «Bürgerliche», nicht normal, von ungewisser Herkunft und eine Gefahr für den Mann, der sie liebt. Viele Libretti zeichnen eine Furcht vor «der Frau» und ihrer Unberechenbarkeit.

Als «Hysterische» wird sie in der Psychologie untersucht; einen schaurigen Gipfel erreicht der männliche Suprematismus im viel gelesenen Essay «Über den physiologischen Schwachsinn des Weibes», in dem 1900 Paul Julius Möbius, Neurologe in Leipzig, eine geringere geistige Begabung von Frauen als Voraussetzung der «Gesunderhaltung des Volkes» behauptet. Dass die in Polen geborene Französin Marie Curie unlängst das Radium entdeckt hat, gemeinsam mit ihrem Mann, ist ein Grund mehr, die Männergrenzen zu sichern.

«Vor ihrer Lust ist kein Jüngling sicher», heißt es über Jolanthe, in Ethel Smyths Oper die furiose Liebhaberin des Landgrafen Rudolf, in dessen Wald ein Holzfäller ein Reh gewildert hat, um es seiner Braut Röschen zu schenken. Jolanthe, ihres Landgrafen müde, gefällt dieser Heinrich, sie stellt ihn vor die Wahl – mit ihr «Wonnen der Lust» zu erleben oder zu sterben. Aus Grauen vor der attraktiven «Hexe» wählt er den Tod. Am Brunnen, in dem er das Reh versteckt hatte, wird er vom Gefolge der Verschmähten ermordet.

Das ist also *Der Wald*. Das komponiert Ethel Smyth, eine Frau, die in ihrer Selbstbestimmtheit, mit ihrem gesellschaftlichen Hintergrund der Jolanthe viel näher ist als der Bauerntochter Röschen und die nicht daran denkt, einen Mann zu heiraten – obwohl es einen gibt, dem das sehr recht wäre: ihren Librettisten Henry Brewster, ihr einziger männlicher Partner und Lebensgefährte, acht Jahre älter als sie, Kosmopolit, ein in Paris geborener amerikanischer Philosoph und Schriftsteller. Natürlich ist die böse Jolanthe die spannendste Gestalt. Aber wie Richard Strauss wird Ethel Smyth sich als Opernkomponistin erst finden, wenn sie die Märchenwelt hinter sich gelassen hat.

Mittwoch, 9. April 1902. «Vergänglich ist der Sterblichen Leid, wir aber leben uralt wie der Himmel und jung wie des

Frühlings sich ewig erneuernde Zauber-Pracht ...» Die Uraufführung in der Berliner Hofoper geht dem Ende zu und der Pause – nach Ethel Smyths Einakter wird noch *Der Barbier von Bagdad* gespielt. Während der letzten Takte, vom Chor der Waldgeister gesungen, fällt langsam der Vorhang, beim E-Dur-Klang ist er unten, und in dem Moment hört Smyth, in der Intendantenloge sitzend, schon Buhs, Pfiffe, Miauen. Zweimal geht der Vorhang hoch, damit die Solisten ihren Applaus entgegennehmen können, selbst der ist mit Protest durchsetzt. Sie geht nicht auf die Bühne. Sie geht ins Dirigentenzimmer, wo Karl Muck sitzt, weiß vor Wut. «Ich irre mich nie», sagt er, «ich spüre es in meinem Rücken, wenn das Publikum interessiert ist. Und ich schwöre, diese Oper interessierte sie vom ersten Takt an.»

Während er den Abend mit dem *Barbier von Bagdad* fortsetzt, eilen die Kritiker in ihre Redaktionen, am nächsten Morgen erscheinen erste Verrisse. «Mit ihren Neuerwerbungen hat die Generalintendantur nun einmal kein Glück», so steigt die *Vossische Zeitung* ein. «Wie konnte sie sich zu der Aufführung einer Oper verstehen, die aus der Feder einer englischen Miß geflossen ist? Das mußte ja unter allen Umständen ein Mißerfolg werden. Doch Scherz beiseite ... qualvolle anderthalb Stunden ... Wenn der thatendurstigen Tochter Albions nicht vorher klar zu machen war, daß ihr Machwerk gar keine Oper ist ... Die nicht zu leugnende Geschicklichkeit, die sich die Komponistin in der äußeren Handhabung der Musik angeeignet hat, berechtigt sie aber noch lange nicht Opern zu schreiben ...»

Der Mann vom *Tageblatt* geht auf Smyths Nationalität nicht ein; er hört die «gut gemeinte Arbeit einer Dilettantin, die als solche gewiß nicht ohne Begabung ist, die aber bei weitem nicht genug gelernt hat, um die mangelnde Erfindung auch nur einigermaßen geschickt zu verdecken, und die zum Unglück noch an ein unmögliches Textbuch geraten ist».

Die 44-jährige «Miß» und «Tochter Albions» kommt an diesem Vormittag unverdrossen ins Theater. Ein paar Stellen müssen gekürzt werden, und Muck hat keine Zeit, die neuen Übergänge selbst zu proben. Zum ersten Mal in ihrem Leben dirigiert sie – später wird Ethel Smyth die erste Frau sein, die ein Orchester auch öffentlich leitet. Die Herren Musiker begrüßen sie anders als üblich. Sie klopfen nicht mit Bögen oder Händen auf die Pulte. Sie applaudieren! Der dicke Basstubist ganz hinten ruft: «Ihre Oper ist einfach großartig, und die Leute werden das herausfinden, trotz der Presse!» Viel Gelegenheit haben sie dazu nicht. *Der Wald* wird noch dreimal in Berlin gespielt, einmal in Straßburg, dreimal in London, zweimal an der Metropolitan Opera in New York, danach zu Ethel Smyths Lebzeiten nicht wieder.

*

Debussy ist vorgewarnt, man kennt einander, wie jede Metropole ist Paris ein Dorf, wenn es um Künstler, Theater, Klatsch und Tratsch geht. Er hat also *Le Figaro* vermutlich nicht mit den besten Gefühlen für fünfzehn Centimes gekauft an diesem Montagmorgen, hat nervös geblättert, auf Seite 4 die Erfolgsmeldung gefunden, dass die Opéra-Comique derzeit bestens Kasse macht mit der *Manon* von Jules Massenet, die jüngste Vorstellung brachte fast 9800 Francs ein. Gleich darunter liest Debussy: «Wir erhalten von Maurice Maeterlinck einen Brief, der hier folgt …» «Paris, le 13 avril. Cher monsieur, die Direktion der Opéra-Comique kündigt die bevorstehende Aufführung von *Pelléas et Mélisande* an. Diese Aufführung wird gegen meinen Willen stattfinden …» Er sei, schreibt der Dichter, betrogen, hintergangen und von seinem Werk ausgeschlossen worden, «man behandelt es seitdem wie ein erobertes Land. Man hat willkürliche und absurde Schnitte vorgenommen, die es unverständlich werden lassen. *En un mot*, der in Frage stehende *Pelléas* ist mir fremd geworden, fast feindlich; und, beraubt aller Kontrolle über mein Werk, muss ich mich auf den Wunsch beschränken, sein Scheitern möge ein jähes und nachhallendes sein.»

Maeterlinck kämpft wie ein Vater, dem ein anderer sein Kind entfremdet hat. Er ahnt vielleicht, dass seine Worte nie mehr von den Klängen zu trennen sein werden, die ein anderer dazu fand und die er nicht begreift. Mit Orchester und Sängern gehört hat er sie durchaus, in einer Probe des dritten Aktes, zu der er am 19. März in der Salle Favart erschienen ist. Eine Wahrsagerin hat er danach besucht, um sie über den «Feind» zu befragen – der für ihn immer mehr Albert Carré ist, der Opernchef. Sie sehe Hass beim Feind, Hass auf eine andere Person. «Weil du sie liebst, will er nicht, dass du für sie tust, was du gern tun würdest.» Das passt, Carré hat sich gegen Georgette Leblanc gestellt. Die Prophezeiung aber, der Feind werde «bald sterben», wird von Carré nicht erfüllt. Er erkrankt in diesem Jahr zwar schwer, wird aber durch eine Operation gerettet.

Der Komponist ist seit drei Monaten fast täglich außer sonntags zum Proben im Theater, daneben muss er noch Zwischenspiele komponieren, weil sonst die Zeit für aufwendige Kulissenwechsel nicht reicht. Die erste Orchesterprobe im März war ein Desaster, weil ein Kopist die Orchesterstimmen mit Fehlern übersät hatte, später verlor Dirigent Messager die Nerven und schrie herum. Jetzt sind es noch zwei Wochen bis zur Generalprobe, man hat die Premiere verschoben, und Debussy findet die Bühne zu dunkel, Golaud im Nachthemd unmöglich. Aber inzwischen hat sich rund um die Produktion eine magische Anziehungskraft entwickelt. Immer wieder sieht man besondere Gäste in den Proben wie vorgestern, am Sonnabend, als der große Massenet kam, jetzt fast 60, mit weit nach hinten gewandertem Haaransatz und ruhigen, wachen Augen.

Auch haben die ironischen Bemerkungen der Orchestermusiker nachgelassen, nicht nur, weil der Komponist solche Kommentare überhaupt nicht wahrzunehmen scheint. Sie begreifen seine Sprache, indem sie sie spielen. Aber ahnt jemand, dass die Wurzeln der seltsamen Harmonien, die Melisande umranken, Tausende von Kilometern entfernt auf der Insel Java zu finden sind? Es war auf der Weltausstellung 1889 nicht der neue Eisenturm des Gustave Eiffel, der für Debussy in die Zukunft wies, sondern die Musik im «Kampong javanais», einer der Trophäen des Kolonialismus. Die Niederländer, Beherrscher der Insel Java, hatten dieses Dorf auf der Esplanade des Invalides errichtet und 40 Männer und 20 Frauen aus Java nach Paris bringen lassen, darunter Musiker mit metallenen Gamelaninstrumenten, Sänger, Tänzer.

«Sie konnten nicht verhindern, als exotische Erscheinungen konsumiert zu werden», schreibt Michel Fend. Sie waren lebende Exponate; das fand man selbstverständlich. Wie seine Zeitgenossen in Europa war auch Debussy nicht irritiert über die Art und Weise, in der hier eine andere Kultur kennenzulernen war. Doch anstatt in kolonialem Geist ein paar Gewürze für den modischen Exotismus zu sammeln, lauschte er geradezu fassungslos der Musik. Debussy, der Wagner hinter sich lassen wollte, fand in diesen Klängen einen neuen Weg. Die Stimmung der Gongs hat kein «Tonsystem». Es gibt keine Tonhöhenregeln, keine harmonischen Funktionen; es gibt ein schimmerndes Timbre des Zusammenklangs, in dem komplexe Strukturen zum Leben erwachen; «unendliche Arabesken» hörte Debussy. Ihm kam die abendländische Musik plötzlich infantil vor neben den südostasiatischen Schattierungen, der filigranen Kontrapunktik. «Erinnere Dich an die javanische Musik», schrieb er dem Dichterfreund Louÿs 1895, «die alle Nuancen enthält, auch solche, die man nicht mehr benennen kann, wo die Tonika und die Dominante nichts weiter sind als sinnlose Phantome, zum

Gebrauch durch unartige Kinder.» Noch 1913 empfiehlt er, diese Musik «ohne europäischen Dünkel» wahrzunehmen.

Es gäbe *Pelléas et Mélisande* nicht ohne diesen Kulturschock, und es grenzt an Zauberei, wie Debussy mit dem kleinen abendländischen Vorrat der zwölf Halbtöne das Schimmern javanischer Harmonik wachruft, zu Mélisandes Worten «verloren hier ... ich bin nicht von hier ...». Die Passage entzieht sich jeder Analyse, die von einer Grundtonart ausgeht – so, wie Mélisande von Golaud nicht begriffen werden kann. Wenn er sie, die am Rande des Wassers weint, an der Schulter berührt, verwandelt sich die Harmonik zum Fünftönigen hin und durchfließt dabei einen Akkord, den man nur erkennt, wenn man ihn isoliert – der Tristanakkord des «alten Giftmischers». Aber er ist es nicht mehr, er ist entgiftet, aus neuen Quellen gespeist und Wagner fortgenommen.

*

Noch einen Komponisten gibt es, der in diesen Tagen der Uraufführung einer Oper entgegenfiebert, 1200 Kilometer von Paris entfernt, 600 von Berlin. Auch er in einer Metropole, auch er mit einem Seelenmärchen. Er befindet sich in Wien, wo er jetzt, im Frühjahr 1902, fast unbekannt ist, dieser Franz Schrecker, wie er noch heißt. Es ist ja nicht einmal eine richtige Uraufführung, weder szenisch noch konzertant in voller Besetzung. *Flammen*! Nur fünf singende Kommilitonen in sechs Rollen, ein Pianist und er selbst als Dirigent bringen den Einakter am 24. April um 19.30 Uhr im Bösendorfersaal zu Gehör. Erst 99 Jahre später ist das Werk so zu hören, wie er es schrieb: mit großem Orchester und 90 Minuten lang.

Ein Kreuzritter, bevor er gen Jerusalem reist, schärft seiner Gattin ein: Sollte sie sich anderweitig verlieben, werde er, der Gemahl, nach der Rückkehr an ihrem ersten Kuss sterben.

Woraufhin sie dem Minnesang eines durchreisenden Barden lauscht, ihm erliegt und sich dann selbst für ihren Seitensprung bestraft. Ehe der heimgekehrte Glaubenskrieger seine Ehegattin küssen kann, trinkt sie Gift. Aber sie bereut in ihrem letzten Bekenntnis nichts von «des Lenzes Glücksergießen»: «Heißes Fühlen, nie gekannt, strömt durch meine Seele, – meine Seele steht in Brand, rings um mich – glüh'ndes Rot – Flammen!»

Was im Libretto von Dora Leen – so nennt sich Dora Pollak, die Tochter eines Wiener Arztes – noch pathetisches Ornament ist, verwandelt die Musik in leuchtende Abgründe. Wenn sich die Linien auch in Wagners Nähe bilden ebenso wie manche Steigerung, mancher Übergang, gerät immer auch etwas Kristallines hinein. Die Lockerung der tonalen Gravitation führt nicht zur Aufweichung. Eher zeichnen sich Farbfelder ab, als schimmere in einem Bild von Delacroix schon ein Cézanne. Der Sog, den man spürt, ist einer der Leidenschaft und zugleich der Abstraktion, wie man es auch bei Debussy erleben kann, wenn er die Seele bis auf ihre Moleküle durchleuchtet.

Der junge Komponist scheint nicht gewusst zu haben, was ihm da gelang; er hat das Werk nach der provisorischen Uraufführung eher verschwiegen. «Wie eine Urpflanze», schreibt Frank Harders-Wuthenow, enthält der Einakter «den Keim wesentlicher Aspekte des späteren schrekerschen Opernschaffens.» Schreker, wie er sich bald nennt, wird erst berühmt mit *Der Ferne Klang*, mit *Die Gezeichneten*, als Opernkomponist ein Star der 1920er-Jahre, dann treiben ihn die Nazis in die Isolation, mit 55 Jahren erliegt er einem Schlaganfall.

Was bringen die Zeitungen, die er in den Tagen nach seinen *Flammen* in einem Wiener Café durchblättern könnte? 25. April 1902, *Neue Freie Presse*. Mascagni, Mascagni! Eine ganze Spalte über Mascagni, weil der gestern im Ingenieursverein aus dem Nähkästchen geplaudert hat! Und geweint, als er vom Sarg Verdis erzählte, an dem er vor fünfzehn Monaten stand, in Ver-

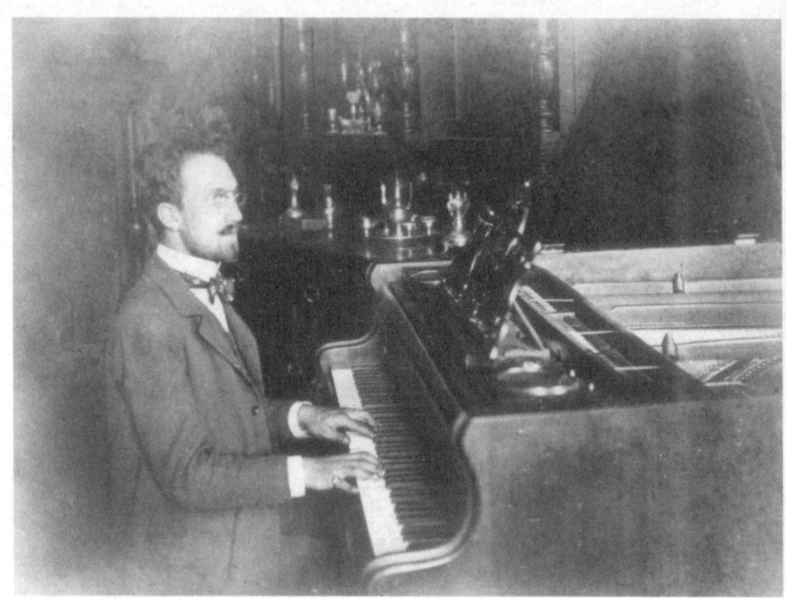

Franz Schreker am Flügel etwa zu der Zeit, als er, 23-jährig, noch Schrecker hieß und in Wien seinen Einakter «Flammen» komponierte. Uraufgeführt wurde 1902 eine Fassung für Klavier und Sänger. Vollständig wurde «Flammen» erst 2001 produziert.

dis Haus. «Er glaubte, ihn zu sehen, wie er seine Kinder liebkoste – es war ein Schmerz, wie er noch keinen empfunden.» Schrecker blättert weiter, Seite 8, «Theater= und Kunstnachrichten», aber über seine Oper ist nichts drin. Noch nicht? War überhaupt einer der Herren gestern im Bösendorfersaal? Mascagnis *Cavalleria Rusticana* ist auch nur ein Einakter, und er, Schrecker, ist jünger, als es der italienische Kollege damals war, nämlich 23 Jahre alt. Was ist schon noch gekommen von Mascagni? Wofür denn auch?

Der kann von seiner wackeren *Cavalleria* gut leben bis an den Sarg. Im *Neuen Wiener Tagblatt* ist auch nichts. Vielleicht sind sie auch einfach nicht gut, die *Flammen*? «Meine Seele steht in Brand, rings um mich...» Einige meinten, der Text sei zu undramatisch für die Bühne. Ehebruch, Ekstase, Suizid... vielleicht hätte man das gar nicht ins Mittelalter verlegen sollen?

Schrecker legt die Zeitungen weg, zahlt seinen Kaffee, ein schmaler, ernster, bebrillter junger Mann mit knappem Zwirbel- und Kinnbart und hoher Stirn, erstes überlebendes Kind einer Liebesehe oder, standesgemäß gesprochen, einer *mésalliance*. Seine Mutter kommt aus der katholischen Aristokratie der Steiermark, sein Vater aus dem böhmischen Judentum. Isak Schrecker, neunzehn Jahre älter als Eleonore von Clossmann, ist Fotograf und überall in Europa unterwegs. Kurz vor der Ehe lässt er sich auf den Namen Ignaz taufen, kurz danach eröffnet er ein Studio in Monaco, wo Franz zur Welt kommt.

Es folgen Brüssel, Paris, Pola, Triest; schließlich landet die Familie des rastlosen Lichtbildners in Linz, wo Ignaz Schrecker mit 53 Jahren stirbt. Da ist Franz, jüdisch geboren, katholisch erzogen, ein neunjähriger Volksschüler. Mit inzwischen vier Kindern zieht die junge Witwe nach Wien, völlig mittellos, sie näht, eröffnet einen kleinen Gemischtwarenladen im Bezirk Döbling – und dort fällt Franz' musikalisches Talent den richtigen Leuten auf. Es sind zugleich die Jahre nach dem frühen Tod des Schuhmachers Samuel Schönberg in der Wiener Leopoldstadt, dessen Sohn Arnold seine Liebe zur Musik gegen alle Hindernisse realisiert. 1901 hat Franz Schrecker sein Studium im Wiener Konservatorium abgeschlossen und im Herbst mit der Komposition von *Flammen* begonnen.

Am Samstag ist auch nichts drin. Am Sonntag, 27. April 1902, ist die *Neue Freie Presse* 56 Seiten dick. «Sonntag ist großer Wahltag in ganz Frankreich. Von dem Ausfall der Kammerwahlen ist das Schicksal der Republik abhängig. Die Wählerschaft wird entscheiden, ob die unausgesetzten Wühlereien der monarchistischen und revolutionären Parteien ...» Er blättert ungeduldig weiter. Das Kursbuch Napoléons III., 1870 unter seinem Bett in einem Schloss bei Sedan gefunden, nebst Eisenbahnkarte mit eingezeichneter Route – er hatte offenbar vor, nach der Schlacht über Belgien nach Paris zurückzufahren, daraus wurde ja nichts. «Pepi Glöckner gab ihre reschesten und feschesten Couplets zum Besten.» Na, besten Dank. «Neue Musik» wird annonciert, bei Ricordi erschienen. Ein Intermezzo für Klavier von einem Herrn Straßer, «Pietro Mascagni gewidmet, der großes Gefallen an dem pikanten Musikstück ...» Und hier, «Wie wird man populär?» Eine interessante Frage. Es geht aber leider nur um das Erfolgsgeheimnis des Schuhwarenhauses Robert Schlesinger.

Wenigstens ist die *Neue Freie Presse* nicht antisemitisch. Eine Zuschrift vom berühmten Dr. Arthur Schnitzler, der feststellt, dass ein ihm zugeschriebenes Telegramm wegen irgendeiner Theaterintrige eine lächerliche Fälschung sei. Dafür haben sie also Platz. Hätten nur diese fünfzehn Zeilen den *Flammen* gegolten, wie schlecht und von wem auch immer geschrieben ... Den Mahler müsste man kennen, den Hofoperndirektor. Ja, was wäre passiert, wäre Gustav Mahler am 24. April 1902 in den *Flammen* gewesen? Oder einer wie er, der sich den Klang des Orchesters hätte dazudenken können ... Für Montag kündigt die Hofoper *Hoffmanns Erzählungen* und für Dienstag den *Holländer* an.

Was die *Neue Freie Presse* natürlich nicht meldet: dass morgen am Montag in Paris die Generalprobe von *Pelléas* ansteht, gleich nach dem Wahlsonntag.

*

Vor der Generalprobe sammelt Debussy seine Truppen. Es liegt etwas in der Luft am 28. April 1902, kaum zu trennen von der Wahl der Abgeordneten am Tag zuvor, deren Ergebnis mit äußerster Spannung erwartet wird – mit einer neu gegründeten Linkspartei war das zugleich eine Volksabstimmung über die

Affäre Dreyfus. Das Haus wird brechend voll sein. «Ich muss Dir nicht sagen, wie nötig es ist, bei meiner Freundschaft, dass Du da bist», schreibt er an Pierre Louÿs zu einem beigelegten Billett für die Parkettloge 13, und dass er auch die Valérys mitbringen möge – Paul Valéry also und seine Frau Jeannie, den jungen Dichter und Denker Valéry, dessen «Monsieur Teste» das Modell für den «Monsieur Croche» ist, hinter dem sich Debussy als Musikkritiker verbirgt. Im vorigen Jahr hat Valéry ihm vorgeschlagen, «das klarste Ballett der Welt» zu komponieren, eines ohne Programm, eines, in dem Körper und Instrumente gleichsam nur sich selbst darstellen.

Er kommt, und viele andere Freunde kommen am Montagvormittag zur *générale*, aber nicht nur die. Vor dem Eingang wird ein parodistisches Programm verkauft, betitelt «Pédéraste et Médisante», «Päderast und Lästerzunge». Mag Maeterlinck dahinterstecken oder nicht – das öffentlich gewordene Zerwürfnis hat die Pariser inspiriert, die Skandale über alles lieben und nun das ganze große Haus in nervöse Spannung versetzen. Und die achteinhalb Millionen Stimmen vom Wahlsonntag sind noch nicht gezählt.

Im ersten Akt hält man sich zurück, vielleicht auch beeindruckt von der Perfektion, die in 63 Proben erreicht wurde. Mary Garden fasziniert alle, ihre schlanke Gestalt, die noch mit einem Reif zusammengefassten Haare, das auch im Singen stille Gesicht. Es ist selbst für die entschlossensten Spötter nicht leicht, ihren Zauber zu brechen und den des fließenden Klanges, in dem sie sich bewegt. Zweiter Akt, zweite Szene, Mélisande bekennt ihrem Gemahl Golaud, dass es ihr nicht gut geht, sie weint, sie beendet das Gespräch, nur noch von den Streichern und zwei leisen Hörnern geschützt: «Je ne suis pas heureuse.» Nochmals, nur die Streicher dazu: «Ich bin nicht glücklich.» «Du sagst es», ruft da einer ins Pianissimo, ein anderer johlt: «So ist das hier immer!»

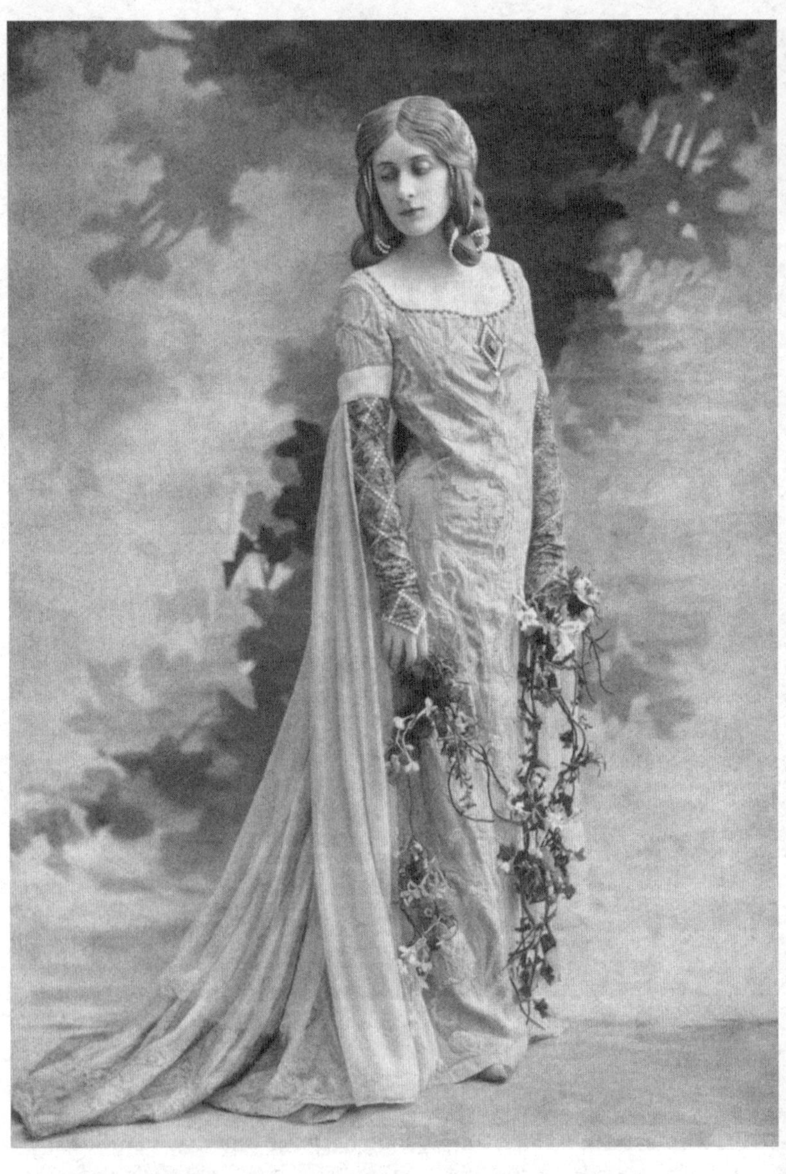

«C'est toi, Mélisande?» «Oui.» Mary Garden, 1874 in Aberdeen geboren, im Kostüm der Uraufführung von Claude Debussys «Pelléas et Mélisande», 1902.

Das folgende Orchesterzwischenspiel, zum Umbau bei geschlossenem Vorhang, wird von Spottrufen überschossen. Die Saboteure warten auf weitere Stichworte, die das Libretto liefern könnte, man versteht den Text ja kristallkar, dank der durchsichtigen Instrumentierung, der innigen Verbindung von Sprache und Stimme in dieser Partitur. Die dritte Szene gibt nichts her. Mélisande und Pelléas in der Grotte am Meer – Mary Garden und Jean Périer zeigen sich kaltblütig gegenüber der Feindseligkeit im Saal, auch im dritten Akt, man wartet ab. Oha, Erotik! Die Turmszene, das nun offen wallende Haar der jungen Frau, der jäh auftauchende Ehemann, seine Eifersucht hinter nervösem Lachen verbergend, hinter väterlicher Maske: «Welche Kinder! Welche Kinder!»

Doch dann befragt er vor dem Schloss seinen Sohn aus früherer Ehe, Yniold, vielleicht sechs, sieben Jahre alt, etwas jünger als Blondin, der Knabe aus dem Kinderchor von *Carmen*, der ihn singt, ein zierlicher Kerl. «Komm auf meinen Schoß ... sag mir, Yniold, sie ist oft mit deinem Onkel Pelléas zusammen, nicht wahr?» «Oui, oui, toujours, petit père, quand vous n'êtes pas là.» Im ersten Rang, rechts, nahe der Bühne, kreischt indigniert eine dicke Dame auf wie ein hochgeschrecktes Perlhuhn. Ob sie sich streiten, die Mama und der Onkel? Ja? Warum? Wegen der Tür? Was ist mit der Tür? «Nun steck doch nicht deine Hand in den Mund!» Ob sie sich manchmal umarmen? Nein ... doch. Wie? «So, Papachen, so», und er küsst den Papa auf den Mund und sagt lachend, dass der Bart pikst und grau wird wie das Haar, «tout gris, tout gris». Und dass Pelléas lieb sei, «bon». Auf dem Wort setzt ein sanfter Bläserakkord ein, ein E-Dur-Septakkord, wie er rar ist in dieser Musik, eine frühere Geborgenheit, Yniolds Sympathie zu Pelléas leuchtet darin. Das Licht in Mélisandes Zimmer ist aufgeflammt, der Vater hebt Yniold empor, er soll ins Zimmer spähen.

Inzwischen ist die Musik drängend geworden, nun schon

ein reißender Strom, und Golauds Rufe sind darin wie Teile eines zerrissenen Schiffs und wie Schreie eines Ertrinkenden, so groß und stark, wie er da steht und sein Kind hält. «Ist sie allein?» «Ja ... nein, nein ...» Neunachteltakt, atmend, treibend. «Sind sie nah am Bett?» «Oh, oh!», ruft jemand im Saal, «petit pèeeere ...», heult ein anderer. «Ich habe schreckliche Angst ...», singt Yniold, «Papachen, lassen Sie mich herunter», «Papachen!», wieder kommt ein Echo, diesmal aus dem Rang, Gelächter folgt. Blondin, der Junge, weint jetzt, vergisst seine Töne; und er soll nun doch singen, dass er gleich schreien wird, wenn sein Vater ihn nicht endlich herunterlässt. Dafür schreit nun die dicke Dame mit ihrer Perlhuhnstimme: «Oh! Petit père! Petit père!» Dirigent André Messager blickt kurz nach rechts zu ihr hoch, während er bei fallendem Vorhang das Orchester in die letzten Takte der Verzweiflung führt. Er kennt sie, sie kommt zu allen Generalproben, missgünstig und imposant. Madame ist außer sich, auf dem Sessel hin und her geworfen wie ein Ruderboot im Sturm, die feisten, schmuckbehängten Arme hebend. «Zum Brüllen ist das», kreischt sie, «genug davon, genug!» Letztes Crescendo, tiefes E, nur Fagotte, Hörner, Pauken, es geht unmittelbar ins Toben des Saals über.

Der Applaus wird übertönt von Geheul, Pfiffen,«Petit père»-Rufen, auch in der Pause wird man sie immer wieder aus der erregten Menge hören, «Papachen, Papaaaachen!», von Lachsalven gefolgt. Aber das ist nicht einfach eine Intrige, ein Plan. Die Spötter, die *habitués* sind selbst überwältigt worden, sie leisten Widerstand gegen das Innerste, das da wachgerufen worden ist, den tiefen Schmerz, das Vernichtende der Eifersucht, die man in dieser Stadt allzu gut kennt. Wie lange ist damit gespielt worden, wie lange hat man jeden Seitensprung anerkennend oder amüsiert oder verächtlich zur Kenntnis genommen und herumerzählt, in Büchern, Zeitungen, Salons, Theatern genossen, man weiß doch, wie das ist, man kennt sich aus mit der Liebe.

«Was halten Sie vom Ehebruch?» heißt einmal das angekündigte Konversationsthema im Salon der Madame de Nerville, wo eine Dame erklärt: «Ich muss mich entschuldigen, ich habe mich nur auf Inzest vorbereitet.»

Das ist nicht Debussys Welt. Er erreicht die ungeschützten und unbesprochenen Bereiche, gewaltlos und genau bewegt er sich an allen Klischees vorbei dorthin, wo Angst und Weinen beginnen, über die Worte hinaus zu den Kapillaren der Seele. Sein Golaud ist nicht der tausendste betrogene Ehemann, er ist jeder Mensch, der einen geliebten Menschen sich entfernen sieht, auf die Faser genau spürt man, an welchen Stellen und wie tief sein Herz zerreißt – und niemand trägt eine Schuld daran. Mélisande und Pelléas sind ebenso von innen zu spüren, und allen dreien ist Yniold verbunden, das Kind, hilflos und fassungslos und zärtlich. Dieses Kind, das nicht weiß, warum sein Vater nach dem Bett fragt. Man wird die Frage streichen müssen, um Zwischenrufe zu vermeiden ...

In der Pause scheinen sich die Gegner ausgerast zu haben. Der vierte und der fünfte Akt verlaufen nahezu ungestört, doch der kleine Blondin, den man zuvor beruhigt und getröstet hat, wird erneut von Lachern getroffen, als Yniold seine Szene allein im Park hat, am Brunnen, neben dem später Pelléas sterben wird, von seinem Bruder ermordet. Nach dem letzten Vorhang stürmt Henri Bauër, Kritiker, Dramatiker, eines der unehelichen Kinder von Alexandre Dumas dem Älteren, ins Büro von André Messager und ruft strahlend: «Endlich ist die französische Musik von der Wagnerschen Unterdrückung befreit!»

Claude Debussy, aschfahl, raucht eine Zigarette nach der anderen. Henry Roujon vom Ministerium der Schönen Künste zupft sich den Kinnbart und empfiehlt, die Szene mit Kind und Vater vollständig zu streichen. «Sie wären gut beraten», fast drohend sagt er das. «C'est une nouveauté en tout», lässt sich da leise, mit warmer Stimme und dennoch fast eisig, eine

Dame vernehmen, die neben der Tür steht, um die fünfzig, nobel, gelassen, einen weißen Schal mit einer Brosche unter dem schmalen Gesicht. «Das ist ein absolutes Meisterwerk. Das Publikum hat nichts begriffen.» Und mit einem feinen Rauschen ihres Kleides verlässt sie den Raum. Meg, wie alle ihre Freunde sie nennen, von denen es viele gibt, Marguerite de Saint-Marceaux, in deren Salon Debussy sein *Prélude à l'après-midi d'un faune* schon spielte, als es noch nicht orchestriert war, und ebenso Teile von *Pelléas*. Meg, die alle kennt, am Klavier so souverän wie am Steuer ihres Automobils, generöse Gastgeberin, an deren Freitagabenden man Gabriel Fauré und Maurice Ravel treffen kann, den Wagnerianer Alfred Cortot, den Melodiker Reynaldo Hahn. Nur sicher nicht Hahns Freund Marcel Proust, der einmal und nie wieder eingeladen wurde und sich später die Freiheit nimmt, Meg zu einem der Modelle seiner Madame Verdurin zu machen …

Hochgeschlossene Kleider, schwarze Anzüge, viele Glatzköpfe – zur Premiere am 30. April 1902 erscheint das wohlsituierte bürgerliche Paris, durchsetzt mit jungen *debussystes*, mittendrin, unsicher um sich blickend, der Vater des Komponisten, 66 Jahre alt, und Lilly, an diesem Tag blond. Wieder ist am Eingang die idiotische Broschüre für sechs Sous verkauft worden, wieder ist die Atmosphäre gespannt – doch anders gespannt. Die achteinhalb Millionen wahlberechtigten männlichen Franzosen, die am Sonntag ihre Stimmen abgaben, haben dem Block der vier linken Parteien eine Mehrheit beschert. 338 Sitze gegenüber den 251 Sitzen der drei anderen: schwere Verluste vor allem für den «progressistischen» Flügel der Republikaner, der gegen Dreyfus ist. Zugleich gewinnen die Sozialisten gegenüber den Nationalisten an Gewicht. Die Wut der Verlierer wird Émile Zola in diesem Herbst das Leben kosten.

Doch die Anhänger der musikalischen Avantgarde kommen aus beiden Lagern, und sie demonstrieren ihren Enthusiasmus exzessiver, als jede professionelle *claque* es tun würde. Zuerst reagieren die Konservativen mit spöttischem Lächeln, im zweiten Akt stachelt sie der Jubel aus dem dritten Rang zu den Spöttereien an, die Mary Garden schon kennt. Man amüsiert sich wie in einer Komödie von Feydeau, besonders in der Szene mit dem Kind am Fenster. Debussy hat sich geweigert, sie zu streichen – bis auf die Takte mit dem Bett.

Nach der Pause wendet sich der Wind. Das *bataillon sacré* im dritten Rang, das «heilige Bataillon», wie sich die Enthusiasten auf den billigen Plätzen nennen, reißt immer mehr Schwankende mit. Am Ende ist der Applaus fast einhellig. Noch einhelliger sind aber die Kritiken am nächsten Tag – ablehnend bis vernichtend. Das Bataillon hält dagegen, es vergrößert sich noch, die Fans nennen sich nun Apachen und Pelléastres. Manche verpassen keine der folgenden zwanzig Vorstellungen. Man trifft sich auf immer denselben Plätzen, man trifft sich auch hinterher, um Passagen aus der Oper noch einmal zu spielen und zu singen – inzwischen ist der Klavierauszug erschienen.

Nach und nach sind in der Presse neue Ansichten zu lesen. Dem Verriss im *Figaro* ist im selben Blatt die Gegenstimme von Henri Bauër gefolgt, und in der wichtigsten Zeitung, *Le Temps*, erscheint am 20. Mai, zwölf Spalten lang, ein fulminanter Essay des angesehenen Kritikers Pierre Lalo, Sohn des Komponisten, polemisch Partei nehmend: «Die harmonische Konzeption ist nicht mehr unter Wagners Einfluss; die Akkorde und ihre Verbindungen sind einzig die von Monsieur Debussy. Und seine Kühnheit ist es, die bei jenen ehrbaren Herrschaften Skandal gemacht hat, die an die Ewigkeit der harmonischen Regeln glaubten.» Am Schluss: «Wie hinreichend zu sehen ist, fehlt mir der Platz, um heute über die *Götterdämmerung* zu sprechen.»

Drei Tage zuvor hat Alfred Cortot, von einer Gönnerin großzügig finanziert, die erste komplette *Götterdämmerung* in Paris dirigiert, französisch gesungen, also als *Crépuscule des Dieux*, woraus Debussy gern «Crêpe-sur-le-cul-des-dieux» macht, Trauerflor auf dem Götterhintern – oder auch Pfannkuchen, je nach Geschmack. Der ganze *Ring* ist ihm ein «musikalisches Adressbuch». Über niemanden spottet er so gern wie über Wagner, seine Hassliebe fürs Leben.

Und seine Liebe? Im Juli reist er ohne Lilly nach London, eingeladen von André Messager, der seit einem Jahr auch künstlerischer Leiter von Covent Garden ist und Mary Garden für Massenets *Manon* verpflichtet hat. Claude Debussy hat sich in die Darstellerin seiner Mélisande verliebt – schon längst vielleicht und doch zu spät, wie er feststellen muss, als er sie mit Messager zusammen erlebt. «Sie ist wie eine kleine Närrin und macht ein enormes Getue mit ihrem Messager, ihrem Chef, ihrem Meister», schreibt er an Lilly, geht aber mit Mary ins Theater, um *Hamlet* zu erleben. Für sie ist ihr Nachbar dabei fast interessanter als die Aufführung: «Er schien mir wie ein vollkommen begeistertes Kind.»

Debussy bleibt eine ganze Woche. Er dürfte es sich kaum entgehen lassen, dass am Royal Opera House der Einakter einer englischen Komponistin aufgeführt wird, wie in London üblich in der Originalsprache, auf Deutsch: *Der Wald* von Ethel Smyth, die mit Messager schon seit Längerem in Kontakt ist und nun im Gespräch über ihre nächste, mehraktige Oper. Weder Smyth noch Debussy haben etwas über eine Begegnung hinterlassen, auch wenn es für Messager nahegelegen haben müsste, die beiden einander vorzustellen. Smyth spricht ja fließend Französisch. Vielleicht ist für Debussy zu viel Wagner in ihrem *Wald*? Aber es wird nicht die letzte Gelegenheit für eine Begegnung sein.

Noch ein Zusammensein mit Mary Garden: Mittwoch, 3. Februar 1904, 16 Uhr, 118, rue Réaumur in Paris, 2. Arrondissement. Dort befindet sich die *Compagnie Le Gramophone*, Filiale der britischen *Gramophone Company*, wie jene mit einem auf die Platte schreibenden Engel werbend, den bald ein Hund vor einem Trichter ersetzen wird. Ein eher kleiner Raum erwartet die beiden, mit einem Techniker, der die Sängerin zu einem trichterförmigen Horn führt, das aus der Wand ragt. Auf der anderen Seite wird ihre Stimme – nebst den Tönen des Klaviers – über eine Membran die Nadel bewegen, die spiralenweise in das Wachs auf einer sich drehenden Zinkplatte schreibt.

«Erlauben Sie, Mademoiselle, dass ich Sie ein wenig manövriere», sagt der Techniker. Mary ist zuerst irritiert, als er sie bei leisen Tönen in den Rücken stupst, damit sie näher zum Trichter tritt, und bei den lauteren am Kleid zupft. Nach dem ersten Lied, «Es regnet in meinem Herzen, wie es auf die Stadt regnet», verschwindet der Mann durch eine Tür zu seinem Kollegen im Nebenraum. Nach zehn Minuten kehrt er wieder. «Man hört kaum das Klavier, Mademoiselle, Monsieur, diesen Versuch schmelzen wir ein.»

«Sie schmelzen ihn ein?», sagt Mary erstaunt. «Noch ist es ja nur Wachs. Wir haben genug von diesen Wachsplatten. Wenn's dann gut ist, kommt die Scheibe ins Säurebad ...» Debussy sagt kein Wort und schüttelt skeptisch den Kopf. «Nun, und ganz am Ende werden Ihre Töne gepresst.» «Sie werden gepresst», wiederholt der Komponist und blickt in seine Noten. «Ja, in eine Mischung aus Gesteinsmehl und die Ausscheidungen von Schildläusen», erklärt der Techniker vergnügt, «das hält ewig.»

Mary steht nun ein paar Zentimeter weiter vom Trichter entfernt, und Debussy spielt, so laut er kann. Dennoch wird man seine Töne nur wie feinen Regen hören, funkelnd im Rauschen hinter Marys energischem Sopran. Mit sehr wenig Vibrato singt sie, fast nur einem feinen Beben, dem Ausdruck der Spannung in ihrer Stimme. «Es regnet in meinem Herzen, wie es auf die Stadt regnet.» Drei der *mélodies* auf Gedichte von Paul Verlaine singt sie, die Debussy mit Mitte zwanzig komponierte und 1903 überarbeitet hat. «Der Schatten der Bäume im vernebelten Fluss», um den sich für uns ein magischer Nebel der frühen Aufnahmetechnik legen wird. Das glücklichere «Green», wo Debussy im Wort «délasseront», «entspannen», mit seinem Klavieranschlag der letzten Silbe knapp vorauseilt – Mary singt sie umso gelassener. Schließlich Mélisande: «Mes longs cheveux descendent ...» Beginn der Szene am Turm, in der er die erste Probe mit ihr abbrach, vor drei Jahren. Dieses Mal endet die Musik viel früher – ehe Pelléas erscheint. Nur bis zu vier Minuten passen auf eine Schellackplatte.

Mary singt in die Zukunft hinein. Sie sind ganz entspannt miteinander. Vor einigen Monaten hat er Emma Bardac näher kennengelernt. Er wird nach dieser Aufnahme vielleicht nicht gleich zu Lilly in die rue Cardinet fahren.

KAPITEL 2

1906, 1907. *Salome* in Graz. «Mahler u. Frau». Eisenbahngespräche. Verdrängtes im Kessel von Wien. Ethel Smyth spielt für Gustav Mahler und verliebt sich in eine Sängerin. Alban Berg sieht die Romantik im Staub liegen.

Soeben 1 Uhr sind Mahler u. Frau abgereist, lassen Dich herzlich grüßen, der italienische Componist Puccini war eigens auch aus Pest gekommen, viel junge Leute aus Wien, deren einziges Handgepäck ein Klavierauszug war, – es regnet u. ich sitze auf der Gartenterrasse des Hotels, um Dir zu berichten, daß Salome sehr gut gegangen, ein Riesenerfolg, die Leute applaudiert – noch 10 Minuten, nachdem der eiserne Vorhang gefallen war etc. etc. Vorher war ich so kalt wie immer, im Verlaufe des Abends hat mich das Ding doch wieder aufgeregt, so daß ich, trotzdem ich gestern körperlich gar nicht müde war u. schon um ½ 1 Uhr zu Bette ging, erst um 11 Uhr Früh, so etwas zerprügelt aufwachte.»

Er unterbricht und blickt auf, als ein Kellner an seinen Tisch tritt. «Bitte untertänigst zu entschuldigen, Herr Doktor, da wär Post für Sie, Herr Doktor.» «Danke. Bringen S' mir noch einen Kaffee, bitte. Und die Speisekarte.» Er spricht mit der Färbung seiner Münchner Heimat, der Doktor Strauss, der hier im stattlichen Hotel Elefant zu Graz, einem «Haus I. Ranges», seinen kleinen Premierenkater pflegt und seiner Frau nach Berlin schreibt. Ein schlanker, hochgewachsener Mann von 41 Jahren, seinem obersten Dienstherrn nicht unähnlich, dem deutschen Kaiser Wilhelm II. Auch Richard Strauss trägt einen Bart, dessen Spitzen, die Mundwinkel verdeckend, bis über die Wangen reichen, nur sind sie dort nicht auch noch aufwärts frisiert. Auch sein Kinn ist um jene Spur knapp geformt, die die Unterlippe wie in leichtem Trotz hervortreten lässt.

Er versteht sich bestens mit dem Kaiser, auch wenn der, wie schon zu vernehmen, einige Bedenken hat, die *Salome* den Berlinern zuzumuten. Mit wem versteht er sich denn nicht gut? Nun, dass Frau Mahler ihn nicht gerade anbetet, hat er schon manchmal gemerkt, das ist egal, das wird den Mahler nicht abhalten, weiter mit den Zensoren in Wien zu kämpfen. Vergeblich freilich, auch das ist schon klar. Aber um die *Salome* braucht er sich nicht zu sorgen, jetzt noch weniger, die wird in diesem Jahr 1906 an zwölf oder vierzehn Theatern gespielt. Er schiebt die Karte beiseite und setzt den Brief fort.

«Deine liebe Karte soeben erhalten, freue mich aus ihr zu ersehen, daß Du jetzt anscheinend etwas zur Ruhe kommst, thue nur nicht zu viel des Guten u. paße recht auf Bubis Ohren auf! (...) Ich schicke Dir heute Zeitungen, aus denen Du nach Belieben Alles wichtige, die Aufführung betreffende ersehen kannst. Die Bellincioni war auch im Theater, hochentzückt, die Wittwe Johann Strauss ist eigens aus Wien gekommen. (...) Bubi bringe ich, wenn er in der Schule recht brav ist u. in den Pausen sich nicht erhitzt u. herumrennt, schöne österreichische Bleisoldaten u. noch was hübsches mit ...» «Herr Doktor, haben geruht zu wählen, der Herr Doktor?» «Das Schnitzel mit Soße nehm ich, bitte. Und danach den Kaiserschmarrn.»

Bubi ist jetzt neun Jahre alt, Franz Alexander, noch in München zur Welt gekommen. In Berlin haben sie Strauss doppelt so viel geboten für eine Hofkapellmeisterstelle, 18000 Mark, gut 125000 Euro im Jahr, da konnte man sich bequem die neun Zimmer in der Knesebeckstraße leisten. Die *Salome* hat er dann aber schon in der Joachimsthaler Straße komponiert. Und so, wie es aussieht, wird sie ihm bald eine Villa in Bayern finanzieren, die

Prinzessin, «deren Füße wie weiße Tauben sind», die ihn dazu gebracht hat, sein Komponieren neu zu erfinden, ohne Vorsatz übrigens, es ergab sich so.

Schon der erste Satz hatte ihn hineingerissen. «Wie schön ist die Prinzessin Salome heute nacht ...» Warum nicht diese Prosa komponieren, anstatt einen Librettisten Opernverse daraus machen zu lassen? So etwas war ihm zuerst vorgeschlagen worden. Anton Lindner, ein Mitarbeiter der *Wiener Rundschau*, hatte ihm *Salome* empfohlen, Oscar Wildes Drama, 1900 in der *Rundschau* erschienen in deutscher Übersetzung. Lindner bot an, ein paar Probeverse zu schreiben. «Die ‹Salome› müsste ja ohnehin für Sie von Grund aus neu gegossen u. geformt werden, da sie so, wie sie vorliegt, zwar Weibs-stimmungsvoll u. episch-malend, aber nicht dramatisch-packend u. impetuos ist.»

Was dann an Versen kam, war aber lange nicht so impetuos wie das Stück, das Strauss in Berlin auf der Bühne erlebte, am 15. November 1902. Deutsche Erstaufführung im Kleinen Theater von Max Reinhardt, der Zensur wegen eine geschlossene Veranstaltung, Gertrud Eysoldt als Salome. Ein Cellist, den Strauss dort traf, meinte: «Das wäre doch ein Opernstoff für Sie!» «Bin bereits beim Komponieren», sagte der Hofkapellmeister. Er hatte an dem Abend begriffen, was ihn aus der Sackgasse nachwagnerischer Märchenopern führen könnte. Weder *Guntram* noch *Feuersnot* hatten ihm den Erfolg verschafft, den er als Tondichter und Dirigent genoss. *Salome* ließ ihn Morgenluft wittern.

Ältesten Quellen und anderem Geschlecht ist sie entstiegen. Aus einem vorchristlichen Lustknaben, zu dessen Gaudium ein römischer Konsul einen Gefangenen enthaupten ließ, wird bei den Evangelisten die vorerst namenlose Tochter der Herodias. Auf Wunsch ihrer Mutter bringt diese jüdische Prinzessin, Kind eines Ehebruchs, ihren Stiefvater Herodes im Jahr 29 nach Christus dazu, Johannes enthaupten zu lassen, der den Messias ankündigt. Im fünften Jahrhundert erhält sie den Namen Salome und wird zum Schreckbild, mit dem die Moralprediger Erotik, Sinnlichkeit und den Tanz tabuisieren. Sie avanciert zum dunklen Star der Mysterienspiele; das 12. Jahrhundert dichtet ihr die unglückliche Liebe zum keuschen Johannes an. Doch erst im liberalen Paris des Jahres 1841 findet sie einen glühenden Liebhaber: Heinrich Heine.

In seinem Versepos *Atta Troll* ist sie identisch mit ihrer Mutter Herodias. Die Schüssel mit des Täufers Haupt in Händen, reitet sie, dem Dichter zulächelnd, in der Johannisnacht an ihm vorbei. «Auf dem glutenkranken Antlitz / Lag des Morgenlandes Zauber ...» Heines Liebeserklärung an die «tote Jüdin», ins Französische übertragen, animiert 1867 Théodore de Banville zu Versen, denen zehn Jahre später Gustave Flaubert mit der Erzählung *Hérodias* folgt. In ihr lässt die Königin ihre Tochter vor dem Tetrarchen Herodes tanzen, bis er «Schluchzer der Wollust» von sich gibt und das Mädchen «mit kindlicher Miene» das Haupt des Täufers fordert. Bald ist Salome eine der beliebtesten Gestalten der Dichter, für Stéphane Mallarmé ein Projekt ohne Ufer, über das man an seinen Pariser Dienstagabenden in der rue de Rome diskutiert.

Dort erscheint 1891 der gefeierte irische Dandy und Autor Oscar Wilde, der selbst schon des Längeren Salome im Sinn hat. Nachts im Hotel beginnt Wilde, sein Stück zu schreiben, in französischer Sprache. Als er ein Jahr später Sarah Bernhardt in London trifft und sie ihn bittet, für sie eine Rolle zu schaffen, sagt er: «Das habe ich bereits getan.» Die Lektüre des Dramas begeistert sie, und er überreicht ihr einen Gedichtband mit handschriftlicher Widmung: «A Sarah Bernhardt: Comme la princesse Salomé est belle ce soir.» Es ist dieser erste Satz, leicht abgewandelt, den Richard Strauss zehn Jahre später als ersten Satz vertonen wird: «Wie schön ist die Prinzessin Salome heute Nacht.»

Die Londoner Uraufführung wird 1892 vom Zensor untersagt. Dahinter steckt neben viktorianischer Prüderie das Ondit, dass Wilde, Erfolgsautor, verheiratet, Vater zweier Söhne, Männer liebe. So ist es auch. Seine Sensibilität für das Begehren der Salome mag darin eine Quelle haben. Kein voyeuristischer Blick auf sie, dafür das Traumhafte und Mysteriöse, das Mallarmé und Maeterlinck an Wildes Text begeistert. Ihnen und anderen lässt er das Werk zukommen, als es 1893 in Paris und London gedruckt worden ist, auch George Bernard Shaw, der als einer von nur zwei Journalisten seine Stimme gegen die Zensur erhoben hatte. Als ein Freund bekennt, das Stück erinnere ihn an Flauberts *Hérodias*, bestätigt Oscar Wilde: «In der Literatur muss man seinen Vater töten.»

Zu seiner Homosexualität bekennt er sich unter Freunden so offen, dass sein Bewunderer und Helfer Pierre Louÿs – wir kennen ihn zur selben Zeit als Vertrauten Debussys – sich entsetzt von ihm abwendet. In der Öffentlichkeit wehrt sich Wilde 1895 juristisch gegen den Vorwurf der «Sodomie», was nach drei Prozessen zu seiner Verurteilung wegen «gross indecency», «krasser Unanständigkeit», und einem zweijährigen Gefängnisaufenthalt führt. Der Dichter befindet sich in Zelle C.3.3 im Zuchthaus Reading, als am 11. Februar 1896 in Paris sein Theaterstück *Salomé* uraufgeführt wird. In jener Stadt der Liberalität, in der Wilde, drei Jahre nach dem Ende seiner Haft, im November 1900 verarmt und gebrochen mit 46 Jahren stirbt.

Im Juli desselben Jahres 1900 ist in Wien eine deutsche Übersetzung der *Salomé* erschienen, die Wildes französisches Original wie dessen Übertragung ins Englische übertrifft. Eine poetische Meisterleistung, die aus Wildes begrenztem französischen Wortschatz einen ausschwingenden deutschen entfaltet, schlanke Bögen, klingende Bilder, plastische Symbole. Die 35-jährige Übersetzerin Hedwig Lachmann, Tochter eines jüdischen Kantors in Pommern, in Berlin lebend, beherrscht das

Englische, Französische, Ungarische, ist Freundin des Dichters Richard Dehmel, fasziniert vom Anarchisten Gustav Landauer, mit dem sie ein Kind haben wird. Bis heute teilt Lachmann das Schicksal vieler Übersetzer, übersehen und beiseite geschoben zu werden. Als der Insel Verlag 1919, nach Lachmanns frühem Tod, ihre Übersetzung mit den 1893er-Illustrationen von Aubrey Beardsley erscheinen lässt, wird der englische Künstler auf dem Titel genannt, die Übersetzerin erst auf der allerletzten Seite.

Die erste Buchausgabe erscheint 1903 in Leipzig. Hofkapellmeister Strauss macht sich damit sofort an die Arbeit, schreibt gleich zwischen die ersten Worte die Taktstriche so, wie sie auch bleiben werden, stellt Wörter um, kürzt Zeilen, mit sicherem Sinn für sangbaren Rhythmus. Nicht «wie eine Frau, die aus dem Grab aufsteigt», sondern «wie eine Frau, die aufsteigt aus dem Grab». Der nächste Satz kommt ganz weg, der übernächste auch. «Cis-Moll» schreibt er für den jungen Syrer, für die erste Nennung Salomes, an den Rand, d-Moll für die Religion der streitenden Juden. «Wie blass die Prinzessin ist»: c-Moll. Er hört, was er liest, Harmonien und Rhythmen, schon in einer Vision vom Ganzen.

Der riesige Mond, die glühende Sonne, der Orient, diese Frau, die einen Heiligen so begehrt, dass sie ihn töten lässt, als er sie abweist, und den abgeschlagenen Kopf küsst! Strauss findet ihn abscheulich, diesen Eiferer Jochanaan, er mag kein Bekennertum, aber umso heiliger und reiner und erhabener macht er ihn, und um den Rhythmus des prophetischen «Wenn er kommt» für eine Steigerung zu nutzen, fügt er die drei Worte gleich noch zweimal in den Text ein. Lauteres As-Dur und f-Moll für den Täufer, cis-Moll, Cis-Dur für Salome, und beides ineinandergehend. Chromatik, Diatonik, Bitonales, Kontraste, Verschmelzungen. Er kann das alles, er beherrscht das Orchester, und er hat ein inniges Gefühl für Stimmen, besonders die der Frauen, dank Pauline, der Opernsängerin, die nun Berliner Hausfrau und Mutter ist.

Er sehnt sich selbst nach einer wie Salome, viele tun das, gefangen in den Panzern, die um das Begehren gewachsen sind, verunsichert von immer mehr Veränderungen in der Gesellschaft. Er entkleidet sie der Reflexionen, der Ornamente, der Abschweifungen Wildes, der Bedenken des Herodes, vieler Mondpartien. Ein Drittel des Texts verschwindet, die «schöne Literatur», wie Strauss verzögernde Passagen nennt, es verschwindet auch «die rein gebliebene Seele, die sich nicht ihre unschuldige Sinnlichkeit nehmen lassen will». So sieht Hedwig Lachmann selbst die Salome «willensstark und unzerspalten».

So eine wäre aber Strauss den Frauen zu ähnlich, die die Männergesellschaft bedrängen, während er selbst unter dem Pantoffel der strengen Pauline steht. Frauen sind nicht mehr nur Hausfrauen, Mütter, Angestellte und Arbeiterinen, Dienstmädchen und Gouvernanten, Mätressen und Prostituierte. Sie gelangen auch nicht mehr nur als Monarchinnen und Operndiven an die Spitze. Marie Curie, Mitentdeckerin von Polonium und Radium, erhält den ersten ihrer beiden Nobelpreise im Jahr 1903, als Otto Weininger in *Geschlecht und Charakter* frauenfeindliche und antisemitische Theorien entwickelt. Rollenmodelle sind bedroht, mit denen auch die Sexualität unter männlicher Kontrolle war. Frauen studieren, steuern Automobile, fordern das Wahlrecht, sie sind erfolgreiche Buchautorinnen, allen voran Selma Lagerlöf.

Zugleich bleiben die alten Traumfrauenmodelle präsent: Die *femme fragile*, das hilflos gehorsame Eheweib, die *femme enfant*, halb kindliches Zwischenwesen, sich der Tabus nicht bewusst, die die *femme fatale* um so dreister überschreitet, eine, die Männer ins Fallen bringt und dafür mit dem Tod bestraft wird. Auf so eine fokussiert Strauss seine Titelheldin. Aber da, wo er sie wirklich ausstellt, am Ende, allein mit dem abgeschlagenen

Haupt, wird sie ganz Mensch und erreicht in einer unfassbaren Turbulenz der Emotionen wahre Größe.

Er kann kühl schreiben, um Hitze zu erzeugen, so dirigiert er ja auch, «kalt wie immer». Doch seit er mit dem Komponieren begonnen hat, im Wechsel der Perspektiven, in atemloser Dichte, alles direkt und glühend, reißt ihn die Hitze über sich hinaus, die Sprache, die ungeheure und tödliche Lust in der Geschichte, vor dem Horizont einer nahenden Zeitenwende mit Strömen von Blut. Vor tausendneunhundert Jahren war das, und viele Zeitenwenden folgten, wann wird die nächste kommen? Nicht jetzt. Dafür ist überhaupt kein Platz im Kalender. Januar 1905: «Seit 10 Tagen täglich bis Nachts 1 Uhr am Schreib-, nur gestern Abend zur Erholung ebenso lang am Skattisch. Salomepartitur im̄erhin seit Anfang Dezember schon bis zur 50.ten Seite gediehen.»

Was er in seinen Tondichtungen geschaffen hat, *Don Juan*, *Eulenspiegel*, *Zarathustra*, *Heldenleben*, *Tod und Verklärung*, Orchestererzählung in höchster Raffinesse, das hilft ihm. Doch bald fehlen selbst auf seiner Palette Farben; ein Heckelphon muss her, diese von Wagner erträumte, jetzt gerade erst gebaute Mammutoboe mit den Genen des Alphorns, für schwülere, sämigere Dunkelheiten. Die Harmonik spannt er so aus, dass sie hier und da reißt und doch nicht reißt. Ein anderes, neues Gewebe entsteht, durch das man, über den Flammen von Lust und Macht, über archaischen Säulen in ein größeres, kälteres Universum blickt, eines, von dem Herodes und Salome und Jochanaan nichts wussten, das vielleicht zu groß für Gott ist und deutlicher wird in diesen Jahren, in denen man zu fliegen beginnt und den alten Boden unter den Füßen verliert.

Er lässt, erschrocken vielleicht, diese Kälte nur fern schimmern. «Nachmittags und Abends saß ich an meiner Salome, also von mir gibt's wenig Interessantes zu berichten», schreibt Dr. Strauss am 8. April 1905 an seine Mutter Josepha.

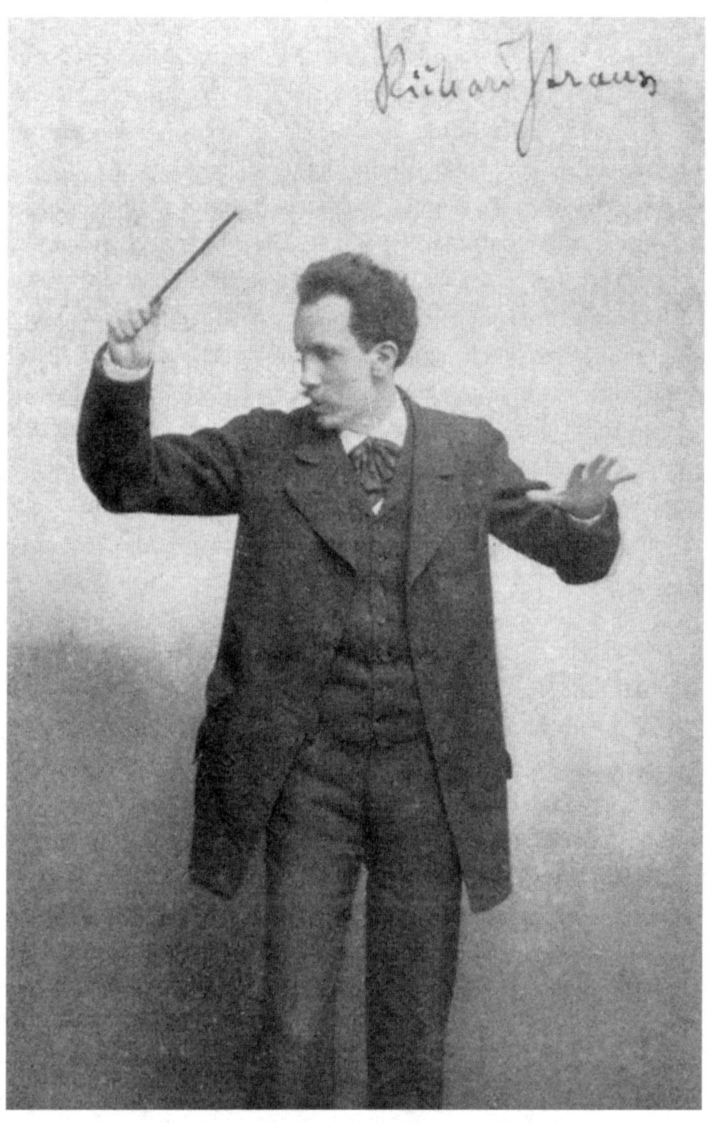

«Vorher war ich so kalt wie immer ...» Als Dirigent war Richard Strauss nicht vulkanisch, aber ein überlegener Gestalter. Dieses Foto zeigt ihn um 1894 als knapp 30-jährigen Zweiten Kapellmeister in Weimar.

Am 9. Dezember 1905 wird *Salome* nach zwei Monaten Probe am Dresdner Hoftheater uraufgeführt. Trotz einer verklemmten Hauptdarstellerin im Reformkleid, die sich für den Enthüllungstanz doubeln lässt, genügt der Erfolg, um dieses «Musikdrama», wie Strauss es noch wagnerisch nennt, umgehend zur erfolgreichsten deutschen Oper seit *Hänsel und Gretel* werden zu lassen. Bis zum Jahr 2000 wird *Salome* an über 10 000 Abenden in 43 Ländern gespielt. Die Premiere in Graz am 16. Mai 1906 wird mit ihrem prominenten Publikum so legendär, dass später Adolf Hitler behaupten wird, mit siebzehn Jahren dabei gewesen zu sein, und dass Thomas Mann, der nicht dabei war, den fiktiven Tonsetzer Adrian Leverkühn, Held des 1947 erschienenen Romans *Doktor Faustus*, anreisen und mit Syphilis aus einem Bordell zurückkehren lässt.

*

«Mahler und Frau» sind also nach diesem Ereignis mit dem P. Z. 13 abgereist, dem Personenzug der k. k. Südbahngesellschaft, der Graz um 13.10 Uhr verlässt und den Wiener Südbahnhof um 20.33 Uhr erreicht haben wird. Sie sitzen wohl allein im Coupé erster Klasse und nicht zusammen mit den Bewunderern des Hofoperndirektors Gustav Mahler, den jungen Leuten mit dem Klavierauszug der *Salome*, geschart um ihr ebenfalls noch junges Zentralgestirn Arnold Schönberg. Alban Berg ist von *Salome* besonders begeistert, der 21-Jährige, aber auch Schönbergs Schwager Alexander Zemlinsky, mit dem seine Kompositionsschülerin Alma Schindler einmal sehr viele Küsse getauscht hat, der gnomenhafte Zemlinsky, auf den Mahler noch immer eifersüchtig ist.

Seit vier Jahren heißt sie Alma Mahler. Sie komponiert nicht mehr und ist von *Salome* nicht ganz so begeistert wie ihr Mann. Ob er noch wisse, wie ihm Strauss das vorgespielt habe im Klaviergeschäft in Straßburg, während sich die Leute am Schaufenster die Nase platt drückten. «Er hat unvergleichlich gut gespielt und gesungen!» «Der Tanz fehlte ihm noch», sagt Mahler. «Ja, und du hast gemeint, ob's nicht gefährlich ist, ihn einfach so auszulassen und ihn später zu machen, wenn man nicht mehr in der Stimmung der Arbeit ist? Er sagte natürlich, ‹dös kriag i scho hi›. Aber er hat's halt nicht hingekriegt, Gustav! Es ist nur eine Kompilation des Übrigen geworden.» «Mag sein ... Aber die ganze *Salome* ist sein Höhepunkt bis jetzt, wir müssen sie machen, und wir werden sie machen. Da sitzt jede Note, er ist der berufene Dramatiker.» «Mir kam er gestern vor wie der berufene Feldherr. Wie er beim Bankett saß neben der Bellincioni, stählerner Blick, undurchschaubar, verschwiegen. Und wie er uns heut beim Frühstück störte und dann über deine Hofoper sagt, ein solcher Saustall, der nicht einmal seine *Salome* aufführen will ...» «Aber da hat er doch recht! Du magst ihn halt nicht. Dabei haben wir uns doch gestern alle drei gut unterhalten bei unserem Ausflug.» «Mit seiner Frau ist er mir lieber. Vor der hat er wenigstens Angst, dein Herr Kollege.» Er lacht. «Ach, die Pauline. Ihre temperamentvollen Intermezzi, mich stören sie nicht. Das ist so das ewig Weibliche ...»

Alma selbst hat manchmal Angst vor ihrem Mann, vor seiner Unbedingtheit, vor seiner schweren, ihr immer noch fremden Musikflut, seiner ungeheuren Ferne. Davor, dass sie sich selbst darin verliert. Aber jetzt ist er doch bei ihr. «Eine gewisse Kühle und Blasiertheit wird der Strauss halt nicht los», sagt Mahler, «die liegt nicht in seinem Talent, sondern in seinem Menschentum.» «Das ist doch nicht zu trennen! So einer kann nie mehr als virtuos sein. Du hast mir selbst einmal geschrieben über den Baum und seine Früchte ... ich weiß es nicht mehr.» «Nach der Premiere von *Feuersnot* ...» «Er hat damals nur über Tantiemen gesprochen und du über gar nichts mehr.» «Jedenfalls ist *Feuersnot* nicht zu vergleichen mit *Salome*. Das ist eines der größten Meisterwerke ... Ich kann mir das nicht zusammenreimen, Almschi. Der Geist baut sich eben seine Wohnungen nicht nach menschlichem Geschmack.» «Den lass ich mir aber nicht abgewöhnen, diesen Geschmack. Ich hab' mir schon so viel abgewöhnt.»

Mahler sagt nichts mehr und blickt auf die vorbeirollende Steiermark.

Er sieht auf einmal so alt aus mit seinem wundervollen Kopf, dieser Mann von 45 Jahren. Neunzehn Jahre trennen sie und verbinden sie, sie könnte dem Alter nach seine Tochter sein und hat ihren Vater früh verloren, der sie so gut verstand. Sie hat sich kaum für Kinder interessiert und ist nun die Mutter von zweien – Anna wird bald zwei, und Maria ist dreieinhalb. Sie hat früher so viel erlebt, und nun? Sie komponiert nicht mehr. Das war seine Bedingung, aber ihre Entscheidung. Sie hätte ihn ja nicht nehmen müssen, sie konnte sich die Männer aussuchen, auch die genialen, gerade die. Sie genoss es, wie sie sich um sie scharten, wie drei kühle Worte von ihr die Hitze steigern konnten. Sie genoss es, im straff angezogenen Kleid allein durch Wien zu flanieren, an der Grenze der Unanständigkeit, geschützt durch ihr Selbstbewusstsein, durch das Niveau ihrer Kreise.

Der Kopf eines interessanten Mannes abgetrennt auf einer Silberschüssel – das ist nicht gerade ihre Vorstellung vom Geheimnis der Liebe.

Aber auch nicht eine Mappe mit Liedern, die verschlossen bleiben soll wie ein Sarg. «Wie stellst du dir so ein componierendes Ehepaar vor?», hat Mahler sie vor der Ehe gefragt. «Hast du eine Ahnung, wie lächerlich und herabziehend vor uns selbst so ein eigentümliches Rivalitätsverhältnis werden muss?» Noch mehr Fragen standen in dem Brief. «Was stellst du dir unter Individualität vor? Hältst du dich für eine Individualität?» Dahin führe ein langer Weg, den nur wenige gingen, und wohl keiner ihrer Freunde und Anbeter. «Alle diese Burckhards, Zemlinskys etc. sind keine Individualitäten.» Er wischte

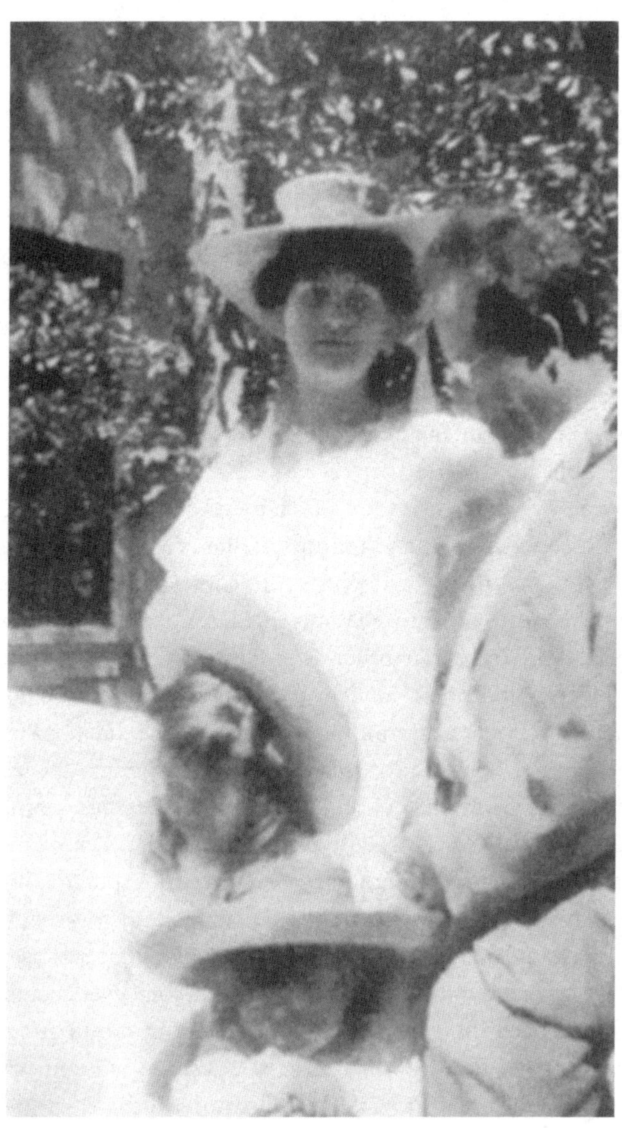

Familie Mahler im Sommer 1905 in Maiernigg: Alma (26), Gustav (45), Maria Anna «Putzi» (zweieinhalb), Anna Justine «Gucki» (ein Jahr alt). Maria erlag 1907 der Diphtherie, Justine wurde Bildhauerin und lebte bis 1989.

alle und alles vom Tisch. Ihr Selbstbewusstsein zerplatzte nach diesem Brief. Sie glaubte wirklich wieder, wie mit neunzehn, dass einer Frau zum Komponieren die Tiefe fehle.

Zemlinsky liebte jeden Ton von ihr, auch wenn er sie verletzend kritisieren konnte; Mahler kennt keinen einzigen. Es war kurios, Zemlinsky und Schönberg und seine Jünger vorhin auf dem Bahnsteig zu treffen und gestern in der Oper. Sie trifft Zemlinsky, der sie wieder siezt und der sich im vorigen Jahr verlobt hat, mitunter in Wien, an Freitagnachmittagen, wie früher. Er kommt dann zum Musizieren in die Auenbruggergasse, Gustav Mahler ist oft genug unterwegs. Er würde es nicht verstehen.

Wie er da jetzt so zerfurcht sitzt und hinaussieht, liebt sie ihn jäh so sehr, sie muss ihm doch helfen, er braucht sie.

Bruck am Inn ist erreicht, 14.40 Uhr, er blättert im Fahrplanbuch der Südbahn. «Es ist ein Elend, dass der Oostende-Express von Triest nur mittwochs fährt. Zweieinhalb Stunden schneller!» Sie lächelt. Er liebt die Eisenbahnreisen nicht, von denen er so viele unternimmt wie nur wenige andere, Strauss etwa, aber er liebt die Fahrpläne, das Herausfinden der besten Verbindungen. Er liest sie wie Partituren, diese verheißungsvollen, schmalen Spalten, die unterschiedlichen Tempi nebeneinander, die Querverbindungen und Kreuzungspunkte, die Kilometerzahlen und Ortsnamen, die platzsparend gegenläufigen Zeitpfeile, die Sonderzeichen, die Hinweise in kleinen Kästchen auf Aufenthalte zum Mittagessen. Als der Zug wieder anfährt, nimmt er sich die Partitur seiner *Sechsten* vor, die in zwei Wochen in Essen uraufgeführt wird. «Da werden wir ihn wieder treffen, den Doktor Strauss ... kommst mit?»

*

Ein paar Waggons weiter amüsiert man sich in Schönbergs verrauchtem Coupé mit einer alten *Fackel*, nachdem sie in der neuen nur die Sache mit dem prügelnden Kabarettisten aus Frankreich interessiert hat. Arnold Schönberg sitzt links am Fenster, Zemlinsky ihm gegenüber, Erwin Stein und Alban Berg, mit 20 und 21 Jahren die jüngsten Schüler des Meisters, hören aufmerksam zu. Noch vier Schüler Schönbergs sitzen im nächsten Abteil. Mit Strauss sind Schönberg und sein Schwager seit Mürzzuschlag durch, hin und her, den Respekt können sie ihm nicht versagen, die *Salome* ist ein Wurf. Zemlinsky liest genüsslich aus der alten Nummer 150 vor, den furiosen Verriss eines Verrisses von Wildes Drama, vom heiß verehrten Karl Kraus. Als diese *Salomé* im Dezember 1903 erstmals in Wien aufgeführt wurde, in Hedwig Lachmanns Übersetzung, hatte die *Neue Freie Presse* neben dem Stück auch gleich den Autor geschmäht.

«Friedrich Schütz ist kein Päderast», schreibt Kraus über den Rezensenten. «Das wird der einzige Ruhmestitel sein, der von ihm auf die Nachwelt kommt. Das wissen wir gründlich, seitdem wir sein Feuilleton über Oscar Wilde gelesen haben. Oscar Wilde war nämlich ein Päderast, und Friedrich Schütz ist keiner. Wohl ihm! Drei Jahre Tretmühle bleiben ihm dafür erspart, und in dieser beruhigenden Gewißheit darf er Feuilletons schreiben, die er in Anerkennung seiner normalen Anlage gewiß für bedeutender hält als die Schriften Oscar Wildes ... Ist England eine Kulturnation, weil es Geister wie Oscar Wilde hervorbringen konnte? Weil es einen Geist wie Oscar Wilde um einer sexuellen Neigung willen in der Tretmühle zerstört hat, ist's, solange das Niveau des lieben Demos den Maßstab gibt, ein Barbarenland, dem man höchstens die technischen Errungenschaften einer Watercloset-Kultur zubilligen mag ...»

Erwin Stein kichert, Alban Berg denkt an seine Schwester Smaragda, von der er weiß, dass ihre Neigung sie auch zu «einer von jenen» macht. Zum Glück sehen die Leute bei

Frauen leichter darüber hinweg, aber heiraten müssen wird sie doch … Und er denkt an Hermann Watznauer, den väterlichen Freund seit Jahren, mit dem er gestern zur *Salome* anreiste und der beleidigt war, dass Alban zur Rückreise nicht mit ihm den Frühzug besteigen, sondern mit dem Meister reisen wollte, mit Schönberg. Watznauer, der sich in seinem Wiener «Verein junger Männer» selbst als «Meister» anreden ließ, der Alban gern seinen «lieblichen Begleiter» nennt, der dafür sorgte, dass sie in Graz beide in Haus und Opernloge der Fabrikantenwitwe Hoffmann unterkamen. Der Logenplatz ist Berg gegenüber seinem Lehrer unangenehm gewesen, denn Schönberg lebt in weitaus ärmeren Verhältnissen als er selbst, seit Mutters Erbschaft.

Zemlinsky liest weiter vor. «Gegen ein Meisterstück, das an kondensierter Stimmung und rhythmischem Einklang von Handlung und Sprache kaum seinesgleichen in der Weltliteratur hat, führt Herr Schütz zuvörderst die ‹historische Wahrheit› ins Treffen, die ihm irgendein am Tag vor der Première beschaffter Schmöker geoffenbart hat …» «Ja, es ist ein Meisterstück», sagt Schönberg mit seiner immer etwas heiseren Stimme, wuchtig in die Ecke gelehnt, die Zigarette in der Linken. «Dem Strauss ist es hoch anzurechen, dass er die Prosa komponiert, wie Debussy. Nicht mehr diese elenden Opernverse! Und es merkt kein Kritiker. Die älteren Kritiker hätten sich wenigstens dagegen gesträubt, sie hätten bewiesen, dass es unmöglich ist, es wäre viel Unsinn geschrieben worden, aber der Widerstand wäre da gewesen, der einem Sieg erst Wert erteilt. Unsere Musikkritiker taugen nicht einmal zum Kanonenfutter im Kunstkampf!» Er drückt seine Zigarette aus. Links und rechts sanfte grüne Matten, der Zug dampft über Viadukte nach Steinhaus hinauf.

«Der Strauss hat ihnen zu viel Ehre angetan in seinem *Heldenleben*», findet Zemlinsky. «Ich mein die Passage mit den Widersachern, wo er die Kritiker karikiert. Er komponiert da nur seine persönliche Galle: ‹Hört ihr? So ekelhaft seid ihr!›» «Sie sind ja hilflos, die Kritiker», sagt Schönberg. «Hat man sie einzeln vor sich, machen sie aus ihrer Unwissenheit keinen Hehl und lassen sich alle möglichen Wahrheiten gefallen. Am nächsten Morgen liest man dann erstaunt die Ideen, die man ihnen geschenkt hat, in der Zeitung, in ganz selbstsicherem Ton. Dann fühlen sie sich wieder als die Herren, wie sagt es der Mahler, als die Vorgesetzten in der Weltmacht G.m.b.H.!» «Und doch», sagt Zemlinsky, «fressen sie dem Strauss aus der Hand und uns nicht.»

«Er ist halt populär.» Schönberg blickt aus dem Fenster und scheint dann wie zu sich selbst zu sprechen: «Wem unser Herrgott die Bestimmung gegeben hat, Unpopuläres zu sagen, dem hat er auch die Fähigkeit verliehen, sich damit abzufinden, dass es immer die andern sind, die verstanden werden.» Kurze Stille im Abteil, dann sagt Zemlinsky nur: «A dickes Fell muss ma ham.» Schönberg lacht. «Wie weit ist dein *Görge*?», fragt er. «Im Sommer mach ich den zweiten Akt ganz fertig. Und dann kriegt's der Mahler.» «Ich helf dir beim Abschreiben.» Der Zug überquert wieder ein Viadukt und wird langsamer, um 17.11 Uhr hält er in Steinhaus.

«Gleich wird's finster, Herr Schönberg», sagt Alban Berg. «Der Tunnel!» Schüchtern, wie er ist, hat er immer nur zugehört, hinausgeschaut, ab und an in der *Fackel* gelesen, sich dort wie oft etwas herausgeschrieben, und im Klavierauszug der *Salome*. Er erhebt sich, ein Riese neben den anderen, um das Gaslicht aufzudrehen, das bis jetzt, auf Sparflamme, kaum zu bemerken war, und das Fenster zu schließen. Bis Semmering, das in 896 Metern Höhe liegt, überwindet der Zug 160 Meter Höhenunterschied, durch einen langen Tunnel hinaufkeuchend. Danach wird es in Kärnten wieder abwärtsgehen, durch eine weitaus felsigere Gegend, viele kleine Tunnels, in der Ferne rosig schimmernde Almkuppeln, bis in den Tälern immer häufiger Fabriken zu sehen sind. Pünktlich um 20.33 Uhr fährt der Zug in den Wiener Südbahnhof ein.

Sonnenuntergang, leichter Regen, es ist in der k.k. Haupt- und Residenzstadt kühler geworden seit gestern. Mahler stürmt über den Bahnsteig davon, die Runde um Schönberg im Vorbeieilen grüßend, während seine Frau sich ihnen gelassen nähert. «Muss der Herr Gemahl noch ins Theater?», fragt Schönberg sie. «Nein, er rennt immer so, kann gar ned anders, ist halt so. Er braucht ja keine fünfzehn Minuten bis zu uns. Ich kann da nicht mithalten. Ich fahr mit euch.» Alban Berg sieht über die Köpfe hinweg noch immer dem Hofoperndirektor nach, trotz seiner kleinen Statur leicht in der Menge auszumachen am energischen, fast stampfenden raschen Gang. Sein lebendes Idol, seit Mahler die Stadt eroberte. Noch nie hat er mit ihm gesprochen, nur einen seiner Taktstöcke ergattert, vor vier Jahren.

An der Tramhaltestelle treffen sie einen ratlosen Triestiner, den die bunten Hieroglyphen auf den Frontschildern der roten Wagen verwirren wie jeden, der das geheimnisvolle Zeichensystem für die sechzig Wiener Straßenbahnlinien nicht kennt. «Schottenring? Da nehmen S' die mit dem weißen Kreuz auf Blau», sagt Erwin Stein. «Aber da kommt die unsere», sagt Schönberg und zeigt auf eine Elektrische mit weißer Vertikale auf Blau, «die kann er auch nehmen. Kommen Sie!» Er greift sich energisch den Koffer des Fremden und entert mit ihm und Zemlinsky die offene Plattform. Sie müssen nach Norden, in die Liechtensteiner Straße. «Samstag wieder bei mir!», ruft er seinen Schülern noch zu. Alma Mahler zögert kurz und steigt dann hinter ihm ein, wenn es auch nur bis zum Karlsplatz ist. Die anderen wollen nicht gleich nach Hause, außer Berg, der es noch weit hat bis nach Hietzing, fast eine Stunde mit der Elektrischen.

Sie bereden ihn. Wenn nun seine Schwester im Löwenbräu sitze, beim Altenberg? Dann könne er sie heimbegleiten, er müsse es sogar! «Ja, und wenn nicht? Es ist unwahrscheinlich.» Selbst die unternehmungslustige Smaragda fährt abends nicht einfach allein in die Stadt herein. Auf dem Ring gibt es wie immer ein paar Stockungen, weil dort auf kaiserlichen Wunsch der Strom statt über die Oberleitung durch eine Rille in der Schiene kommt, damit der Ring nicht verschandelt wird. Es funktioniert aber nicht richtig, was die AEG aus Berlin da konstruiert hat. Am Burgtheater steigen sie aus, auch Alban Berg.

Seine Schwester ist nicht im Löwenbräu, der Altenberg aber schon. Die nackten Füße in Holzsandalen, fast glatzköpfig, mit Zwicker und großem Walrossbart, sitzt er allein an dem Tisch, an dem er hier immer sitzt, wenn er nicht im Café Central sitzt, ein Glas Wein vor sich, natürlich nicht sein erstes heute, und schreibt. «Ist es gestattet, an Ihrem Tische Platz zu nehmen? Stört man nicht?», sagt Heinrich Jalowetz höflich. Der kleine Mann blickt auf, lässt den Bleistift sinken. «Ah! Die jungen Herren! Das ist eine der schrecklichsten Verlogenheiten des kleinen Lebens, so zu fragen. In dieser liebenswürdig korrekten Art! So eine jesuitische Gemeinheit, nachdem man doch sicher weiß, dass keiner den Mut hat, daraufhin ‹Nein› zu antworten! Setzen Sie sich zu mir, wenigstens habe ich keine Dame mit mir sitzen, die Sie als Beute reißen könnten! Ich wünschte, es ... oh, Herr Berg, lieber, lieber Alban, sind Sie auch da! Kommen S' her, Sie müssen mir helfen!»

Berg gehorcht mit ratlosem Lächeln und setzt sich neben den Dichter. «Helfen? Wie sollt ich ...» «Sie als Künstler, Sie müssen einem Künstler helfen! Ich ... ja, noch ein Viertel, bittschön! ... ich vergöttere Ihre Schwester, Sie wissen es ... und ich habe sie gekränkt, verletzt!» «Aber lieber Herr Altenberg, das können Sie ja doch gar nicht ...» «Doch! Schaun S', erst wollte sie kommen, zu meinem lieben Stammtisch hier, dann hat sie mir telefoniert, es passe nicht, da hab ich ... hab ich einfach abgeläutet, Schluss, ohne ein Wort! Ich flehe Sie an, lieber Alban, meine Qualen mir zu erleichtern. Smaragda möge mir verzeihen!» Altenberg weint fast, Berg legt ihm vorsichtig die Hand auf den Arm. «Sie weiß ja doch, dass Sie ein Dichter sind, Herr Altenberg, es ist ja alles gut.»

«Es ist so gut», sagt Erwin Stein, «was der Kraus grad über Sie geschrieben hat.» «Hab's gelesen», sein Walrossbart zittert, er greift zum Glas. «Und das Kuvert vom Kraus? Haben Sie es angenommen?» «Längst versöhnt, längst alles ausgegeben. Habt's ihr heute was übrig?» Ja, für ihn haben immer alle etwas übrig. Das Kuvert und die Schlägerei, seit Ende April ist das ein Thema in Wien. Karl Kraus hatte mit zwei Schriftstellern im Casino de Paris gesessen, zu später Stunde. An einem anderen Tisch saß Peter Altenberg, der dem Kraus gerade gram war, in Gesellschaft des Schriftstellers Roda Roda und eines nach acht Flaschen Champagner ebenso angezechten Kabarettistenpaares vom «Nachtlicht», mit dem Kraus in der *Fackel* kritisch umgegangen war.

Kraus machte sich im Lokal den Spaß, Herrn Altenberg einen Umschlag mit zehn Kronen vom Kellner hinüberbringen zu lassen. Daraufhin hatte der von Kraus kritisierte Kabarettist, ein Monsieur Henry, so wüst geschimpft, dass Erich Mühsam – mit Egon Friedell einer von den beiden bei Kraus – an seinen Tisch ging und um Mäßigung bat. Der Mann brüllte: «Ich bin Franzose und lasse mich von einem Deutschen nicht belehren, noch dazu von einem Juden ... weg, Sie Jude!» Danach hat sich der Franzose auf Karl Kraus gestürzt und ihn mit Faustschlägen verletzt. Kraus hat den Mann verklagt und in der jüngsten *Fackel* über die Affäre geschrieben. Er hat die Darstellung «im Dreckblatt des Herrn Lippowitz» – im *Neuen Wiener Journal* – abgetan und Peter Altenberg als «sonderbarsten Literaturheiligen» gerühmt, «der seine besten Freunde Verbrecher und Mörder nennt und den sie trotzdem lieben», als «wundervolle Mischung» aus einem schwärmenden Troubadour «und einem

Alberich, der immer jammert, dass man ihm zwar das Rheingold nicht gibt, dafür aber die Rheintöchter wegnimmt».

«Dreckblatt»! Kraus schont keinen, nur weil er aus einer jüdischen Familie kommt wie er selbst, ganz egal, ob es Jakob Lippowitz ist, der Herausgeber des *Journal*, oder der Eisenbahnkönig Karl Wittgenstein; und sein Respekt vor Arthur Schnitzler hält ihn nicht von schmerzhaften kleinen Bissen ab. Als einen «Juden-Jüngling» hat die *Deutsche Zeitung* Kraus gegrüßt, als er 1899 seine erste *Fackel* herausbrachte, gerade 25 Jahre alt. Er greift alle offen an, die die Gesellschaft dem «Krepierstandpunkt» näherbringen, so, wie er das sieht. Er zerlegt sie mit Worten, an deren Schärfe er so akribisch feilt, dass er in der Schwindgasse, wo er derzeit wohnt, mitunter stundenlang über die Position eines Kommas nachdenkt. Selbst seine inzwischen zahlreichen Feinde können nicht daran zweifeln, dass er aufrichtig ist, unbestechlich. Alban Berg und sein älterer Bruder Charly haben die *Fackel* von Anfang an gelesen.

Später, als Altenberg in sein Hotel gewankt und Berg zur letzten Tram nach Hietzing geeilt ist, sitzen da noch Erwin Stein, Zdzisław Jachimecki und Heinrich Jalowetz und kommen wieder auf *das* Thema. Vielleicht kommen sie auch bei anderer Gelegenheit darauf, vielleicht sitzen sie auch ganz woanders, aber es ist ihr Thema, sie werden ja unablässig darauf gestoßen. Der Altenberg heiße doch eigentlich anders. Jüdischer. Und ebenso der Kapellmeister an der Hofoper, der Walter. «Der ist ein Schlesinger aus Berlin.» «Und Mahler ist Mahler! Aber doch nicht wirklich ein Katholik!» «Und wie protestantisch ist der Schönberg?» «So sehr wie demnächst auch der Zemlinsky. Wär ja ned das erste Mal, dass a Taufe ansteht, noch bevor das Aufgebot bestellt ist ...» «Ausgetreten ist er eh schon längst aus der Kultusgemeinde. Und hat das zweite Z aus seinem Namen entfernt.» «Wie der Schreker das c.» «Christ zu sein, ist einfach bequemer.» «Kraus ist jedenfalls keiner.» «Der Schnitzler auch nicht.» «Und der andre Doktor, der Freud.» «Aber deswegen doch nicht einfach ein Jud!» «Das sieht der schöne Karl wohl anders.» «Ach, *der* Karl! *Wer a Jud is, bestimm i!*»

Wiens Bürgermeister Karl Lueger betreibt den Antisemitismus als Opportunist und nicht als Rassist, aber er betreibt ihn. Die «Judenfrage» ist seit Langem allgegenwärtig und plagt die ambitionierten Kinder jüdischer Familien. Nur zehn Prozent aller Wiener sind jüdischer Abstammung, aber diese stellen 60 Prozent der Gymnasiasten und Studenten. Ihr Anteil an dem, was die Welt später einmal als «Wiener Moderne» bewundern wird, ist wohl noch größer.

«Gehts», sagt Jalowetz (oder ist es Stein?), «ich hatte eigentlich schon ganz vergessen, dass ich Jude bin. Jetzt bringt ihr mich auf diese Entdeckung.» «Warum fangen wir denn immer selbst davon an? Wo ich hinkomme, ich begegne nur Juden, die sich schämen, dass sie welche sind, oder solchen, die stolz darauf sind und Angst haben, man könnte glauben, sie würden sich schämen.» «Die Prinzessin Salome schämt sich für gar nichts ...» «Deswegen hat sie an der Hofoper ja auch Hausverbot.» «Warum eigentlich? Sie wird doch schließlich umgebracht.» «Und was haltet ihr von dem Judenquintett?» «Der Streit, welcher Prophet nun zuletzt Gott gesehen hat und wer überhaupt etwas darüber sagen darf ...» «Ah geh, den Herodes langweilen sie und mich auch. Das hat mit uns nichts zu tun. Die sind wie unsere Ostjuden, wie Rabbiner aus der Leopoldstadt ...»

«Allein der Gedanke, dass ich aus einem derartigen Milieu stammen kann, das mir so fern und seltsam ist!» «Eine merkwürdige Religion.» «Schwer abzuschütteln! Als hätte man einen Geburtsfehler!» «Aber bittschön, das ist noch kein Grund, sich feierlich zu erschießen!» «Na, gelohnt hat sich's schon», schließt seufzend Stein (vielleicht auch Jachimecki ...). Sie sprechen von Otto Weininger, jüdischer Herkunft und zum protestantischen Glauben konvertiert. Er hat vor drei Jahren in seinem Buch *Geschlecht und Charakter* den Frauen wie den Juden jeglichen Charakter abgesprochen, nach dessen Erscheinen ein Zimmer in Beethovens Sterbehaus gemietet und sich dort eine Kugel ins Herz geschossen. Seitdem verkauft sich das Buch bestens, und auch in Schönbergs Kreis wird es gelesen.

*

«Engländer», denkt der livrierte Portier sofort und liegt nicht ganz falsch, auch nicht mit der Einschätzung, dass da ein paar mehr Kreuzer Trinkgeld drin sind. Er sieht nicht nur, wer Geld hat – das haben alle, die hier logieren –, er sieht auch, wie locker es sitzt. Das hängt nicht nur davon ab, was die Leute tragen. Die Dame ist nicht à la mode gekleidet, nicht so tailliert, und sie wirkt fast athletisch. Sie tritt fester auf, als es in den besseren Kreisen üblich ist, und blickt ihn offen an, aus hellen Augen, als sie «danke schön» sagt, mit winzigem Akzent; es klingt, als kenne sie noch einige deutsche Wörter mehr. Er hat einen Pagen herbeigewinkt, um die großen Koffer aus dem Fiaker zu nehmen. Der Herr neben der Dame nimmt das mit der Beiläufigkeit zur Kenntnis, die die Vielreisenden auszeichnet, die Mitglieder der internationalen Bourgeoisie, deren Zuhause die Hotels sind, die teuren, solche wie das Hotel Krantz am Wiener Neumarkt, vier Stockwerke, Neorenaissance, Majolikasaal, jeglicher Komfort.

Die Dame geht hinein, der Portier hält beiden die Tür auf, doch der Herr bleibt noch stehen, an diesem Januarmittag 1907, und blickt über den Platz. Der Portier schätzt ihn auf um die fünfzig Jahre. Unter dem Schatten des Zylinders bemerkt man die hohe Stirn. Der brünette Bart ist perfekt gepflegt bis zu den weit ausschwingenden Spitzen an den Seiten und bis zum Kinn hinab. Fast zu perfekt für einen Engländer, denkt der Portier, und zu elegant für einen Amerikaner, aber für einen Franzosen wirkt der Mann zu kühl, ein Deutscher kann er schon gar nicht sein. Aus Henry Brewster ist wirklich nicht leicht schlau zu werden. Als amerikanischer Staatsbürger spricht er das Französisch des gebürtigen Parisers, der er ist, und schreibt es so literarisch wie das Englische. Zu Hause ist er überall und nirgends, in Hotels und bei Freunden, am ehesten in den Kolonien vermögender angloamerikanischer *expatriates* in Rom und Florenz, wo er mit seiner deutschen Ehefrau lebte, vor nun bald achtzehn Jahren, bis Ethel Smyth alles durcheinanderbrachte. Vielleicht begann es damit, dass sie seinen Vornamen etwas vereinfachte ...

«Harry», sagt Ethel, während der Liftboy das Drahtseil durch seine Fäuste gleiten lässt, «er will mich hören.» Sie hebt den Umschlag hoch, den man ihr an der Rezeption gegeben hat. Brewster lächelt, wieder ist in seinem Blick dieser Knabe, der alle Wünsche für erfüllbar hält, besonders die anspruchsvollen. «Dann ist dieses groteske Stück jetzt beendet.» Er meint das doppelte Malheur, das Ethels Oper mit seinem Libretto gerade erst in Leipzig und Prag erlebt hat. Wenn Mahler sich diese Musik vorspielen lässt, werden die *Wreckers* endlich triumphieren! «Wann bist du dort?» «Das steht hier nicht. Ich soll der Direktionskanzlei telefonieren, sobald ich in Wien bin.» «Dritte Etage, die Herrschaften.» Der Boy bremst geschmeidig und auf den Millimeter genau. «Stets zu Diensten ... i dank recht schön.» Eine ganze Krone! Er blickt ihnen verblüfft nach und setzt sein Schwebestübchen wieder in Gang. Sie gehen zu ihren Zimmern, sie zu ihrem, er zu seinem, wie immer – wie fast immer.

«Unsere Beziehung», hat sie ihm einmal gesagt, «wird den meisten Leuten wie eine undenkbare Sache vorkommen.» «Aber es ist eine sehr hübsche Sache», hat er geantwortet. Sie und Lisl, die Frau ihres Leipziger Kompositionslehrers, hatten sich längst ineinander verliebt, als Ethel 1882 in Florenz auch Lisls ältere

Schwester kennenlernte, Julia. Die Diplomatentochter lebte dort mit ihrem um elf Jahre jüngeren Mann und zwei Kindern von zwei und sechs Jahren. Mit einem wohlhabenden Dichter und Philosophen, Ästheten und Kosmopoliten, dessen Vater es als amerikanischer Zahnchirurg in Sankt Petersburg und Paris zu einem Vermögen gebracht hatte, mit Henry Brewster. Er war 32 Jahre alt. Ethel, die energiegeladene, spöttische 24-jährige Engländerin, entschlossen, sich als Komponistin durchzusetzen, brachte ihn sofort aus der Balance.

Um seine Ehe nicht zu gefährden, floh er zur Löwenjagd nach Afrika, in seinen Kreisen eine probate Therapie, doch zwei Jahre später wurde Ethel wieder eingeladen, von Julia Brewster. Diesmal erwischte es sie. Sie verliebte sich in einen Mann! Und Henry stand in Flammen. Man besprach das zu dritt mit seiner Frau, den Gesellschaften Europas um hundert Jahre voraus wie so manche Intellektuelle des *fin de siècle*. Aber Julias modernes Konzept einer Ehe, in der alles beredet und vieles gewährt werden kann, brach zusammen. Ihre Mutter, Baroness von Stockhausen, «eine vom Teufel gerittene alte Frau», wie Ethel sie nach eigenen Worten «so brillant und brutal weder in der Literatur noch außerhalb davon» je erlebt hatte, sorgte dafür, dass auch Julias Schwester Elisabeth, die Lisl in Leipzig, mit dem «niederträchtigen englischen Mädchen» brach. Ethel und Henry gingen für Jahre auf Distanz zueinander.

Eine komplexe Beziehung ist daraus geworden, die die Komponistin mit dem einzigen Mann in ihrem Leben hat, der auch ihr Geliebter ist – wohl abgesehen von einer Mondnacht auf dem Irischen Kanal, als die 17-jährige Ethel mit William Wilde in der Damentoilette des Dampfers verschwand, während sein jüngerer Bruder Oscar im dunkelblauen Umhang an der Reling stand und aufs Meer blickte. Am nächsten Morgen machte ihr Willie einen Antrag, auf einer großen Keksdose sitzend, die während seines Bekenntnisses zusammenbrach. Er machte einen irischen Witz und fuhr fort mit seiner Liebesrede. Das fand Ethel sehr überzeugend. Aber sie löste die Verlobung nach wenigen Wochen.

Henry Brewsters Heiratsantrag lehnt die 34-Jährige ab wegen ihres «absoluten Mangels an Talent für die Ehe». Sie würde, wie Anna Karenina, den Mann hassen, dem es gelänge, sie in so eine Position zu manövrieren, sie eigne sich nicht zur Rankpflanze und habe schon genug damit zu tun, sich selbst zu sagen: «Lass mich allein da stehn, meine Gedanken sammeln und sagen, was ich zu sagen habe.» Im Übrigen bezweifle sie sein Talent zur Treue. Brewster selbst sieht sich nicht als das schöpferische Individuum, dem ein treues Weib den Rücken freihalten muss. Sein Prosatext *The Prison*, 1891, besingt das universale Verschmelzen: «Ich habe nichts, das mein ist, als einen Namen ... Meine Hoffnungen sind zum Erbe der Jahrhunderte geworden, das zu betreuen nun an mir die Reihe ist; meine Gedanken sind hier für eine kleine Weile in Verwahrung; sie sind herumgereicht worden seit der Morgendämmerung der Zeit, und ein anderer wird sie morgen mit sich nehmen; das Lachen, das ich lachte, erhob sich im Schilf des Einst und verband sich dem Klang der Syrinx; die Küsse, die zu meinen Lippen wanderten, werden nie erkalten ...»

Zwischen beiden besteht eine Verbindung, wie sie sich wenige leisten können – mit kürzeren und längeren Treffen hier und da in Europa, unzähligen Briefen und einem großen Projekt, dem als kleines Smyths Einakter *Der Wald* vorausgeht. Brewster schreibt, ihrer Idee folgend und zunächst in der Hoffnung auf den Dirigenten André Messager, in französischen Versen das Libretto der *Naufrageurs*, der Schiffsplünderer, als *Strandrecht* und *The Wreckers* übersetzt – ein Drama von der felsigen Küste Cornwalls um 1800, in dem sich religiöse Verblendung, Piraterie und eine Liebesgeschichte mit tödlichem Ausgang verbinden. Mit 1000 Pfund, rund 130 000 Euro, hat Brewster die

Produktion am Prager Theater unterstützt – und selbst das trägt er noch mit Fassung, dass ein Fiasko daraus wurde und der einzige Rezensent, dem die Musik halbwegs gefiel, das Libretto im Münchner *Kunstwart* abgekanzelt hat: «Mangel an seelischer Entwicklung der Hauptpersonen.»

So spontan und leidenschaftlich Smyth ist, so wenig verlässt sie sich auf glückliche Fügungen. Nicht nur an Gustav Mahler hat sie schon aus Prag geschrieben, auch an eine Sängerin, von der man ihr gesagt hat, die könne gut mit dem Direktor der Hofoper und komme selbst für die weibliche Hauptrolle der *Wreckers* infrage. Ehe sie Anna von Mildenburg überhaupt gehört hat, schlägt sie ihr schon vor, ihr die Oper vorzustellen, und stößt auf Interesse. Als sie und Henry Brewster die Sopranistin am 25. Januar in Beethovens *Fidelio* erleben, ist Ethel vollkommen begeistert. Eine so starke wie reine Stimme, energisch und leicht in einem, klanggesättigt in der höchsten wie der tiefsten Lage, mit einem Pathos, das von innen kommt und vom Agieren der Sängerin nicht zu trennen ist – eine Frau, deren Gesicht auch etwas Jungenhaftes hat, passend zu einer, die im Gewand eines Mannes ihren Mann aus der politischen Haft befreien will, als junger Gefängniswärter, während die Tochter des Kerkermeisters sich in diesen «Fidelio» verliebt.

Mahler hat das 1904 selbst inszeniert, bis in die Gesten hinein. Den Chor der Gefangenen lässt er nicht, wie vorher üblich, als klangstarkes Halbrund an die Rampe treten. Elendsgestalten tasten sich nach und nach in einen bedrückend monumentalen Gefängnishof, über dem, neben einem endlos hohen, gewaltigen Turm, nur ein Fetzen blauen Himmels zu sehen ist. Bühnenbildner Alfred Roller, 1864 in Brünn geboren, Mitstreiter an der Hofoper, Mitbegründer der «Sezession», verstärkt in symbolischen Räumen die Stimmungen der Musik, mit extremen Kontrasten von Dunkelheit und Helligkeit. Vor dem letzten Akt wird eine so lange Umbaupause nötig, dass

Mahler hier jene lange Ouvertüre platziert, die Beethoven für die Wiener Uraufführung neu komponiert hatte. Mit diesem und mit anderen Eingriffen rückt er das politische Singspiel in die Nähe eines Musikdramas. Und in diesem Sinne nimmt er als Dirigent auch ungewohnte *tempi*, «hypernervös», wie seine Gegner finden. 1907 ist dieser *Fidelio* aus Wien – und der Operngeschichte – schon nicht mehr wegzudenken.

Ein paar Tage nach der Aufführung hat die hartnäckige Engländerin zwar noch immer keinen Termin beim Direktor Mahler, aber «unverhoffterweise morgen Gelegenheit dem Herrn Capellmeister Walter die Oper von mir zu zeigen – + wenn er glaubt dass die Rolle Sie interessieren wird (schauspielerisch, glaub ich, muss die Rolle eine[,] die Schauspielerin ist[,] intrigieren) darf ich wieder bei Ihnen anklopfen? In jedem Fall hoffe ich Sie kennen zu lernen. Ich bin noch gerührt ergriffen + glücklich wenn ich an Ihre Leonore denke ... ich hatte es aufgegeben zu hoffen dass ich je an die Rolle Freude erleben konnte (...) + hier ist mir dieses große Glück geworden! – Mit bestem Empfehl, Ihre Ethel Smyth»

In der Kärntnerstraße findet sie das Tor zur Direktionsstiege, weist ihre Einladung vor – wie viele Einladungen hat sie nicht schon vorgewiesen! –, registriert, auch nicht zum ersten Mal, den erstaunten, leicht missbilligenden Blick auf ihre Bekleidung, wird hinaufgeführt, zur Höhe des ersten Ranges, einen Gang entlang, in die Direktionskanzlei, von wo ein Herr Haslinger sie weitergeleitet in ein helles, hohes Zimmer nach Osten hin. Ein Mann um die dreißig wartet da, abwartend freundlich, dunkle, funkelnde, intelligente Augen, dabei fast noch etwas kindlich Weiches im Gesicht, und kleiner als sie. Bruno Walter verbirgt sein Erstaunen über den Topfdeckelhut und das farblose Sackkleid, aus dem ein weißer Kragen schaut. Sie ist nun mal entschlossen, hier als Komponistin zu erscheinen und nicht als irgendeine Dame. Mahler, sagt er, sei unabkömmlich, wie sie ja wisse, wegen der Proben zur neuen *Walküre*, sie möge entschuldigen, «was führt Sie denn zu uns?» «Meine Oper, Herr Kapellmeister Walter! Ich bin Komponistin, wie Sie wohl wissen ...» Wie gut sie deutsch spricht! Und wie energisch. Mahler hat ihm nur gesagt, eine Dame aus England werde kommen, die er aus Leipziger Zeiten flüchtig kenne, mit einer Oper, und Walter werde schon mit ihr fertigwerden.

«Sie waren in Leipzig?», sagt er vorsichtig und späht auf die große Mappe unter ihrem Arm. «Oh ja, sehr oft!» Sie verschweigt das Desaster vom letzten Dezember, an dem sie nicht ganz unschuldig ist. «Ich traf auch Brahms, wissen Sie, und er mochte meine Kammermusik. Ich habe später eine deutsche Oper geschrieben, *Der Wald*, Muck hat sie in Berlin dirigiert, und nun habe ich hier *Les Naufrageurs*, *Strandrecht*, das sind drei Akte ...» Er wird sie wohl doch nicht so leicht los. «Vielleicht möchten Sie mir die Partitur hierlassen?» Sie reicht ihm die Mappe. «Sie können sie mitlesen. Haben Sie ein Klavier?» «Doch, aber ...» «Ich habe einen Klavierauszug. Breitkopf & Härtel hat das gedruckt.» Sie selbst hat den Druck bezahlt, das muss er ja nicht wissen.

Er führt sie ergeben zum Instrument, sie stellt ihre Noten hin, klappt sie auf, setzt sich. Er steht am Tisch, die handgeschriebene Partitur vor sich, volle Besetzung, von Piccolo bis Kontrabass, vier Hörner in F in der Mitte, und da stürzt sie sich schon in einen raschen Sechsachteltakt, in ein Fanfarenmotiv, guter Gott, sie kann spielen! Sie ist wie ein Naturereignis. Sie stampft die Pauken mit, dann ruft sie «Hörner!» und singt drei, vier von deren Takten mit, keine schöne Stimme, klirrend, krähend, dann folgt am Klavier eine zärtliche Floskel, Geigen, «und jetzt! Baam! Baam! Posaune!» Sie vergisst wohl, dass er die Partitur hat.

Walter liest mit, sieht und hört ihr zu, er ist fasziniert. Jetzt wird es langsamer. Klarinetten, Bassklarinette unisono mit der

Harfe, sehr französisch, das könnte eine schöne Farbe sein. Sie sind schon mitten in der Werkstatt. «Violine solo», sagt sie lächelnd zu einer wiegenden Linie. Brahmsische satte Streicherakkorde. Sichverlieren in einer Idylle, dann in Schaurigem. Er steht jetzt neben ihr und blättert ihr um. Eine neue Bewegung, neues Material, ein Vierer, heiter, gefährlich, sie nickt: Rasch die Seite wenden! Nun wird über die vier Viertel der Sechsachteltakt gelegt, das Anfangsmotiv im Horn, das ist ja berauschend, und dazu diese unerbittlichen Viertel im Bass, von da zu einer Art Choral. «Kind of empire sound», sagt sie glucksend, während das Klavier unter ihren Händen zittert. Walter geht wieder an seinen Tisch zur Partitur, blättert vor, er sieht, dass ein massiver Blecheinsatz naht, markantes Signal in Horn und Posaune, er singt das mit, zur Verstärkung und schon unwillkürlich mit der Rechten dirigierend, sie stampft wieder, abreißender Schluss, das Orchester schweigt, sie singt, nein, kräht, mit unschöner Stimme, sie ruft, nein, sie ersetzt den ganzen Chor, der nun einsetzt, im Unisono: «Das auserwählte Volk, es ist ohne Schuld!»

Walter starrt sie an, sie bricht ab. «Nicht weiter?» «Natürlich weiter, natürlich! Aber ... das muss er hören! Er muss! Fräulein Smith!» «Smyth.» «Fräulein Smyth, warten Sie, ich sehe, ob er Pause hat.» Walter stürzt aus dem Zimmer, hinüber zu Mahler. Das ist eine richtige Komponistin. Er weiß, was gut ist, er weiß es immer sehr schnell. Ihm ist, als sei mit dieser Ouvertüre eine Energie über ihn hereingebrochen, hinter der sich vergessene Jahrhunderte verbergen. Es ist nicht «modern», nicht Strauss, nicht Debussy, nicht brandneu im Material, aber ganz eigen, mit der Kraft darin, dem Geist, den Dimensionen. Und das Handwerk! Soll sie Topfdeckelhüte tragen, so viel sie will, diese Engländerin, hier ist etwas zu entdecken ... «Wirklich, Herr Mahler, ich beschwöre Sie!» «Ich glaub's Ihnen ja, lieber Walter, aber ich muss mit dem Roller gleich noch einmal über das Licht sprechen! Wir finden eine Stunde, sie soll wiederkommen.»

Bruno Walter geht an diesem Donnerstagvormittag mit Ethel Smyth die ganze Oper durch. Die sich als auserwähltes Volk besingen, nach dem Sturm der Ouvertüre, sind Methodisten, arme Küstenbewohner in Cornwall, Ende des 18. Jahrhunderts. Sie sehen sich von Gott befugt, ihr Heil in der Irreführung und Plünderung von Schiffen zu suchen. Bei Sturm bleibt der Leuchtturm dunkel, überlebende Schiffbrüchige werden umgebracht. Die junge Frau des Priesters – er segnet die Piraterie – lehnt das mörderische Tun ab, wie auch Mark, der Fischer, den sie liebt, nicht als Einzige, um es kompliziert zu machen. Ethel spielt und singt und erklärt, bis Walters Klavier an Cornwalls Küste steht. Es ist ein härteres Cornwall als das mythische des *Tristan*, obwohl auch die *Wreckers* mit einem Liebestod enden. Nachts entzündet Mark Feuer auf den Klippen, um Segler zu retten. Er bekennt sich zur Sabotage, und Thirza, die Frau des Priesters, bekennt sich zu ihm. Man überlässt das Paar in einer Höhle der Flut. «Bald werden Mund an Mund wir schlafen, wie wir es oft vergebens wünschten ... trag uns an deiner Brust, oh Meer!»

*

Als Ethel ein paar Tage später in der Tram nach Hietzing sitzt, der Vorstadt im Südwesten, mag sie beim Blick hinaus bemerken, dass die mehrstöckigen Bauten links und rechts der Mariahilfer Straße zwar kaum weniger stattlich sind als nahe dem Zentrum, die Menschen auf den Straßen aber arm aussehen. Etwa 80 Prozent der Wiener leben in den äußeren Vorstädten der Zwei-Millionen-Stadt, die jährlich um 30 000 Menschen wächst. Man sieht sie nicht vom Olymp der Hofoper aus, man spricht nicht über sie in der Inneren Stadt und den Bezirken, die sie gegen die äußeren Bezirke abschirmen. Man geht oder fährt auch nicht hin, allenfalls hindurch, um ins noble Hietzing zu kommen. Draußen stehen die Fabriken, dort wird produziert: Maschinen in Meidling, Elektrizität und Fleischwaren in Simmering, Elektrotechnik in der Brigittenau, Textilien, Lokomotiven, Automobile in Floridsdorf. 60 bis 70 Stunden wird pro Woche gearbeitet, sofern man Arbeit hat, aber das Geld reicht nicht.

Von Löhnen, die trotz glänzender Konjunktur noch geringer sind als in den anderen Industrienationen, müssen in den «Zinskasernen» Mieten bezahlt werden, die teils noch den Quadratmetertarif in den Häusern der Ringstraße übertreffen. Allerdings sind ihnen die Vorstadtburgen nach vorne hin oft verblüffend ähnlich. In Ottakring und Hernals stehen palaisartige Prachtbauten mit Messingbeschlägen an den Flügeltüren und von Karyatiden gestützten Balkons, an denen unkundige Betrachter nur irritieren könnte, dass auf ihnen fadenscheinige Wäsche zum Trocknen hängt. Es ist eine Architektur der «sozialen Narkose», als die Wolfgang Maderthaner und Lutz Musner sie beschreiben, deren Inneres, um geräumige Stiegenhäuser gepresst, ein Maximum an Mietertrag mit einem Minimum an Raum verbindet. Vier Fünftel der Menschen in den Außenbezirken hausen in Kleinstwohnungen, wo es nicht ungewöhnlich ist, wenn die Eltern und vier Kinder im einzigen Bett schlafen, weitere Kinder auf Strohsäcken, im Koffer, im Waschtrog, das Baby im Wäschekorb. Nur sieben von hundert Mietshäusern in Wien haben überhaupt Bäder und Toiletten, Letztere, wie in anderen Städten auch, meist außerhalb der Wohnungen.

Wer kein Obdach hat – allein im jüngsten Bezirk Favoriten um die 4000 Menschen –, übernachtet als zahlender «Bettgeher» (so, wie in Berlin als «Schlafbursche») in einer der überfüllten Wohnungen, im Männerwohnheim, wie einige Jahre später der erfolglose Postkartenmaler Hitler, oder in privaten

Massenquartieren, wo man 30 Kreuzer zahlt, um notfalls auf dem Fensterbrett zu schlafen. 80 Personen beiderlei Geschlechts drängen sich da in drei, vier Räumen halb verfallener Häuser. Wer auch die 30 Kreuzer nicht hat, sucht Lager unter Brücken, Viadukten, in Höhlen, die man in Eisenbahndämme gräbt, im Sommer in Parkanlagen, im Winter in der Kanalisation. Kanäle und Schächte sind beliebt, weil der Dunst der Abwässer, so entsetzlich er stinkt, die Temperatur erhöht. In dem Winter, in dem Ethel Smyth nach Wien kommt, findet der Sozialreporter Emil Kläger im Kanalschacht an der Ferdinandsbrücke «etwa zwanzig Leute. Übereinander, zum Knäuel gebildet, die Gliedmaßen des anderen als Polster benützend. Sie waren förmlich ineinander vergraben, um so der dem Körper entströmenden Wärme teilhaftig zu werden.»

«Es war wundervoll hier zu leben, in dieser Stadt, die gastfrei alles Fremde aufnahm und gerne sich gab, es war in ihrer leichten, wie in Paris mit Heiterkeit beschwingten Luft natürlicher, das Leben zu genießen» – so erinnert sich Stefan Zweig, als Sohn eines Textilunternehmers im Zentrum aufgewachsen, an diese Stadt um die Jahrhundertwende, in der für den Medizinprofessorensohn Arthur Schnitzler schon Spaziergänge durch die inneren Vorstädte aufregend sind, während die äußeren Vorstädte gar keine Erwähnung finden. Wien ist die einzige Metropole dieser Jahre, deren soziales Elend nicht offen in ihrer Literatur reflektiert wird, umso mehr in der Architektur kaschiert. Der riesige Ring des Elends mit mehr als einer Million Menschen, über denen der Rauch der Fabriken hängt, erscheint wie aus dem Bewusstsein der Eliten verdrängt.

«Ob ich einen unliebsamen Gast aus meinem Salon hinausbefördere oder aus meinem Vorzimmer oder ihn, nachdem ich ihn erkannt habe, überhaupt nicht über die Schwelle der Wohnungstür treten lasse» – so beschreibt Sigmund Freud den Mechanismus der Verdrängung, über den er in der Berggasse 19, im Bezirk Alsergrund, nachdenkt, dem Viertel der Professoren. Er erforscht die Abwehr von Triebregungen, nicht von gesellschaftlichen Realitäten – aber es ist ein großbürgerliches Interieur, mit dem Freud das Bewusstsein vergleicht, samt Vorzimmer und Salon. Denkt man sein Gleichnis weiter, dann stehen die Vorstädte um die Innenstadt herum wie eine Verkörperung des Unbewussten. Von amtlichen Regeln und ökonomischen Zwängen überzogen zwar, aber unberechenbar, anarchisch, mit eigenen Gesetzen, kriminellen Banden, «Platten» genannt, Obdachlosen und Schutzgelderpressern, mit Tausenden von Prostituierten, Haupteinnahmequelle der Strizzis mit den Schirmmützen, mit Hunderten von Schenken, in denen Alkohol in seiner billigsten Form konsumiert wird, als Branntwein. Am Mariahilfer Gürtel, über den Ethels Tram vom sechsten in den fünfzehnten Bezirk gerollt ist, herrschen «Zustände, deren Einzelheiten sich der Veröffentlichung entziehen», wie das *Illustrirte Wiener Extrablatt* seinen Lesern zurückhaltend mitteilt.

Aber die Tram fährt weiter bis nach Hietzing im Südwesten, einer Insel der gehobenen Mittelschicht, angelagert ans Schloss Schönbrunn und seinen Park, schon seit 1900 per Stadtbahn erreichbar. Hier wohnt seit Kurzem Anna von Mildenburg, umgezogen aus der Inneren Stadt in die Nähe ihres späteren Ehemanns, Hermann Bahr. Er hat sich an der Veitlissengasse eine Villa bauen lassen, für die er Gustav Klimts Hochformat *Nuda Veritas* erwarb, die «nackte Wahrheit». Die fortschrittlichen Wiener Künstler haben gut zu tun in dieser Gegend. Im Bau mit der frisch verputzten neobarocken Fassade westlich vom Schlossgarten – hier biegt die Tram in die Hietzinger Hauptstraße ein – hat der 23-jährige Maler Richard Gerstl kürzlich ein Porträt der noch jüngeren Pianistin vollendet, die gelegentlich Anna von Mildenburg am Klavier begleitet – Smaragda Berg. Mitten im Winter hat Gerstl sie wie im Sommer gemalt, mit leicht fließendem weißem Hauskleid in einen Sessel bei offener Terrassentür gelehnt, abwartend auf uns blickend, in sich eine Energie, die man ihrem kaum lächelnden Mund, ihren kräftigen Augenbrauen anmerkt.

Wie ihr älterer Bruder Alban lebt Smaragda seit einem Jahr in diesem geräumigen Palais, das ihre Mutter Johanna Berg von ihrer Schwester geerbt hat – von der Witwe eines steinreichen Galanteriefabrikanten, der als Wiener Agent von *Moët & Chandon* dem Kaiser seinen Champagner lieferte, sich einen ägyptischen «Mohren» mit rotem Fez als Diener, zahlreiche Pferde und eine Schar bezirksbekannter weißer Dackel hielt, die nun ebenfalls zum Erbe zählen und nach Komponisten benannt sind. Der wasserscheue Albino «Mahler» wird seinen Namenspatron um fünf Jahre überleben. Mit allen Immobilien kommt nach Abzug von Schulden und Steuern ein Vermögen von fast 4,4 Millionen Euro zusammen, dazu die Jahreseinkünfte aus acht Zinshäusern: 40 000 Kronen, mindestens 243 000 Euro, was dem dreifachen Jahresgehalt der bestbezahlten Uniprofessoren entspricht. So gesehen, ist Smaragda genau die richtige Partie für Adolf von Eger, «Pips» genannt, den Sohn des Präsidenten der Südbahn, für den das Bild seiner Braut gemalt wird. Aber nur so gesehen.

Das Hausmädchen in der Hietzinger Hauptstraße 53 öffnet und erschrickt. Vor ihr steht eine hochgewachsene Frau mit stahlgrauen Augen, einem unmöglichen grünen Filzhut auf dem Kopf und dicken Lederstiefeln an den Füßen – ja, man sieht ihre Füße! Aber sie wird tatsächlich erwartet. Wütendes Gebell. Ein strohgelber wilder Mischling, plumper Leib auf schmalen Windhundbeinen, streicht knurrend um Ethel Smyth und Anna von Mildenburg herum, nachdem das Hausmädchen die Fremde in die Wohnung gelassen hat. «Bist du wohl brav!», schimpft die Sängerin. «Platz, Yellow!» Der Hund gehorcht nicht, sie lacht. «Bei mir hat noch kein Hund was gelernt», sagt sie, «aber intelligent ist er auch so.»

«He’s a yellow one, indeed», sagt Ethel. «What a nice name.» Sie bückt sich unerschrocken, das Tier weicht zähnefletschend zurück. «Er mag keinen außer mir und meiner Mutter», sagt Anna, «nicht einmal meinen besten Freund, und der hat sieben Rassehunde. Aber ich hab mir wegen der dünnen Beine gedacht, er hat vielleicht englische Windhunde unter seinen Vorfahren. So hat er einen englischen Namen. Sei brav, Yellow. Kommen Sie, Frau Smyth. Haben Sie auch einen Hund?» «Oh ja.» Ethel strahlt. «Pan. Er ist ein Schäferhund, Old English sheepdog. Mit sehr viel Haaren. Er ist zu Hause in England. So lieb! Zu gut für diese Welt.»

Dann beruhigt sich das gelbe Tier, und Ethel Smyth, immer noch den Hut auf den hochgesteckten Haaren, auf dem Sofa sitzend, sprudelt über von ihren Stunden mit Bruno Walter und den wenig erfreulichen Erlebnissen mit dem *Strandrecht* in Leipzig und Prag. Sie vertraut dieser vierzehn Jahre jüngeren Frau, als würde man sich lange kennen, so offen und neugierig ist die Sängerin, hellwach, auch wenn sie mitunter ganz versonnen zu blicken scheint.

Wie Arthur Nikisch, dem sie in Leipzig vorspielte, gleich einen Vertrag mit ihr schloss, erzählt Ethel, der Gewandhauskapellmeister und Operndirektor, der sich dann mit der Stadt verkrachte, sodass ein anderer, misslauniger Kapellmeister das *Strandrecht* dirigierte. Die Anwesenheit der Komponistin bei den Proben war nicht erwünscht. Als sie zur Generalprobe anreiste, war der dritte Akt auf ein unverständliches Wirrwarr zusammengestrichen worden. «Da sagte ich denen, das schaue ich mir nicht an, ich reise aufs Land! Aber ich bin doch heimlich in der Premiere gewesen, und, oh Wunder, die Aufführung war gut, besonders das Orchester, und am Schluss gab es solchen Applaus, dass ich dachte, so, jetzt zeige ich mich doch! Aber ich saß im dritten Rang rechts, ich rannte also runter, vertat mich mit den Türen, geriet in eine Herrentoilette mit zwei Herren, ich sehe die Gesichter noch … Ich renne weiter, und endlich stolpere ich in die vorderste Gasse rechts von der Bühne, der Applaus tobt, und in der Gasse gegenüber sehe ich Hagel, diesen Dirigenten, und den neuen Operndirektor, wie sie gerade mit den Sängern auf die Bühne wollen, und sie sehen mich! Seitdem weiß ich, wie Männer aussehen, die einen Geist erblicken!» Anna lacht aus vollem Herzen, warm, nicht das durchdringende Lachen der Diven, und Yellow, zu ihren Füßen liegend, bellt kurz auf.

«Good boy! … Dann sind die beiden losgegangen und ich auch, schön langsam, und der Direktor nahm meine eine Hand und der Dirigent die andere, da begriffen die Leute erst, was ich da zu suchen hatte, ich war nicht besonders fein angezogen, und wir hatten insgesamt dreizehn Vorhänge!» «Das ist wunderbar, Miss Smyth! Wer hat die weibliche Hauptrolle gesungen?» «Thirza? Paula Doenges.» «Ach! Die wäre beinahe zu uns nach Hamburg gekommen …» «Und dann war da Luise Fladnitzer als Avis, ein kleines Genie.» «Sie war? Singt sie die Partie nicht mehr?»

«Es gab nur diese eine Aufführung», sagt Ethel zögernd. «Wir hatten eine Premierenfeier mit Strömen von Champagner, und wir sprachen über diese Kürzungen, die alles unverständlich machen, und der Direktor sagte, oh, wir machen diese Striche auf, wir können … we can manage it, dafür genügt ja eine halbe Stunde Probe mit den Solisten und eine Viertelstunde mit Orchester, morgen wird alles geregelt. Good night all round in happiest mood! Am nächsten Morgen kommt ein ganz kurzer Brief von Hagel: Die Oper wird gespielt wie gestern oder gar nicht.» «Oh, solche Dirigenten kenne ich. Aber man kann sich oft in fünf Minuten wieder einig werden, am Theater.»

«Ich habe wohl einen Fehler gemacht. Ich bin geplatzt vor Wut. Ich drohte, die Oper zurückzuziehen. Keine Antwort, sie hielten das wohl für eine leere Drohung. Am Morgen vor der zweiten Vorstellung bin ich in den Orchestergraben gegangen, ich habe da alle Stimmen und die Partitur eingesammelt, und dann bin ich damit in den Zug nach Prag gestiegen.» «Oh nein ...!» «Verehrtes Fräulein, es war nicht gut von mir, wegen der Sänger. Sie haben das wochenlang geprobt. Aber ich habe es jahrelang komponiert. Nikisch findet es gut, Walter findet es gut. Und ich habe mich einem Rüpel und Vertragsbrecher widersetzt. Oh, ich rede viel zu viel ...»

Anna von Mildenburg lacht wieder. «Sie haben meinen Freund noch nicht erlebt, den Herrn Bahr, der redet auch viel. Aber noch mehr schreibt er.» «Oh! Er ist Schriftsteller? Wie meiner? Wie heißt er?» «Hermann Bahr.» «Well, H. B., like Henry Brewster, what a lovely coincidence.» Ethel kennt den Namen nicht, auch wenn Bahr, 44 Jahre alt, weit mehr ist als nur eine Wiener Größe – ein europäisch orientierter Feuilletonist, Essayist, Dramatiker, Romancier, jetzt gerade als Regisseur am Deutschen Theater in Berlin tätig, und in Wien von jeher der erklärte Lieblingsfeind von Karl Kraus, der ihn vorzugsweise als wetterwendigen «Herrn aus Linz» angeht. Sofort lässt sie sich Bücher aus seiner Feder empfehlen, mit einem flammenden Interesse, das weniger diesem Herrn Bahr gilt als seiner zukünftigen Gemahlin.

«Raucht er?», fragt Ethel unvermittelt. «Oh ja. Zigarren, Zigarillos, vor allem Zigarillos ... Warum fragen Sie, Miss Smyth?» Ethel kramt in ihrer Handtasche und holt nach längerer Suche ein Zigarettenetui hervor. «Aber bitte, rauchen Sie! Ich habe heute keine Vorstellung und morgen auch nicht.» Ethel Smyth inhaliert tief und kramt wieder etwas hervor. «Prag!», sagt sie nur, und die Sängerin überfliegt den Ausschnitt aus dem Prager Tagblatt. «Miß Smith scheint dermalen noch nicht berufen zu sein, das Erlösungswerk der bisher verbannten musikalischen Weiblichkeit zu vollbringen. Um dies zu vermögen, müßte sie ihr musikalisches Geschlecht vorerst ändern.» Eine «Krankheit der musikalischen Nerven» wird attestiert, empfohlen werden «erfrischende Bäder in gesunder, ungesuchter Harmonie». Alles sei «maßlos aufgeregt», es fehle an Melodien, man fürchte um die Sänger, nur nicht um das Orchester, «denn sie alle sind schon vertraut mit dem Schrecken und Grausen, das in den modernen Partituren webt.» Dennoch, schließt der Rezensent, ein «Dr. v. B.», «ich werde der Erste sein, der ihre Fahne schwingt, wenn einmal der große musikalische Wurf gelungen und wir an ihr ein rechtes musikalisches Weib errungen ...»

«So a widerlicher Depp», sagt Anna. «Ich kenn ja Ihre Musik noch nicht, liebe Miss Smyth, aber dem Kapellmeister Walter glaub ich jetzt erst recht, dass sie gut ist. Sie wollten mir doch etwas vorspielen, vorsingen!» «Ich nehme den Dialog von Thirza und Mark. Thirza, die wäre etwas für Sie, liebes Fräulein, wie ich schon Ihnen schrieb!» Immer noch den grünen Hut auf dem Kopf, sitzt sie am Flügel, ruft, einen Akkord spielend, noch schnell «this is her, still behind the scene» und schreit dann «Mark», mit klirrender Stimme, während die rechte Hand tremoliert und die Linke einen Bogen im Bass spannt, dann ruft sie «Thirza», das ist der Tenor, fast so lang ausgehalten wie die Wälserufe in der *Walküre*, unbeschreibliche Töne aus diesem Mund.

Yellow bellt wie ein Wahnsinniger, das Hausmädchen erscheint mit ängstlichem Gesicht, Ethel merkt nichts und spielt weiter, Anna legt den Finger auf die Lippen und zeigt auf den Hund, den das Mädchen hinausmanövriert. «Oh Glück, du heißersehntes!», mit Akzent geschrien, fast muss Anna lachen, aber alle unfreiwillige Komik wird nebensächlich, es ist etwas Bezwingendes an dieser Frau, in dieser Musik, das alles übertönt. Sie lauscht gar nicht mehr auf den Text, es kommt ihr vor, als höre sie England, Salzgeruch des Meeres, harten Wind über kreidigen Klippen, harte Menschen mit versteckten Leidenschaften, darin eine seltsame, melancholische Weichheit, wie jetzt auch auf dem Gesicht der Frau am Klavier, nachgiebig, verklärt, voller Liebe.

Eine Woche später ist Ethel wieder in Hietzing, mit dem Kostümbuch der Prager Produktion von *Strandrecht*, und sehr nervös. Mahler will sie hören, in zwei Tagen. Schnell einen Ratschlag, oder drei! «Empfindlichkeit ist ihm zuwider. Wenn Sie eine Sängerin wären, hätte ich noch ein Dutzend weitere Ratschläge für Sie. Aber Sie können doch machen, was Sie wollen, Miss Smyth, Sie kennen das Stück ja besser als er! Und falls er lacht, erschrecken Sie nicht. Er lacht mitunter bei sonderbarer Gelegenheit.» Sie weiß noch sehr viel mehr über ihn, seit Hamburger Zeiten. Geblieben ist sie seine Brünnhilde. Mit dieser Rolle hat er sie damals groß gemacht. Jetzt singt sie sie in der neuen Produktion, in der der Roller es so dunkel werden lässt wie noch nie, viel zu dunkel …

*

Aktenaffäre in Ungarn, die Marokkofrage, Clemenceau geht es besser, dem französischen Ministerpräsidenten, dem «radikale Kreise» eine Nähe zum Klerus vorwerfen, Lueger geht es auch besser, dem antisemitischen Wiener Bürgermeister, von dem seit fünf Monaten keiner weiß, was ihm fehlt, außer dass er ständig schläft. Gerhart Hauptmann hat ein neues Stück geschrieben, *Die Jungfer vom Bischofsberg*, in Berlin ausgezischt, in der *Neuen Freien Presse* an diesem 16. Februar 1907 bejubelt auf – er blättert ungeduldig – elf Spalten, um Gottes willen! Wo sind die Theaternachrichten? «Patentstaubsaugapparat Atom», nein. Nachruf auf Carducci. Eine ganze Seite! Wer ist Carducci? Proteste der Fiaker, Bombenfund im Frankfurter Hauptbahnhof, Demonstration fürs Frauenwahlrecht in London, weiter, aha, hier. Nun ist es offiziell. «Richard Strauss' ‹Salome› im Deutschen Volkstheater.» Die haben es geschafft, er nicht. Im Juni wird die Oper in Wien gespielt. «‹Salome› sollte bekanntlich über die Bühne der Hofoper gehen, doch nahm die Hoftheaterbehörde, sosehr sich Direktor Mahler für die Novität einsetzte, eine ablehnende Haltung ein.»

Er ist nicht mehr der Gott der südlichen Zonen, sein Thron wackelt. Dass er selbst ohnehin seit Längerem daran denkt, ihn zu verlassen, ist eine andere Sache. Die *Neue Freie Presse*, mit Julius Korngold, ist die einzige, die noch zu ihm hält, die mächtigste zwar auch, aber fast alle anderen Blätter haben sich seit Jahresanfang auf ihn eingeschossen. Lücken im Repertoire werden bemängelt, die Wahl der Sängerinnen, seine Dirigierurlaube, seit der *Walküre* sogar wieder seine Tempi! Zur Wiener Erstaufführung seiner *Sechsten*, die er im Januar selbst dirigiert hat, gab es Rezensionen, die jeden anderen aus der Fassung gebracht hätten: «Impotenz im Einfall», «kaninchenhafte Fruchtbarkeit», dazu Karikaturen, weil er Kuhglocken und Holzhammer einsetzt. Was noch mitklingt im Pressechor, wird deutlich in der früheren Karikatur vom «Juden Mahler» als «Vogelschrecker», der die besten Sänger vertreibt.

Aber der erste sichtbare Riss war doch der, dass er die *Salome* nicht in sein Haus bringen durfte. Nun wird also die Breslauer Truppe das Stück als Gastspiel in Wien machen, das Volkstheater wird sogar umgebaut, damit im Graben genug Platz für hundert Musiker ist. Er schiebt die Zeitung weg, blickt auf die Uhr im Direktionsbüro. Gleich wird diese Engländerin kommen, die Bruno Walter so gepriesen hat. Viel zu vielen hat Mahler Hoffnungen gemacht. Zemlinsky, dem auch noch! Er beginnt, ungeduldig, vor den Fenstern auf und ab zu laufen.

Falls Ethel Smyth an diesem Tag im renommiertesten Wiener Blatt liest, falls sie an etwas anderes denken kann als an ihren Termin, wird sie die Meldung aus London lesen. Den «fanatischen Vorkämpferinnen des Frauenstimmrechts, den Suffragettes» habe am Donnerstag die Polizei den Zutritt zum

Parlament verwehrt, es gab Handgemenge. Unter dem Vorsitz einer Mrs. Pankhurst seien zuvor «wilde Reden geführt» worden. 700 bis 800 Frauen seien «mit lautem Geschrei» gen Westminster gezogen, um dem Premierminister eine Resolution zu überreichen. Gestoppt von Polizisten, seien sie mit Regenschirmen gegen diese vorgegangen, es gab 61 Verhaftungen. Es sei, findet die *Neue Freie Presse*, «die richtige Taktik, diese harmlosen Äußerungen eines echt englischen politischen Fanatimus nicht ernst zu nehmen». Es dauert noch elf Jahre, bis in Großbritannien das Frauenwahlrecht in der Verfassung steht. Ethel Smyth ahnt nicht, dass sie dafür sogar ins Gefängnis gehen wird. Sie macht sich jetzt auf den Weg, entschlossen, die erste Komponistin zu werden, von der eine Oper im Opernhaus am Ring gespielt wird.

Mahler scheint eher kleiner zu werden, während er von seinem Tisch durch den saalartigen Raum auf sie zukommt, denn er ist noch weniger groß als Bruno Walter, den Ethel Smyth auch schon überragt. Sie schämt sich fast, größer zu sein als dieser Berühmte; dass sie zwei Jahre älter sein soll, kann sie nicht glauben. Seine Sinfonien kennt sie nicht, sein Dirigieren in *Fidelio* hat sie begeistert. Er gibt ihr die Hand und sagt etwas Nettes: «Excuse, please, my bad Englisch. I have all vergotten.» Englisch mit «ä». Und während sie auf Deutsch erklärt, er spreche doch exzellent, und wie glücklich sie sei, hier zu sein, tritt er einen Schritt zurück, die Fäuste auf die Hüften gestützt. Ist er ungeduldig?

Ein dunkelgraues Jackett mit überbreit geschnittenen Schultern hängt über seiner gleichfarbigen Weste, aus der ein weißes Hemd schaut, ein schwarzes Mascherl, eine Fliege um den Kragen. Längliches, zerfurchtes Gesicht, die steile Stirn ist von schwarzem Haar umrahmt, die graublauen Augen hinter kreisrunden, fast randlosen Brillengläsern blicken genau. Er blickt auch sehr genau in die Partitur, die sie ihm gibt, ehe sie sich an das Klavier setzt. Sie hat sich weiblicher und feiner angezogen diesmal, aber das scheint vollkommen gleichgültig zu sein. Es ist ganz anders als mit Walter. Obwohl der schon für sie gesprochen hat, ist es ihr, als müsse sie mit den ersten Takten eine Steilwand überwinden. Nun, es ist ja auch eine Steilküste in Cornwall! Sie merkt, dass ihre Töne in ein außergewöhnliches Spannungsfeld geraten, dass dem Hörer und Leser hinter ihr nichts entgeht, dass dieser Mann brennend durch die Töne hindurchschaut. Er will wissen, woher sie kommen, ob sie wahr sind.

In der Ouvertüre lässt er sie ziemlich weit kommen, aber vor der imperialen Stelle bricht er ab. «Gut, können wir weitergehen zu ...», er blättert, querlesend. «Hier, der Chor, ‹Schwarz ist die Nacht›, wo das erste Thema in den Geigen wiederkommt ... fis-Moll.» Er klingt trocken, unbegeistert, aber konzentriert. Sie spielt, sie möchte auch singen, es kostet sie Überwindung, aber, zum Teufel, wenn sie es doch will! Manchmal sucht er Passagen aus, er geht mit der Partitur um, als habe er sie schon einmal gelesen. Vom zweiten Akt das halbe Vorspiel und, auf Ethels Vorschlag hin, der große Dialog der Liebenden.

Sie singt, gelegentlich eine Oktave tiefer, die Thirza und hofft kurz, dass Mahler die Partie des Mark übernimmt. Das tut er nicht. Aber sie ist jetzt mutiger und sagt, sich auf dem Schemel umdrehend: «Das ist wirklich keine Partie für mich. Wohl eher für Fräulein von Mildenburg.» Er blickt auf von der Partitur, ein Lächeln zuckt ihm durchs Gesicht. «Auch wenn sie kein Mezzo ist? Gut, können Sie mir bitte noch etwas von der Sopranpartie spielen, wie heißt sie ...» «Avis.» Er blickt auf die Uhr. «Oh, jetzt pressiert's mir schon. Es tut mir leid, wir schaffen es nicht weiter. Darf ich mir das alles noch ansehen?»

«With pleasure.» Sie steht auf und zeigt ihm in der Partitur das *appassionato*, mit dem das Mädchen Avis den Prediger Pascoe unter Verdacht bringt. «Dafür wird man ein Ännchen brauchen», sagt er halblaut, in den Noten blätternd, dann blickt er auf. «Ich kann Ihnen nichts versprechen, liebe Miss Smyth, nur, dass ich mir die Oper noch genau anschaue. Sie haben ja geschrieben, mein werter Herr Kollege Nikisch hat sie bereits für Leipzig angenommen ...» «Oh ja, Herr Mahler. Aber er hat da nicht dirigiert, leider. Ein anderer tat das ...» Sie erzählt die Leipziger Geschichte in aller Kürze und erwähnt das Fiasko in Prag, das ist ja kein Geheimnis, leider. «Ach, Prag ...» Mahler blickt für eine Sekunde weit zurück. «Lieber gar keine Aufführung als eine schlechte», sagt er dann. «There is only one man big enough to serve my turn», sagt Ethel. Jetzt lacht er, so, als habe er jedes Wort verstanden. «Wenn es hier angenommen wird, dann werden Sie zu den Proben eingeladen ... Damit Sie nicht wieder in Versuchung kommen, ihre eigenen Noten zu rauben!»

«Tegethoff Hotel | Sonnabend Abend | Liebe verehrte Frl. v. Mildenburg | Ich spielte dem Mahler vor – nichts vom III. Akt leider. Er hat mir versprochen es sich gleich sehr genau anzusehen – Er war (zuletzt) sehr nett. Ich kenne ihn zu wenig um zu wissen wie seine Eindrücke sind – aber abgelehnt hat er nicht –! Ich habe Hoffnung! (...) Mahler hat mir gesagt (scherzend) dass wenn es angenom̄en wird, werd ich zu den Proben eingeladen werden – nicht so wie in Leipzig.» Es folgen Komplimente für die Bücher von Hermann Bahr, die sich Ethel Smyth besorgt hat und, wie ihr Lebensgefährte Henry Brewster, liest: *Dialog vom Tragischen*, *Dialog vom Marsyas*, das Stück *Der Franzl*. «Jetzt frag' ich mich wann ich Sie sehen werde? vielleicht im Bett – mit Ihres Hundes Maulkorb an ... damit Sie nicht reden können ...? (welche gute Gelegenheit für mich die ich gern rede) – nachdem die Walküre vorbei ist? Jedenfalls will ich nicht fortgehen bis ich Sie wieder sehe – Ich freue mich so darauf, + möchte doch dass Sie reden können, damit Sie mir von Herm. Bahr erzählen (...)»

Anna von Mildenburg lässt sich die fröhliche Unverfrorenheit in Ethels Smyths Zeilen gefallen, fremd ist ihr die innige Verbindung zwischen Frauen jedenfalls nicht. Im Tagebuch dieses Jahres vermerkt die 34-Jährige: «H. hat unlängst prophezeit ich würde auf meine alten Tage eine schwere Lesbierin werden. Woher er das nimmt weiß Gott. In Berlin ist wohl die Luft voll mit solchen Dingen. Aber mein Gott was wär's. Es existiert die Natur bringt's hervor. Trifft's mich u. ist es stark, dann werd' ich mich sicher beugen und mir nicht mit Verlogenheit u. Selbstbeschwindeln das Leben verderben.»

*

An diese Frau wendet sich Smaragda Berg, als sie von ihrer Hochzeitsreise mit «Pips» – standesgemäß im Sonderwagen der Südbahn nach Venedig – zurückgekehrt ist. Die Ehe ist ein Desaster, sie geht ihr gegen die Natur. Smaragda denkt immerfort an eine junge Frau, die in Hietzing nur wenige Fußminuten entfernt von ihr wohnt, ebenfalls mit Blick auf den Schlosspark: Helene Nahowski, die 20-jährige Tochter eines Eisenbahnbeamten – auf dem Papier jedenfalls. Auch in Wien ist die Luft «voll mit solchen Dingen», aber man spricht nicht darüber, noch nicht. Undenkbar ist eine Situation wie in Paris, wo die Bestseller-Autorin Colette Willy und Mathilde de Morny, eine Nichte Napoléons III., offen zusammenleben und einander auf der Bühne küssen, der Skandal jedoch vor allem darin besteht, dass sich eine Aristokratin überhaupt auf dem Podium einer Amüsierbühne wie im Moulin Rouge zeigt.

«Das entsetzliche Geheimnis, das meinem Wesen, meiner Natur innewohnt» – so nennt Smaragda Berg es vorsichtshalber gegenüber ihrem «Liebling» Helene. «Mit meiner Heirat ist das Unglück erst recht in mich eingedrungen.» Nur ihr Bruder Alban wisse davon und, «was dich wundern wird – die Mildenburg & der Bahr. Die Beiden sind aber dermaßen wissende, vorgeschrittene, freidenkende Leute, daß ich eigentlich gerade dadurch ihnen, namentl. der Mildenburg viel näher gekommen bin.» Helenes homosexueller kleiner Bruder Franz hat unterdessen als *postillon d'amour* den heimlichen Briefwechsel zwischen ihr und Alban Berg besorgt. Sie sieht sich nun zwischen zwei höchst eifersüchtigen Geschwistern, denn Alban macht sich die größten Hoffnungen, seit das «gnädige Fräulein» – jetzt 21 Jahre alt, ein Jahr jünger als er – zusammen mit ihm die Premiere der *Salome* im Volkstheater besucht hat, am Samstag, 25. Mai 1907.

Eine «Sensationspremiere», zu der sich *le Tout Vienne* einfindet, von Kunst bis Aristokratie, die Damen in großer Toilette mit Schmuck, die Herren in Frack oder Smoking. «Also die vielbesprochene Prinzessin Salome!», so beginnt die Besprechung der *Neuen Freien Presse* am nächsten Tag. «Mußte uns von einer fremden Operntruppe vorgestellt werden, kam auf dem Umwege über Breslau. Von allen deutschen Hofbühnen dürfte die Wiener nunmehr die einzige sein, die ‹Salome› unbeugsam den Eintritt verweigert hat. Weder für Dresden, noch für München bestanden religiöse Skrupel oder Sittlichkeitsbedenken. Aber in Wien weiß man standhaft zu bleiben in solchen Dingen ...» Fanchette Verhunk zeige sich als Salome «lüstern, wild, grausam, bacchantisch, immer hysterisch und wächst gesanglich ganz bedeutend in der Schlußszene». Sie tanzt sogar selbst, als eine von wenigen, «den äußersten Realismus ersparte sie sich und uns». Wie viele Schleier wirft sie denn nun ab? Auch diese

Die 32-jährige Sopranistin Fanchette Verhunk war 1907 die erste Wiener Salome. «Lüstern, wild, grausam, bacchantisch, immer hysterisch und wächst gesanglich ganz bedeutend in der Schlußszene», lobte die Neue Freie Presse. Den Jochanaan sang George Beeg, Dirigent war Julius Prüwer.

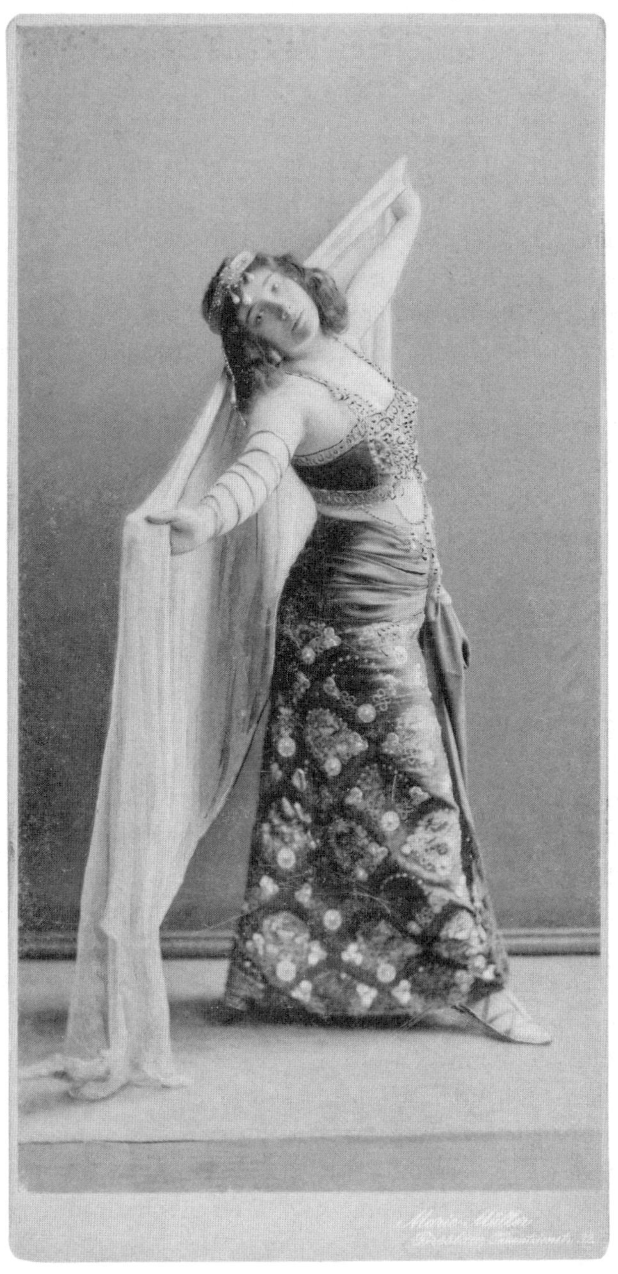

III

Frage treibt die Wiener ins Volkstheater. Fast einen Monat lang wird die Oper täglich vor ausverkauftem Haus gespielt – bis auf Fronleichnam.

Wenn Alban Berg jetzt zwei Takte daraus auf eine Postkarte notiert, weiß Fräulein Nahowski gleich, dass sie der Prinzessin Salome gelten, mit der zugleich die Prinzessin Helene gemeint ist. «Wie schön ...» Gewissermaßen ist Helene tatsächlich eine Prinzessin. Der Beamte Franz Joseph Nahowski bewacht seine Tochter umso eifersüchtiger, als sie, wie in Wien alle wissen, nicht seine Tochter ist, auch wenn der wirkliche Vater ebenfalls Franz Joseph heißt – nämlich der inzwischen 75 Jahre alte Kaiser, dessen Liaison mit Helenes Mutter vor ihrer Ehe mit dem despotischen Eisenbahner begann und mit ihr auch deswegen nicht endete, weil dieser Beamte seinerseits verlässlich untreu war. Es ist ja nicht sehr weit vom Schloss Schönbrunn in die Maxingstraße. Nach dem letzten Besuch, den der Kaiser seiner Geliebten macht, 1888, als Helene zwei Jahre alt ist, lässt er Anna Nahowski eine «Abfindung» von 200 000 Gulden zukommen. Diese umgerechnet etwa drei Millionen Euro aus dem k.u.k. Hofetat hat sie zum größeren Teil ihrem Mann übergeben, der das Geld in Aktien und Immobilien anlegt und nicht daran denkt, die Franz-Josephs-Tochter an einen jungen Künstler wegzugeben.

Dabei bewegt sich dieser Komponist ja nicht erst seit der Erbschaft auf großbürgerlichem Niveau. Selbstverständlich hat die Familie des Kaufmanns Conrad Berg einen Sommersitz, den Berghof am Ossiacher See, wo auch Sigmund Freud mit Familie gern einmal Gast ist. Fast ebenso selbstverständlich hat der sechzehnjährige Gymnasiast Alban auf dem Berghof seine erste sexuelle Erfahrung mit einem Küchenmädchen gemacht – in bürgerlichen Familien eine gängige Praxis, zu der auch die Entlassung nebst Abfindung im Fall einer Schwangerschaft gehört. Weniger selbstverständlich ist es, dass Marie Scheuchl den minderjährigen Vater ihres Kindes so sehr schätzt, dass sie ihre Tochter Albine nennt. Von der Zweijährigen fertigt er ein Aquarell an. Die inoffizielle Kaiserstochter Helene wird nie etwas von diesem Kind erfahren.

Nirgendwo ist die «Libido», wie Freud die Lust lateinisch nennt, ein so durchdringendes Thema wie in diesem Kessel Wien, und nirgendwo wird sie so beschwiegen. In käuflichem Sex oder solchem mit abhängigen Hausangestellten berühren sich innere und äußere Stadt. Die Armenviertel liefern die Dirnen, mit denen etwa drei Viertel aller Bürgersöhne ihre ersten sexuellen Erfahrungen machen. Die Prostitution ist, so Stefan Zweig, «das dunkle Kellergewölbe, über dem sich mit makellos blendender Fassade der Prunkbau der bürgerlichen Gesellschaft» erhebt. Ein Stück wie Arthur Schnitzlers *Reigen*, das die Promiskuität der ganzen Wiener Gesellschaft zeigt, darf hier selbstverständlich nicht gespielt werden. Als das Stück 1903 in Wien erstmals gedruckt zu haben ist, schäumt die Presse. Ein Autor geißelt die «hündische Geschlechtsgier» und wittert «foetor judaicus», «jüdischen Gestank». Der *Reigen* verkauft sich 40 000 Mal. Eine Kopie des Privatdrucks hat Alban da längst mit seiner Schwester in verteilten Rollen laut gelesen. Die Szene zwischen dem jungen Herrn und dem Dienstmädchen kennt er ja schon selbst, vom Ufer des Ossiacher Sees.

Jetzt aber, im Sommer 1907, hat es ihm die hohe, tiefe Minne angetan, die zehn Jahre zuvor der Dichter Rainer Maria Rilke zelebrierte:

Das war der Tag der weißen Chrysanthemen, –
mir bangte fast vor seiner schweren Pracht …
Und dann, dann kamst du mir die Seele nehmen
tief in der Nacht.

Mir war so bang, und du kamst lieb und leise, –
ich hatte grad im Traum an dich gedacht.
Du kamst, und leis wie eine Märchenweise
erklang die Nacht...

Solche Zeilen treffen einen, der in der ungeheuren Spannung dieser Stadt zu einem Fenster am Schlosspark in Hietzing hinaufblickt, hinter dessen Vorhang rasch eine Frau verschwindet. Einer, der seine Träume schon nach dem Vorbild Dr. Freuds analysiert, will innig lieben, aber: «Im Straßenstaub lag die Romantik da.» Er schämt sich seiner «Sinnlichkeit», seiner Unbeholfenheit, seiner Größe – der Hochgewachsene unterschreibt seine Briefe an Helene mit «Zwerg» und lässt sich von ihr ergeben als «liebes Zwergerl» siezen, während er sein «Du» an sie als eines der «heiligen Verehrung» verteidigt. «Ich find's riesig nett, dass Sie so von der Liebe überzeugt sind», schreibt sie spöttisch, er antwortet mit passionierten Briefzeilen Richard Wagners und fleht sie an: «Nicht dieses fürchterlich conventionelle ‹Sie› – – Nein, Nein!!»

Zeilen über Zeilen, Blätter über Blätter voller Pathos an sie, monatelang, voller «fliehender Wolken» und «grausamer Wogen». Dann kommt alles zusammen: Das bei Schönberg gewachsene Handwerk, Rilkes Gedicht aus dem Band *Traumgekrönt*, Helenes beiläufig gewährtes «Du». Der 22-Jährige erweitert in seinen Tönen das Gedicht zum Seelenkosmos, gerade noch so eben von diatonischen Bezügen zusammengehalten. Kein Schwärmen vor oder hinter schweren Vorhängen, die man gleichwohl noch ahnt wie alte Träume, kein heiß atmender Nachdruck – aber ein Drang an die Ränder, riskant und souverän gespannte Balance zwischen Emotion und Abstraktion, in der Harmonik wie absichtslos über Mahler und Strauss hinaus, Öffnung zu vielem. Der Zwerg verschwindet, und statt eines Riesen kommt ein Künstler zu sich.

Als er fertig ist, am 14. August 1907, zitiert er ihr im Brief das Gedicht. Beim nächsten Mal siezt Frl. Nahowski ihn wieder. Im November zitiert er den Beginn erneut, nur zwei Zeilen, das «schwer» lässt er wieder weg, jetzt erst recht.

«Das war der Tag der weißen Chrysanthemen ––
Mir bangte fast vor seiner Pracht –––!»

Helene notiert ordentlich auf die Rückseite des Kuverts: «erster Kuss».

KAPITEL 3

1908. Suizidversuche, missglückt, vollendet. Debussy trifft Smyth in London und mag ihre Lieder. Proust hört sie in Paris, wahrscheinlich ... Schönbergs *opus 10*: Am Traunsee werden die Grenzen der Kunst und eine Ehe gesprengt.

Es wird allmählich eng hier, finden Sie nicht?», sagt der Hausherr, als die Musiker ihre Pulte zurechtrücken. «Ich denke, ich werde diese beiden Häuser bald zu einem verbinden – mit einem wirklich großen *music room*. Sobald unser Landhaus in Norfolk fertig ist.» Lord Speyer streicht sich über die rechte Spitze seines Bartes, der so schwarz und ölig glänzt wie das glatt anliegende Haar. Ethel Smyth sagt irgendetwas Beifälliges über Norfolk und die Küste, sie mag Edgar Speyer nicht, aber sie braucht ihn. Welcher Musiker in London braucht ihn nicht, ihn und seine Millionen? Er sitzt im Vorstand der *Underground Electric*, gerade sind drei neue Linien eröffnet worden. Vorher hat er Geld mit Eisenbahnen in den USA und Mexiko verdient. Geld war sowieso immer da, er kommt aus einer Frankfurter Familie, jüdisch wie die Rothschilds und zeitweise noch vermögender als sie. Für seine Frau hat er eine Stradivari und eine Guarneri erworben – für Leonora, bei der solche Instrumente in den richtigen Händen sind; sie ist als Solistin sogar mit Arthur Nikisch als Dirigent aufgetreten.

Wäre Ethel nicht so aufgeregt wegen der Aufführung ihrer vier Lieder und wegen des einen Gastes, der noch nicht da ist an diesem Donnerstagabend, sie könnte kaum die Augen von Lady Speyer wenden. Ein Traum in Weiß, die schwarzen Haare hochgesteckt, die Schultern nur gerade eben bedeckt, behaucht mit leichtem weißem Stoff, der sich unterhalb des Kragens bis zu den Ellbogen bauscht, die Unterarme frei lassend und so viel von ihrer makellosen Brust wie nur möglich, ohne dass sie im Geringsten frivol wirkte. Eine schier endlose schmale Perlenkette rahmt dezent ihren Oberkörper bis knapp über die schmal gegürtete Taille, und ihr Gesicht glüht vor Freundlichkeit. Sie ist die Kraft, die so viele von Sir Edgars Millionen in die Musik und die Kunst fließen lässt.

Aber auch sein eigenes Interesse ist ein wahrhaftiges, bei aller Selbstzufriedenheit. Man ist nicht Vorstand der Queen's Hall und ihres Orchesters und gibt dafür umgerechnet 300 000 Euro im Jahr aus, nur um eine musikalische Ehefrau bei Laune zu halten. Man korrespondiert nicht nur für das Renommee mit Richard Strauss, um ihn mit seinem *Heldenleben* an die Themse zu locken, und mit einem Claude Debussy ... Ist er noch immer nicht da?

Ethel ist wirklich nervös, wie ein kleines Mädchen, mit ihren jetzt fast 50 Jahren, wegen eines um vier Jahre jüngeren Franzosen! Sie hat die vier Lieder hier in 46 Grosvenor Street mit dem Ensemble geprobt, mit dem Flötisten Louis Fleury aus Paris, mit Lady Speyer selbst als Geigerin, mit Bratsche, Cello, Percussion, einer Harfenistin aus Oostende und der wunderbaren Mezzosopranistin Elsie Swinton. Ethel Smyth hat ihren französischen Kollegen ja schon einmal kurz gesehen, vor vier Jahren in Covent Garden, als er, diplomatisch oder auch nicht, kein Wort über *Der Wald* verlor, aber sein Kopf fiel ihr damals nicht so auf wie jetzt, da der Gast aus Paris den Raum betritt. Ein großer Kopf über dem weit geschnittenen Anzug nebst Weste, ein gewaltiges Haupt. Nicht zu groß, nicht unförmig, aber archaisch. Der Vollbart lässt das Gesicht dunkel wirken, obwohl es blass ist, und auch sein Blick bleibt bei der höflichen Begrüßung im Dunkeln.

Neben ihm wirkt seine Frau, Mitte vierzig, sehr züchtig für eine Pariserin: eine mauvefarbene Kostümjacke mit bestickten Revers, langer Faltenrock, eine weiße Bluse, die streng in einem Kragen dicht unter dem Kinn abschließt. Es ist seine zweite Frau, vor einer Woche erst haben sie geheiratet. Emma Debussy, vorsichtig lächelnd inmitten der gedämpft redenden Londoner, strahlt, als Leonora Speyer mit einem Mädchen auf sie zutritt, zwei Jahre alt, genauso alt wie Chouchou, die in Paris geblieben ist. «Comment tu t'appelles ?», fragt sie, und die Kleine versteht sie. «Leonora», sagt sie verlegen. Dann nähert sich noch eine Vierjährige, Pamela, und die Allerjüngste darf im Bett schlafend besichtigt werden: Vivian Claire, zehn Monate alt. Debussy plaudert derweil mit Sir Edgar, der französisch mit dem Akzent seiner hessischen Heimat spricht.

Auch die vier Lieder von Ethel Smyth sprechen französisch, nicht nur in den Gedichten von Henri de Régnier und einer anakreontischen Ode, die Leconte de Lisle nachgedichtet hat, auch in den Farben der Klänge. Französischer hat sie nie komponiert, transparent leuchtend, frei vom Sog teutonischer Septakkorde, in schwebender Dramatik. Kleine, lautere Ekstasen und Inseln der Versonnenheit, in denen intim Flöte, Viola und Harfe umeinanderranken, ringsum ein weiter Horizont, der im letzten Lied hinter einem Bacchanal verglüht. Erst hier kommt das Schlagzeug dazu, frech und dezent, Tambourin, Triangel, kleine Trommel, «Laissez-moi boire, au nom des Dieux! Lasst mich trinken! Trinkend will ich wütend werden! ... Die Stirn von Blumen umkränzt, ohne Schild und Schwert, doch mit der Schale in der Hand will ich wütend werden!»

Auch dieses Lied ist eine leuchtende Kostbarkeit, bei allem Furor. Wie schon neulich, als Elsie es bei Miss Dodge sang, mäkelt auch diesmal jemand, nach dem Applaus, das sei doch eher etwas für einen Bacchanten, der da eine Ode auf sich selbst singt, einen Bariton. Da Debussy in der Nähe steht, antwortet Smyth auf Französisch, am Hofe des Bacchus gebe es auch Bacchantinnen, «sans bouclier ni épée, ohne Schild und Schwert, ich wüsste nicht, warum so eine nicht singen sollte!». «Natürlich singt so eine!», hört sie da eine etwas kratzige, dunkle Stimme mit einer Ruhe sagen, die wie eine Insel ist. Es ist Debussy.

Ein Glas Wein in seiner Hand, erhebt er es kurz zu ihr, ohne sie recht anzusehen, dann nimmt man Platz zum Dinner. Er und seine Frau sitzen bei den Speyers, auch Leonora Speyer spricht Französisch, sie hat in Paris studiert. Ethel fragt sich, ob ihre Musik dem berühmten Kollegen gefallen hat, aber sie ist nun viel ruhiger. Sie hat die vier Lieder noch nie so gut gehört. Die Debussys erheben sich früh vom Tisch, morgen ist Orchesterprobe. Ethel steht einfach auf und geht zu ihnen, die mit Sir Edgar zusammen an der Tür stehen. «Vos mélodies ...», sagt Debussy da, sich zu ihr wendend, «... tout à fait remarquables.» Vollkommen bemerkenswert! Nun blickt er sie, die gleich groß ist wie er, kurz an, nicht unhöflich kurz, eher so, als fürchte er, sie könne ihm zu tief in seine dunklen Augen blicken mit ihren hellen. Sie steht noch glücklich da, als die Speyers das Ehepaar verabschiedet haben.

Sir Edgar kommt mit zufriedenem Lächeln zurück, hinter ihm seine Frau. «Da sehen Sie, liebe Miss Smyth, welche Wirkung ein gutes Dinner auf diesen großen Mann hat! Denn es *war* gut, nicht wahr?» Jähe Wut fühlt sie, aber sie sagt nur: «Ja, und die Lieder sind es ebenso.» «Ja, das sind sie!», sagt Leonora sofort mit Wärme. «Ich bin sicher, Debussy meinte, was er sagte.» «Wissen Sie übrigens, was er sagte», fährt Speyer ungerührt fort, «als Henry ihn in Paris aufsuchte, um ihn nach London einzuladen?» Ethel will es gar nicht wissen. «‹Quoi? Cent guinées ... à moi! Und das, während Sie Caruso vierhundert zahlen!› Wie er darauf gekommen sein mag – so viel zahlen wir niemandem. Aber selbstverständlich habe ich ... haben wir die Summe verdoppelt.»

Claude Debussy hat noch weitaus aufmerksamer zugehört, als es Ethel vorkam. Er wird später *Syrinx* für den Flötisten dieses Abends schreiben. Und noch viel später, in einer anderen Zeit, inmitten einer entsetzlichen Dämmerung, wird er sich erinnern, vielleicht, wie an einem Abend in London, am 30. Januar des Jahres 1908, Flöte, Viola und Harfe einander umspielten in *Odelette*, und aus diesen drei Instrumenten eine Insel melancholischer Schönheit erschaffen.

Am nächsten Vormittag probt er in einem kleinen Saal, drei Stunden nur mit Bläsern und Schlagzeug, nachmittags folgen vier Stunden mit ganzem Orchester – vor allem für *La Mer*, was für die Musiker die größere Herausforderung ist als *L'après-midi d'un faune*. Nur eine Probe, wo man vier bräuchte! Auch für Debussy selbst ist es eine Herausforderung, denn es ist nicht einmal drei Wochen her, seit er zum ersten Mal in seinem Leben ein Orchester dirigierte, in Paris. Da Édouard Colonne mit *La Mer* nicht zurechtkam, musste der Komponist ans Pult. Er wurde enthusiastisch gefeiert.

«Es klingt wie das Meer in Stücken», sagt Emma in der ersten Pause, und Victor Segalen, der junge schmale Dichterfreund, der mit ihnen aus Paris angereist ist, wirkt gequält. Aber die Londoner Musiker fassen Fuß. Sie sind technisch perfekt, sie sind geduldig, auch wenn der Komponist alle drei, vier Takte unterbricht, auf Französisch natürlich. «Diese Engländer würden lieber krepieren, und zwar sofort, als es nicht gut hinzubekommen», meint er nach der Probe. «Sie würden sich auch die größte Mühe geben, wenn ich ein Dirigent aus Java oder Afrika wäre.» Henry Wood, der 39-jährige Chefdirigent des Orchesters, strahlt. «Morgen», sagt er, «werden es genau dieselben sein!» Das ist nicht selbstverständlich. Sir Edgar, der mächtige Mäzen, hat beim Queen's Hall Orchestra durchgesetzt, dass nicht an diesem und jenem Pult Aushilfen proben, während Orchestermitglieder die Konzerte spielen – oder gar umgekehrt.

Am Samstagnachmittag strömen die Leute durch die siebzehn Pforten der Queen's Hall, knapp 3000 finden Platz im reich verzierten Saal, der in Queen Victorias späten Jahren entstand und als akustisch perfekt gilt. Um 15 Uhr beginnt es – nahezu ausverkauft. Ob Ethel Smyth dabei ist? Erst im vorigen November sind in diesem Saal ihre Lieder uraufgeführt worden, drei von denen, die Debussy gelobt hat – zwischen Orchesterstücken von Männern, und die *Times* hat ihr echten Respekt bezeugt für ihre Wendigkeit im Idiom der «ultramodernen französischen Schule». Ethel weiß noch, dass am Tag jenes Konzerts ihr einstiger Tischherr Wilhelm II. *talk of the town* war, in London nebst Gemahlin zu Besuch, gefeiert auch als Enkel von Queen Victoria, von King Edward zur Jagd eingeladen – strahlende Eintracht, trotz oder wegen des Flottenwettrüstens, über Politik wurde nicht geredet.

Es wird ruhig im Riesensaal. Henry Wood dirigiert zuerst Beethovens *Egmont-Ouvertüre*, dann tritt der Star aus Frankreich ans Pult und leitet seinen *Faun*, den man hier schon kennt. «Auch wenn er ihm keine neuen Lichter aufsetzte, gewährleistete er eine insgesamt bewundernswerte Aufführung», wird der Kritiker der *Times* schreiben, nun höchst gespannt auf *La Mer*, Debussys neue «sinfonische Skizzen», denen ein virtuoses Cellokonzert von Brahms' Freund Robert Volkmann vorausgeht, mit dem deutschen Solisten Hugo Becker.

Der Kritiker schwankt zwischen Bewunderung und Befremden. Er bewundert im *Spiel der Wellen* die Überlagerung von Rhythmen «in einer Vielfalt, die kein Wörterbuch fasst», die «perfekte Klarheit» der Interpretation, und rät davon ab, nach Themen zu suchen, nach «melodies». Debussy habe der Melodie, «dem wesentlichsten Element der Musik bis heute», «abgeschworen wie Alberich der Liebe». Der zweite Satz fasziniert und irritiert ihn, das *Jeu de vagues*, im *Dialog zwischen Wind und Meer* lobt er die Transparenz: «Die Harfen zum Beispiel haben eine Menge zu tun, ohne dass wir uns ärgern müssten über vergebliche Versuche der Spieler, sich im Getöse bemerkbar zu machen, wie das in den Kompositionen von Richard Strauss so oft der Fall ist.» Debussy sei ein Meister der Kolorierung, doch seine Farben könnten das Ohr ermüden. Der «fade Formalismus» des Volkmann'schen Cellokonzerts (voller Melodien!) lasse die neueren Sachen im besten Licht erscheinen – doch am Ende kann nur Schuberts *Unvollendete*, die wiederum Wood dirigiert, den Hunger nach jener «Logik und Schönheit» stillen, die der Rezensent in der neuen Musik vermisst.

Debussy telegrafiert gleich nach dem Konzert glücklich an den Freund Louis Laloy in Paris: «Mer belle à Queen's Hall. Details am Montag.»

Laloy ist zu dieser Zeit der einzige Autor, der *La Mer* halbwegs verstanden hat. Er ist ja auch kein Journalist, «dafür sind Sie zu sensibel oder zu gut erzogen», wie Debussy meint, sondern Musikologe und Sinologe, zwölf Jahre jünger als der Komponist und ebenso zurückhaltend wie dieser, ihn glühend und klug bewundernd seit *Pelléas*, der einzige regelrechte Akademiker, mit dem Debussy befreundet ist; an der Sorbonne lehrt er Musikgeschichte als Nachfolger und Freund von Romain Rolland. Die Pariser Presse hat *La Mer* vor gut zwei Jahren verrissen, denen war die Natur nicht deutlich genug abgemalt – als ob es darum ginge! Laloy dagegen hörte, wie «die gewaltigen Harmonien der Natur entwirrt werden, die dem Rest der Sterblichen wie konfuse Geräusche vorkommen».

Niemand habe die Stimmen der Natur in innigerer Kommunikation mit dem Universum erlebt als Debussy, der eben darum seinen dritten Satz *Dialog zwischen Wind und Meer* nenne. Er vernehme im Seesturm nicht, wie andere, «ein gigantisches, überwältigendes Getöse, sondern ein Gespräch übermenschlicher Stimmen, die in ihrem Tumult harmonisch bleiben, die mal lachen und mal klagen. Angst zu haben, heißt, etwas nicht zu verstehen. Der Eingeweihte kann die Angst nicht kennen, die Elemente sind seine Freunde, und brüderlich wagt er sich in ihre aufbrausende Verbindung.» Louis Laloy ist einer der wenigen Freunde, die sich nicht von Debussy abgewandt haben, seit er sich von seiner Frau Lilly trennte und sie sich eine Kugel in den Leib schoss.

Am Montagmorgen haben Emma und Claude im Grosvenor Hotel anderes zu tun, als die *Times* durchzublättern. Sie gehen an Baustellenzäunen vorbei gleich hinüber zur Victoria Station, um das Gepäck registrieren zu lassen, damit es nach der Ankunft des Dampfers in Calais nicht eigens kontrolliert wird. Ihre Rückfahrkarten erster Klasse haben sie längst, acht Stunden wird die Reise dauern. Von Paris nach London und retour kostet die Reise nebst Kanalpassage vier Pfund und fünfzehn Shilling, fast 600 Euro für jeden. Ausnahmsweise kommen sie sich vermögend vor mit den 200 Guineen Honorar für Debussys Londoner Debüt. Er hat größte Mühe, allein die 400 Francs monatlicher Unterhaltszahlungen für Lilly aufzubringen, die der Scheidungsrichter festgesetzt hatte, als Emma im siebten Monat schwanger war. Sie kauft, auch wenn ihr Mann das unnötig findet, eine *Times*. Seine Englischkenntnisse sind rudimentär, anders als ihre, die in ihrer Geburtsstadt Bordeaux die Ausbildung einer Tochter aus gutem Hause genossen hat.

«SE&CR» steht in goldenen Lettern auf dem grünen Kohlentender, «South Eastern & Chatham Railway». Die dunkelroten Waggons, in der Mitte eines jeden die Abteile der 1. Klasse, sind dampfbeheizt, das tut gut an einem Februartag. Die Passagiere im Zug, der über die Grosvenor Bridge rollt, sehen jene Menschen nicht, die sich unter der drei Gleise breiten Brücke am Ufer bei 4 Grad Celsius aus ihren Decken und Zeitungen schälen – Dutzende von den Tausenden, die in London obdachlos sind und die weiter stromaufwärts, um die Blackfriars Bridge herum, dicht an dicht auf den *embankments* übernachten.

Zerlumpte Männer, barfüßige Kinder, Frauen in verschossenen grünen Trauerkleidern, die sich bei Leichenbegängnissen eine Münze verdienen, ganze Familien, die nicht annähernd auf die drei Shilling – knapp neunzehn Euro – am Tag kommen, bei denen im Reiche Edwards VII. die Armutsgrenze verläuft. Unterhalb von ihr lebt ein Drittel aller fünf Millionen Menschen in Inner London. Edward ist ein lebenslustiger König, der nie mit weniger als einem Dutzend Diener reist, ebenso viele Gänge für das Minimum eines Abendessens hält und bei 1,68 Metern Größe gut 100 Kilo wiegt.

Das Wetter klart auf, während der Zug gen Dover fährt. Claude macht Korrekturen in seiner Partitur, Emma betrachtet abwechselnd die Landschaft und die Damenmoden auf Seite 10. Prachtvolle, eng taillierte Kombinationen bietet «Dickins & Jones» an, die luxuriöseste ist heruntergesetzt von vier Guineen auf weniger als die Hälfte, wie schade, das hätte man sich leisten können ... Immerhin hat sie ein Geschenk für Chouchou.

An der Küste ist es windig und sonnig, und die Aufbauten des Schiffes leuchten weißer als die Kreidefelsen, die man vom Anleger aus sieht. Der Zug hält am Admiralty's Pier unmittelbar neben der «Empress», schon schwenkt der Kran herüber für Postkisten und schweres Gepäck. Seit zehn Monaten ist die neue «Empress» im Dienst, zwei Schornsteine, zwei Masten, drei Dampfturbinen für eine Geschwindigkeit von 21 Knoten, größer und schneller als ihre gleichnamige Vorgängerin, eine Schaufelradschönheit aus dem vorigen Jahrhundert.

«Du hast in deinem *Dialog zwischen Wind und Meer* den Maschinenlärm vergessen», sagt Emma, als sie an der Reling stehen und zum Stampfen der Turbinen die englische Küste entweichen sehen. «Aber nicht dich», meint er. «Und nicht dieses Meer.» Er nimmt eine weitere Zigarette aus dem Etui. Sie lächelt, während beide in die Sonne blinzeln. «Jersey ist in der anderen Richtung. Du schaust nach Osten.» «Merci, chère petite Mienne ...»

«Liebe kleine Meine», so nennt er sie seit den verzauberten

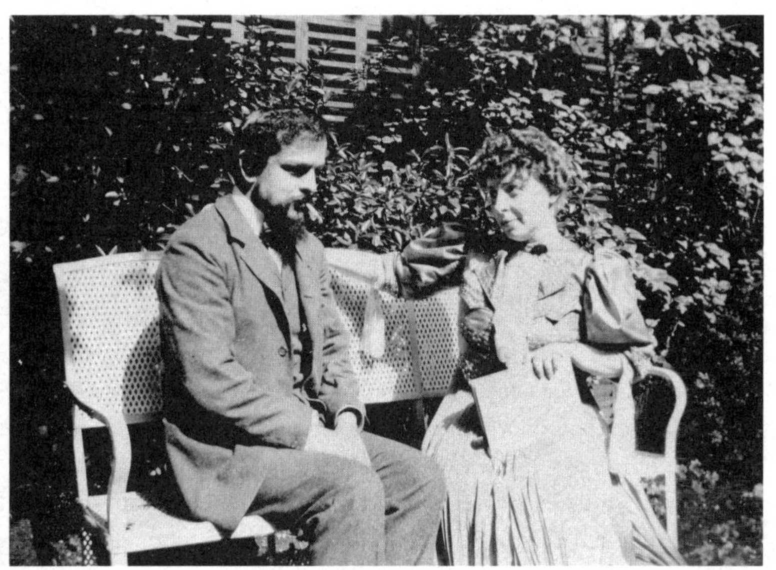

Im September 1905 zogen Claude Debussy und die hochschwangere Emma Bardac in die avenue du Bois de Boulogne Nr. 64. Das Foto der beiden – noch unverheiratet – vor ihrem Haus entstand vermutlich im Sommer danach.

Tagen auf der Insel Jersey vor vier Jahren, von wo er seinem Verleger rätselhafte Zeilen schrieb: «Bei den *Fêtes galantes* bitte ich Sie inständig, die folgendermaßen konzipierte Widmung nicht zu vergessen: ‹Mit Dank an den Monat Juni 1904›, gefolgt von Buchstaben. ‹A.l.p.M.›» Im September jenes Jahres erschien dann das zweite Buch der *Fêtes galantes*, Lieder zu Gedichten von Paul Verlaine, mit diesen Buchstaben für «À la petite Mienne». Das war kurz vor dem Skandal, vor Lillys Suizidversuch, vor der Pressekampagne, mitten in der Arbeit an *La Mer*.

Eigentlich können sich Claude und Emma, die Gleichaltrigen, schon begegnet sein, als Debussy zum ersten Mal heiratete, als ein hellwacher Achtzehnjähriger ihn um Unterricht in der Komposition bat, Raoul Bardac, Sohn eines Pariser Bankiers und Kunstsammlers und einer jungen Mutter – Emma Léa Moyse, wie ihr Mann aus jüdischer Familie kommend. Sie ist eine ausgezeichnete Sängerin, aber der Komponist Gabriel Fauré hat ihr nicht nur deshalb seinen schönsten Liederzyklus gewidmet. Die Bardacs führen eine recht offene Ehe, er hat ein Faible für Tänzerinnen, sie für Komponisten. Etwa in der Zeit, als Debussy *La Mer* zu komponieren begonnen hat, im Herbst 1903, schreibt er die erste, auch schon rätselhafte Widmung für sie handschriftlich in ein Exemplar seiner gerade gedruckten Klavierstücke *Estampes*, «für Madame S. Bardac und eingedenk eines Tintenfasses …» Was auch immer es mit diesem Tintenfass auf sich hat, es wird Teil der durch Jahrhunderte gehenden Liebesgeschichte der kleinen Dinge und ihrer Geheimnisse, all der unschuldigen Halstücher und Hotelquittungen, vertrockneten Blüten und Papierservietten mit einer Telefonnummer darauf.

Das «S» für «Sigismond», den Ehemann, verblasst rasch. Sie begegnen einander häufiger, es folgen weitere Widmungen, sie sendet ihm Blumen – und es folgt ein besonderer Nachmittag im Juni 1904. Mitte Juli nötigt Debussy seine Frau, für mehrere Wochen zu ihren Eltern nach Bichain zu fahren. Er müsse für sich sein, er sei auf neuen Wegen, schreibt er ihr dorthin, es sei lebenswichtig. Das ist nicht gelogen, aber alles so formuliert, als gelte es der Kunst, auch das ist allerdings nicht unwahr. Die Arbeit an *La Mer* geht ihm so zügig von der Hand wie selten eine. Auch auf Jersey schreibt er weiter, der Kanalinsel, auf die er mit Emma flüchtet, für vier, fünf Tage. Dann richten sich beide in Pourville-sur-Mer bei Dieppe ein, nebst frisch erworbenem Stutzflügel von Blüthner.

Das ist keine Affäre mehr. Mitte August schreibt er an Lilly: «Dich sehr geliebt habend, war ich nie imstande, dich glücklich zu machen.» Ein Trennungsbrief. «Es gibt unendlich viele traurige Gründe, deren Einzelheiten ich uns erspare.» Als er und Emma Ende September nach Paris zurückkehren, ist sich

Lilly im Klaren über den vitalsten Grund seines Rückzugs: Emma Bardac. Am 13. Oktober 1904 setzt die 32-Jährige in der rue Cardinet den Revolver an. Die Kugel durchdringt unterhalb der linken Brust ihren Körper. Claude selbst, dem sie zuvor einen Brief geschrieben hat, findet seine Frau auf dem Boden, läuft die fünf Etagen wieder hinab und holt die Ambulanz. Im Spital wird die Kugel, die den Magen durchschlagen hat, nicht gefunden, aber Lillys Leben gerettet.

Pierre Louÿs, seit Längerem von Debussy entfremdet, schreibt verächtlich: «Der Ehemann ist mit einer Jüdin in den Vierzigern davon.» Durch *Pelléas et Mélisande* ist dieser Ehemann berühmt genug für einen Skandal. *Le Temps* berichtet vom Suizidversuch der «jungen Frau eines angesehenen Komponisten – er gilt als Kopf der jungen Schule, ausgewiesen durch ein jüngeres Werk, das, zunächst kontrovers aufgenommen, an einem nationalen Theater großen Erfolg hat», weiß von ihrer Verzweiflung über die Untreue ihres Mannes, von gleich zwei abgefeuerten Kugeln und der Frau eines bekannten Pariser Bankiers.

Le Figaro ergänzt diesen Bericht durch hilfreiche Kürzel wie «Mme D…», «M. D.» und «Mme B…»; selbst dem *New York Herald* ist das alles eine Meldung wert. Für die Pariser Gesellschaft ist ausgemacht, dass Debussy am Geld einer reichen Frau interessiert ist – sie ist die Ehegattin eines Bankiers und die Nichte eines Milliardärs. Es genügt den Lästerern, zu wissen, dass sie aus vermögender jüdischer Familie kommt. Wie in London, Berlin, Wien gilt eine jüdische Herkunft wachsenden Teilen der Öffentlichkeit als Makel.

Dass nach dem Linksrutsch im Parlament die Untersuchung der Affäre Dreyfus wieder aufgenommen wurde – sie endete 1906, zwölf Jahre nach seiner Inhaftierung, sechs Jahre nach dem folgenreichen «J'accuse» des Émile Zola, mit der völligen Rehabilitation des jüdischen Offiziers Dreyfus –, hat die Spaltung der Gesellschaft nicht gemindert. Sie läge noch weit offener, wären die Behörden nach dem tragisch frühen Tod Émile Zolas im September 1902 – eine Rauchgasvergiftung in seiner Pariser Wohnung – den kleinen Gipsbrocken im Kamin nachgegangen und jenem rechtsextremen Kaminkehrer Henri Buronfosse auf die Spur gekommen, der den Schornstein mit einem Gipspfropf verschlossen und nach vollbrachter Tat wieder geöffnet hatte.

Als Debussy am 5. März 1905 die Partitur von *La Mer* den Kopisten übergibt, ist Emma Bardac im zweiten Monat schwanger. Zwei Wochen nach der Uraufführung, am 30. Oktober 1905, kommt ihre Tochter Emma-Claude zur Welt, als Kind «namenloser Eltern» registriert. Am 20. Januar 1908 haben sie geheiratet, eine Woche vor der Reise nach London – es ist ihre Hochzeitsreise. Chouchou ist bald zweieinhalb.

Die französische Küste kommt in Sicht. Claude schnippt seine Zigarette in die Wellen. Die Engländer haben applaudiert, sie werden auch *Pelléas* mögen! «Ich freue mich auf Chouchou», sagt Emma leise und weint, während sie sich an ihren schweigenden Mann drückt.

*

Ein paar Tage später kreuzt auch Ethel Smyth erneut den Kanal – es gibt außer den Schiffsbesatzungen wenige, die das häufiger tun als sie –, um in Oostende den Expresszug zu besteigen, der sie in 26 Stunden nach Wien bringt. Bruno Walter hat ihr geraten, dort auf sich aufmerksam zu machen, um für die *Wreckers* die Chancen beim neuen Direktor der Hofoper zu erhöhen. Dessen Vorgänger Gustav Mahler war am 9. Dezember 1907 von 200 Bewunderern am Wiener Westbahnhof in Richtung Paris und New York verabschiedet worden. In allem Umbruch hatte er die Komponistin nicht vergessen. Ende September legte er ihre *Wreckers*, ihr *Strandrecht*, dem Obersthofmeister Fürst Montenuovo ans Herz, diesem Felsen in einer Brandung von Intrigen. «Das müssen wir geben!», soll der Fürst gesagt haben, so erfuhr es Ethel von Mahler bei ihrem letzten Treffen in Wien und schrieb ihrer neuen Freundin Anna von Mildenburg: «Wenn Mahler + der Fürst dafür sind … nun, das Andere wird schon werden!»

Aber das ist nun schon wieder ein halbes Jahr her. Felix Weingartner, 44, hat sein Amt angetreten und lässt selbst sogar jene nach Mahler seufzen, die ihn loswerden wollten. Er wird kaum zu bereden sein, die Oper einer unbekannten Komponistin aus einem Land zu produzieren, in dem seit Henry Purcells Tagen keine bedeutende Oper mehr geschrieben wurde. Aber Ethel beflügelt die Aussicht, dass man sich an Covent Garden inzwischen doch für die *Wreckers* interessiert: «Sicher ist es dass wenn Wien sie bringt, London sie bringen muss …»

Dafür will sie Wien nun mit Londons Hilfe erobern. Natürlich kennt Ethel den britischen Botschafter der k. k. Haupt- und Residenzstadt. Und die Frau des Botschafters ist die richtige Dame, um als Vermittlerin die Wiener Doyenne schlechthin zu einem Empfang einzuladen, bei dem Ethel Smyths vier Lieder gespielt werden. Pauline von Metternich! In ihrer großen Zeit gab sie in Paris den Ton an, gemeinsam mit Eugénie, der Impératrice, die nun auf ihrer Dampfjacht im Mittelmeer herumkreuzt. Damals hat Pauline Napoléon III. dazu gebracht, Wagners *Tannhäuser* an der opéra zu riskieren; als 72-Jährige ist sie noch immer von großem Einfluss – in Wien. Karl Kraus mutmaßt sogar, Opernchef Mahler könne auch über die Schleppe der Fürstin Metternich gestolpert sein.

Kurz, um diese *grande dame* kommt man nicht herum, auch nicht per Stadtplan: Der stattliche Neorenaissancebau der britischen Botschaft befindet sich in der Metternichgasse, benannt nach Paulines Onkel. Aber es hilft alles nichts, nicht einmal, dass die besten Streicher von Wien zu dem Ensemble gehören, das Ethels Lieder spielt – der junge Geiger Arnold Rosé etwa, der mit Mahlers Schwester Justine verheiratet ist. Fürstin Metternich tritt nach *Odelette*, *La Danse*, *Chrysilla* und *Ode Anacréontique* mit einem Lächeln auf die Komponistin zu. «Meine Liebe», sagt sie, ihren Arm ergreifend und im Tonfall der Eminenz, auf die die Welt hört, eine, die Richard Wagners Genie erkannte, «ich fürchte, Sie haben nicht verstanden, wozu Sie berufen sind.»

*

Hätte ich meine Liebe besser gekannt
Hätte ich mein Leben besser gekannt
Hätte ich meine Gedanken besser gekannt
Ich hätte nicht mein Leben
Mit deinen Gedanken verbunden
Und mit deinen Tagen …

Als Elsie Swinton mit diesen Worten Henri de Régniers einsetzte, zu den Harfenarpeggien, zu den Flötenlinien des wunderbaren Louis Fleury, hat Ethel gespürt, wie sich hinter ihr, der Dirigentin, die Atmosphäre im Saal wandelte, in der Salle Érard in Paris. Bis dahin diffus, verspannt, unruhig, trotz aller Stille – und plötzlich so etwas wie ein Erkennen, eine Neugier, eine Sympathie … und die wuchs noch weiter. Am Ende haben sie sie wieder und wieder nach vorn gerufen!

Es ist der 4. Juni 1908. Sie steht im Foyer der Salle Érard nach dem Konzert mit ihrer Musik und einem Klavierquartett von Gabriel Fauré, und da nähert sich wieder so ein Lächeln vom Olymp der Gesellschaft, aber ganz anders als in Wien. Jünger, wärmer, mit jenem Funkeln, nach dem sich in dieser Stadt schon viele verzehrt haben. Für sich nennt Ethel sie immer die schöne Helena. Nur löst sie keine Kriege aus, sie fördert die Künste. Dass die Comtesse Greffulhe jetzt 47 Jahre alt ist, sieht man ihr nicht an, als sie auf Ethel und Hélène zutritt. Ende dreißig könnte sie sein, und mit sich trägt sie die Erfahrungen eines ganzen Jahrhunderts elitärer Salons. Schon Balzac hat die Welt beschrieben, zu deren Königinnen sie zählt. Ihr Lilienkleid, ihr byzantinisches Kleid waren metropolitane Ereignisse, die «farbig schillernde Materialisierung ihres inneren Lebens», wie einer ihrer Bewunderer schreiben wird. Auch er ist hier, er muss hier sein ...

Heute trägt die Comtesse eine goldcrèmefarbene Robe, ihre Schultern schimmern durch fast nachlässig darübergeworfenen schwarzen Chiffon, den schlanken Hals schmückt ein schwarzes Band mit goldenem Anhänger, korrespondierend mit dem Schmuck am Ohr, und über die blonden, hochgesteckten Haare ist noch etwas schwarzer Chiffon gehaucht, den Hut zu nennen eine Grobheit wäre. Was derweil Ethel trägt, würde die Comtesse normalerweise zu einem halblauten «Wer ist diese Person, Henri?» veranlassen. Aber zum einen ist ihr monströser Gemahl nicht anwesend, und zum andern ist Ethel Smyth eben die, für deren Musik die Comtesse sich eingesetzt hat, zusammen mit ihrer Schwägerin Princesse Hélène de Caraman-Chimay, die neben Ethel steht, und mit dem 63-jährigen Gabriel Fauré, der ein paar Schritte weiter mit Reynaldo Hahn plaudert.

«Mit Ihnen beginnt das neue Erwachen der englischen Musik, liebe Ethel», sagt Élisabeth Greffulhe strahlend, «so habe ich es mir gerade versichern lassen. Nicht von irgendeinem Krethi und Plethi ...», sie schaut sich um, «von denen sich ohnehin niemand hierher verirrt, sondern ... ah, mein kleiner Menschenjäger!» Sie winkt einen zurückhaltenden Herrn Mitte dreißig herbei, nicht groß, dezent und perfekt gekleidet, schwere Lider über dunklen Augen; ein Oberlippenbärtchen verdeckt, millimetergenau gestutzt, knapp die Mundwinkel. «Ich weiß, wen Sie suchen, mein lieber Marcel, und warum.»

«Madame ...?» «Vinaretta steht dort hinten am Fenster. Haben Sie wirklich noch keine Einladung? Und wennschon, was wollen Sie mit der kleinen Goyon? Sie, der Sie ein Buch schreiben wollen, sollten sich Mademoiselle Smyth merken! Eine Bessere können Sie gar nicht finden!» Proust verneigt sich kurz, mit kaum ahnbarem Lächeln, und während er weiterschlendert, teilt die Comtesse ein paar hübsche Indiskretionen mit Ethel und Hélène. Nun ist der bevorstehende Ball bei Polignacs wichtiger als die Renaissance der englischen Musik...

Doch beides hat miteinander zu tun. Die Princesse de Polignac, die mit Vornamen Winnaretta heißt, ist die in Paris aufgewachsene Erbin des Nähmaschinenmilliardärs Singer, auch sie fördert Ethel. Ein Konzert in Anwesenheit solcher Damen ist ein gesellschaftliches Ereignis und dem *Figaro* noch vor der Kritik eine Meldung wert, in der man von der Anwesenheit Auguste Rodins erfährt und eines seiner Modelle, Mary Hunter, die als Schwester von Ethel ebenso involviert ist wie all die Prinzessinnen, Marquisen, Komtessen hier, Murat, Ganay, Stirby, Chabannes... Kaum eine in den hier versammelten Kreisen, die mit einer anderen nicht als Schwägerin, Cousine, Schwester verbunden wäre – an diesem Abend von Mary Garden abgesehen, Debussys erster Mélisande. Der Komponist selbst ist nicht gekommen. Ist er für sie nicht auch der Sohn eines kleinen Händlers aus der Vorstadt?

Jener Romancier, der sich als erster in Frankreich für die «kleinen Leute» interessierte, ist am Vormittag posthum mit höchster Ehre bedacht worden: Der Sarg des Émile Zola wurde ins Panthéon überführt. Und mitten in der Zeremonie sind auf den anwesenden Kommandanten Alfred Dreyfus, der Zola seine Rehabilitierung verdankt, zwei Schüsse abgefeuert worden, eine Kugel traf den rechten Unterarm. Den Attentäter, einen Redakteur und Mitarbeiter nationalistischer Blätter, haben Umstehende entwaffnet. «Nichts Ernstes», hört man abends in der Salle Érard; der Dichter Robert de Montesquiou, stets in der Nähe der Comtesse Greffulhe, weiß es genauer, immerhin ist er mit dem behandelnden Arzt Dr. Pozzi befreundet: Nach dem ersten Schuss habe sich Dreyfus umgewandt und instinktiv den Arm über die Brust gelegt. Die nächste Kugel blieb im Armmuskel stecken. Es hätte anders enden können.

Aber gab es da nicht noch ein Thema? Wer hat vom neuen Erwachen der englischen Musik gesprochen? Noch immer steht er da, mit Fauré und Hahn diskutierend über den Niedergang der englischen Musik seit dem Tag, an dem Georg Friedrich Händel die Insel betrat. «Seitdem haben sie nur noch imitiert! Zuerst Händel, dann Mendelssohn!», ereifert sich Pierre Lalo von *Le Temps*. «Seit 65 Jahren nur noch Mendelssohn! Gnadenlos! Natürlich, er verstand sein Metier bewundernswert, aber sie unterwarfen sich! Das sind nur noch Formeln, Schatten von Schatten!» «Nun, aber da gibt es doch diesen Elgar …», wendet Fauré begütigend ein. «Haben Sie seinen *Gerontius* gehört, im Trocadéro? Schwäche, Kälte, Konvention! Brahms zu imitieren hilft ihnen auch nicht! Da sind Sie, cher Maître, und Debussy die besseren Modelle. Auch wenn ich *La Mer* nicht verstehe, das ist ein Irrweg nach *Pelléas* …»

Reynaldo Hahn runzelt die Stirn; anders als sein früherer Geliebter Marcel Proust ist er kein Pelléastre: «Aber wenn die Engländer jetzt die Franzosen imitieren …» «… dann haben sie immer noch keine eigene Musik, ja! Aber diese Demoiselle Smyth imitiert nicht. Wie sie die Gedichte vertont, de Lisle, de Régnier, sie versteht uns! Ihre Musik ist, wie soll ich sagen, ein raffinierter Kosmopolitismus.» «Und das nennen Sie englisch, Pierre?» «Seul un musicien anglais a pu l'écrire. Nur ein englischer Musiker konnte das schreiben.»

Als Ethel Smyth das liest, zwölf Tage später, fünf Spalten lang, weiß sie, dass sie auf dem richtigen Weg ist – zumal ihr das ein anderer Kritiker schon zwei Tage nach dem Konzert bestätigt hat, im *Figaro*. Noch nie ist ihre Musik so verstanden, so begrüßt worden. Etwas haben die Kritiker aber nicht bemerkt:

Für ihre Besetzung ist sie Maurice Ravels *Introduction et Allegro* für Harfe, Flöte, Klarinette, Streichquartett gefolgt, 1907 in Paris uraufgeführt. Doch vor ihr hat noch kein Komponist ein Kammerensemble mit einer Gesangsstimme verbunden. Der nächste, weit von hier, ist davon nicht mehr weit entfernt...

*

Jetzt einen Wischer Gelb links neben die Frau, zuerst mit dem breitesten Pinsel, den er hat, dann direkt aus der Tube mit dem Spachtel. Mit der Frau, mit ihrem Gesicht ist er noch nicht fertig, aber sie braucht Halt, Sommergelb, Korngelb, so wie ihr Sohn Halt braucht in ihrem Schoß, Görgi, dessen Gesicht das Erste war, das er malte – vor einer oder vor drei Stunden? Für einen Zweijährigen war er geduldig, aber allzu geduldig musste er gar nicht sein für diesen Maler, der selbst der Ungeduldigste ist. Nicht, weil er schnell fertig werden möchte, sondern weil es ihn treibt, weil er diesen Moment in diesem Moment... nein, nicht festhalten möchte, sondern befreien, aus allem befreien.

Die Vorzeichnung brach er ab, als Trudi lachte, die Sechsjährige, über den meterlangen Pinsel, mit dem der schlaksige Mann, wie in einem Fechtkampf, den Rücken halb durchgebogen, die Positionen und Haltungen so ungefähr auf die Leinwand fegte, nicht mit Aquarellfarbe diesmal, denn es war schon trockene Ölfarbe auf der Leinwand, jede Menge gepünkteltes Ultramarin vom Vorjahr, als er den See hier ins Visier nahm.

Auf Trudis Lachen hin lachte er selbst, warf den langen Pinsel ins Gras und legte für Kinder und Mutter gleich einen frischen Untergrund an auf dem alten Hellblau, auf dem er mit Pariser Blau Mathildes Kleid andeutete. Für Trudis Kleid probierte er das Rosa, aus Kadmiumrot und Zinkweiß auf der Leinwand gemischt, von dem er dann fand, es sei auch gut für Görgis rundes Gesicht. Noch war der Junge brav und fasziniert von dieser komischen Situation: Alle setzen sich ins Gras vor das Gestell, das der Herr Gerstl nach dem Frühstück im Garten am See aufgestellt hat und hinter dem er nun herumtanzt.

«Er malt uns», hat die Mutter gesagt. «Dich hat er aber schon gemalt», sagte Trudi. «Ja, und dich und den Papa auch, schon vor zwei Jahren!» «Ja, aber neulich, wo du auch dein blaues Kleid ...» «Nun seid's mal still», sagt der Vater hinter ihnen. «Muss es still sein, wie wenn du komponierst, Papa?» «Ganz genau.» «Die Vogerln sind aber nicht still.» Dem Maler ist nicht anzusehen, ob er Stille braucht oder nicht, er bittet auch um nichts, er sagt sowieso nie viel. Es geht ihm aber viel durch den Kopf. Inzwischen hat sich die Wut aufgelöst, die ihn heute früh noch einmal erfasste, als er dem Ministerium schrieb.

Der Brief wird sicher morgen zugestellt, ohne Anrede geschrieben, «An das Ministerium für Cultus und Unterricht». Er studiere an der Akademie der bildenden Künste in Wien, keines seiner Bilder sei in der aktuellen Schulausstellung zu sehen, obwohl diese Schau über die Leistungen jedes Schülers Rechenschaft zu geben habe. Der «Specialschulpreis» sei einem zuerkannt worden, den sein, Gerstls Professor für «vollkommen talentlos» erklärt habe, während nach desselben Ansicht er, Richard Gerstl, «ganz neue Wege» gehe. Er bitte das Ministerium um Entschädigung für die Handlungsweise der Akademie, deren Rektor für ihn «keine Instanz» sei. Kein Gruß. Ein Brief von hoher, wütender, kompromissloser Selbstachtung.

Er ist nicht nur der Akademie weit voraus mit seinen 24 Jahren, sondern den meisten österreichischen Zeitgenossen seines Metiers, mit denen er keine Kontakte pflegt. Klimt, herrje ... Die Franzosen haben ihn beeindruckt, die 1903 in Wien zu sehen waren, Manet, Bonnard, und besonders 1906 der Niederländer van Gogh, den man hier noch nicht kannte, Fischerboote, Viadukte, Landschaften, Sonnenblumen, Selbstporträts – das hat ihn tief ergriffen. Sonst zieht es ihn zu Musikern. Mahler und Schönberg faszinierten ihn, Letzterem stellte er sich im Musikvereinsaal vor, als Mahler zum ersten Mal seine *Fünfte* in Wien dirigiert hatte, am 7. Dezember 1905. Schönberg mochte den still brennenden jungen Mann und willigte ein, sich in der Wohnung von ihm malen zu lassen, auch Frau und Tochter. Gerstl wollte, aus wohlhabender Familie kommend, kein Geld für diese Arbeit. Arnold und Mathilde Schönberg nahmen auch Unterricht in der Malerei bei diesem Studenten.

Schönberg vermittelte Aufträge, etwa das Bild von Smaragda Berg in der Villa ihrer Mutter, und schon im Sommer 1907 war man so vertraut, dass auch Gerstl, als einziger Nichtmusiker, zu denen zählte, die mit Schönbergs in die Sommerfrische bei Gmunden zogen und sich auf mehrere Bauernhäuser am Seeufer unter dem Traunstein verteilten, dem massig gipfelnden Kalkfelsenbrocken, weit ins Alpenvorland vorgeschoben, der das Ufer schroff und steil um gut tausend Meter überragt. Da ist man auch jetzt, im Juli 1908, am mäßig warmen 22. Juli, Mittwoch, im Garten des Prestgütl, zu dem Gerstl die 450 Meter von der Fehrermühle Staffelei und Malutensilien geschleppt hat.

Seine Kunst macht einen Sprung in diesen Stunden, nicht unvorbereitet, keineswegs besinnungslos. Er weiß, dass er das Tor zur Akademie hinter sich zugeschlagen hat. Unterwegs ist er schon längst. Zu Beginn des Monats hat er Zemlinsky hier am See gemalt, heiter und weiß und durchsichtig wie einen Wassergeist, der am Ufer nur so halb materialisiert – das linke Bein eine kurvige Notiz, der helle Sommerhut konkreter als das Gesicht. Nun werden die Gesichter noch mehr aufgelöst. Eigentlich malt er die Familie wie eine Landschaft. Oben leuchtet das Gelb, von dem er in van Goghs Kornfeld sah, wie es seelisch aufgeladen werden kann. Nicht zu warm möchte er das Gelb, das neben Schönbergs Kopf von ungeheurer Weite und impertinenter Leuchtkraft ist. Sommerlich schon, aber in Richtung Zitrone mit ein wenig Schwefel.

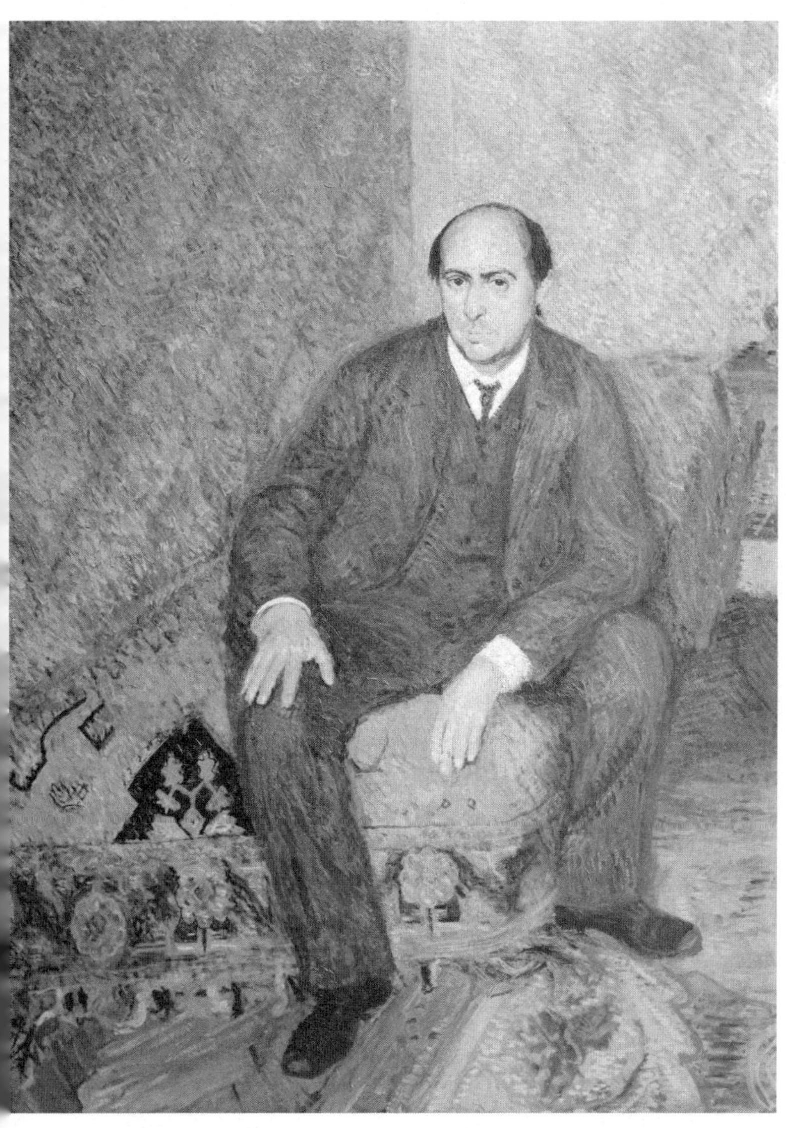

Der 31-jährige Arnold Schönberg auf dem Sofa seines Arbeitszimmers in der Wiener Liechtensteinstraße. Richard Gerstl, der ihn hier 1906 porträtierte – vermutlich im Mai –, unterrichtete das Ehepaar Schönberg auch in der Malerei.

Mit der Hand greift Gerstl in die aus der Tube auf die Leinwand gedrückte Farbe, mit Staunen sieht Trudi, inzwischen neben ihm stehend, wie er mit den Fingern herumschmiert, neben dem Kopf ihres Vaters, den sie sofort erkennt, obwohl es doch nur ein rostbrauner Fleck ist mit schwarzen Haarbüscheln. Die Haltung! Wie wenn Schönberg sich fragte, wann er endlich wieder an seine Arbeit kann. Das Mascherl, die blassgelbe Binde am weißen Kragen ist noch das Genaueste an ihm, wie Trudis rote Zopfschleifen.

Die Köpfe der Kinder hat Gerstl nass mit dem Untergrund vermalt, «die Köpfe der Eltern stehen ganz anders drauf», meint Adrian Rovatkay, befreundeter Maler und Musiker, mit dem ich telefoniere, während wir Gerstls Leinwand auf den Bildschirmen vor uns haben. Adrian sieht, dass das Rosa der Kinder auch mit ein paar Wischern auf dem blauen Kleid gelandet ist, «mit der Kante vom breiten Borstenpinsel auf Mathildes Kleid geklatscht», welches vor den Kindern gemalt war. Und auf dem ganzen Bild leuchtet hier und da die frühere, ultramarinblau gepunktete Fläche durch. «Die pointillistischen Reste vom letzten Sommer hat er nicht komplett eliminiert, sondern mit dringelassen, damit ist das Zerrissene, Fragmentarische, das Auslösende charakterisiert», meint Adrian. «Das tolle Gelb rechts von Schönbergs Kopf franst überm Arm aus, sodass punktuell Blau rauskommt. Das Gelb reißt weg, als ob der Pinsel trocken geworden wäre. Da hat er aber mit Ultramarin nachgeholfen von oben. An der Stelle hat er den eruptiven Malvorgang gefakt.»

Adrian lacht, er hat Gerstl ein wenig im Verdacht, sich manischer zu geben, als er ist, mit kleinen Eitelkeiten: «Mich nervt die kokette gelbe Halsschleife von Schönberg. Das hat was von ‹Wie gut ich malen kann›, so schick aus dem Handgelenk die kleine Kurve!» Andererseits gehört auch das zur Vielschichtigkeit – in jedem Sinne, vom Farbauftrag bis zum Aperçu. «Er bedient sich aller Stilistiken, die verfügbar sind, Impressionismus,

Spätimpressionismus, Pointillismus à la Seurat, aufkommender Expressionismus, Munch – weil er ein cleverer Bursche ist, extrem intellektuell, einer, der alles durchblickt, was er macht. Er kannte sicher auch die Familienporträts von Rembrandt, der schon vierhundert Jahre früher gespachtelt hat. Und Frans Hals. Wie man mit minimalen Andeutungen Familienporträts schaffen kann, die psychologische Bezugspunkte herstellen, ohne zu sehr ins Detail zu gehen. Corinth? Auch. Der hat alles gesehen!»

Wann malt er wohl Mathildes Hand an diesem Vormittag, ihre rechte, während ihre linke Hand auf dem Rücken der Tochter ruht? Ihre sichtbare Hand ruht nicht; man könnte dieses Band aus Farblinien über dem Schoß sehen wie eine Hand in Bewegung, für eine Fotografie so lange belichtet, dass Punkte zu Linien werden. Zur linken Hand ihres Mannes, die weit entfernt im Freien schwebt, entsteht eine imaginäre Verbindung, unsichtbar auch die Kinder schützend.

Trudi und Görgi sind mit ihrer Mutter seit Anfang Juni hier, nebst Mathildes Mutter Clara und einem Dienstmädchen aus Wien; ihr Vater kam am 26. Juni. Bis dahin schrieben Arnold und Mathilde einander fast täglich. Mathildes Briefe blieben erhalten und zeugen von den Sorgen ihres Mannes, der da wie Richard Gerstl noch in Wien ist und um ihre Liebe bangt. «Mein lieber, lieber Herzerl», antwortet sie. «Du bist doch bös auf mich, auch wenn du es nicht zugestehst. Aber wirklich ungerecht. Schau, ich schreib dir ja alles was hier vorgeht. Mehr geht eben nicht vor. Dann sag ich dir daß ich dich lieb hab und daß ich mich schon schrecklich nach dir sehne. Ist dir denn das nicht genug? Es gibt eben nichts anderes zu sagen.» Zugestellt am 20. Juni, kommt seine Antwort am selben Tag, so, dass ihre schon am 21. Juni bei ihm ist: «Mein Lieber, Lieber. – Bin ich wirklich immer so ekelhaft zu dir? Und du bist immer, immer gut zu mir. Du solltest mich vielleicht wirklich manchmal prügeln. (Ich würde aber zurückhauen) Du bist eben gut und ich unausstehlich. So ist es und bleibt es. Ich kränk mich eigentlich riesig darüber, denn ich hab dich so riesig lieb. Aber weißt du, sagen kann ich das nicht und eigentlich solltest du wissen daß ich das nicht kann. Was ist denn das für eine Überraschung von der du schreibst?»

Es sind neue Ehebetten für das Schlafzimmer in der Liechtensteinstraße, wo auch das Kinderzimmer neu gestrichen wird. «Wie hast du denn das wieder mit dem Geld fertig gebracht? Das ist mir ganz unerklärlich, wo du das hergenommen hast. Und dabei wieder die große Auslage mit den Betten. Aber ich freue mich riesig darüber. Das wird viel haltbarer und besser zum liegen sein. Wie wird denn das Kinderzimmer? Wirklich hübsch? – Heute hat endlich Alex geschrieben. Sie wollen wenn es dem Kind besser ist Donnerstag kommen.» Mathildes Bruder Alexander Zemlinsky und seine Frau Ida sind im Mai Eltern einer Tochter geworden und treffen noch vor Schönberg am Traunstein ein, ebenso wie seine Schüler Viktor Krüger und Irene Bien.

Sein langjährigster Schüler kommt nur zum Unterricht, seiner letzten Lektion, wie sich erweisen wird, am 27. Juni, dem Sonnabend nach Schönbergs Ankunft. Anton Webern hat es nicht weit, eine Stunde mit Bahn und Raddampfer aus Bad Ischl, wo der 24-Jährige Qualen leidet als zweiter Dirigent des Kurorchesters. Er hat neue Lieder bei sich, sehr kurze, auf Worte von Stefan George, die 1907 in *Blaetter für die Kunst* erschienen sind – ein kostbarer, reich geschmückter Sonderband von 213 Seiten, *Der siebente Ring*, den Webern dabeihat.

Ein Gedicht schreibt sich Schönberg gleich heraus, *Entrueckung*, von einem anderen notiert er den Titel, *Litanei*. Für Webern ist es sonderbar, nachdem seine Lieder den Lehrer irritiert zu haben scheinen, dass der ihm nun gleich in den *Siebenten Ring* folgt – so, als müsse er ihn wieder einholen. Denn in aphoristischer Kürze lässt Webern die Welt der Tonalität hinter sich.

In einem Brief vom 30. Juni 1908 vermerkt er lapidar: «Neulich war ich bei Schönberg in Gmunden.» Nur ein, zwei Nächte bleibt Webern in dem Haus, das sein Freund Richard Gerstl gemietet hat, zehn Minuten zu Fuß vom «Prestgütl» der Schönbergs entfernt, dann reist er ab; Gerstl, ebenfalls am 27. Juni gekommen, wird zwei Monate bleiben. Zwei Monate, die alles verändern in diesem Kreis und über ihn hinaus, die Kunst, die Musik und das Leben.

Ein Notenblatt von Schönberg misst 37 mal 57 Zentimeter, mit 48 fünflinigen Notenzeilen übereinander. Aus großen Doppelblättern der Firma Johann Eberle & Co hat er sich auch selbst das handliche Skizzenbuch zurechtgeschnitten und gebunden, sein drittes, in dem er seine Ideen für die Arbeit dieses Sommers mitgebracht hat, für sein zweites Streichquartett. Genauer, Ideen für drei Sätze dieses Werkes, den ersten hat er schon im vergangenen Herbst vollendet. «Ich fühle luft von anderem planeten», die Worte schreibt nun Schönberg über die Töne in sein Skizzenbuch, teils schon die Töne, die es am Ende sein werden, die zweite Silbe von «planeten» auf betonter Zeit, eine halbe Note A, die zur dritten Silbe auf ein B steigt, im Fis-Dur-Akkord dazu identisch mit der großen Terz.

Er hat, von George inspiriert, beschlossen, seinem Streichquartett eine Gesangsstimme hinzutreten zu lassen, «III. Satz Quartett», schreibt er an den Seitenrand. Aber zum dritten Satz wird dann doch die *Litanei*, deren Text ihm fehlt. Eilig schreibt er seinem Schüler Karl Horwitz nach Wien, mitten in dessen Vorbereitungen zur Hochzeit, er möge ihm beide Gedichte abschreiben. Am 5. Juli sind sie da. «Jetzt kann ich erst anfangen», dankt Schönberg erleichtert. Vielleicht hat er bei der Lektüre festgestellt, dass in seinem erweiterten Streichquartett die *Litanei* vor der *Entrückung* stehen muss, ein Text der Verzweiflung und des Sehnens vor einem des Loslassens. Er komponiert die *Litanei* zuerst, in gerade mal einer Woche, in der das

Wetter am See nach sonnigem Julibeginn kühl und regnerisch ist.

Eine Woche für Töne in solcher Dichte und Dramatik, wie es die 72 Takte der *Litanei* sind! «Töte das sehnen, schließe die wunde! Nimm mir die liebe, gieb mir dein glück!», so endet, mit einem Intervallsturz von mehr als zwei Oktaven auf den Silben von «liebe», der Gesang, mit einer Intensität, dass die vier Streicher in ihren finalen Takten nicht mehr wie Streicher klingen, sondern wie halb menschliche, halb tierische Stimmen, die singen müssen, weil sie nicht sprechen können, weil die Worte in einen Bereich geführt haben, in dem sie verbrennen. Man kann danach nicht einfach das nächste Stück schreiben. Schönberg erholt sich zwei Wochen lang.

Am 18. Juli schreibt er gut gelaunt an seinen Schüler Heinrich Jalowetz nach Wien: «Lieber Jalowetz, hätten Sie die Liebenswürdigkeit, in dem nur Ihnen bekannten Delikatessen-Geschäft für meine Frau 1/2 kg Bitter-Mandel-Cakes zu bestellen. Vielleicht am besten indem man sie vom Geschäft aus per Nachnahme hieher schickt. [...] Lassen Sie einmal was von sich hören! Kommen Sie einmal zu Besuch.» Er weiß, dass er Mathilde einiges schuldig ist. Wochenlang ließ er sie hier warten und nötigte ihr Liebesbeteuerungen ab; kaum eine Woche nach der Ankunft zog er sich schon wieder in die stille Arbeit zurück – ein Klavier braucht er nicht, er spielt es ohnehin nur schlecht.

Die beiden sind ein kompliziertes Paar – wie nahezu jedes Paar der Wiener kulturellen Schicht. Da trifft sich das Patriarchalische, das Schönberg bis in seine Lehrtätigkeit hinein fortsetzt, mit dem Aufbruchsgeist einer hellwachen Frau, die die Schwester seines ersten Lehrers ist, die mit dem Tragen von Reformkleidung die Zeit der eingeschnürten Frauen hinter sich lässt – und der doch nichts übrig bleibt, als Hausfrau und Mutter zu sein. Es sei denn, sie malt, wie sie es in Gerstls Atelier tat. Es sei denn, sie bräche aus.

«Durstende Zunge darbt nach dem Weine», sagt Schönberg heiter, die Zigarette in der Linken, und schenkt allen nach, die am Tisch im Garten am See sitzen, in den letzten Sonnenstrahlen dieses Juliabends, die über die Anhöhen am Westufer dringen. «Woher hast du das?», fragt Zemlinsky. «Vom Stefan George. ‹Hart war gestritten, starr ist mein Arm.›» «Ein Rittermärchen?» «I wo, das ist so eine Litanei. Mir wird der Arm ja auch bald starr von den Mühseligkeiten in Wien.» «Mit der Konzertangelegenheit im November sieht's aber nicht schlecht aus, Herr Schönberg», meint Horwitz, «wie ich Ihnen schrieb, der Staatsrat ...»

Richard Gerstl, in den Schatten zurückgelehnt, lässt ein kurzes, schnaubendes Lachen hören. «Mit'm Staatsrat, dann kann ja goanix mehr schiefgehen», sagt er, beugt sich vor, ergreift und leert das halb volle Glas Zweigelt und lässt sich wieder nach hinten fallen. «Vom Herrn Gerstl dürft's ihr heute nicht mehr viel erwarten», meint Mathilde nüchtern. «Der hat sich verausgabt.» Er funkelt sie an. «Da is scho noch was übrig ... ich tät gern morgen weitermalen.»

«Das Familienbild», sagt Schönberg, «das ist was Besonderes geworden. An einem Vormittag ein solcher Sprung ... Das schaff ja nicht einmal ich.» Kurzes Schweigen, in das hinein Hansi kräht, die knapp drei Monate alte Tochter der Zemlinskys. Ida, die das Baby auf dem Schoß hat, steht auf. «Sie hat Hunger.» «Geht's ihr denn besser?», fragt Mathilde besorgt; sie weiß, dass das Baby nach der Geburt lange krank war. «Ja schon ...», sagt Ida im Weggehen, während Alexander Zemlinsky in seinem weißen Sommeranzug plötzlich nicht mehr heiter aussieht. Vorübergehend, für ein paar Schlucke, hatte er vergessen, was seine jüngste Komposition zutage brachte.

Nur für Gesang und Tamburin, nur für die Hansi: *Der chinesische Hund oder Der englische Apfelstrudel*. Vor zehn Tagen, noch in Wien, hat er ihr das vorgesungen und vorgetrommelt, gerasselt, und sie hat es nicht gehört. Sie wendete nicht den Kopf, schrie nicht, lachte nicht, gar nichts. Erst als er lauter und immer lauter wurde, hat sie sich gefreut. Auch anderes noch deutet darauf hin, dass sie schwerhörig ist. Wenn er Görgi sieht, den Kleinen der Schönbergs, weiß er auch nicht, ob er lachen oder weinen soll, denn der Georg heißt ja nicht zufällig wie sein Titelheld, der *Traumgörge*, den Mahler im Vorjahr hatte uraufführen wollen. Und dann ging Mahler, und Weingartner traut sich nicht, und aus der Dirigentenlaufbahn an der Hofoper wurde auch nichts ...

«Würden Sie den Anzug auch morgen wieder tragen wollen, Herr Zemlinsky?», sagt da aus seinem Schatten heraus der junge Maler zu ihm. «Der ist gut für sie.» «Ja», sagt Zemlinsky einfach. Es hat ihm gutgetan, als er sich vor ein paar Wochen hier für Gerstl ans Wasser stellte. Er sah nicht, was der machte, er sah es erst später und weiß nicht, ob ihm das Bild gefällt, aber er hatte so ein Zukunftsgefühl, nicht nur für eine Minute.

«Was tuschelt ihr da, Alex?», sagt Mathilde. «Geheimnisse», antwortet Gerstl anstelle ihres Bruders und beugt sich wieder vor zum Glas, nun ungewöhnlich redselig. «Bescheidene Einladung zu einer geheimen Sitzung, wenn es die Anwesenden erlauben. Morgen Vormittag, Sie alle sechs?» Er lehnt sich wieder zurück. Er ist froh, dass Herr Krüger und Fräulein Bien heute Abend nicht dabei sind, Schüler von Schönberg, die ihn so wenig mögen wie er sie. «Morgen wäre ich noch frei», lässt sich Schönberg knarrend vernehmen. Das bedeutet, das sie alle da sein werden.

«Und übermorgen bist du dann nicht mehr frei», sagt Mathilde, «da komponierst wieder?» Ihr Mann antwortet nicht. Die Sonne ist verschwunden hinter den niedrigen, bewaldeten Bergkämmen nordwestlich des Sees, Ida hat das Baby im Wagen schon zum Engelgut zwei Grundstücke weiter gerollt. «Übermorgen ... Freitag ... na, da gehen wir Ihre Symphonie durch,

Horwitz. Viel Mahler darin!» «Mahler ... ist jetzt auch in der Sommerfrische», sagt ausweichend der zierliche schmale Mann, dessen Frau noch kaum ein Wort gesagt hat. Schönberg bemerkt seine Verlegenheit. «Warum auch nicht nachahmen? Meine Originalität kommt daher, dass ich alles Gute, das ich gesehen und erkannt habe, sofort nachgeahmt habe ... Selbst dann, wenn ich es noch nicht gesehen hatte!»

Darauf weiß Horwitz nichts zu sagen. «Mahler war auf der Kunstschau ...», sagt unvermittelt Gerstl, der die große Wiener Ausstellung mit Gustav Klimts *Kuss* als Sensation höchst skeptisch durchstreift hat. Sie sprechen davon, dass Mahler im vorigen Sommer eine Tochter verloren hat, gleichaltrig mit der Trudi, und drei Jahre davor schon seine *Kindertotenlieder* schrieb. «Das hätt' er vielleicht nicht tun sollen», sagt Mathilde traurig. «Er komponiert, was er komponieren *muss*», sagt ihr Mann streng. «Und dann muss man's nur noch aufführen», ergänzt Zemlinsky, mit einem tragikomischen Seufzer, und erhebt sich. «Also morgen wieder hier, für Sie, Herr Gerstl, den Anzug lass ich einfach an ...»

Er kichert und entschwindet in der Dämmerung. Auch Karl und Mizzi Horwitz, die Frischvermählten, wollen nun gehen, Schönberg begleitet die beiden zur Straße. Mathilde steht auf und räumt Gläser zusammen, während Gerstl in seinem Stuhl schon fast zu schlafen scheint. «Soll ich auch das Kleid wieder tragen morgen, Herr Gerstl?» «Richard», sagt er wie im Schlaf. «Das blaue, mein ich.» «Das blaue oder ... oder goanix.» Er schwankt ein bisschen, als er aufsteht, schlaksiger Junge mit blassem Gesicht und faunischem Bärtchen. «Goanix wär mir zu wenig», sagt sie beiläufig und stellt noch ein Glas aufs Tablett. Er sagt nichts und sieht sie an. «Bis morgen ... Richard.»

*

Schönberg malt selbst viel zu gut, zu neugierig und mit immer sicherer gewordenem Handwerk, um nicht zu erkennen, wie sein junger Lehrer in dieser Kunst noch einmal weitergesprungen ist mit dem Gruppenbild, das er nach dem Familienbild gemalt hat. Diesmal blickt man durch seine Farben wie durch Spuren und Schlieren der Zeit und des Denkens auf die Menschen, die, bei kaum kenntlichen Gesichtern, doch vollkommen natürliche, unverzerrte Haltungen haben, wie sie sie da sitzen und stehen, Schönberg hinten neben Horwitz, vor sie beide hingelagert Zemlinsky, Ida, Mathilde und Mizzi Horwitz.

Allein an diesen Haltungen könnte einer, der nichts von Gerstl weiß und kennt, ermessen, wie souverän er ist, wie leicht es ihm fiele, die Gesichter, die Hände klar darzustellen, wenn er wollte. Er will aber nicht weniger, sondern mehr. Er hat Schönberg nicht entstellt mit dem schwarzen Pinselhieb unter der Nase, der, von Realisten interpretiert, ein Bart sein könnte – den Schönberg allerdings nie trägt –, oder ein klaffendes Maul. Mit den schwarzen Pinselhieben für die Augen bildet er ein Dreieck. Dahinter und nicht darin kann man den Mann suchen und ahnen, seine Gegenwart, seine Möglichkeiten.

Richard Gerstl hat gar nichts festzuhalten versucht, er lässt Schönberg und die anderen frei, sie sind nur in ihrer Freiheit zu finden; der hingeworfene Realismus der Körperhaltungen führt dorthin. Dem zurückhaltenden Horwitz hat Gerstl ein enormes Rosa für den Anzug aus Weiß und Rot zusammengewütet, fast fleischig. Er trug kein Rosa, natürlich nicht. Der Boden, auf dem sie stehen und sitzen, ist keiner mehr, da sind ineinander verschmierte Farbbahnen. In den 1960ern findet man so etwas wieder, bei Willem de Kooning, Asger Jorn, Jackson Pollock. Schönberg sieht es im Juli 1908, als nicht einmal die Farbe trocken ist. Es mag ihn herausgefordert haben.

Als er sich am 25. Juli an den zweiten Satz setzt, «Sehr rasch», findet er in den Skizzen die Idee zum *Augustin* wieder, notiert in der Zeit um Mahlers Abschied herum, im vorigen Dezember, die fatalistische Volksweise aus dem Wien der Pest 1679, als 12000 Menschen starben: «Ach, du lieber Augustin, alles ist hin ...», passend zu der gedrückten Stimmung nach dem Fortgang des Großen, der sich auch für Schönberg einsetzte, der zur Uraufführung des ersten Streichquartetts selbst erschien und Zischer zurechtwies, der schon am Beginn seines sinfonischen Schaffens eine Volksweise verwendete, *Bruder Jakob*.

Nun passt aber der *Augustin* auch in den Satz vor der *Litanei*, die schon komponiert ist zu Stefan Georges Worten: Einer, eine wendet sich aus vernichteter Liebe an Gott und fleht ihn an, ihm die Wunde zu schließen und die Liebe zu nehmen. Vor diesen Worten und ihren glühenden Tönen zitiert Schönberg das banale und sarkastische Pestlied, «alles ist hin», als instrumentalen Gesang vor dem vokalen ... Er bricht mit dem Zitat den Satz da, wo im Scherzo klassischen Stils das Trio steht, der Zwischenteil anderer Färbung. Das wird so souverän und unverschämt wie ein Pinselhieb vom Gerstl.

Es ist genial geplant und durchgeführt, «in kaum je drei Tagen», wie er über die Arbeit am zweiten und vierten Satz sagen wird. Ein unfassbares Arbeitstempo bei solcher Musik, aber er ist halt sehr schnell im Kopf.

Im April 2010 erzählt mir Michael Gielen, Dirigent und Komponist, von seinem Onkel Eduard Steuermann, dem Bruder seiner Mutter, Schüler von Schönberg: «Er hat sich mal bei ihm beklagt, dass er solche Hemmungen hat beim Komponieren. Dem Schönberg erzählt er das! Er war ja intelligent genug, um zu wissen, wer die Ursache seiner Hemmungen war! Der Schönberg unterhält sich mit ihm, und währenddessen notiert er was. Und plötzlich stehen da 20 Takte, das ist ein sinnvoller Satz, avanciert tonal, und dann sagt der Schönberg: schaun wir mal, was wir da haben. Und analysiert das mit ihm. Und während der Unterhaltung hat er das geschrieben! Schrecklich, nicht? In der Umgebung so eines Supergenies zu leben.»

Und wenn eine an seiner Seite lebt? Seit acht Jahren? In Schönbergs Nähe gerät etwas ins Kippen, während er am zweiten Satz des Quartetts schreibt und auf den vierten zusteuert, *Entrueckung*. Nur drei Tage können selbst ihm dafür nicht genügt haben. Der Satz ist zuerst neun Minuten lang, wie der Komponist in den ersten Augustwochen an Arnold Rosé schreibt – derselbe Geiger, den Ethel Smyth so schätzt –, dann aber doch elf Minuten, 155 Takte, spätestens in der vierten Augustwoche hat er die Einzelstimmen herausgeschrieben.

Am 26. August überrascht er Mathilde in einer eindeutigen Situation mit dem Maler Richard Gerstl. Was zuvor ein Kind sah und ihm sagte, soll eine Rolle gespielt haben, ein offenes Fenster, wie in *Pelléas et Mélisande*.

Seit vor mehr als fünfzig Jahren bekannt wurde, dass im Jahre 1908 nicht nur Schönbergs *opus 10* fertig wurde, sondern auch seine Ehe zerbrach, dazu noch ein Mensch sich das Leben nahm, war und blieb sich die Nachwelt darüber einig, dass Schönbergs Ehekrise der Auslöser für das *opus 10* und seine Innovationen war, für das Verlassen der Tonalität, welches ohnehin als ausgemachte Sache galt. In Dissertationen, Romanen, Hunderten von Aufsätzen und Artikeln wurden noch die fragwürdigsten Zeugen und brüchigsten Erinnerungen herangezogen, um den Zusammenhang von Kunst und Biografie so vorzuführen, dass aus einem Schlüsselwerk ein Schlüssellochwerk wurde, in einer Erzählung der Moderne, die den inzwischen verfügbaren Primärquellen, Skizzen, Briefen, dem Werk an sich zuwiderläuft.

«Das Zerbrechen von Schönbergs Ehe war ein zu dissonanter Moment, um noch von einem Akkord aufgelöst werden zu können. Die Tonalität zerbrach unter dem Gewicht der Untreue seiner Frau.» «Unter dem Eindruck dieses tragischen Ereignisses vollendete der Komponist die letzten Sätze, die in dem Gebrauch von Dissonanzen von seiner aufgewühlten Stimmung künden und in einer fast quälenden Steigerung die Grenzen der Tonalität sprengen.» «In diesem Zustand der Exaltation komponierte er die beiden Sätze mit Gesang des Quartetts Nr. 2.» Im summarischen Überblicken hat man eine realsatirische Bankrotterklärung der Kulturwissenschaft vor sich, fast erheiternd.

Natürlich passen die gesungenen wie die ungesungenen Texte von *Augustin* bis *Entrueckung* wie angegossen zur Verzweiflung eines Komponisten über den Treuebruch seiner Frau. Aber eben nur wie angegossen: Ein privates Ereignis bildet die Gussform, in der dann *opus 10* als Amalgam aus Affäre und Avantgarde Gestalt annehmen muss; dazu werden auch ungewisse Erinnerungen aus Familienkreisen passend datiert. Mit all dem hat einer jener Autodidakten aufgeräumt, die die Wissenschaft gern auf dem Seitenstreifen überholen.

Raymond Charles Coffer, Engländer, Jahrgang 1946, beginnt als Buchhalter, arbeitet für Fussballclubs, wird Manager der Alternativ-Rockband *The Smashing Pumpkins*, hat aber auch schon als Fünfzehnjähriger Mahler für sich entdeckt und von da aus die Wiener Moderne. Irgendwann stößt er auf die Saga, dass Schönberg nach dem Ehebruch seiner Frau das *opus 10* vollendete, sozusagen aus Verzweiflung atonal. Coffer geht der Sache nach, gründlicher als irgendjemand vor ihm, und stellt fest, dass das Stück fertig war, ehe Schönberg am 26. August 1908 von der Affäre seiner Frau erfuhr.

Aus dem lukrativen Rockgeschäft hat sich Coffer längst zurückgezogen. 2011 promoviert er an der University of London zum Doctor of Philosophy at the Institute of Germanic and Romance Studies mit *Richard Gerstl and Arnold Schönberg: A Reassessment of their Relationship (1906–1908)*. Darin wird nüchtern die Chronologie ins Licht gerückt und das Genie des Malers Gerstl, der seinerseits Schönberg inspiriert haben könnte. Im englischsprachigen Bereich und in Wien wurde Coffers Arbeit beachtet, in Deutschland von Kunstexperten, die Musikologen reagierten nicht. Das maßgebliche Verzeichnis von Musikliteratur, *Répertoire International de Littérature Musicale* (*RILM*), weiß auch zehn Jahre nach der Publikation nichts davon.

Gern wird dem *opus 10* ein Sprung unterstellt, als werde mit dem «anderen planeten» erstmals das Gravitationsfeld der Diatonik verlassen. Allerdings scheitern schon an Debussys zehn Jahre früherem *Pelléas* alle Versuche, die Harmonik auf Tonika und Dominante zurückzuführen. Aufeinander bezogene Harmonien, Dissonanzen und deren Auflösungen sind in Schönbergs neuem Quartett schon bald nach dem Beginn des ersten Satzes nichts hörbar Bindendes mehr, sie bleiben aber mit vereinzelten, bedeutsamen Akkorden im Spiel. Zum Wort «luft» im letzten Satz hört man einen c-Moll-Akkord – maximal entfernt von der Grundtonart fis-Moll. Die dritte Silbe von «planeten» fällt, wie von Schönberg schon Anfang Juli 1908 skizziert, in reines Fis-Dur, das dann noch fünf Mal erscheint, einschließlich des Schlussakkords.

«Die Tonart ist an allen Trennpunkten der formalen Organisation deutlich präsent», sagt Schönberg vierzig Jahre später über sein zweites Streichquartett; schon vorher hat er emsige Exegeten gebremst. «Der entschlossene Fortschritt zur sogenannten Atonalität wurde noch nicht durchgeführt. Jeder der vier Sätze endet mit einer Tonika, die die Tonart repräsentiert.»

Ein Durchbruch ist das Werk trotzdem, wie die zugleich entstandenen Bilder Gerstls. Vielleicht kann man sagen, dass Bedingungen, die Durchbrüchen in der Kunst günstig sind, auch Ehebrüche inspirieren – aufs gesellschaftliche Ganze gesehen ebenso wie auf die intime Kolonie am Traunsee. Innerhalb eines Schaffensprozesses entsteht eine Sensibilität für Nuancen, für Möglichkeiten, für die das normale Bewusstsein taub ist. Aber es ist kein von Verlustängsten geplagter Komponist, der hier Mandelkekse für seine Frau bestellt, gut gelaunt Freunde und Schüler einlädt, sich mit Familie malen lässt und in hohem Tempo Musik zu Texten komponiert, die ihn bewegen, nicht als Einzigen neben Anton Webern und dreißig weiteren Komponisten bis hin zu Wolfgang Rihm. Es stünde schlecht um die Lyrik aller Zeiten, würde sie nur von Menschen verstanden oder vertont, die gerade um die Liebe ihres Lebens fürchten.

Das allerdings ist Mathilde für Arnold, seit er sich im letzten Sommer des 19. Jahrhunderts in sie verliebte, um sie zu heiraten, als sie schon schwanger war.

«Krüger, kommen Sie schnell herunter.» Es ist nachts, Mittwoch, 26. August 1908. Unterm Fenster steht Schönberg. Sein Schüler, gerade zu Bett gegangen, wirft sich eine Pelerine über das Nachthemd und eilt barfuß nach draußen. Es ist stockfinster, fast Neumond, Schönberg atmet schnell, er muss gelaufen sein. «Meine Frau ist mit dem Gerstl davon», sagt er heiser, «kommen Sie mit nach Gmunden, wir müssen sie finden.» «Herr Schönberg ...!» «Sie hat kein Geld mit, und er hat doch auch keines dabei. Was wird sie nur anfangen? Ich muss ihr doch wenigstens Geld bringen!» Er schreit fast. Krüger hastet ins Haus und zieht sich Schuhe über die nackten Füße. Dann eilen sie die Uferstraße entlang nach Norden, vorbei am Engelgut – die Zemlinskys sind längst abgereist –, zum Prestgütl und auch daran vorbei. Mathildes Mutter ist bei den Kindern, sie ist schon instruiert, sie konnte vor Schreck nicht einmal weinen.

«Wie weit ist es?», fragt Krüger, kurzbeinig und kurzatmig. «Zu Fuß? Ich weiß nicht. Eine Stunde?», sagt Schönberg. «Ich weiß auch die Hotels nicht. Sie müssen uns noch hineinlassen. Sie müssen!» «Was ist denn geschehn?» Schönberg sagt nichts. Sie laufen vorbei am Hois'n, an dem Ausflugslokal, in dem die Familie Schönberg vor drei Jahren wohnte, man hört im Gastgarten die Kastanien leise rauschen in einem sanften Wind vom See.

Schönberg bleibt stehen. «Was ist geschehn? Fortgeschickt hab ich sie, beide, aber die Mathilde ist doch meine Frau! Was andres zählt doch gar nicht! Gar nichts ist geschehn, mir geschieht so was nicht, mir hat so was nicht zu geschehn und den Kindern auch nicht! Kommen Sie! Beeilung, Herr Krüger!» «Aber Herr Schönberg ...» «Tatsachen beweisen nichts. Wer sich an Tatsachen hält, wird nicht über sie hinausgelangen, zum Wesen ...» «... das Geld, mein ich ...» «... zum Wesen der Dinge!» «Herr Schönberg, wenn die beiden kein Geld haben, wie sollen sie da ins Gasthaus?» «Der Gerstl kann seinem Vater telegrafiert haben, der richtet ihm doch alles.» Er bleibt wieder stehen. «Sie hat mich nicht belogen. Denn man belügt mich nicht.» Er geht weiter, wie mit sich selbst sprechend. «Und wenn sie doch gelogen hat, vielleicht habe ich es selbst nicht gemerkt. Wie ein Klavier.» «Ein Klavier ...», wiederholt Krüger ratlos und versucht, Schritt zu halten. «Wenn ich in mein Klavier den Ton A rein hineinsinge, so klingen alle Saiten mit, die A enthalten. Singe ich aber falsch hinein, so ist der Widerhall viel schwächer. Es klingen einige entfernte Obertöne mit, unbrauchbar, das wohltemperierte Klavier weiß nichts davon. In seine harmonisch musikalische Natur ist das nicht eingedrungen ...»

Nach achtzig Minuten, knapp eine Stunde vor Mitternacht, haben sie die leere, von Gaslaternen erhellte Kurstadt Gmunden erreicht. Einen späten Zecher fragen sie nach Hotels. «Jo, wo kommts denn ees so spoat no daher? Hotös hoamma dreie da herin in der Stadt, aans an der Schiffsländ, i glaub, dös hoaßt ah so ... jo, Goldenes Schiff, so hoaßt dös. Dann hoamma dös, wo früher der Herzog woar, da Kaffeesieder, woasst ... dös is in da Traungoss'n ... und dös vom Scheck Franz ... Austria hoaßt dös ... dös is do ahi ... Griaß eng ...» Das *Goldene Schiff* ist schon geschlossen, sie finden den Weg zur Traungasse, Nummer 12, da schimmert Licht aus dem kleinen Eingangsgewölbe, und hinten sitzt noch der Hotelier.

«Mir hoam nix frei, die Herren», ruft der Dicke gleich. «Wir suchen ein … eine …», stammelt Krüger. «Ich suche meine Frau», sagt Schönberg fest. «Mathilde Schönberg. Mit ihrem … Bruder. Gerstl Richard.» «Katharina», ruft der Wirt nach hinten. «Hoam mia an Gerstl Richard?» «Schaust halt selber!», hören sie eine Frau rufen. «I glaub ned, i moch grad d' Wäschn …» Der Dicke blättert im Buch vor sich, kratzt sich am Kopf. «Naa … naa … an Deidinger hamma, an Tscheitscher, an … an Engländer … naa.» «Danke. Wo finden wir das Austria?» «In der Sparcassagassn. Ob die no aufg'sperrt ham …»

Haben sie, aber auch da ist kein Gerstl abgestiegen mit seiner «Schwester». Die Fortgejagten übernachten nämlich doch in der Traungasse, bei Josef und Katharina Lindauer, im *Gasthaus zur Stadt Frankfurt*, wo am nächsten Morgen Mathilde ihrem Ehemann schreibt: «Ich konnte gestern nicht mehr nach Wien fahren und habe hier übernachtet. Ich fahre erst heute abends. Ich bin sehr, sehr unglücklich. Möchtest du mich noch einmal sehen? Wenn ja dann schicke mir durch den Überbringer des Briefes einige Zeilen wo ich dich treffen kann. Mathilde». Aber das Blatt bringt sie doch nicht auf den Weg, sie nimmt es mit nach Wien. Abends um 22.15 Uhr kommen sie und Richard am Westbahnhof an und fahren mit der Straßenbahn hinaus nach Nußdorf, durch die Liechtensteinstraße. Als die Tram dort einbiegt, hält es Mathilde nicht aus, dass sie an der Wohnung vorbeifahren soll, sie braucht auch frische Wäsche. Sie steigen aus. «Bleib nicht zu lang», sagt Richard, der sehr blass ist.

Im dritten Stock schließt sie so leise wie möglich auf, damit die Zemlinskys nebenan nichts hören, und geht nach rechts durch die Küche ins Kinderzimmer, das noch immer nach frischer Farbe riecht, dann ins Schlafzimmer, wo sie den Blick auf die neuen Betten vermeidet und hastig Kleidung aus dem Schrank holt, dann in Arnolds Zimmer, mit dem Schreibtisch, den sie ihm gekauft hat, am Fenster zur Salzergasse, und der

Chaiselongue, auf der Richard ihn gemalt hat. Sie zittert, sie setzt sich an seinen Tisch. Da liegt ein älterer Brief vom Verein für Kunst, die Rückseite ist leer, Mathilde nimmt einen Bleistift.

«Ich wollte dir nicht schreiben, aber da bin ich in unsere Wohnung gekommen und da hab ich müssen. Du kannst ruhig weiter lesen ich werde dich nicht bitten mich wieder zu nehmen. Wenn es möglich ist, daß das was ich gethan habe durch großen Schmerz gut zu machen ist dann mache ich es sicher gut. Was ich seit gestern leide kann ich und will ich dir nicht beschreiben. Es ist gerechte Strafe, ich weiß es, aber es ist fürchterlich. Meine lieben, lieben Kinder. Ich glaube ich werde sie nie wieder sehen. Sag ihnen nichts gar zu Schlechtes. Denke wie ich sie geliebt habe und jetzt bin ich halb wahnsinnig von Schmerz über ihren Verlust. Und du! Was du mir bist weiß ich nun ganz. Leider, leider zu spät. Ich sehe dich vor mir deine Bewegungen und alles ist mir so lieb. Und wie du mich hassen mußt! Ich hätte dir gern noch einiges zu meiner Rechtfertigung gesagt, aber du glaubst mir ja doch nicht. Ich habe die Sachen auf deinem Schreibtisch und den Schreibtisch selbst gekauft und hab gedacht ich muß vor Schmerz sterben.» Sie bricht ab, sechs, sieben Minuten schreibt sie schon, Richard wartet, und sie weiß nicht, wann die letzte Straßenbahn geht, sie legt den Bleistift fort, steckt das Blatt ein, löscht das Licht, verlässt die Wohnung.

Richard Gerstl kennt Nußdorf, er hat da schon einmal gemalt. Von Gmunden aus hat er ein Zimmer organisiert. Es ist in der Pension einer Näherin, im 5. Stock, den Meldezettel mit zwei Durchschlägen füllt er für Mathilde aus, sie zittert die ganze Zeit. Nur hinter den Nachnamen schreibt sie selbst noch einmal, in Schönschrift: «Schönberg». Frau Walzl guckt auf den Vordruck, da steht nichts bei «Name und Alter der Gattin und Kinder». «Sagen S' rasch», sagt sie, mitleidig auf die verstörte Mathilde schauend, «i moch's für Sie.» Sie notiert: «Gatte

Arnold in Traunstein bei Gmunden.» Gerstl trägt die Koffer hinauf. Es überrascht die Wirtin nicht, dass er nicht wieder herabkommt.

Es überrascht sie eher, dass er am Freitagmorgen ohne die Dame das Haus verlässt. Mathilde nimmt das Blatt von gestern aus ihrem Mantel und schreibt weiter an ihren Mann. «Ein bisserl Liebe noch für mich. Das kleinste bisserl das noch geblieben ist und ich werde zufrieden sein. Ich habe nur noch eine Hoffnung, daß ich nicht lange mehr leben werde. Es geht schnell jetzt Lieber und ich freu darüber. Nun hab ich doch wirklich für keinen Menschen mehr zu leben. Ich glaube du würdest mir dann auch verzeihen ...» Sie schreibt, sie wolle wissen, wie es den Kindern geht. Der Trudi werde sie etwas schicken. Mathildes Mutter solle er grüßen. «Küß die Kinder für mich sag ihnen daß ich sie küsse. Wenn du so lieb bist und mir schreiben würdest so schreibe ‹post restante› Lazarettengasse 6. Verzeih mir bitte wenn ich dich in deiner Ruhe noch einmal gestört habe. Dich hab ich sehr unglücklich gemacht, aber mich tausendmal mehr. Mathilde».

Schönberg, der im Laufe des Freitags mit den Kindern nach Wien zurückkommt, lässt Mathilde per Postfach ihren Schmuck zukommen und legt ein Fünfkronenstück dazu. Er setzt sich an seinen Schreibtisch und schreibt zwölf Seiten voll, für sich. «Testaments Entwurf». Er möchte aus dem Leben gehen, wie schon am Anfang der Woche, als er alles entdeckte und wusste und ihm schien, er habe es immer gewusst – hatte er es sich nicht auch schon vorgestellt? Er weinte vor ihr. Sie möge bei ihm bleiben. Sie lehnte ab und rief ihn doch wieder. Er war entschlossen, sie zurückzunehmen, «und hat sich doch», schreibt er über sich in der dritten Person, «im letzten Moment besonnen und sie gehen lassen. Dieser Dreckskerl war nicht ich.» Es sei ja auch gar nicht er betrogen worden, sondern nur der, «für den meine Frau mich angesehen hat ... Ich war fern von ihr. Sie hat mich nie gesehen und ich sie nicht. Wir haben einander nie gekannt. Ich weiß auch garnicht, wie sie aussieht ...»

Auf der zwölften Seite bricht Arnold Schönberg ab, nicht nur, weil danach die von ihm zutiefst gefürchtete Dreizehn kommt. Am nächsten Tag, Sonnabend, wendet er sich an die Polizei, die über das Zentralmeldeamt herausfindet, wo seine Frau sich aufhält. Am Sonntag, 30. August 1908, kehrt Mathilde Schönberg zurück in die Liechtensteinstraße. Später schreibt ihr Mann oben auf das Titelblatt des Manuskriptes seines 2. Streichquartetts: «Meiner Frau».

Während die Proben für die Uraufführung beginnen, sucht sich Richard Gerstl ein neues Atelier. Das vorige in der Akademie hat er, wie den Studienplatz, infolge seines Briefs ans Ministerium verloren, was ihn kaum überraschen dürfte. Den neuen Arbeitsplatz findet er in der Liechtensteinstraße 20, einen Kilometer südlich von Schönbergs Adresse, deren Hausnummer gleichwohl Gerstl zuerst auf den Meldezettel vom 18. Oktober 1908 schreibt: 68/70.

«Gedächtnis- und Sprachirrtümer, Namenvergessen usw., können leicht auf die Wirksamkeit starker unterbewußter Gedanken zurückgeführt werden», erklärt der berühmte Arzt, über dessen Hausdach an der Berggasse Gerstl aus seinem Atelierfenster nach Nordosten hinwegblicken kann. Sigmund Freud, der schon 1901 den Begriff der «Fehlleistung» eingeführt hat, wohnt und praktiziert im selben Häuserblock. Gerstl bemerkt und korrigiert seinen Fehler gleich, dessen Anlass er kaum verdrängen kann – nach Mathilde sehnt er sich so, wie ihm Schönbergs Anerkennung bedeutend ist; zudem haben er und die Schönbergs sich einmal ein Atelier auf der Etage ihrer Wohnung geteilt.

Aber er hat sich gefangen nach der Katastrophe von Gmunden, nach einigen Wochen in der Geborgenheit der elterlichen Wohnung, wo er Kleinformatiges gemalt hat, auch das nicht vollendete Porträt seiner Mutter Maria, einer 59-jährigen Frau von größter Wärme. Ihr Gesicht und alles, was er nun malt, auch ein Selbstporträt als Akt in ganzer, schlanker, blasser Figur, entrückt er nicht hinter die abstrahierenden Pinselhiebe des Hochsommers. Sie haben ihn in Bereiche geführt, nach denen er Luft holen muss, auch wenn er die Erfahrungen von dort mitnimmt. Kaum aber hat er Fuß gefasst, Ende Oktober, kommt es zu einer Begegnung mit Mathilde, die alles wieder umwirft. Sie fallen übereinander her, sie sitzt ihm für einen Akt, er fleht sie an, ihn zu heiraten.

Es bleibt nicht unbemerkt. Schönberg verhängt ein Besuchsverbot für Mathilde und ein besonderes Verbot für ihren Geliebten. Auf der Liste derer, die Einladungen für das Konzert seiner Schüler am Mittwoch, 4. November im Großen Saal des Musikvereins erhalten, fehlt Gerstl. Ohne Einladung kommt man nicht hinein – Schönberg möchte Tumulte mit Gegnern seines Kreises vermeiden, wie er sie mehrfach erlebt hat. Das Konzert beginnt um 15 Uhr. Irene Bien spielt die *Klaviervariationen* von Alban Berg, Anton Webern leitet die Uraufführung seiner *Passacaglia* mit dem neuen Tonkünstler-Orchester.

In diesen Stunden nimmt sich Richard Gerstl das Leben. Ein Dienstmädchen, das seine Mutter geschickt hat, findet den 25-Jährigen in seinem Atelier, erhängt, am Boden ein Messer, das er sich zuvor ins Herz gestoßen hat. Das Gesicht Mathildes auf dem blau-gelben Aktgemälde, dem jüngsten Werk, ist übermalt.

*

Mit schimmerndem d-Moll-Akkord der drei Streicher verklingen die Abenteuer des Gösta Berling, die der Gast aus Berlin vertont hat. Höflicher Applaus, dreißig Minuten sind viel für die paar Ideen, die Paul Juon in seiner *Rhapsodie* für Klavierquartett hatte. Er hat selbst gespielt am Flügel aus der Firma des Hausherrn, der auch zugegen ist, Ludwig Bösendorfer, jetzt 73 Jahre alt. Nun wird das Instrument an den Rand geschoben, ein zusätzliches Pult, ein Stuhl herbeigebracht. Getuschel. Damen aus der kaiserlichen Familie, für die man wie üblich rote Samtfauteuils in die erste Reihe gestellt hat, fächern sich zu, obwohl der Saal nicht überheizt ist an diesem 21. Dezember 1908. Man plaudert über die Verhandlungen mit der Türkei; ganz umsonst ist die Annexion der serbischen Provinzen Bosnien und Herzegowina leider nicht zu haben, die Franz Joseph I. sich zum Namenstag am 4. Oktober gegönnt hat.

Angespannt ist die Atmosphäre, aber auch deswegen ist man ja hier, nicht nur wegen der fabelhaften Akustik des schlichten Saals mit den hohen Bogenfenstern über ockerfarbenem Sockel. Nicht nur, weil mit dem Rosé-Quartett und der Kammersängerin Marie Gutheil-Schoder einige der besten Musiker Wiens aufs Podium treten werden. Jeder weiß, dass die vorigen Novitäten Arnold Schönbergs zu heftigen Auseinandersetzungen führten, ein Streichquartett, eine Kammersinfonie. Nach beiden Uraufführungen, Anfang 1907, hatten Fraktionen des Publikums sehr entschieden Empörung oder Begeisterung artikuliert. Gustav Mahler, noch Hofoperndirektor, beeindruckt vom d-Moll-Quartett, war hier im Bösendorfer-Saal fast handgreiflich geworden, weil ein Herr hinter ihm zischte. Der dezidiert antisemitische Teil der österreichischen Presse, das *Deutsche Volksblatt*, die *Reichspost*, die *Deutsche Zeitung*, sah mit Rosé, Mahler, Schönberg ohnehin nur jüdischen Klüngel versammelt, aber auch die liberalen Zeitungen verhöhnten die komplexen Grenzüberschreitungen als «formlosen Klumpen», als «Höllenbräu», gar als «entartete Musik». Julius Korngold, der sonst milde Musikredakteur der *Neuen Freien Presse*, hatte nach der *Kammersymphonie* geschrieben, so etwas dürfe man zwar komponieren, aber nicht aufführen.

Auch er ist heute gekommen, einer von mindestens fünfzehn Journalisten, unter ihnen zwei Autorinnen. Im konservativen Teil des Publikums möchte man hören, ob es noch schlimmer geworden ist mit dem «meistausgezischtesten Komponisten der Jetztzeit», und trifft dabei auf die progressive Wiener Jugend, auf die anspruchsvollen, neugierigen Söhne und Töchter überwiegend wohlhabender Familien. Stefan Zweig ist immer dabei: «Jugend besitzt (...) einen ausgezeichneten Instinkt für Witterungsumschläge, und so spürte unsere Generation, daß (...) etwas zu Ende ging, daß eine Revolution oder zumindest eine Umstellung der Werte im Anbeginn war. (...) Überall waren wir die Stoßtruppe und der Vortrupp jeder Art neuer Kunst, nur weil sie neu war, nur weil sie die Welt verändern wollte für uns, die jetzt an die Reihe kamen, ihr Leben zu leben. Weil wir fühlten, ‹nostra res agitur›.»

Diese jungen Leute haben sich vorwiegend auf den Stehplätzen hinten im Saal versammelt, auch die meisten Schüler Schönbergs, die «Schönbergianer», laut *Fremdenblatt* die «Drachensaat». Anton Webern ist da und Alban Berg, gestern erst aus Nürnberg zurückgekommen, seine Schwester Smaragda sicher auch; mit Helene ist es schwierig zurzeit. Und es gibt die neugierigen Intellektuellen der mittleren Generation, die zu keinem Lager zählen. Felix Weingartner ist mit Gemahlin erschienen, immerhin, der neue Hofoperndirektor! Und Arthur Schnitzler, dessen Roman *Der Weg ins Freie* vor einem halben Jahr erschienen ist. Er konnte zwar schon mit dem ersten Streichquartett von Schönberg nicht viel anfangen, aber das zweite möchte er dennoch hören.

Die ersten Takte lassen ihn hoffen. Es ist nicht sehr weit von Brahms entfernt, was die Rosés da spielen – aber nur bis zu einem satten F-Dur-Klang, zu dem es vom fis-Moll des ersten Taktes geht. Ab Takt 13 findet sich Schnitzler nicht mehr zurecht, und rund um ihn wächst im Parkett das Unbehagen so, wie im Hochparkett hinten der Enthusiasmus wächst. Nach dem letzten Akkord des Satzes, reinstem, leisem fis-Moll, herrscht vorn eisiges Schweigen, dann bricht hinten bei den jungen Leuten demonstratives Klatschen und Johlen aus, worauf die gesetzteren, sitzenden Herrschaften mit Zischern antworten und Arnold Rosé, um Ruhe herzustellen, sich erhebt und verbeugt. Er ist ein ernster Mann wie seine Kollegen, alle im Frack mit hohem weißem Kragen, der zweite Geiger Paul Fischer, der Bratscher Anton Ruzitska, der fast kahlköpfige Cellist Friedrich Buxbaum. Sie haben mehr als zwei Monate lang an diesem Werk gearbeitet, mit den Stimmen, die Schönberg am Traunsee herausschrieb, vor nun vier Monaten.

Mathilde sitzt neben ihrem Mann im Saal; sie wäre lieber zu Hause geblieben. Im zweiten Satz sieht sie, wie manche die Köpfe schütteln. Einer stöhnt vernehmlich, als das Tremolo der beiden Geiger auf Gis und D anwächst zu drei markanten Achteln im Fortissimo. Als danach das *Augustin*-Zitat beginnt, lacht ein anderer laut auf, und das Lachen greift um sich. Das «Alles ist hin», das Mathilde das Herz zerschneiden könnte, sechs Wochen nach dem Tod ihres Geliebten, geht über in ein Gelächter überall um sie her, das ganze Parkett lacht, bis hin zu den Herrschaften in den Samtfauteuils. Die Rosés spielen scheinbar ungerührt weiter, sie brauchen alle Konzentration.

Doch bis zum Ende des Satzes gibt es immer wieder Lachsalven, abwechselnd mit «Ruhe!»-Rufen von hinten, die es freilich auch nicht ruhiger werden lassen. «Nicht roh!», steht in den Noten, «zart hervortretend» über einer Linie des Cellos, aber keiner kann diese Feinheiten wahrnehmen bei dem Lärm. Den letzten Ton sieht man eher, als dass man ihn hört, ein gemeinsames, sehr leises Pizzicato auf dem D. Während die jungen Leute nun in noch wilderes Johlen ausbrechen als nach dem ersten Satz, stehen einige Besucher im Parkett entschlossen von ihren Sitzen auf und verlassen den Saal.

Aufs Podium tritt zugleich Marie Gutheil-Schoder, 34 Jahre alt, die begnadete, wunderschöne Sopranistin, die Mahler vor acht Jahren an die Hofoper holte. Sie stellt sich mit ihren Noten vor das Streichquartett, ins Licht der sieben kleinen Scheinwerfer, die am über ihr schwebenden Träger befestigt sind. Es bleibt ruhig während der Linien, die sich langsam und voller Trauer entwickeln, es bleibt auch ruhig, als im dreizehnten Takt die Sängerin beginnt: «Tief ist die trauer, die mich umdüstert ...» Aber was zuvor im Publikum geschah, hat einen Bann gebrochen, der die Musik nun nicht mehr schützt, von dem man gar nicht wusste, dass es ihn gab, weil so etwas hier noch nie geschah – dass eine Musik kaputtgelacht worden ist.

Jeder wartet, furchtsam oder hämisch, auf den nächsten Lacher. Und natürlich kommt er, wann auch immer, es gibt ja genug Anlässe dafür, oder fast nur solche, wenn man darauf besteht, von einer ordentlichen Dominante den Weg zu einer ordentlichen Tonika gewiesen zu bekommen, wenn man überhaupt, wie jetzt plötzlich viele, sich provoziert fühlt – wer trennt denn in diesem Moment die Herausforderung durch die Musik von der durch das Gejohle junger Leute, die sich einbilden, sie wüssten im Jahre acht des neuen Jahrhunderts, wo es langzugehen hat? Ist man seit 50, 60 Jahren auf der Welt, um jetzt, im Zentrum der Kultur, dreist eine Kunst infrage stellen zu lassen, die einem lieb und wert ist? Noch dazu unter Beteiligung erster Kräfte, renommiertester Musiker?

Es scheint tatsächlich um alles zu gehen. Wieder wird aus einem Lacher ein Lachsturm, ebbt ab, nun fliegen Zischer durch den Saal. Während Marie Gutheil-Schoder in lang gezogenen Tönen zu der verzweifelten Bitte hinsingt: «Töte das sehnen ...», selbst für sie eine enorme technische Herausforderung, sieht Mathilde Schönberg, wie die Schultern eines Herrn vor ihr zucken von unterdrücktem Lachen; sie sieht und hört das alles plötzlich wie aus weiter Ferne, während ihr Mann seinen

Stock umkrallt. Nach dem letzten Akkord, fortissimo, sind die im Parkett, die Majorität, schneller als die jungen Enthusiasten im Hochparkett. Einer springt auf und ruft «Schluss!», andere folgen ihm: «Schluss jetzt! Wir haben genug! Wir lassen uns nicht frotzeln!»

Gegenrufe, Pfiffe, Geschrei. Die Sängerin begibt sich zu einem Stuhl hinten auf dem Podium, setzt sich mit bleichem Gesicht und wartet ab. Man beruhigt sich, Frau Gutheil-Schoder geht wieder an ihren Platz, und während des Vorspiels der vier Streicher scheint eine Ruhe der Erschöpfung im Saal zu liegen – noch ihre ersten Worte kann sie unbehelligt singen. Aber bald kommen wieder Zischer und Lachen dazu, und nach dem dritten Einsatz der Sängerin springt mit anderen auch ein rundlicher Herr auf und schreit: «Schluss! Nicht weiterspielen!» Es ist ein Musikkritiker, ein seriöser, Ludwig Karpath, 44 Jahre alt, Gustav Mahler verehrend ebenso wie sein schmaler Kollege Richard Specht, der seinerseits aufspringt und ruft: «Ruhe! Weiterspielen!» Rosé, Fischer, Ruzitska, Buxbaum setzen verstört die Bögen wieder an, musizieren können sie nicht mehr. Es geht nur darum, es zu Ende zu bringen. Keine Stimmung, kein Zusammenhang kann sich hier noch entfalten.

Danach folgt ein Inferno von Schreien und Rufen, das noch wächst, als der Primarius mit feierlicher Gebärde auf den Komponisten hinweist, der sich von seinem Platz erhebt, mit steinerner Miene. Mathilde neben ihm blickt ins Programmheft auf ihrem Schoß. «... und du lichter geliebter schatten / rufer meiner qualen / bist nun erloschen ganz in tiefern gluten / um nach dem taumel streitenden getobes / mit einem frommen schauer anzumuten ...»

Im Foyer bilden sich Gruppen. Dem verzweifelten alten Ludwig Bösendorfer ruft einer zu, er möge vor dem Beethoven den Saal lüften lassen. Es folgt nämlich an diesem Abend noch Beethovens Es-Dur-Quartett op. 74. Arthur Schnitzler notiert anschließend in sein Tagebuch: «An Schönberg glaub ich nicht. Ich habe Bruckner, Mahler gleich verstanden – sollt ich jetzt versagen?»

Am nächsten Tag erhebt sich ein Pressesturm bis hinein ins nächste Jahr.

Musik.

Lärmszenen bei einem Rosé-Konzert.

Die Première eines Schönberg-Quartetts.

Wien, 21. Dez. (Priv.) Im Bösendorfer Saal kam es heute während eines Konzertes des Rosé-Quartetts zu *lärmenden Szenen*. Den Anlaß hiezu gab die Erstaufführung eines neuen Streichquartetts des musikalischen „Sezessionisten" Adolf *Schönberg*. Immer wenn ein neues Opus von Schönberg eine Première erlebt, geraten die Gemüter in Hitze und es bilden sich zwei Parteien. Das war auch heute der Fall. Aber heute waren die Anhänger und Gegner der Schönbergschen Muse hart aneinander geraten und es kam zu Skandalszenen, welche sonst im seriösen Konzertsaale ungewohnt sind. Schon der erste Satz wurde von den Anhängern mit demonstrativem Applaus, von den Gegnern mit Zischen und höhnischen Lachsalven begleitet, die natürlich die Begeisterung der Anhänger besonders stark entfachten. Das Publikum rief beim zweiten Satz in den Kampf der Parteien hinein: „*Schluß!*" und als das musikalische Stück beendet war, da suchten die Gegner das Beifallstosen der Anhänger zu übertönen. Als gleich hierauf ein bekanntes gutes altes Konzertstück begann, erscholl demonstrativer Beifall.

Falscher Vorname, süffisanter Tonfall: Dem «musikalischen ‹Sezessionisten› Adolf Schönberg» widmete das Prager Tagblatt vom 22. Dezember 1908 eine Skandalmeldung zur Uraufführung seines 2. Streichquartetts am Abend zuvor.

KAPITEL 4

1910. Analytischer Spaziergang in Leiden. 350 Münchner Kinder und ein zermürbtes Genie. Debussy und die Angst. Ein *black friday* in London. Kreisler spielt Elgar, Ethel Smyth wird politisch. Das Wesen der Menschen ändert sich.

Er blinzelt in die Mittagsonne und entzündet eine Zigarre, es sind noch ein paar Minuten Zeit. Er legt Wert auf Pünktlichkeit, geht aber nicht gern schnell, darum hat er in Noordwijk die frühere Tram genommen und ist hier in Leiden gemächlich die Breestraat heruntergeschlendert. «In den Vergulden Turk» steht auf der Markise, unter der Leute an ein paar runden Tischen sitzen. Er blickt am Gebäude hoch, vor dem er steht, fassadenbreiter Erker mit hochgeklappten Blenden über den unteren Fensterdritteln, ein klassizistischer Giebel.

Links neben dem prachtvollen Türken in der Giebelmitte lehnt eine Gestalt mit Dreizack, der über die Dachkante hinausragt, das wird wohl Neptun sein, Poseidon. Bald wird er in die Gegend reisen, wo Hephaistos den Dreizack schmiedete, das gefällt ihm. In Sizilien war er noch nie, er sehnt sich nach diesem Teil von Magna Graecia, Ferenczi wird ihn begleiten. Die Figur rechts oben, das könnte ... «Herr Professor?» Eine etwas knarrende, kräftige, nicht unangenehme Stimme. Er erschrickt ein wenig; es war ihm tatsächlich gelungen, gar nicht über den Mann nachzudenken, mit dem er hier verabredet ist.

Links von ihm steht er wie noch halb in Bewegung, ebenfalls die Leidener Breestraat herabgekommen, gerade den Hut vom Kopf nehmend, während Freud seine Zigarre von der rechten

Hand in die linke wechseln lässt, mit einem entschuldigenden Lächeln. «Herr Direktor Mahler!» Er streckt ihm die Hand entgegen. «Bitte sehn S' mir den Stumpen da nach, ich ...» «Ich bitt Sie! Ich hab mich zu sehr beeilt. Ihre Zeit ist so kostbar ... aber Direktor bin ich längst nicht mehr, gottlob!» Ein zerfurchtes, blasses Gesicht, hohe Stirn, Brille; er ist ein wenig kleiner als Freud selbst. Dass er auch ein wenig jünger ist, vier Jahre, das weiß der Arzt, aber erraten hätte er es nicht.

Nebeneinander gehen sie zur Tür des Goldenen Türken – die paar Tische draußen sind inzwischen alle besetzt –, und Sigmund Freud hält die Tür nicht anders auf, als er das sonst in der Berggasse macht für seine Patienten, so selbstverständlich, dass Gustav Mahler gar nicht auf ein «Bitte, nach Ihnen» kommt. Stimmengewirr, das Klacken von Billardkugeln unter der weiß kassettierten Decke und viel mehr Raum, als man vermutet hätte; die Fassade ist ja nur drei, vier Fenster breit. An einem der Fenster wird gerade ein Tisch frei, im Schatten neben einem Strahl der Augustsonne, Lichtband in der leicht verrauchten Luft, das ein paar Gläser aufblitzen lässt und die Täfelung vergoldet. «Heren, wat kan ik voor u doen?» Ein junger Kellner ist erschienen.

Es ist kurios, dass die beiden Männer aus der Stadt der Kaffeehäuser, die sie in Wien nie besuchen, sich nun 1200 Kilometer nordwestlich von Wien erstmals begegnen und in einem Café sitzen. Sie hätten einander in der Inneren Stadt häufig über den Weg laufen können in den vergangenen zehn Jahren, aber Freuds engster Kontakt zur musikalischen Welt war eine Konsultation, für die Bruno Walter ihn besuchte, Mahlers rechte Hand an der Hofoper. Walters eigene rechte Hand, der ganze rechte Arm hatte ihm den Dienst versagt, eine schmerzhafte Lähmung ohne körperliche Ursachen. Walter, glücklich mit junger Familie und seinem Beruf, konnte auf einmal weder dirigieren noch Klavier spielen. In seiner Verzweiflung war er in der Berggasse erschienen und hatte befürchtet, «über sexuelle Verfehlungen im Säuglingsalter» befragt zu werden.

Stattdessen fragte ihn Freud, ob er schon einmal in Sizilien gewesen sei. Nein? Es sei sehr schön und interessant und griechischer als Griechenland, hatte der Arzt gesagt, obwohl er doch selbst erst bis Neapel gekommen war, «kurzum, ich solle noch am selben Abend abreisen, den Arm und die Oper vergessen und ein paar Wochen lang dort im Süden die Augen aufmachen». Mahler, Hofoperndirektor, hatte Walters Urlaub mitten in der brechend vollen Spielzeit unterstützt, vier Jahre ist das her. Und es half, nicht gleich, aber nach und nach. «Mir kam das wieder in den Sinn», sagt Mahler, «als ich ... Hilfe brauchte.»

«Wie geht es Herrn Walter jetzt?», erkundigt sich Freud und rührt im Kaffee. Gerade ist ihm der Gedanke gekommen, dass er den jungen Dirigenten Walter seinen eigenen Wunsch hat erfüllen lassen, als er ihn nach Sizilien schickte; vielleicht gerade darum war er so überzeugend, dass Walter tatsächlich gleich die Koffer packte. «Er bereitet in München meine Achte vor, er ist zu allem ermächtigt», sagt Mahler und wirkt plötzlich gehetzt, scheint sein Gegenüber und den schönen Raum nicht mehr wahrzunehmen, umklammert sein Glas Wasser wie einen Haltegriff. «Ihnen könnte ich gar keine Reise verordnen, selbst wenn ich es wollte», sagt Freud gelassen, «Sie würden die Zeit nicht finden. Aber nun sind Sie hier ...» Nun, nachdem Gustav Mahler das Treffen drei Mal verschoben hatte, damit ist er bei Freud nicht der Erste. Sie reden über dies und das, Mahlers Fahrt von Toblach nach Leiden, Freuds Frau, Schwägerin und zwei Söhne, mit denen er in Noorwijk Ferien macht.

Erst als sie wieder aus dem Lokal heraustreten in die Sonne dieses Augustfreitags im Jahr 1910, die Mäntel offen, Mahler ohne seinen Hut, den er in der Garderobe hat liegen lassen, während Freud gar keinen trägt, beide mit gebundenen Krawatten und im Jackett, sagt der Arzt: «Es geht um Ihre Ehe.»

«Ja.» «Es ist ganz gleichgültig, womit Sie beginnen.» Längeres Schweigen, während sie in Richtung St. Pieterskerk gehen. «Im April war ich mit ihr in Paris», sagt Mahler und unterbricht sich gleich: Das tue nichts zur Sache.

Nein, es hatte nichts mit Alma zu tun, auch wenn er merkte, wie sie auf die Blicke von Passanten reagierte, über seinen Kopf hinweg. Seltsames ging von einem aus, dessen Werke er gerade zuvor in den USA dirigiert hatte, den *Faun*, die *Nocturnes*. Alma hatte beim Diner neben Claude Debussy gesessen, der weder mit ihr noch sonst jemandem viel redete, der gequält wirkte, wenn Picquart, der Elsässer, Deutsch sprach – Marie-Georges Picquart, der einst die Unschuld von Dreyfus bewiesen hatte und daraufhin aus der Armee entlassen worden war. Später ist er im Kabinett von Georges Clemenceau sogar Kriegsminister geworden. Mit Clemenceaus Bruder Paul ist Mahler befreundet, er fühlt sich sonst immer wohl zwischen diesen Dreyfusards.

An diesem Abend hatten sie halb fassungslos, halb amüsiert erzählt, dass die Grammophongesellschaft, die mit dem Hund, jetzt mit der Schlagzeile «J'accuse» illustrierte Werbung mache: Ein Grammophon, von Richtern belauscht, klagt die «schlechten Maschinen» der Konkurrenz an, den Geschmack des Publikums zu ruinieren ... Und von der Flut sprach man, der *grande crue*, die aus Paris wochenlang ein Binnenmeer gemacht hatte, die Hälfte der Metrotunnel geflutet, selbst die Krypta von Notre-Dame; das Wasser hatte fast die Wohnung der Piernés zwischen Seine und Jardin du Luxembourg erreicht.

In dieser Runde musste Debussy von Madame Pierné, der Gastgeberin, geradezu genötigt werden, sich doch eine Winzigkeit auf den Teller legen zu lassen. Neben dem vollendet charmanten Dukas, dem zugewandten Fauré war der außergewöhnlichste französische Komponist seit Berlioz dem deutschen Kollegen gegenüber so verschlossen gewesen, als habe er, Gustav Mahler, die Belagerung von Paris 1870 zu verantworten,

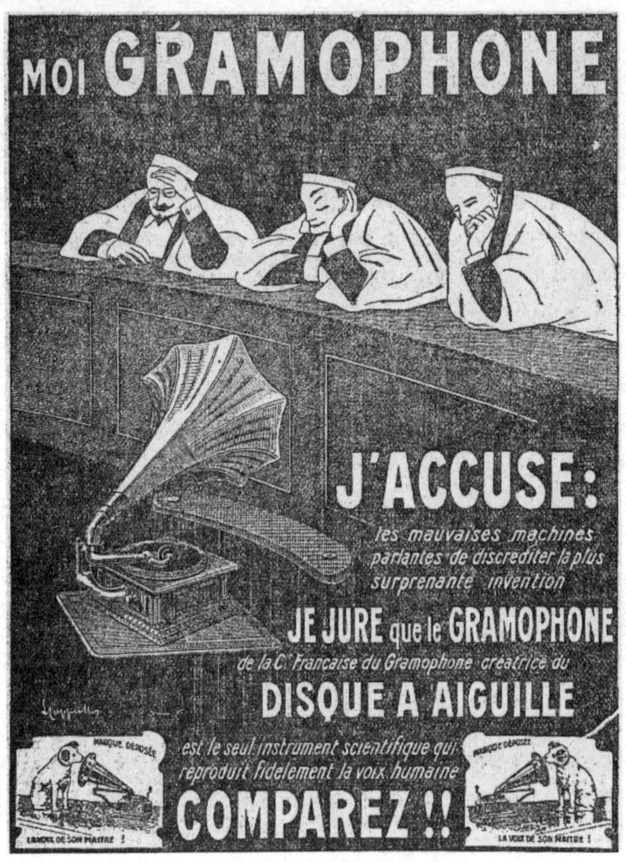

Zwischen Pastillen und Cinzano: Die Compagnie Française du Gramophone wirbt 1910 in ‹Le Matin› mit einem Grammophon, das vor Gericht gegen die ‹schlechten Maschinen› der Konkurrenz aussagt. Verklagt werden sie mit dem in der Affäre Dreyfus legendär gewordenen «J'accuse» von Émile Zola.

bereite eine weitere vor und könne mit dem Schulfranzösisch, das er bei der Begrüßung höflich hervorkramte, sein Gegenüber nur beleidigen. Am nächsten Abend, nachdem Mahler im

Châtelet seine *Zweite Sinfonie* dirigiert hatte, berichtete Alma ihm indigniert, Debussy habe mitten in der Sinfonie den Saal verlassen. Sie hätte das vielleicht besser für sich behalten; er fühlte sich dadurch auch ihr gegenüber herabgesetzt. Und doch hat er weitere Partituren von Claude Debussy für das Programm seiner nächsten Reise nach New York ausgewählt.

Freud erfährt nur, dass ohne die Pariser Freunde das Paar sich vor neun Jahren gar nicht kennengelernt hätte. Die Namen Picquart und Clemenceau fallen, die ihm bekannt sind, und von Sophie Clemenceau geht es zu einer Berta Zuckerkandl, offenbar deren Schwester in Wien, wo im November 1901 bei einem Diner auch Alma zugegen gewesen sei, am siebten November ...

Während sie an der Nordseite der St. Pieterskerk vorbeigehen nach Westen, kann der Arzt eher erraten, als dass er es erführe, dass die Beziehung in der Ehe jetzt eben nicht so ist, wie sie es am Anfang war, dass dieser Mann zu den vielen Intellektuellen zählt, bei denen die zärtliche und die sinnliche Strömung, wie Freud sie nennt, nicht mehr zusammenkommen, und dass seine 31-jährige Frau sich «gegen die Abwendung seiner Libido von ihr auflehnt», wie der Arzt später notiert. Mahler muss nicht ins Detail gehen, um ihn verstehen zu lassen, dass er kein guter Liebhaber mehr ist, obwohl er es sein könnte und sein will, dass seine Frau nun eine Affäre mit einem Jüngeren hatte oder auch noch hat.

Ungewöhnlich ist das nicht. Nur eben denkt dieser Mann nicht, wie ein gewöhnlicher Mann von fünfzig Jahren, ans Maßregeln und an eigenes Schadloshalten außerhalb der Ehe. Er will an sich arbeiten, mit solcher Vehemenz, wie er offenbar auch an seinen Sinfonien arbeitet, von denen Freud keine einzige gehört hat. «Für dich leben – für dich sterben!», hat der Komponist noch vor einer Woche in die Skizzen zu seiner Zehnten geschrieben, «Almschi!!» Das sagt er nicht. Freud bemerkt auch so, wie vieles hier miteinander verbunden ist. «Sie sollten wissen», sagt er, «dass Sie mir nichts am Faden eines Zusammenhanges erzählen müssen.» Inzwischen hat Mahler das Tempo seiner Schritte etwas dem andern angepasst, der sich beharrlich nicht mitreißen lässt von dem immer etwas stampfend wie schräg nach vorn Stürzenden.

«Ich würde es Ihnen unter anderen Umständen sogar zur Vorschrift machen, vom Hundertsten ins Tausendste zu kommen, zu erzählen, was immer Ihnen in den Sinn kommt, und zwar gerade auch das, was Sie im selben Moment für unsinnig oder unwichtig halten.» «Man sollte kein Motiv unterschätzen», sagt Mahler sofort, «denken Sie, was aus den vier Takten wird, in denen Sieglinde vom hehrsten Wunder singt ... aber das ist ein schlechtes Beispiel.» «Was wird daraus? Ich kenne mich mit den Opern gar nicht aus, das müssen Sie mir nachsehen.» «Das Erlösungsmotiv wird die einzige Hoffnung am Ende der *Götterdämmerung*, über dem Walhallmotiv und dem Rheintöchtermotiv ... zuerst ist es ... aber nein, verzeihn Sie, ich schweife ab.»

«Erzählen Sie nur.» Es sei eben doch kein unwichtiges Motiv, meint Mahler, schon in der *Walküre* nicht, es bezeichne das Glück der Sieglinde, mit einem Helden schwanger zu gehen, aber erst nach dem Tod dieses Helden komme es zur größten Entfaltung, da gehe die Welt mit der Hoffnung schwanger.

Sie nähern sich der schönen breiten Gracht, die den Stadtkern im Westen umschließt. Es scheine, meint Freud, der von Wagners Opern wenig weiß, eine gewisse Parallele zwischen dieser Sieglinde und Maria zu geben. «Maria? Die Gottesmutter?» Mahler denkt nach. «Das mag sein. Aber Sieglinde ist keine *mater gloriosa*, keine Jungfrau, rein im schönsten Sinn ...» «... uns erwählte Königin, Göttern ebenbürtig», ergänzt Freud langsam das Zitat. Es erweist sich, dass auch er Goethe liebt und kennt. Es ist hier nicht wie in der Berggasse, wo er ungesehen hinter seinen hingelagerten Patienten sitzt und von seinen Vorlieben kein Wort sagt. Göttern ebenbürtig! Maria im Himmel einer vorchristlichen Antike! «Heißt Ihre Mutter Marie?», fragt er plötzlich, gegen alle geübte Praxis sich selbst und nicht den «Patienten» der freien Assoziation überlassend.

Mahler bleibt stehen und sieht ihn an. «Wie können Sie das wissen?» «Nur ein Gedanke ... Entschuldigen Sie, ich hätte ihn für mich behalten sollen.» «Nein, nein, es ist gut, es ist gut. Meine Mutter ...» Sie gehen weiter an der Gracht hinauf nach Norden und am selben Ufer wieder zurück, als käme nur die eine Brücke infrage, um zur Universität hinüberzugehen. Mahler erzählt von Marie Hermann, die aus besseren Verhältnissen kam als Bernhard Mahler, zehn Jahre jünger als ihr Mann, beide aus Kaufmannsfamilien, von seinen Schwestern, besonders Justine, wenig von seinen Brüdern, nichts vom Suizid seines musikalisch hochbegabten jüngeren Bruders Otto. «Meine Mutter ist nur 52 Jahre alt geworden», sagt er. «Sie hätte ein besseres Leben verdient gehabt.»

Freud schweigt, während Mahler stehen bleibt, und auf das leicht bewegte Wasser blickt. Sein Vater habe sie geschlagen. Er sei sehr stark gewesen, cholerisch. Einmal habe er es vor den Augen des Sohnes getan. «Ich bin aus dem Haus gerannt, das war in Iglau. Sie werden nicht wissen, wo das ist.» «Es muss zwei Tagesreisen westlich von Brünn gewesen sein, zu der Zeit wenigstens noch.» «Sie ...» «Ich bin aus Freiberg, am anderen Rand von Mähren», sagt Freud und scheint den Möwen über der Gracht zu lauschen. «Sie sind aus dem Haus hinausgelaufen. Wie alt waren Sie denn?» «Vielleicht fünf Jahre alt ... Die Treppe hinunter und auf die Pirnitzergasse. Ich kann mich an diese traurige Szene erinnern, weil gleich vor unserem Haus – mein Vater hat unten einen Ausschank betrieben – ein Leierkastenmann stand, der spielte *Ach, du lieber Augustin.*»

«Sie sind Musiker. Ich wundere mich trotzdem, dass Sie so ohne Weiteres zu dieser Erinnerung kommen.» «Ich habe diese Spielleute immer im Sinn.» Sie gehen über die Brücke zum

Nonnensteeg. Der eine scheint in Gedanken versunken, als der andere sich ihm zuwendet. «Ich habe lange gemeint, Herr Doktor, dass Sie alles von einem bestimmten Punkte aus kurieren wollten. Das scheint mir doch nicht so zu sein.» «Dieser bestimmte Punkt, den Sie wohl meinen ... dazu später.» Er weiß nicht genug. Aber ohnehin muss er mit Mutmaßungen arbeiten bei so kurzer Frist. Hier unterstützend eingreifen, dort aufdeckend. Der Mutter, so wird nach und nach deutlich, fehlten die Kräfte nach vierzehn Geburten, mit krankem Herzen, mit diesem Mann.

Es entsteht das Bild eines Jungen, der sie innig liebt und dem ihr Leiden, ihre Schwäche sie entziehen, ohne dass er es versteht, den das zutiefst enttäuscht. Das Bild eines Mannes, der eine Frau sucht, so jung, wie seine Mutter es war, als er sie am nötigsten brauchte, aber ungeschunden und ganz für ihn da, für seine Musik, die einzige Welt, in der er unanfechtbar zu Hause ist, für die Kinder, von denen aber eines gestorben ist, die ältere Tochter. Mahler erzählt es fast, als gestehe er einen Mord. Sie erreichen den Botanischen Garten der Universität, den Hortus Botanicus, den man durch ein schmiedeeisernes Tor betritt.

Eine Weile gehen sie, ohne zu reden, im Sommerduft umher, unter jahrhundertealten Bäumen. «Die *mater dolorosa* erwähnt Goethe im *Faust* nicht», sagt Freud irgendwann, als habe er den lateinischen Namen gerade auf einem der Pflanzentäfelchen gelesen. «Aber die Schmerzensreiche! Wussten Sie denn, dass ich das Ende des fünften Akts für meine Sinfonie genommen habe?» «Nein ... Mir ging es aber nicht aus dem Sinn, dass Sie vorhin gleich auf die *mater gloriosa* kamen, die Himmelskönigin.» Freud nimmt auf einer Bank Platz und entzündet eine Zigarre, die erste seit einer Stunde. Sein Begleiter bleibt stehen, die Fäuste auf die Hüften gestützt, aber nicht ungeduldig. Es scheine ihm, sagt Freud, als berühre Goethe die Probleme, die Mahler zu schaffen machten.

«Aber ich hab die *Achte* ja schon vor vier Jahren komponiert... und was liegt eigentlich daran, wer die Werke schreibt? Wenn sie nur zur rechten Zeit da sind.» Freud sieht die Zigarre in seiner Rechten an, ehe er unbeirrt fortfährt: «Im Ende vom *Faust* ist eine Hoffnung auf Erlösung, aber durch eine Mutter, eben die Himmelskönigin. ‹Dir, der Unberührbaren / ist es nicht benommen, / dass die leicht Verführbaren / traulich zu dir kommen.› Zitiere ich das richtig?» «Ganz famos! Das ist bei mir ein sanfter Schritt in ein ganz reines a-Moll, von H-Dur her. Eigentlich unmöglich, die denkbar größte Entfernung.»

Behutsam legen sie Verbindungen offen. Eine Geschichte des Begehrens und der Enttäuschung und der Schuldgefühle verbindet Marie mit Alma, die mit zweitem Namen auch Marie heißt. Im Schatten ihres Mannes droht sie offenbar zu verkümmern wie seine Mutter. Er habe sie ihre Kompositionen wegschließen lassen, sagt Mahler, und ... Er wendet sich kurz ab, und mit weicherer Stimme sagt er, dass er das nun alles wiedergutmachen werde, es seien wunderbare Lieder, die sie schrieb, und seine *Achte* habe er ihr gewidmet. Die *Achte*, in der die himmlische Maria alles zu wissen und zu verzeihen scheint, «Der früh Geliebte, / Nicht mehr Getrübte, / Er kommt zurück», das kann Faust sein, aber auch der Junge, der der Mutter nah sein will und sich dessen nicht zu schämen hat, auch wenn er nun ein Mann ist...

Je mehr sie offenlegen, desto mehr zeichnet sich auch Undurchdringliches ab. Freud hat das Gefühl, einen Schacht durch ein rätselhaftes Bauwerk zu graben. Vielleicht bemerkt er jene Welt, die Mahler ein Jahr zuvor im ersten Satz der *Neunten* erreicht hat. Eine Gravitation unterhalb des Erklingenden wird da spürbar, wie ein Schwarzes Loch der Seele, gegen das die orchestralen Äußerungen sich behaupten und das sie dadurch zugleich beschreiben. Jede energische Aktion bleibt Insel, vom Versinken bedroht. Die Sekunde abwärts, die große wie die depressivere kleine, ist symptomatisch. Es gibt kein Vorwärts im Sinne der früheren sinfonischen Romane und keine Erlösung wie in der *Achten*, aber auch keinen Stillstand. Man gerät in einen inneren Kosmos, und der Versuch, davon zu sprechen, verlangt letzte Kräfte von der Musik.

Man sieht die beiden Männer um den kleinen See wandern, während die Sonne in den Westen wandert, in Abständen den Arzt sich auf eine Bank setzen, einmal auch den Komponisten, den Arm auf das übergeschlagene Bein gestützt und das Kinn auf die Hand. Gegen fünf Uhr nachmittags nähern sie sich dem ältesten Treibhaus, dem Victoria Regis Kas, kreisrund wie eine Käseglocke, sanft gewölbt, nicht hoch, eine Krone oben in der Mitte. «Lassen Sie uns hineingehen», sagt der Arzt. «Es gibt hier die größte Seerose der Welt, *Victoria amazonica*. Sie blüht nicht oft. Vielleicht haben wir Glück.» Ein feiner Duft von Ananas umhüllt die beiden im Glashaus. Victoria beginnt, sich zu öffnen.

*

München, 8. September 1910, gegen elf Uhr. Automobile rollen an den Kindern vorbei, während sie durch das Einfahrtstor zum Ausstellungsgelände gehen; aus einem Wagen habe der Herr Mahler herausgeschaut, behaupten zwei Mädchen. Die Kinder holen die weißen Kärtchen heraus, die man ihnen gegeben hat, damit sie in die Musikfesthalle hineindürfen, aber die Saaldiener winken sie allesamt so durch, vorbei an den Zählmaschinen. 350 junge Sängerinnen und Sänger von der Städtischen Central-Musikschule München sind an diesem Donnerstag mit der Tram herausgefahren zum neuen Ausstellungsgelände im Westen der bayerischen Hauptstadt, auf der Theresienhöhe, und sie sind aufgeregt.

Vor Herrn Mahler haben sie keine Angst, im Gegenteil; er hat vor gut zwei Monaten schon mit ihnen geprobt und war lustiger und freundlicher als ihre Lehrer, die ihnen eingeschärft hatten, er sei in Wien Hofoperndirektor gewesen und nun weltberühmt, und die ganze Welt werde sich seine Sinfonie anhören. Aber die riesige Halle schüchtert sie ein. Tausende von Plätzen im Parkett und ringsherum ansteigend unter einem Dach wie ein umgedrehtes Schiff, groß wie die Arche, oder wie ein Bahnhof. Das Dach besteht zur Hälfte aus Glas, es ist dämmerig hell an diesem Vormittag. Hier und da sitzen Leute mit hellgrünen Klavierauszügen. Auf dem Podium sieht man Terrassen von Podesten und einen Wald von schwarzen Notenständern, an manchen spielen sich schon Musiker ein, dahinter erhebt sich die Orgel wie ein eckiger dunkler Tempel.

Die Lehrer führen die Kinder am Podium vorbei hinter die Bühne, und von dort aus steigen sie mit ihren Noten auf die Galerie vor der Orgel. Da stehen sie dicht an dicht, durch eine Balustrade vom Orchester getrennt, das nun vollzählig ist und sich einstimmt, ungeheuer laut ist das. Dann sehen sie, wie Herr Mahler zwischen den Musikern zu seinem Dirigentenpodest geht, eilig und klein, mit dunklem krausem Haar über seinem blassen Gesicht. Er springt hinauf und blickt ernst nach hier und da, dann sieht er oben die Kinder, lächelt, lässt sich in einen Sessel fallen, der auf dem Podest steht, formt mit beiden Händen einen Schalltrichter und ruft ihnen sehr kräftig zu: «Guten Morgen!» Alle 350 rufen zurück, und die Musiker unten drehen sich nach ihnen um, ganz verblüfft.

Dann steht Mahler auf und erklärt den Kindern, dass sie in seiner Sinfonie so laut werden dürfen, wie sie noch nie waren, «aber nur, wenn ich es sage». Das sagt er gar nicht laut, sondern so, dass sie gleich leise werden, denn sie haben schon zu kichern und zu schwatzen begonnen bei der Aussicht auf das unerhörte Geschrei, das er ihnen verspricht, den sieben- bis zwölfjährigen Marias und Josephs, Johanns und Annas, Elisabeths und Karls, der Franziska und dem Franz und mancher

Alma, manchem Gustav wohl auch ... Heute, am Donnerstag, werden nur der Kinderchor und die Solisten mit dem Orchester proben.

«Wir machen gleich euren ersten Einsatz», ruft er den Kindern zu, «Pacem protinus. Den singt ihr später mit allen Chören. Das Orchester hat fünf Takte vorweg.» Er klopft mit seinem kleinen Taktstock an das Pult. «Ziffer 42. Und bitte, meine Herren, fürs Erste nur mit halber Kraft!» Aber es ist dann doch so ein Getöse, so aufregend sind die stampfenden Bässe und die brüllenden Hörner, dass die Kinder selbst, verstört, nur mit halber Kraft singen. Mahler bricht ab. «Wie viele seid ihr? Fünfzig? ... Dreihundertfünfzig! Doppelt so viele wie die im Orchester. Die steckt ihr doch in die Tasche!» Dann geht es schon besser.

«Bei Ziffer 44 bitte einmal nur erstes Horn und erste Geigen mit dem Chor.» Da haben die Kinder das Thema und können hören, dass auch Horn und Geigen ihre Töne mitspielen. Und so geht es weiter zu «Accende», «Veni creator», «Gloria», bis zum Schluss des ersten Teils, den Mahler sie allein singen lässt, dann mit den acht Solisten, die inzwischen gekommen sind und direkt vor der Balustrade der Kinder stehen, schließlich *tutti*.

Manchmal korrigiert er auch die eigene Partitur: «Nehmen Sie das für zwei Klarinetten, eine ist zu wenig.» Die Assistenten im Saal schreiben mit, auch der junge Dirigent Otto Klemperer, einer von ihnen. «Falls nach meinem Tode irgendetwas nicht richtig klingt, ändern Sie es», hört er Mahler sagen. Das von einem Fünfzigjährigen! «Sie haben nicht nur das Recht, sondern die Pflicht, das zu tun!» Mit dem jungen Chor probt Mahler vor der Pause noch ganz allein etwas aus dem zweiten Teil, «eure wichtigste Stelle, da singt ihr ganz allein und zweistimmig». Sie wissen, wo das ist. Da versteht man am wenigsten, was die Worte sagen sollen, «Es überwächst uns schon ...»

Aber an der Art, wie Gustav Mahler seine Hände bewegt und sie anschaut – wann immer man aus den Noten aufblickt, scheint er einen direkt anzusehen –, verstehen sie einen Sinn, eine geheime Sprache in den Linien, die sie singen. Sie fühlen sich mit dem Mann da vorn immer mehr verbunden. Später, als sie die Passage mit ganzem Orchester singen, mit dem Altsolo vorweg, feilt er an allem und jedem herum. An einer Stelle soll das Orchester eine große Gitarre sein, an einer anderen sollen sich die hohen Stimmen, der «Chor der seligen Knaben», wie ein Messer in weiche Butter senken ... noch einmal! «Es überwächst uns schon ... wir wurden früh entfernt von Lebechören, doch dieser hat gelernt ...», und über das Orchester hinweg ruft Mahler vor ihrem nächsten, dem geteilten Einsatz: «Die Engel im Himmel müssen euch hören können!»

Da öffnen sich ihre Stimmen so, dass er nicht mehr abbricht, strahlt, und dann sehen sie, dass ihr Dirigent ein Taschentuch aus seinem Jackett holt und sich damit über die Wangen wischt. Das alles war ja komponiert, ehe seine Putzi mit sieben Jahren starb. Am Ende sind die Kinder traurig, dass es erst übermorgen weitergehen kann, da am Freitag in dieser Halle Beethovens *Missa solemnis* aufgeführt wird. Beim Heimfahren blicken die jungen Sängerinnen und Sänger ganz anders als am Morgen auf die Werbestreifen in der Elektrischen, auf denen groß der Name Gustav Mahler steht. Sie wissen nun, wer das ist.

Aber sie wissen nicht, welche Strapazen und Hürden er hinter sich gebracht hat, damit seine *Achte Sinfonie* so uraufgeführt werden kann, wie er sich das wünscht – größtenteils. Eigentlich hat er einen Knabenchor verlangt zwischen den 500 erwachsenen Choristen aus Wien und Leipzig und darauf bestanden, dass der Singverein aus Wien nicht kurz vor seiner *Achten* noch mit der *Missa solemnis* auftritt, was er nun doch tut. Natürlich gibt es nie genug Proben, und dass es genug Choristen gibt, liegt daran, dass Mahler 2000 Kronen aus eigener

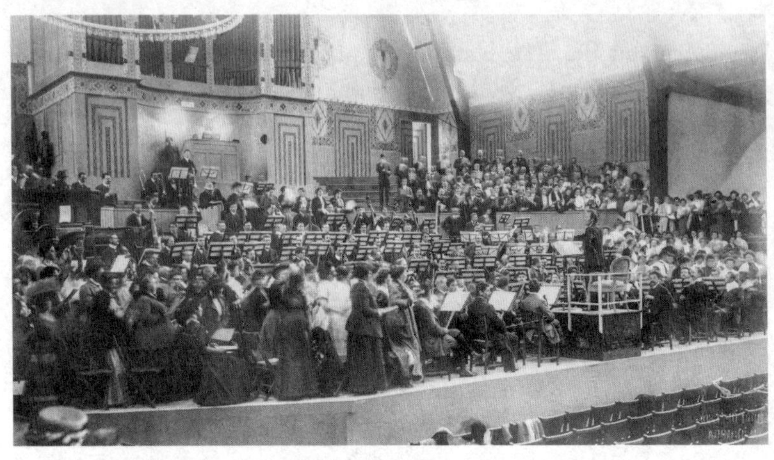

Am 5. September 1910 begann Gustav Mahler, in der Münchner Musikfesthalle seine Achte Sinfonie zu proben. Auf sein Podest hatte er sich einen Sessel stellen lassen. Der 350-köpfige Kinderchor, auf diesem Probenfoto noch nicht dabei, stellte sich hinter der Balustrade vor der Orgel auf.

Tasche zugeschossen hat. Mit dem Orchester des Münchener Konzertvereins hat er sich vor Tagen noch schwer verkracht, da er den Konzertmeister durch seinen Schwager Arnold Rosé ersetzen wollte – nicht, weil er sein Schwager ist, sondern weil in den Violinsoli etwas ist, das nur Rosé versteht und zum Klingen bringen kann, vielleicht eine Erinnerung an die improvisierenden Spielleute der Kindheit, in himmlische Weiten gehoben.

Außerdem gibt es nun genau die «Reclame», die er sich verbeten hat. Kioske und Litfaßsäulen sind gepflastert mit riesigen roten Plakaten, die Trams und Busse mit kleineren grünen, in den Schaufenstern sieht man Fotos der Büste, die Rodin von Mahler geschaffen hat, die Presse berichtet fast rund um die Uhr von den Vorbereitungen zur «Sinfonie der Tausend» – ein Werbetitel, der nicht mehr aus der Welt zu bringen ist, seit der

Impresario Emil Gutmann ihn ersann und Mahler ihn verbot. Dabei geht die Zahl der Mitwirkenden über die tausend sogar hinaus: 850 Chorsänger, 170 Orchesterspieler, acht Gesangssolisten, ein Organist, ein Dirigent. Die 3000 Plätze für die erste Aufführung sind seit Mittwoch ausverkauft, für die zweite gibt es noch ein paar Billetts.

Emil Gutmann! Kein Foto von ihm ist zu finden. Einen nervösen Menschen würde man darauf wohl nicht erblicken, eher ein heiteres Pokerface. Er ist der hartnäckigste, wendigste, waghalsigste Impresario, mit dem es Gustav Mahler je zu tun hatte, 33 Jahre alt, ein Wiener Gewächs mit Wurzeln in Bayern, von wo sein Vater Albert nach Wien zog, um dort und bald auch international als Konzertagent zu arbeiten. Emil Gutmann ist ein Genie in der Kunst, das Unmögliche zu erreichen, indem er jedem Künstler neun von zehn Wünschen zu erfüllen verspricht und dann mit sieben erfüllten Wünschen immer noch so gut dasteht, dass ihm keiner böse sein kann, nicht einmal Mahler.

Was der seinem Agenten seit einem Jahr an Bedingungen und Befehlen, Rückzugsdrohungen und Ultimaten um die Ohren gehauen hat, hätte jeden anderen – außer, vermutlich, Serge Diaghilev – aus der Bahn geworfen. Bei aller stoischen Freundlichkeit lächelt Gutmann die Konflikte nicht weg, die Mahlers Kompromisslosigkeit aufwirft; er kann auch deutlich werden. Er kennt im Musikgeschäft nicht nur große Namen, sondern weiß auch, wie er einen Trompeter findet, der mühelos das höchste D erreicht. Und er weiß, wie man mit Stadtpolitikern redet. Aus dem Münchner Rathaus ergeht die Anweisung an die Trambahnfahrer, während der Aufführungen «langsam und ohne Glockenzeichen» an der Festhalle vorbeizufahren. Und was Mahler als «Humbug» abtut, der Presserummel, die Plakate, ist als Marketing ähnlich ausgreifend orchestriert wie die Musik, der Gutmann ihr Publikum sichert. Und die Einnahmen. Man wird ja wohl mit zwei Aufführungen wenigstens auf die 43000 Mark kommen, die der deutsche Staat Tag für Tag seinem Kaiser Wilhelm und dessen Familie zahlt, wie man seit dem Sommer weiß.

Eines hat den Agenten aber doch aus der Fassung gebracht: Der Anblick des Künstlers bei der Ankunft in München, abgemagert, weiß wie ein Laken, fiebernd von einer verschleppten Halsinfektion – wohl durch jene Streptokokken verursacht, die später auch zur Endokarditis führen, der Entzündung der Herzwand. Mahler verschreibt sich sein Hausmittel, eine Schwitzkur mit allen Leinentüchern, die im Hotel Continental zu finden sind, Gutmann tupft ihm mit einem Schwamm das Gesicht ab, und am 4. September abends konstatiert der Arzt eine Verbesserung, pünktlich zum Probenbeginn am nächsten Tag.

Noch ist da Alma nicht eingetroffen, der die *Achte Sinfonie* gewidmet ist und der Mahler in diesen Tagen einen sehnsüchtigen Brief nach dem anderen schreibt. Am Montag, 5. September, zehn Tage nach dem analytischen Spaziergang in Leiden: «Es war immer latent in mir, dieser Hang zu Dir – Freud hat ganz recht – Du warst mir immer das Licht und der Zentralpunkt!» Alma Mahlers aktueller Zentralpunkt ist und bleibt allerdings ihre Leidenschaft für den jungen Architekten, der zur selben Zeit wie sie in München eintrifft.

Dutzende von Bewunderern reisen an. Den weitesten Weg hat Leopold Stokowski, 28-jähriger Dirigent des Cincinnati Symphony Orchestra. Aus Holland kommen der Dirigent Willem Mengelberg und Alphons Diepenbrock, Komponist, aus Berlin der Regisseur Max Reinhardt, Sopranistin Lilli Lehmann und Richard Strauss, fast fertig mit dem *Rosenkavalier*, aber mürrisch gelaunt. Auch die Komponisten Max Reger, Max von Schillings, Siegfried Wagner sind da, aus Frankreich kommt der 74-jährige Camille Saint-Saëns. Letzterer, wie die Pariser Journalisten, auch deswegen, weil sich der *Achten* ein Festival französischer Musik anschließen wird, bei dem neben Saint-Saëns,

Gabriel Fauré, Maurice Ravel und Paul Dukas auch Claude Debussy vertreten ist.

Doch den interessiert eine Reise nach München nicht. «Die Deutschen brauchen uns nicht zu verstehen», hat er mit Blick auf das Festival schon im August in zwei Pariser Zeitungen erklärt, «so wenig wie wir versuchen müssen, uns in sie zu vertiefen. (…) Man wird, vielleicht, Beifall spenden mit jener deutschen Artigkeit, die so schwer zu ertragen ist.» Es steckt mehr hinter dieser Bitterkeit als das Ressentiment, für das die Deutschen vor vierzig Jahren mehr als genug getan haben mit der qualvollen Belagerung von Paris, mehr als die Gewissheit, sich selbst und die französische Musik von der Gravitation Wagners befreit zu haben, während Debussy auf Bach, den «lieben Gott der Musik», nach wie vor nichts kommen lässt.

Es geht ihm nicht gut. Seine Ehe ist in eine solche Entfremdung geraten, dass Emma an Scheidung dachte. Und ein Jahr zuvor hat die medizinische Behandlung eines Darmleidens begonnen, das nichts Gutes verheißt. Die «fortschreitenden Angstzustände», mit denen er sich befasst, sind aber die einer fiktiven Gestalt, des Roderick Usher in Edgar Allan Poes Geschichte *Der Untergang des Hauses Usher*, woraus Debussy eine Oper machen will. Er stößt dabei, wie er seinem Verleger andeutet, auf Emmas Widerstand: «In meiner Umgebung hält man hartnäckig daran fest, nicht zu verstehen, dass ich niemals in der Realität der Dinge und der Menschen habe leben können, woher das unbezwingbare Verlangen rührt, vor mir selbst in Abenteuer zu fliehen, die unerklärlich scheinen, da ich mich hier als Mensch offenbare, den man nicht kennt, und das ist vielleicht sogar das Beste an mir!»

Auch Arnold Schönberg ist nicht in München, der sich die Reise nicht leisten kann, wobei die Wiener Delegation die weitaus größte ist mit Sängerinnen und Sängern der Hofoper, darunter Anna von Mildenburg. Sie bringt ihren Ehemann Hermann Bahr mit, der dem späten Brahms inzwischen geradezu erschreckend ähnlich sieht. In *Die Welt in hundert Jahren* hat er jüngst der zeitgenössischen Dichtung ökonomische Motive unterstellt; auch sie ist hier vertreten: Hugo von Hofmannsthal, Arthur Schnitzler, Stefan Zweig, flankiert von Wiener Musikkritikern. Deren Münchner Kollegen halten sich abseits; sie haben Mahler nie gemocht. Aber natürlich kommt «ganz München» vom Hof bis zum Bürgertum. Der junge Dirigent Klaus Pringsheim, ein Schüler Mahlers, hat seine Zwillingsschwester und ihren Gemahl gedrängt, dabei zu sein, und so werden auch Katia und Thomas Mann in der ausverkauften Festhalle sitzen.

Montag, 12. September 1910, 19 Uhr. Die Kinder stehen still in der Mitte der ungeheuren, der alles erhellenden, nichts verwüstenden Eruption, mit der das Werk beginnt, eine Es-Dur-Staffelung, eine Anrufung, die schon Wahrwerdung ist: «Veni creator spiritus», «Komm, Schöpfer Geist». Sie haben nur Augen für den Mann, der diesen Kosmos entfesselt und zugleich in Balance hält, in dem Sonnen und Planeten kreisen. Sie fragen sich nicht, wie ein lateinischer Pfingsthymnus zum Ende des zweiten Teils von Goethes *Faust* passen soll, sie setzen pünktlich ein in Takt 296 und in allen weiteren Takten, nicht nur pünktlich, sondern so, dass es auch die Engel hören können, bis hin zum allerletzten Einsatz, nach achtzig Minuten, als die 500 Choristen links und rechts vom Orchester den «Chorus mysticus» gesungen haben, unheimlich leise zuerst und dann immer gewaltiger, mit wachsendem Orchester: «Alles Vergängliche ist nur ein Gleichnis / das Unzulängliche, hier wird's Ereignis / das Unbeschreibliche, hier ist's getan / das Ewig-Weibliche zieht uns hinan.»

Sie brauchen den Einsatz eigentlich nicht für die 23 Takte, in denen alle Vokalisten zusammen noch einmal die erste und letzte Zeile singen, aber Mahler dirigiert erst recht den Kinderchor dort oben, und nach dem letzten «hinan» hebt er die

Hände noch höher für die Extratrompeten und Extraposaunen hinter den Kindern, rechts und links von der Orgel. Diese Energiestöße lassen die ganze Arche, das ganze Leben endgültig abheben. Ungeheurer Glanz, dann Stille. Absolute Stille, als säße kein Mensch im Saal, zwei, drei, vier Sekunden lang.

Dann bricht das Rufen, das Brüllen, das Schreien aus. Die Leute sind außer sich, alle dreitausend. Mahler dreht sich um und verbeugt sich wie benommen. Nach der zweiten Verbeugung steigt er rasch vom Podest und bahnt sich quer durch das Orchester seinen Weg hoch zur Balustrade, hinter der die Kinder ihm ihre Hände entgegenrecken und ihn begeistert rufen. Sie drängen so nach vorn, dass das Geländer sich schon biegt, und er geht, hinter den Solisten entlang, die ganze Breite entlang und ergreift jede Kinderhand, die er nur erreichen kann. Die ganze Zeit tobt der Saal, erst nach einer halben Stunde beruhigt man sich.

Viel wird Gustav Mahler noch zu hören und zu lesen bekommen, Hymnisches, und Hämisches auch; die Antisemiten sind nicht ausgestorben an diesem Abend, der der größte Triumph im Leben dieses Komponisten ist. Aber vielleicht ist ihm keine Äußerung näher gegangen als der einzelne Ruf, den er am Sonntag in der Generalprobe aus dem Kinderchor hörte: «Herr Mahler! Das Lied ist schön!»

*

Das London, in dem Ethel Smyth sich von der Komponistin zur politischen Komponistin wandelt, ist das London jenes Jahres, von dem ihre spätere, viel spätere Freundin Virginia Woolf sagt: «On or about December, 1910, human character changed.» «So ungefähr im Dezember 1910 änderte sich das Wesen der Menschen.» Jetzt ist Virginia noch Miss Stephen und wohnt am Fitzroy Square, auf halbem Weg zwischen Langham Place und

Grafton Street, Adressen für Rückblick und Aufbruch in diesem November…

Im Vereinigten Königreich erlebt man das Jahr als Epochenwechsel, seit im Mai die letzte direkte Verbindung mit der alten Zeit gerissen ist: Queen Victorias Sohn Edward VII. ist einem Herzanfall erlegen. «Die Zeit von Victoria ist tatsächlich vorbei. Wer ist so kühn, eine Vorhersage zu wagen zur Natur der Epoche, die sich nun öffnet?», fragt Alfred Richard Orage, Herausgeber des Magazins *The New Age*. Anfang November treten 12 000 walisische Bergarbeiter in den Streik, und Winston Churchill schickt die Kavallerie nach Cardiff, um den Streik zu brechen – was den Widerstand noch wachsen lässt. Für Virginia Woolf, rückblickend, ist der Klang des nun beginnenden Georgianischen Zeitalters das «Zerbrechen und Fallen, das Zusammenkrachen und Zerstören».

Überall durchdringen so viele neue Kräfte den Alltag, dass selbst die Aeroplane schon etwas Vertrautes haben. Die grundstürzenden Theorien, die fünf Jahre zuvor der Schweizer Patentbeamte Albert Einstein veröffentlichte, haben noch nicht das allgemeine Bewusstsein erreicht, wohl aber die Strahlung von Radium, die Zifferblätter im Dunkeln leuchten lässt und von der man nicht weiß, was sie im Körper anrichtet. Da ist auch die andere Strahlung, die es möglich macht, dem Menschen bis in die Knochen zu blicken, da sind die Wellen, mit denen Signale durch die Luft gesandt werden können. Auch über *H.M.S. Dreadnought* spannen sich Sendedrähte.

Bestens abgeschirmt liegt im Hafen von Weymouth dieses größte und modernste Kriegsschiff der Welt, britische Antwort auf deutschen Flottenehrgeiz, 18 000 Tonnen schwer, eine Kriegsmaschine, die von Dampfturbinen auf vorerst uneinholbare Geschwindigkeit gebracht werden und aus fünf Geschütztürmen nach allen Seiten feuern kann. Mit ihr hat vor vier Jahren das Flottenwettrüsten zwischen England und Deutschland begonnen. «Jedes Land war ein bewaffnetes Lager; was immer der menschliche Geist auf technischem Gebiete erfand, wurde in den Dienst der Massentötung gestellt (...). Die Erde war mit Festungen gespickt, mit Minen untergraben, die Meere auf und unter den Wogen mit Todesfahrzeugen gefüllt ...» So beschreibt Bertha von Suttner die Situation in einem fiktiven Rückblick aus dem Jahr 2010, erschienen 1910.

Im Februar 1910 empfängt man an Bord der *Dreadnought* die Delegation des Kaisers von Abessinien, nebst einem Beamten des *Foreign Office* und einem Dolmetscher. Das Abessinisch, das weitere drei Herren sprechen, ist eine Mischung aus Kisuaheli und Latein, was den Offizieren des Schlachtschiffs entgeht. Ein weiterer Herr sagt gar nichts. Unter seinem Turban verbirgt sich, mit schwarz bemaltem Gesicht und Schnurrbart, Virginia Stephen. Ihr und fünf weiteren jungen Intellektuellen ist es mit einem fingierten Telegramm, Fantasiekostümen, Schminke und Kauderwelsch gelungen, die avancierteste Militärtechnik der Zeit zur Kulisse eines Ulks zu machen, bis hin zum feierlichen Abgang von Bord – sanfter, verspielter, auch mutiger Pazifismus. Als der «Dreadnought Hoax» auffliegt, wird es ein nationaler Skandal.

Während der Rüstungswettlauf nur wenigen Sorge bereitet, fürchtet man den Kometen. Als im Mai der von Edmond Halley angekündigte Schweifstern leuchtend über das Firmament zieht, gut 22 Millionen Kilometer entfernt, verdienen viele Händler bestens am Verkauf von Pillen und Gasmasken, da sich Giftgas im Schweif befinden soll, den die Erde durchquert. Man wähnt Gefahren aus dem All und sieht nicht, wo sie unter Menschen wachsen.

Wer in dieser ungewissen Zeit den warmen, großen Klang des Empire hören will, begibt sich am 10. November in die Queen's Hall am Langham Place. Die dreitausend Plätze sind voll. Zuletzt sahen wir dort Claude Debussy am Pult, diesmal ist es der um fünf Jahre ältere Edward Elgar, der auch auf dem Kontinent meistgespielte englische Zeitgenosse. Mit ihm kommt ein Geiger aus Wien auf das Podium, der 35-jährige Fritz Kreisler, ein Weltstar bereits. Elgar ist im Vereinigten Königreich eine Berühmtheit, spätestens seit 1901 in diesem Saal Henry Wood zwei seiner Märsche für Orchester aus der Reihe *Pomp and Circumstance* dirigierte, wobei schon nach dem ersten die Leute, begeistert schreiend, den Dirigenten zwangen, das Stück noch zweimal zu wiederholen, wegen der Melodie, von der Elgar selbst sagte: «... a tune that will knock'em flat.» Im Jahr darauf hat er das Thema in die Krönungshymne für Edward VII. eingefügt – und der schlug ihn alsbald zum Ritter.

Nun ist der König tot. Sir Edward hat sein Violinkonzert keineswegs deswegen geschrieben, sondern weit früher mit der Arbeit begonnen. Er ist selbst oft als Geiger aufgetreten, in der Provinz und mit begrenzten Fähigkeiten; umso mehr hat ihn Fritz Kreislers Wunsch gereizt, er möge ein Konzert für ihn schreiben. Mit Leonora Speyer ist Elgar die Noten durchgegangen, sie spielt so etwas vom Blatt. Es steckt eine Erinnerung darin, eine Liebe, von der er niemandem erzählt. «Aqui está encerrada el alma de ...», steht über der Partitur, «Hier eingeschreint ist die Seele von ...» Ganz sicher ist hier die Seele jenes Jahrhunderts bewahrt, in dem Elgar groß wurde, des Empire, in dem er in begrenzten Verhältnissen aufwuchs, Sohn eines Musikalienhändlers, der anders als Ethels Vater nicht das Geld hatte, Edward in Leipzig studieren zu lassen. Elgar ist Autodidakt.

Und er hat die Verheißungen der deutschen Spätromantik überführt in ein eigenes Idiom, unverwechselbar, Melancholie und Sensibilität im Zentrum eines langsam welkenden Weltreichs. Für die Avantgarde in Wien klingt so etwas gestrig, und Elgar selbst lässt dem Äußeren nach eher an einen britischen Offizier denken als an einen Komponisten: tadellose Haltung, unbewegte Miene, wohlgestutzter Bart, die Mundwinkel verbergend – und passenderweise ist seine Frau die im okkupierten Indien geborene Tochter eines Majors.

Auf den britischen Inseln hat die Musik eine schwierige Geschichte. Ein Strom von Kreativität, beginnend mit John Dunstaple im 15. Jahrhundert, über Thomas Tallis und John Dowland bis zu Henry Purcell reichend, ist mit dessen frühem Tod 1695 abgerissen. Originelle Geister vom Kontinent hat man auf der *fairest isle* dann immer mit offenen Armen empfangen – Händel, «John» Bach, Haydn, Mendelssohn, Berlioz, Chopin, Rossini, Wagner. Aber das Metier lernen, berühmt werden mussten sie anderswo als in dieser merkantil geprägten Gesellschaft. Und auf talentierte Briten wartete kein Netzwerk traditionsreicher Hofkapellen und Hofopern wie in Deutschland. Der viktorianische Kapitalismus half auch nicht weiter, sondern zementierte die Hierarchien: Musik war der Spaß am Rande, sie rangierte weit hinter der Literatur, und ihre Rolle in der Repräsentation des Empire war «strangely unsignificant», wie die größte englischsprachige Musikenzyklopädie hundert Jahre später urteilt.

Dass es kein großes romantisches Violinkonzert eines Engländers gibt, liegt nicht am Mangel von Talenten. William Sterndale Bennett hätte sicher gerne eines geschrieben, doch die Laufbahn dieses sogar von Mendelssohn bestaunten Musikersohns aus Sheffield zeigt die Mühen auf dem Weg zu einem «genuin britischen» Komponieren nach Purcell: 1816 geboren, Student der jungen Royal Academy of Music, die mangels staatlicher Unterstützung immer wieder von der Schließung bedroht war, musste Bennett sein Dasein durch zeitraubende Lehrtätigkeit finanzieren und verbrachte seine vitalsten Jahre fast unkreativ.

Gewissermaßen liefert nun Elgar dieses große englische Violinkonzert nach. Doch ist eine besondere Glut darin, die das Rückblickende, das «Bewahren» jener mysteriösen Seele, nicht regressiv werden lässt. Hinter orchestralen Harmonien und geigerischen Griffen und Linien, in denen teils auch Brahms und Tschaikowsky, auch Dvořák, sich noch wiedergefunden hätten, waltet ein neues Denken und Wahrnehmen, sprunghafter, größere Räume verbindend, und Epochen. Elgar will nicht aufbrechen und ausbrechen, er will sich von nichts befreien, er möchte in dieser beschleunigten Zeit der Seele ein Zuhause geben. Viel Zeit nimmt er sich dafür, fünfzig Minuten dauert das Konzert.

Und in den letzten zehn Minuten inszeniert Elgar einen Rückblick im Rückblick, der ins Freie führt, die weite Landschaft einer *cadenza accompagnata*, in welcher der Solist allen Themen noch einmal nachträumt, den Gedanken und Gestalten. Eher scheint dabei der Geiger als der Dirigent aus dem Orchester die Landstriche, Farben, das Gemurmel, die Silhouetten zu heben, die damit verbunden sind. Der Rahmen weicht, die Melancholie wird transparent. Mit den kleinen Glissandi hier und da bei den Lagenwechseln scheint Kreisler die Linien noch zu liebkosen. Unablässig vibriert er wie sonst keiner, aber es ist nicht nur ein schnelles, sondern auch ein zärtliches, ein bescheidenes Vibrato, wie er überhaupt bescheiden wirkt, bei aller großen Ausstrahlung, und klug.

«Die technischen Schwierigkeiten sind nichts, verglichen mit der intellektuellen Aufgabe, die dem Solisten zufällt», schreibt noch am selben Abend der Autor der *Times* für die nächste Ausgabe und meldet einen «echten Triumph». Elgar und Kreisler sind vom Publikum so oft nach vorne gerufen worden, dass der Kritiker das Zählen aufgegeben hat. Umso sorgfältiger versucht er, die besondere Stimmung der neuen Komposition zu beschreiben: «Ein sanftes, unwehleidiges Bedauern, mit einem gewissen Hauch von Entschiedenheit.»

Dass hier auch die viktorianische Epoche an ihr Ende kommt, zu letzter großer, nie welkender Blüte – wer hört das schon im November 1910? Für die Londoner Musiker, die, fast vollzählig erschienen, den Kollegen lauschen, ist ein Novum wichtiger: Erstmals in der Geschichte der *Royal Philharmonic Society* wird ein Programm ausschließlich mit englischer Musik gespielt, von *God save the King* über Elgars *Violinkonzert* und *Erste Sinfonie* bis zu einer Ouvertüre von Bennett.

Kein größerer Gegensatz dazu ist denkbar als das, was seit ein paar Tagen einen Kilometer weiter in Richtung Themse in den Grafton Galleries die Gemüter und Geister erregt. Zuerst überwiegt das Entsetzen. Hier ist sie, die Invasion vom Kontinent, wenn auch nicht aus Kaiser Wilhelms Deutschland, sondern aus dem befreundeten Frankreich. Schon am 7. November hat die *Times* gewarnt, man erlebe hier, «wie bei den politischen Anarchisten, die Ablehnung von allem, was die Zivilisation getan hat», «für das gewöhnliche Auge so schockierend, dass die Wirkung offensichtlich beabsichtigt ist wie die mancher gewollter Dissonanzen der modernen Musik». Besonders abschreckendes Beispiel: *La Berceuse* von Vincent van Gogh, das ernste Bauernmädchen im grünen Kleid – gemalt von einem, der vor 20 Jahren starb und längst die Kunst verändert hat.

Es ist eines von mehr als 200 Exponaten, die den aktuellen Stand überwiegend französischer Kunst zeigen. *Manet and the Post-Impressionists*, vom renommierten Kunstkritiker Roger Fry kuratiert, versammelt um Werke des 1883 gestorbenen Édouard Manet, «Vater der Impressionisten», Arbeiten von Zeitgenossen, die das breitere Londoner Publikum noch wenig kennt: Cézanne, Gauguin, van Gogh, Seurat, Signac, Matisse, Redon ... Manche Besucher brechen in Gelächter aus, andere sind wütend, in der Presse wird selbst Paul Cézannes Malerei Gekritzel genannt, von «kranken Verirrungen» ist die Rede.

So weit hinter dem Mond ist die britische Kunstwelt allerdings nicht. Interessierte reisen seit Jahr und Tag zu den einschlägigen Ausstellungen nach Paris, der Kunsthandel blüht, und in London genügt der Weg in die National Gallery, um Gemälde von William Turner zu sehen, der den Impressionisten um Jahrzehnte voraus war. Doch gerade jetzt trifft Frys Konzept auf offene Nerven, auf eine Welt im Umbruch. Er setzt auf eine Erzählung vom stilistischen Fortschritt und erklärt die Impressionisten für überholt, obwohl manche seiner «Post-Impressionisten» selbst zu ihnen zählen, Paul Cézanne etwa.

Ihre «Vereinfachungen», schreibt er im Katalog, seien geeignet, «die Zeitgenossen zu schockieren und zu beunruhigen». Roger Fry vereinfacht selbst, er legt es auf die Polarisierung an, und wahrscheinlich hofft er auch auf den *succès de scandale*, der umgehend folgt. In zwei Monaten kommen 25000 Besucher, bei einem Shilling Eintritt bringt das etwa 156000 Euro ein, und für 4600 Pfund wird Kunst verkauft, für mehr als eine halbe Million Euro.

Auch Virginia Stephen zählt zum Kreis um Roger Fry. Sie taucht zum Abschlussball der Schau in einer Gruppe verkleidet auf, wieder angemalt, diesmal knapp bekleidet. «Mehr oder weniger wie Figuren von Gauguin», erinnert sich Virginias Schwester Vanessa, die auch mitmachte, «wir bräunten unsere Arme und Beine und hatten unter den Umhängen sehr wenig an.»

*

Etwa dreihundert Frauen sind es, zwischen 20 und 80 Jahren, gut und warm gekleidet, mit Schals und Mänteln versehen – nur um die fünf Grad zeigt das Thermometer in London an diesem Freitag, 18. November 1910. Es ist vor zwölf Uhr mittags, als sie sich in der Caxton Street auf den Weg machen, vor dem Versammlungssaal der *Women's Social and Political Union*, nicht weit von den Houses of Parliament entfernt. Ab und zu treibt kräftiger Wind Schneeregen durch die Straßen. Eine Menschenmenge umgibt die Frauen, nicht nur Sympathisanten, von denen sie inzwischen viele haben in London, mindestens eine Viertelmillion, auch Schaulustige. Ein *taxi cab*, Einspänner, bahnt langsam fahrend den Weg für die zwölf Damen, die an der Spitze gehen.

Sie haben diese Demonstration angekündigt zur Sitzung des Unterhauses, und nun gibt es dafür mehr Anlass denn je. Der Premierminister hat am Vormittag beantragt, das Parlament aufzulösen, um Neuwahlen zu ermöglichen. In den zehn Tagen bis dahin soll die Regierung sich nur um den laufenden Betrieb kümmern. Die *Conciliation Bill* hat er nicht erwähnt, den Schlichtungsentwurf auf dem Weg zum Wahlrecht für Frauen: ein mühsam erarbeiteter Kompromiss, der vorerst nur Immobilienbesitzerinnen zu Wählerinnen machen würde, rund eine Million Britinnen und Steuerzahlerinnen. Das entspräche, mit einigen Einschränkungen, dem bestehenden Wahlrecht für Männer ab 21 Jahren.

Nun ist das Maß voll für die *WSPU*, die seit sieben Jahren für das Frauenwahlrecht kämpft und im Vertrauen auf die Regierung in diesem Jahr von militanten Aktionen, dem Einwerfen von Fenstern vor allem, abgesehen hat. Im Juli 1910 haben sogar konservative Abgeordnete im Unterhaus für den Entwurf gestimmt, 299 gegen 189. Das Veto von Premier Herbert Henry Asquith und seinem Schatzkanzler Lloyd George machte ein weiteres Verfahren nötig – und das hat bis jetzt nicht begonnen.

«Asquith has vetoed our Bill», «Asquith hat unseren Gesetzentwurf verboten» liest man auf Spruchbändern über den Köpfen der dreihundert Frauen, «Woman's Will beats Asquith's Wont!». In der Victoria Street jubeln die Passanten. In der St. Margaret Street kommt die Kutsche nicht weiter – eine Reihe von Fahrzeugen versperrt ihr den Weg. Die kleine Delegation löst sich vom Demonstrationszug und schreitet weiter in Richtung Westminster Hall.

Besorgt sieht Christabel Pankhurst ihrer Mutter nach,

Emmeline, die hauptsächlich von älteren Damen umgeben ist – darunter Hertha Ayrton, 66-jährige Physikerin, für ihre Forschungen zur Elektrizität mit höchsten Ehren bedacht, die 74-jährige Elizabeth Garrett Anderson, die erste Frau, die im Vereinigten Königreich als Ärztin und Chirurgin praktizieren durfte und seit zwei Jahren auch die erste Bürgermeisterin aller Zeiten ist, in Aldeburgh an der Ostküste. Eine Generalswitwe ist dabei, und Miss Noligan, die 70-jährige Leiterin der Croydon Girls' School, aber auch die 34-jährige Prinzessin Sophia Duleep Singh, Tochter eines exilierten Maharadschas und Patenkind von Queen Victoria. Mit zwölf Teilnehmerinnen bewegt sich die Delegation durch die Menschenmenge vor der Westminster Hall zu Stephen's Entrance.

Dann sieht Christabel, wie eine Gruppe von Männern die Frauen anrempelt und schubst. Sie und Annie Keeney springen aus dem Cab, werden aber sofort vor die Brust gestoßen, man zerrt an ihren Armen. Die Männer, die das tun, sind keine Passanten, sondern offensichtlich Polizisten in Zivil wie jene, die die Delegation bedrängen, grobe Typen, wie sie in dieser Gegend sonst nie eingesetzt werden. Sie hat hier schon oft demonstriert; die handverlesenen Constables am Parlament haben die Aktivistinnen immer mit Respekt behandelt.

Die beiden jungen Frauen fliehen zurück in die Kutsche und sehen, dass drüben Londoner Bürger eingeschritten sind, ehrenwerte Herren, die nun die Delegation bis zu Stephen's Entrance neben der Westminster Hall eskortieren. Man hört Jubel, als Emmeline Pankhurst die Stufen zwischen dem steinernen Löwen und dem Einhorn erreicht hat. Ernst, still, blass, entschlossen steht sie da neben der grimmig blickenden Bürgermeisterin von Aldeburgh. Sie will dem Premierminister persönlich die Petition überreichen, in der die umgehende parlamentarische Diskussion der *Conciliation Bill* gefordert wird. Asquith lässt sie warten, die derzeit berühmteste Frau von England, die Gründerin und Anführerin der *Women's Social and Political Union*. Sie wartet zwei Stunden lang, während sie auf dem Vorplatz Szenen sieht, «wie ich sie», schreibt sie später, «hoffentlich nie wieder sehen werde».

Dies ist die Frau, die das Leben von Ethel Smyth verändert hat und weiter verändern wird. «Nichts Besonderes», hatte Ethel zuerst gedacht, als sie ihr im vergangenen Sommer vorgestellt wurde, bei Lady Brassey, Countess de la Warr, der Lebensgefährtin von Ethels Mäzenin Mary Dodge. So alt wie Ethel selbst, Anfang 50, unter Mittelgröße, schmal, die Schönheit des Gesichts verhangen wie der Blick, das Kinn alles andere als «energisch» – keine Erscheinung, die die geliebte Anna von Mildenburg in den Schatten stellen könnte. Eher zerbrechlich, und kühl zuerst. Aber dann begann Pankhurst von ihrem Kampf für das Frauenwahlrecht zu erzählen, von der Inhaftierung ihrer Tochter, nachdem die eine Parteiversammlung der Liberalen gestört hatte, von ihrem Weg zur Militanz an der Spitze der *Women's Social and Political Union*, vom *truce*, dem «Waffenstillstand», den sie in diesem Jahr hat eintreten lassen. Emmeline Pankhurst hat die Autorität einer Königin, die Art von Flair, die sie auch in jedem anderen Bereich hätte auffallen lassen.

Ethel hört sie öffentlich reden – immer ohne Manuskript, ohne Notizen – und erlebt, wie in weniger als fünf Minuten selbst entschlossene Gegner entwaffnet sind von dieser Stimme, die sie an ein Saiteninstrument in den Händen eines begnadeten Musikers erinnert, jede Regung von Geist und Gemüt abbildend, von ihren Gesten, die nur bis zum sanften Öffnen der Arme gehen, von Sätzen, die alle umfassen: «Männer! Ich weiß, welche Scham in euren Herzen ist!»

Wie auch immer es zugehen kann, dass sie Auditorien von bis zu 5000 Zuhörern mit ihrer Stimme, ihren Worten mitreißt, sensibel, ohne zu schreien – es ist so. Sehr weiblich tritt sie auf und hausfraulich, wie eine Pfarrersgattin, um dann sanft zu erklären: «Ich bin das, was Sie wohl einen Randalierer nennen würden.» Dann hat sie schon alle in der Tasche, auch die vielen, die sich eine Suffragettenanführerin als ruppige, aggressive Kampfschwester vorgestellt haben. Die aufmüpfigen Militanten in den eigenen Reihen lassen sich – nur so war der «Waffenstillstand» möglich – von ihr besänftigen; sie bewundern sie.

Am 15. September hat Ethel ihr geschrieben: «Wenn ich, wann immer, helfen kann, möchte ich Sie wissen lassen, dass niemand glücklicher wäre als Ihre aufrichtigste Ethel M. Smyth.» Und heute, am 18. November 1910, hat Smyth gleichsam ihr Debüt gegeben. Nicht als eine der Demonstrantinnen, sondern als Autorin, mit jüngst verliehenem Doktortitel der Musik: *Better late than never* lautet der Titel ihres Bekenntnisses in der Wochenzeitung *Votes for Women*, ein Bekenntnis nicht nur zur WSPU, sondern besonders zur Militanz, zur Gewalt gegen Sachen, für die so viele Aktivistinnen ins Gefängnis gegangen sind und in Hungerstreiks, die mit brutaler Zwangsernährung gebrochen werden. Wer die Militanz der Frauen tadle, schreibt sie, verhalte sich wie jemand, der, am sicheren Ufer stehend, das Ungraziöse an den Bewegungen eines Schwimmers beklagt, der einen anderen aus der Strömung retten will.

Doch an diesem Freitag, der bald «Black Friday» heißen wird, betreiben nicht Frauen Gewalt gegen Sachen, sondern Männer üben Gewalt gegen Frauen. Es beginnt damit, schreibt Christabel, dass Polizisten den Frauen die Stangen mit den Spruchbändern aus den Händen reißen. Dann wird Gobden Sanderson, Mitglied der ersten Deputation, an eine Mauer gestellt, die Männer halten ihre Hände nach oben unter Hohnrufen – halb ausgebildete Polizeirekruten aus den äußeren Bezirken der Stadt, für deren Einsatz Winston Churchill verantwortlich ist, home secretary, Innenminister, einer der hochrangigsten Politiker.

Die Menge der Schaulustigen wird von Berittenen vom Platz vor dem Parlament zurückgedrängt, über den sich gleichwohl immer wieder kleine Delegationen der WSPU-Frauen auf den Weg machen, nie mehr als zwölf, stets gestoppt von einer doppelten Reihe von Constables. Als eine von ihnen, Ada Wright, durchschlüpft und den Besuchereingang fast erreicht hat, wird sie von Polizisten zurückgetragen und in die Menge geschleudert; als sie erneut zum Parlament läuft, schlägt ein Polizist sie mit aller Kraft zu Boden.

Bürger schreiten ein, es kommt zum Handgemenge, Christabel sieht einen großen, grauhaarigen Herrn mit Zylinder, der einem Behelmten in den Arm fällt, während Mrs. Wright am Boden liegt und sich mit den Armen offensichtlich gegen den befürchteten Tritt eines weiteren, über sie gebeugten Polizisten schützt. Ein junger Mann mit Schiebermütze steht, auf sie herniedergrinsend, dabei wie einer, der überlegt, was er dieser Frau antun könnte, hier, wo offenbar kein Gesetz mehr gilt.

So wird man es am nächsten Tag auf der Titelseite des *Daily Mirror* sehen – ein ganzseitiges Foto.

In den Sekunden nach der Aufnahme sieht Christabel, dass der Mann mit dem Zylinder von drei, vier Polizisten festgehalten und Ada Wright immer wieder zu Boden geschleudert wird, «wie oft, kann ich nicht sagen». Eine hochgewachsene Frau im weißen Mantel sieht sie, der Polizisten auf den Kopf schlagen, so, wie das auch Mary Clarke geschieht, Emmelines jüngerer Schwester, die zwei Monate später an einem Arterienriss im Gehirn stirbt. «Wollen Sie die Dame verhaften, oder wollen Sie sie umbringen?» Mit diesen Worten bringt ein Passant einen Polizisten davon ab, einer 43-Jährigen mit eisernem Griff von hinten die Brust zusammenzudrücken. Henria Leech Williams ist herzkrank und erliegt den Folgen der Attacke am 1. Januar 1911.

Neben Angriffen, die zu Verstauchungen, Brüchen, Wunden führen, gibt es zahlreiche sexualisierte Taten. 29 Frauen geben sie später zu Protokoll: Kneifen, Quetschen, Verdrehen der Brüste, Kniestöße zwischen die Beine, begleitet von dreckigen

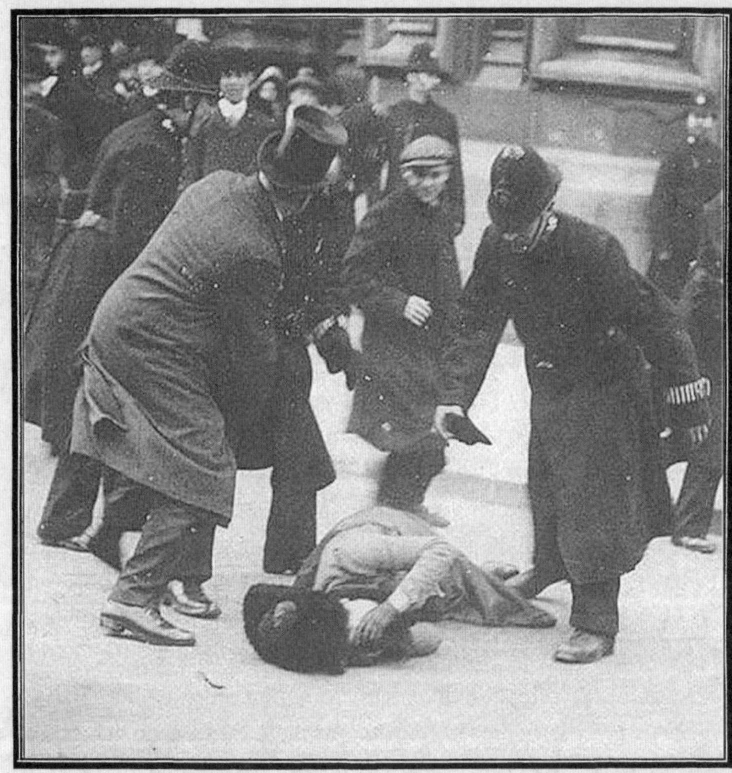

The Daily Mirror

THE MORNING JOURNAL WITH THE SECOND LARGEST NET SALE

No. 2,205. Registered at the G. P. O. as a Newspaper. SATURDAY, NOVEMBER 19, 1910 One Halfpenny.

VIOLENT SCENES AT WESTMINSTER, WHERE MANY SUFFRAGETTES WERE ARRESTED WHILE TRYING TO FORCE THEIR WAY INTO THE HOUSE OF COMMONS.

While forcibly endeavouring yesterday to enter the Houses of Parliament, great numbers of suffragettes used more frantic methods than ever before. Above is illustrated one of yesterday's incidents. A woman has fallen down while struggling, and she is in a fainting condition. The photograph shows how far women will go for the vote.

Die 48-jährige Ada Wright wurde bei der Demonstration der Suffragetten am 18. Oktober 1910 von Polizisten mehrfach zu Boden geschleudert. Der «Daily Mirror» brachte dieses Foto am Tag danach als Aufmacher, meldete jedoch in derselben Ausgabe: «Die Polizei zeigte sich durchweg guten Wesens.»

Sprüchen: «Oh, my old dear, I can grip you wherever I like today.» Da kein Polizist einschreitet, dafür immer wieder couragierte Londoner Bürger, scheint von höherer Stelle tatsächlich die öffentliche Demütigung der politischen Aktivistinnen erwünscht und erlaubt zu sein.

Währenddessen bezeugt der Premierminister einigen der herausragenden britischen Persönlichkeiten dieser Zeit seine Geringschätzung, indem Emmeline Pankhurst, Elizabeth Garrett Anderson und Hertha Ayrton nach zwei Stunden zu seinem Sekretär vorgelassen werden, der ihnen erklärt, Mr. Asquith werde sie nicht treffen. Dieser sieht sich derweil im House of Commons vor vollen Zuschauerrängen drängenden Fragen mehrerer Abgeordneter ausgesetzt, die sehr gut wissen, was draußen los ist, und um 17 Uhr die Abstimmung darüber erzwingen, ob die *Conciliation Bill* bis zur Parlamentsauflösung bearbeitet zu werden hat. Doch das lehnen 199 der 251 Abgeordneten ab.

An Stephen's Entrance harren die Abgewiesenen hartnäckig bis 18 Uhr aus, bis zum Ende der Sitzung im Haus, und ebenso hartnäckig setzen die Demonstrantinnen immer neue Zwölfergruppen in Bewegung. Inzwischen ist ihr Versammlungssaal in der Claxton Street zum Lazarett geworden, und inzwischen hat die Polizei entgegen der früheren Taktik begonnen, die Frauen nicht nur zurückzutreiben und zu demütigen, sondern auch zu verhaften, während die organisierten Gangs in Zivil weiterhin auf die Jagd gehen.

Alle verhafteten 115 WSPU-Frauen und vier Männer werden am nächsten Tag entlassen. Es bringe der Öffentlichkeit keinen Vorteil, erklärt Winston Churchill, die Fälle weiter zu verfolgen. Es wäre, das sagt der Innenminister natürlich nicht, für ihn selbst von Nachteil, würde es zu Gerichtsverhandlungen mit Zeugenaussagen und jenen guten Anwälten kommen, die die WSPU sich leisten kann mit einem Spendenaufkommen von jetzt 85000 Pfund, gut 10 Millionen Euro. Viele ihrer Unterstützerinnen sind gebildet und begütert. Die besonders radikale Constance Bulwer-Litton, Tochter eines der Vizekönige von Indien, schon mehrfach inhaftiert, öffnet das prachtvolle neogotische Herrenhaus ihrer Familie für die Bewegung.

Auch Virginia Stephen, spätere Woolf, engagiert sich für das Wahlrecht, aber bei der *People's Suffrage Federation*, die nicht militant ist und auch für Männer eintritt. Sie verfasst keine Aufrufe, sie demonstriert nicht, sie adressiert Briefe in diesem Jahr, hält das aber für «Zeitverschwendung». Die Kundgebungen der WSPU-Suffragetten stoßen sie ab, und da sie sich über deren «triste, schäbige Kleidung» mokiert, hat sie wohl weniger Mrs. Pankhurst wahrgenommen als die ihr, der Hochempfindlichen, sehr fernen Arbeiterinnen bei diesen Treffen. Vom «Black Friday» kann man annehmen, dass die Schriftstellerin die Ereignisse zur Kenntnis nahm, und sicher sein, dass sie ihnen fernblieb.

Der Mann, der dreißig Jahre später als Premierminister seine Nation auf den Krieg gegen Hitlers Deutschland einschwören wird, ist als 36-Jähriger vermutlich der Hauptverantwortliche für den barbarischen Polizeieinsatz. Eine öffentliche Untersuchung der Ereignisse am «Black Friday» lehnt Churchill ab, den Druck der Medien muss er nicht befürchten. Derselbe *Daily Mirror*, der das erschütternde Foto publiziert hat, erklärt: «Die Polizei zeigte sich durchweg guten Wesens und vermied Verhaftungen, doch wie üblich waren viele der Suffragetten nicht zufrieden, bis sie verhaftet wurden.» Die *Times* erwähnt als Verletzte nur einige Polizisten und beschließt einen längeren Einspalter über die «raiders», die «Angreifer», mit der schmunzelnden Feststellung, die «Übung» habe die Polizisten «ebenso warm gehalten wie die Damen, die sich gegen die Verteidigungslinien warfen».

*

Am 21. Januar 1911 hören aus dem Gefängnis entlassene Frauen der WSPU bei einer Ehrung in London zum ersten Mal die Musik, mit der sich Ethel Smyth als Komponistin zur Bewegung bekennt: *The March of the Women*. Bewegt kündigt Emmeline Pankhurst den Marsch an, den das Publikum dem Chor dann umgehend nachsingt. «Shout, shout, up with your song! Cry with the wind, for the dawn is breaking; March, march, swing you along, wide blows our banner, and hope is waking ...» Alle Raffinessen ihres Metiers hat Ethel Smyth über den Haufen geworfen für diese schlichte, griffige Weise, die aus der wappenfunkelnden Tiefe aller englischen Collegekapellen und Oratorienchöre zu kommen scheint, auch wenn ihr ein Volkslied aus den Abruzzen zur Anregung diente. Leicht zu merken, in jeder Besetzung singbar.

Wer ist mehr zu bewundern, die Komponistin oder die Textdichterin? Cicely Hamilton hat ihre drei Strophen zur fertig komponierten Musik geschrieben, nicht umgekehrt, und sie hat die Appellworte wie «shout», «cry» und «march» so passend platziert, dass man auch bestaunen kann, wie betextbar die Töne gesetzt sind, wie gekonnt die Generalmajorstochter Ethel in Tönen das Schlachtfeld vorbereitet hat, auf dem nun das militante Vokabular der WSPU marschieren kann mit all seinen banners und battles. Drei Tage später dirigiert Ethel die Novität erneut, zuvor aber ihre *Four Songs*, Welten entfernt in ihrer farbenreichen Poesie. Ausschließlich Frauen spielen das; Bratscherin im Ensemble ist die 23-jährige Rebecca Clarke, die als eine der ersten Frauen ins Kompositionsstudium am Royal College of Music aufgenommen wurde.

Spätestens als im kleinen Theater der *March of the Women* ertönt, ahnen die Besucherinnen – und Besucher, die ebenfalls da sind und mitsingen –, welch energische Person Miss Smyth, Doc. Mus., ist. Mitten im Dirigieren beugt sie sich herab, ergreift zwei bereitgelegte Becken und akzentuiert den Marsch mit fürchterlichen Schlägen. Kein Chorus mysticus, kein «ewig Weibliches» zieht hier hinan. Hier geht es einfach nur voran, auf dem Boden der Tatsachen. Für längere Zeit wird Ethel Smyth kaum noch komponieren, dirigieren umso mehr.

Und keines ihrer Stücke wird man so oft hören wie diese zwölf Takte, selbst noch über jenen 2. Juli 1928 hinaus, an dem im Vereinigten Königreich alle erwachsenen Frauen und Männer ab 21 Jahren das Wahlrecht bekommen, tatsächlich alle, sogar Frauen ohne Grundbesitz und sogar die Köchin von Virginia Woolf, in deren Leben Ethel auch noch hineinplatzen wird.

KAPITEL 5

1912–1913. Ethel Smyth wird inhaftiert. Ein junger Russe lässt Chouchou an Bären denken – Claude und Igor spielen den *Sacre*. Schönbergs *Pierrot* in Berlin. Kriegsmeldungen vom Balkan. Ethel erlebt eine Wiener Saalschlacht.

Den ganzen Tag hat es geregnet, doch seit der Afternoon Tea vorbei ist, klart es auf. Die Sonne hat die prächtigen Fassaden an der Regent Street vergoldet und streift jetzt nur noch die Dächer, aber es bleibt hell unter klarem Himmel mit ein paar Wölkchen. Der Wind, der sie bewegt, ist in der breiten Straße als milde Brise zu bemerken, das nasse Pflaster spiegelt das Licht, große Schaufenster spiegeln die Flaneure, die in einer der teuersten Straßen der Welt den Luxus genießen und die Entspannung am Freitagnachmittag. Ein wenig Sorgen machen sie sich an diesem 1. März 1912 allenfalls wegen des Bergarbeiterstreiks in Derbyshire, der immer weitere Kreise zieht. Es ist die beliebteste Einkaufszeit der Woche, geöffnet ist bis sieben Uhr. Wem es auf The Strand, der populären Ladenmeile nahe der Themse, zu betriebsam ist, der kommt hierher, in die Regent Street, wo sogar die Doppeldeckerbusse, mit offener Holzetage oben, würdevoller zu rollen scheinen. Was man in den Auslagen sieht, überfordert zum Teil auch die Budgets der oberen Mittelschicht. Diamanten, Perlen, Gold und Silber, Spielzeug für Prinzessinnen, edle Stoffe.

Ethel Smyth, respektable Erscheinung von 54 Jahren, wie alle Damen hier im fast bodenlangen Faltenrock unter leicht taillierter Jacke, mit Hut, Regenschirm und geräumiger Handtasche versehen, bleibt vor den Fenstern von Hope Brothers Ltd. stehen, einem der renommiertesten britischen Herrenausstatter, Hüte, Anzüge, Schuluniformen, Gardeuniformen. Beste Lage im sanften Bogen, den die Regent Street in der Nähe des Piccadilly Circus beschreibt, eine Reihe hoher Fenster. Sie blickt auf ihre Uhr, 17.29, und öffnet ihre Tasche.

Als von St. James's die Glocke schlägt, halb sechs, ist sie ein paar Schritte zurückgetreten, bis zur Bordsteinkante, vergewissert sich, dass niemand vor dem Schaufenster steht, umfasst einen großen Stein in ihrer Handtasche – und schleudert ihn mitten hinein in die Auslage. Und noch einen in das nächste große Fenster, während das helle Klirren schon ein Echo findet, rechts und links von ihr, auf der anderen Straßenseite, überall, durchsetzt mit Rufen und Schreien von Passanten. Überall stehen da respektable Damen jeglichen Alters, auch ordentlich angezogene Arbeiterinnen, und zertrümmern die Scheiben.

Das Glas von Liberty's geht zu Bruch und das von Fuller's, von Swears and Wells, von der Irish Linen Company, von Brooks, von Gerrard's, Goodyer's. Juweliere, Möbelhändler, Textilgeschäfte, Reisebüros, Postämter, Schifffahrtsgesellschaften, ein Telegrafenbüro. Scherben regnen zwischen die Prominentenporträts der Stereoscopic Company, seit Victorias Zeiten mit Hoffotografien beauftragt. Die ganze Regent Street hinauf und hinab birst und klirrt es, das spitzig helle Geräusch wird zu einer fließenden Klangschicht über dem dunklen Brausen der Stadt, und es endet nicht mit dieser Straße. The Strand, Cockspur Street, Haymarket, Piccadilly, Bond Street, Oxford Street – überall im West End werden Steine geworfen und Hämmer geschwungen. Auch Weinhändler, Buchhändler, Kunsthändler, Schuhmacher sehen ihre Fenster in Scherben. Nach kurzer Zeit ist es vorbei. Stille. Irgendwo hängt ein Hammer wie ein Memento mitten im Loch, das er ins Glas schlug. Überall sind Angestellte entsetzt auf die Straße gerannt, und dort warten diese Frauen, die nicht daran denken fortzulaufen. Von Pulks von Passanten umgeben, stehen sie da, blass und still, vielleicht zweihundert von ihnen, und erwarten die Polizei.

Die lässt auf sich warten, denn die wenigen, völlig überraschten Constables sind vollauf beschäftigt, mit ihren Trillerpfeifen Verstärkung anzufordern. Innerhalb von fünf Minuten, von 18.30 bis 18.35 Uhr, haben Mitglieder der WSPU, der *Women's Social and Political Union*, rund 180 Fenster von mehr als 70 Geschäften, Büros, Niederlassungen im Westen der Hauptstadt zertrümmert. Neun Scheiben sind es allein bei den Hope Brothers, wo nun wie überall rasch Bretter und Gitter angebracht werden. «Einen so traurigen Anblick geflickter und zugepflasterter Geschäfte», wird der *Daily Mirror* schreiben, «gab es noch nie seit der Erfindung der Glasscheibe.»

Hunderteinundzwanzig Frauen werden abgeführt, umgeben von Schwärmen eher neugieriger als wütender Passanten. Die Reviere in der Umgebung sind so überlastet, dass die Delinquentinnen auf den Bürgersteigen warten, um ihre Personalien erfassen zu lassen, manche von ihnen auf Koffern sitzend, mit denen sie, auf einen Gefängnisaufenthalt eingestellt, vorsorglich in die Schlacht gezogen sind. Ethel Smyth wartet in der Wache Vine Street und fragt sich, wie es Emmeline Pankhurst ergehen mag, der Frau, die sie auf diesen Weg gebracht hat und von der sie weiß, dass ihr Ziel um 17.30 Uhr nichts Geringeres als eines der Parterrefenster von 10 Downing Street war. Die Chefin hatte sich den Chef vorgenommen, den amtierenden Premierminister Herbert Henry Asquith.

Ethel ist inzwischen die engste Freundin von Emmeline. Sie hat sich verliebt in diesen «Krater von Leidenschaft», diese «stille See von Besonnenheit». Emmeline Pankhurst hat etwas Unerbittliches und etwas unwiderstehlich Zärtliches, etwas Puritanisches und etwas Poetisches, bei großer Liebe zu Gedichten. Sie hat einen anderen Horizont als die britische Mittelklasse, aus der sie kommt und deren gediegenes Grau man durchaus auch an ihr findet. Sie ist, wie Ethel, den Franzosen tief verbunden, seit sie in Paris zur Schule ging und die Sprache fließend lernte. In ihrer einsamen Position an der Spitze von mehreren zehntausend Frauen, in der faszinierenden Widersprüchlichkeit all ihrer Eigenschaften hat sie, das weiß Ethel nun, «mich auch nötig gehabt».

Für den Tag der Scherben, den 1. März 1912, hat Ethel mit ihr das Steinewerfen geübt, in der Abenddämmerung auf dem Golfplatz vor Smyths Haus in Woking, und ist aus dem Lachen nicht herausgekommen. «Du würdest nicht mal einen Heuhaufen treffen!», hat sie ihr zugerufen, und mit grimmiger Entschlossenheit hat Emmeline weitergemacht, irgendwann einen Baum in drei Metern Entfernung touchiert und glücklich wie ein Kind gelächelt.

Wie in aller Welt will diese Frau eine Scheibe in 10 Downing Street treffen, von einem Automobil aus? Ethel muss lächeln, als sie auf ihrer Bank im Polizeirevier Vine Street an sie denkt. An die Nacht der Volkszählung 1911, als von Portsmouth bis Edinburgh Tausende von Frauen ihre Häuser und Wohnungen verließen – «wenn Frauen nicht zählen, sollen sie auch nicht gezählt werden» –, als sie beide nebeneinander aus einem Londoner Hotelfenster in den Nebel über der Themse blickten, ohne etwas zu sagen, und das Gefühl hatten, im Auge eines Orkans zu stehen. Nirgendwo ist «my darling Em» lieber mit ihr herumflaniert als in der Regent Street, versessen aufs Betrachten der Kleiderschaufenster, selbst immer *à la dernière mode* gekleidet, das ist sie ihrer Jugendstadt Paris schuldig, und wenn Ethel ungeduldig wurde, sagte Emmeline grimmig: «Dein dauerndes ‹come on›! Du bist so schlimm wie ein Ehemann.»

Und nun haben sie diese Schaufenster in Trümmer gelegt. Der Schaden der Sonnenuntergangsattacke im Londoner Westen beläuft sich auf rund 5000 Pfund, mehr als eine halbe Million

Euro, entgangene Umsätze nicht gerechnet, und zum Schadensersatz werden Rechtsanwaltskosten kommen, Prozesskosten, Kautionen. Allerdings steht dem ein Spendenvolumen von inzwischen 118230 Pfund gegenüber, mehr als zwölf Millionen Euro. Viele Aktivistinnen zertrümmern die Scheiben ihrer Lieblingsgeschäfte in jedem Sinne auf Augenhöhe.

«Neuigkeiten wie diese», schreibt ein Redakteur der *Times*, während die Frauen den Abend bei der Polizei verbringen, «hätten wir aus China erwartet, wo ein altes System dahinschmilzt und alle üblichen Regierungsformen suspendiert sind (...), doch niemand hätte sich eine Zerstörung dieses Ausmaßes in London vorstellen können und als das Werk von ein paar unausgeglichenen Frauen, deren einziger Kummer ein unbedeutender Punkt im parlamentarischen Prozess ist ...»

Mit dem unbedeutenden Punkt ist ein Gesetzentwurf gemeint, immer wieder verschoben und verwässert, der vorerst einem Bruchteil der Britinnen das Wählen ermöglichen würde. Dazu kommt, dass auch Frauen mit ihren Steuern die Gehälter der Minister finanzieren, die sich weigern, auch nur eine Deputation zu empfangen, während sie das Gespräch mit den Bergarbeitern suchen, die in diesen Tagen den Transport lahmlegen – ohne Kohle kein Dampf – und der Wirtschaft unermesslichen Schaden zufügen. «Was wir tun, ist ein Flohbiss dagegen», wird Mrs. Pankhurst vor Gericht erklären. Das Maß für die Frauen wurde voll mit der Weigerung der Regierung, die Übergriffe der Polizei am *Black Friday* untersuchen zu lassen. «Ich wüsste nicht», sagt Ethel Smyth, «wie eine selbstbewusste Frau danach zu Hause hätte bleiben können.»

Gegen Mitternacht erscheint, heiter wie immer, Rechtsanwalt Frederick Pethick-Lawrence mit einer dicken Aktentasche im Revier Vine Street und zahlt die Kaution für sie – bei honorablen Personen ohne Vorstrafen erlaubt das Gesetz so ein «binding over». «Wir brauchen Sie am Montag als Rednerin», erklärt er Ethel, «Emmeline ist schon in Haft.» «Welche der beiden Emmelines?» «Mrs. Pankhurst, natürlich. So, wie sie es wollte. Sie hat ja Erfahrung damit.» Er kichert. Die andere Emmeline ist seine Ehefrau, die mit ihm das Wochenblatt *Votes for Women* herausgibt. Frederick, 40 Jahre alt und weitgehend kahlköpfig, kommt aus einer Politikerfamilie, zwei seiner Onkel waren Londoner Bürgermeister. Die letzten Fotos aus seiner Laufbahn werden den 84-Jährigen an der Seite eines jungen indischen Anwalts zeigen, mit dem Pethick-Lawrence in seiner Eigenschaft als Minister für Indien und Burma Gespräche über den Weg zur Unabhängigkeit Indiens führt, später weltweit bekannt als Mahatma Gandhi. «War sie heute in Downing Street?» «Ja, sie wurde da zusammen mit Mrs. Tuke und Mrs. Marshall verhaftet.» «Hat sie getroffen?» «Nun, wer von den dreien traf, das weiß ich nicht. In ihrem Fall wird das auch unerheblich sein, fürchte ich.»

Am Montag, 4. März 1912, findet sich Ethel kurz vor drei Uhr nachmittags am London Pavilion ein, dem Theater am südlichen Ende der Regent Street, in dem die Montagstreffen der WSPU stattfinden. Das Viertel gleicht einer toten Stadt. Alle Geschäfte und Museen sind geschlossen, verbarrikadiert, die meisten Läden bewacht, die Straßen sind voller Polizisten. Bis zum Abend werden 9000 von ihnen ins West End kommen, die Hälfte von allen, die es in London gibt, denn auf dem Parliament Square wird eine Demonstration der WSPU stattfinden, längst angemeldet und nicht mehr zu stoppen. Die Behörden rechnen mit dem Schlimmsten. Am Vormittag haben noch einmal hundert Suffragetten weiter westlich zugeschlagen, in Knightsbridge, wo niemand sie erwartete, und in einer Geschäftsstraße kaum ein Schaufenster unzertrümmert gelassen.

Christabel ist schon da, die Tochter von Emmeline Pankhurst, und macht sich Sorgen. Ihre Mutter ist am Samstag zu zwei Monaten Haft verurteilt worden und befindet sich seither im Gefängnis Holloway, offenbar in Einzelhaft. Christabel hat erfahren, dass sie zum Hofrundgang nicht auftauchte, dass deswegen ihre Mitgefangenen die *Marseillaise* sangen und im Gefängnis fortfuhren, Fenster zu zertrümmern. «Am Freitag sind Mrs. Marshall und Mrs. Tuke mit ihr in die Downing Street gefahren, mit Aileen im Wolseley, dann haben sie vor Nummer 10 angehalten, sich hingestellt und ihre Steine geworfen. Vier Treffer. Aber keiner von Mrs. Pankhurst. Jetzt stehen da vor jedem Fenster Polizisten.»

Christabel grinst, Ethel erst recht. «Mrs. Marshall scheint dafür besonders gut zu werfen. Der Constable, der sie abführte, hat dem Gericht erzählt, sie habe noch auf dem Weg zur Wache einen Stein aus ihrem Muff gezogen und ein Fenster des Kolonialministeriums erwischt.» «Des Kolonialministeriums?» «Ja. Eine gute Wahl, nicht? Nach diesem unsäglichen Satz ...» «Was meinen Sie?» «Haben Sie das nicht gelesen, Ethel? Eine Delegation von uns war beim Minister, Lewis Harcourt, und er sagte: ‹Ich hätte nichts gegen das Wahlrecht für Frauen, wenn sie alle so intelligent, ausgeglichen und bewunderswert wären wie meine Frau.›» Ethel wird blass vor Wut. «Dieser Loulou scheint zu glauben, er könne sich die Wählerinnen aussuchen wie die Jugendlichen, die er belästigt ...»

Mit Mrs. Pethick-Lawrence gehen die beiden auf das Podium, das üppig mit Fahnen im Violett, Weiß, Grün der WSPU geschmückt ist, mit Stühlen versehen für die Vertreterinnen von Ortsgruppen, die nun Platz nehmen, jede mit Schild und Flagge vor sich, hinter ihnen auf der Bühne in großen Buchstaben: «DEEDS NOT WORDS».

Aber natürlich werden Worte gebraucht, Worte, die den Taten vorausgehen, nachgehen, sie definieren, rechtfertigen, Worte von solcher Sprengkraft, dass die Druckerei, ohne behördliche Zensur, viele von ihnen weglässt, als die nächste Ausgabe von *Votes for Women* von diesem Treffen und den Tagen seit dem 1. März berichtet. Die Zahl der weißen Flecken im Blatt wird freilich bei Weitem übertroffen vom Anzeigenvolumen der 20 Seiten. Nirgends scheinen die Anbieter von Damenmoden lieber zu inserieren als in dieser Propagandazeitung, egal, wie viele Scheiben zu Bruch gehen. Es ist nun mal eine zahlungskräftige und modebewusste Kundschaft, die an der Spitze des Kampfes steht.

Ethel trägt, wie oft, langen Faltenrock und geräumiges Jackett, mit feinen dunklen Längsstreifen, und eine weiße Bluse mit kleiner schwarzer Fliege, als sie an die Rampe tritt, die Haare hochgesteckt, die Hände in den Taschen und mit ernstem Gesicht. «Man wird wohl kaum eine weniger qualifizierte Anhängerin der Sache finden als mich», ruft sie in den Saal. «Wundern Sie sich nicht über diesen Satz, ich schrieb ihn vor siebzehn Monaten. Nicht, dass ich heute eine bessere Kämpferin wäre, aber ich weiß noch besser, wofür ich kämpfe. Ich schrieb diesen Satz und andere, und das erschien am Black Friday. Muss ich mehr sagen? Ich möchte mehr sagen. Ich bin noch immer keine gute Kämpferin. Ich wollte an den Tätigkeiten dieser Tage jetzt nicht teilnehmen. Dann kam die Weigerung des Innenministeriums, eine Untersuchung der Polizeiübergriffe am Black Friday zu erlauben. Daraufhin habe ich an Mrs. Pethick-Lawrence geschrieben ...», sie wendet sich zu der gleich links von ihr Sitzenden, «... und erklärt, am nächsten Protest teilnehmen zu wollen. Wie auch immer dieser Protest aussehen sollte, er sollte nicht so aussehen wie der am Black Friday. Ich glaube nicht, dass irgendeine Frau sich jemals wieder dieser Art von Behandlung unterwerfen sollte. Ich hoffe, der Brief ist verschwunden», fährt sie mit einem feinen Lächeln fort, «denn er könnte mir als Versuch vorgehalten werden, meine Freunde zur Gewalt anzustacheln.»

Ethel setzt sich, von Lachen und Applaus begleitet, auf den Stuhl, von dem sich Emmeline Pethick-Lawrence erhoben hat.

«Liebe Ethel Smyth, Doctor of Music, wenn ich nur wüsste, wo dieser Brief steckt … Aber ich habe einige andere Briefe dabei.» Sie liest eine Botschaft von Emmeline Pankhurst vor, die glücklich ist, ihre Freiheit für die Freiheit zu opfern, gemeinsam mit ihren *comrades* im Gefängnis, von Mrs. Marshall, ebenfalls in Holloway inhaftiert, die knapp erklärt, «je härter der Kampf, desto früher der Sieg», und einen Brief aus Manchester: «Es tut mir mehr als leid, dass ich nicht mit Ihnen allen am 4. März dabei sein kann. Ich bin nur eine Arbeiterin und kann mir die Fahrt nach London nicht leisten. Wir werden schlecht bezahlt, aber ich kann zehn Shilling beilegen. Ich wünschte, es wäre das Doppelte. Ich denke nicht gern daran, wie Sie alle zu diesem Protest gehen, aber ich weiß, dass es der einzige Weg ist …»

*

Die Polizisten, die am Berkeley Square vor Haus Nr. 14 Wache haben, am späten Montagnachmittag, stille Straßen rund um einen Park, blicken prüfend, als eine Dame den Bürgersteig entlangkommt, reiferen Alters, hochgewachsen, im langen, längsgestreiften Faltenrock unter dunklem Mantel. Sie bleibt stehen, als sie den ersten der drei erreicht hat. «Oh, Constable, können Sie mir vielleicht sagen, welche Nummer das Haus von Lady Dorchester hat?» «Es muss eines von den Häusern hier in der Straße sein, Madam, aber ich kann mich an die Nummer nicht erinnern …» Ein Zweispänner rasselt vorüber. «Vielleicht können Sie mir sagen, wer in *diesem* Haus lebt?» Mit diesen Worten schleudert Ethel den Stein, den sie aus ihrem Mantel geholt hat, in ein Fenster des Wohnsitzes von Lewis Vernon Harcourt, *Secretary of State for the Colonies*. «Ah, so etwas habe ich erwartet», sagt der Constable gefasst. «Nun, würden Sie bitte ruhig mit mir kommen?» «Certainly. Wohin gehen wir?» «Vine Street. Das ist gleich hier um die Ecke.» «Sagen Sie, hat mein Stein das

Fenster getroffen?» «Yes … yes, it did.» «Thank goodness. Es war so ein seltsames, dumpfes Geräusch …»

Diesmal wird ihr auf der Wache keine Kautionsregelung angeboten; sie hätte auch keine akzeptiert. Am nächsten Tag, nach der gewaltigen Demonstration am Parlament, wird Ethel Smyth, Mus. Doc., zu zwei Monaten Haft verurteilt.

Das Frauengefängnis Holloway am nördlichen Rand der Metropole gleicht einer Ritterburg aus der Fantasie eines Spielzeugmachers, der Mittelalterfaszination des frühen 19. Jahrhunderts entwachsen, konzentrisch ergänzt um sechs wuchtige Zellentürme. Dort sind, wie Ethel erleichtert feststellt, die Suffragetten in einer Abteilung untergebracht, sie essen und beschäftigen sich gemeinsam, und die Aufseherinnen übertreiben es nicht mit der Strenge. Wie kommen die «Mänaden» an Baumwollstoffe in den WSPU-Farben, wie an Hämmer und Nägel, um die selbst genähten Fahnen an die Mauern zu heften, warum bleiben die dort stundenlang hängen? Das Personal, weiblich, stellt sich blind und taub.

Mrs. Brackenbury, 79-jährige Generalswitwe und Steinewerferin, ist die wohl älteste Gefangene. Die jüngsten in der Gruppe sind unter 25, und so gemischt wie die Generationen sind die sozialen Hintergründe, von der Krankenschwester bis zur Uniabsolventin, von Arbeiterinnen bis zu vermögenden Frauen. Ihre Wortführerin allerdings sehen sie alle nur in der einstündigen Hofpause. 23 Stunden am Tag sitzt Emmeline Pankhurst in einer entfernten Zelle, ohne Buch und ohne Besuch, selbst Bibel und Gebetbuch werden ihr verweigert. Erst am 17. März wird sie verlegt und bekommt einen Raum neben Ethel. «Ich habe niemals eine so wunderbare Gemeinschaft erlebt», schreibt Ethel Smyth später in einem Leserbrief, den die *Times* druckt, «wie diese klugen, entschlossenen, unbeugsamen, höchst normalen, höchst menschlichen Frauen … Was auch immer die militante Bewegung tut, sie zieht keine Schafe groß.»

Und an Anna Bahr-Mildenburg in Wien, zur selben Zeit: «Anna, was ist das Weib für ein wunderbares Geschöpf! Ich danke Gott, dass ich in diesem Jahrhundert lebe.»

Ende März kommt ungewöhnlicher Herrenbesuch nach Holloway. Kein Rechtsanwalt, sondern der Dirigent Thomas Beecham, mit weit über die Wangen ausschwingenden Bartspitzen, 33 Jahre alt, bekannt für seinen Wagemut und seine Musiker: Beecham's Orchestra hat die englischen Erstaufführungen von Strauss' *Salome* und *Elektra* gespielt, ebenso vor drei Jahren *The Wreckers* von Ethel Smyth – er hält das Werk für eine der besten englischen Opern der Zeit. Jetzt aber hört Beecham eine ganz andere Musik. «March, march, swing you along, wide blows our banner, and hope is waking …», schallt es zwischen den Mauern, ein Frauenchor, ohne Begleitung. «Ich kam in den Haupthof des Gefängnisses, um den herum die noble Gemeinschaft der Märtyrerinnen marschierte und inbrünstig ihr Kriegslied sang, während die Komponistin, aus einem der Fenster weiter oben sie anfeuernd, in schier bacchantischer Raserei mit einer Zahnbürste den Takt schlug.»

50 Kilometer nordwestlich von London herrschen im Frauengefängnis von Aylesbury ganz andere Zustände. Die Lockerungen, die den Inhaftierten von Holloway offenbar zugestanden werden und laut «Rule 243a» auch zustehen – eine Art unausgesprochener Anerkennung politischer Gefangener –, gelten dort nicht. Keine Bücher, kein Strickzeug, kein gemeinsames Arbeiten. 25 Frauen gehen am Karfreitag in den Hungerstreik und werden so brutal zwangsernährt, dass der Vorgang auch im Parlament zur Sprache kommt. Am 15. April sieht sich Innenminister Reginald McKenna im Unterhaus einer scharfen Befragung ausgesetzt. Die *Times* meldet das am Tag darauf, nebst einer Resolution zur Anerkennung politischer Gefangener. Der entwürdigende Umgang mit «Suffragist Prisoners» wird im Blatt zunehmend kritisch gesehen.

Eine ganz andere, weitaus umfangreichere Nachricht überrascht die Leser an diesem 16. April 1912 ein paar Seiten weiter unter der Überschrift «TITANIC SUNK. TERRIBLE LOSS OF LIFES FEARED. COLLISION WITH AN ICEBERG.» Das größte und modernste Schiff der Welt, am vorigen Mittwoch in Southampton zur Jungfernfahrt gestartet, ist am Montagmorgen um 2.20 Uhr in der eisigen See gut 2000 Kilometer östlich von New York versunken, und mit ihm, wie sich bald herausstellt, 1514 der mehr als 2200 Menschen, die als Passagiere und Besatzungsmitglieder an Bord waren.

*

Ein duftender Garten, hangabwärts, zwischen den Blättern kann man weit nach Osten blicken, über den Bogen der Seine hinweg auf Paris. Es sind von dort, von der Gare Montparnasse, nur 20 Minuten mit dem Zug, mit dem die Debussys gekommen sind an diesem heißen Sonntag, 1. Juni 1912. Chouchou ist jetzt sechs Jahre alt, ein großes Mädchen neben Nicolette und Ninette, mit denen sie im Haus spielt. Ein unprätentiöser, geräumiger Bau an der rue des Capucins in Bellevue, den Louis Laloy vor drei Jahren mit seiner Familie bezog, groß genug für eine fünfköpfige Familie, für Tausende von Büchern und den Pleyel, an dem meist seine Frau Susanik spielt, ausgebildete Konzertpianistin. Debussy ist gern hier, manchmal nur zum Bridge. Er unterhält sich mit Laloy, dem zwölf Jahre Jüngeren, ebenso gern, wie er mit ihm schweigt, nachdenkt, bis einer von ihnen wieder etwas sagen möchte. Mitunter lassen sie auch Kastendrachen steigen.

Nie prunkt Laloy mit dem Wissen, das sich hinter seiner ruhigen Miene versammelt. Als Spross des gebildeten Bürgertums an der Saône, einer Familie, die ihre Wurzeln bis ins Mittelalter zurückverfolgen kann, könnte ihn in der durchaus hierarchisch sortierten französischen Republik eine Kluft trennen vom Sohn eines kleinen Geschirrhändlers, und sei der noch so berühmt – doch zwischen Laloy und Debussy existiert sie nicht. Laloy hat 1902 zum *Pelléas* Worte gefunden, in denen Debussy sich verstanden sah wie sonst nirgends, seitdem sind sie befreundet. Der Jüngere hat selbst Komposition studiert und Literatur, er hat promoviert über die Musik der griechischen Antike. Selbst die Kommilitonen an der elitären École normale supérieure gestanden, dass «die Intelligenz dieses scheuen Aristokraten ohnegleichen ist». Sprachen fliegen ihm zu, das Russische wie das Chinesische. Sein Freund Romain Rolland, dem er 1906 auf den Lehrstuhl für Musikgeschichte an der Sorbonne folgt, berichtet vom regen Austausch, den Laloy mit dem demokratisch gesinnten Sun Yat-sen in dessen Muttersprache geführt habe, als dieser in Paris weilte.

Der Besuch des chinesischen republikanischen Komitees liegt jetzt, Anfang Juni 1912, gut zwei Monate zurück, und es war wohl auch Laloy, der das Treffen der Chinesen mit mehr als dreihundert französischen Politikern, Künstlern, Wissenschaftlern mitorganisierte, über das er im *Journal des Débats* berichtet. Nach 2133 Jahren dynastischer Ordnung ist aus dem halb taumelnden, halb reformierten Kaiserreich China fast über Nacht eine Republik geworden – vorübergehend. Dr. med. Sun Yat-sen, seit Studientagen in der britischen Kolonie Hongkong ein westlich geschulter Revolutionär, hat sie mit herbeigeführt, ist aber nach sechs Wochen als provisorischer Präsident bereits entmachtet worden oder hat, wie er diplomatisch erklärt, «freiwillig einem Platz gemacht, der fähiger sei als er, den Schwierigkeiten der Stunde zu begegnen» – also jenem General Yuan Shikai, der China dann in eine erste Diktatur führt.

«Spätestens um vier wird er da sein, denke ich», sagt Laloy, während sie im Garten herumschlendern, «ich habe ihn gebeten, sein neues Stück mitzubringen.» «Hoffentlich muss er es nicht diesem Affen zum Fraß vorwerfen.» «Sie meinen Nijinsky? Ach, er zieht die Leute in Scharen in Ihren *Faun*, vergessen Sie das nicht.» «So wie er das macht, hat es mit meiner Musik nichts zu tun. Steife Bewegungen von Scherenschnittfiguren und am Ende eine Obszönität ...» Laloy lacht leise. «Sie haben die *débats* von heute noch nicht gelesen? Es wird eigens vermeldet, dass Nijinsky seine Geste neuerdings unterlässt und dass es dafür Applaus gab.» Im hautengen Trikot hatte der männliche Star der *Ballets Russes* den Schleier einer der Nymphen, denen er als Faun nachstellte, an sich gebracht, sich zärtlich darauf ausgestreckt und, bei fallendem Vorhang, eine Hand zu seinen Lenden geführt.

Unerhört! Cocteau war natürlich begeistert, Diaghilev auch, Impresario der compagnie und Liebhaber seines 24-jährigen Stars. Der Chefredakteur des *Figaro* hat protestiert gegen die «animalische Gegenständlichkeit»; der 61-jährige, berühmte Bildhauer Auguste Rodin hat dagegen Nijinsky in *Le matin* gefeiert: «Seine Schönheit reicht an die antiker Fresken und Bildhauerei heran.» Das Publikum strömt so oder so ins Châtelet.

Seit drei Jahren sind die russischen Ballette eine Attraktion in Paris, und ihnen verdankt Debussy auch die Freundschaft mit dem jungen Russen, auf den er mit Laloy wartet, ein Komponist, der den um zwanzig Jahre Älteren schätzt, wenn nicht gar bewundert. Im April dieses Jahres erlebte Debussy *Pétrouchka*, die jüngste Ballettmusik von Igor Strawinsky. «Es gibt da *sûretés orchestrales*, eine Unfehlbarkeit des Orchesters, wie ich sie sonst nur im *Parsifal* gefunden habe», hat er ihm geschrieben. «Sie verstehen, was ich damit sagen will, da bin ich sicher. Sie werden noch viel weiter gehen als in *Pétrouchka*.» Noch keinem Kollegen hat er solche Zeilen geschrieben wie diesem 30-Jährigen, der fließend französisch spricht und schreibt, wie das in gebildeten russischen Familien üblich ist. «Er ist kein Angeber», findet Debussy, und, was mindestens genauso wichtig ist, Strawinsky versteht sich bestens mit Chouchou. Er ist selbst schon Vater eines fünfjährigen Sohnes und zweier Töchter, die in diesem Jahr zwei und vier Jahre alt werden.

Das würde man nicht unbedingt erwarten, wenn man ihn nicht kennt, diesen kleinen und schmalen, bartlosen, jungenhaften Mann, der nun in den Garten tritt, nicht erst um vier Uhr, sondern kurz nach zwei, die beiden Freunde sieht – durch die dünnrandige Brille, die er stets trägt – und mit ausgestreckten Armen gleich auf Debussy zueilt, um ihn zu umarmen. Der massige Ältere blickt über Strawinskys Schulter zu Laloy hinüber, gerührt, hilflos, amüsiert zugleich. Dann erst begrüßt Strawinsky den Gastgeber: «Monsieur Laloy, ich komme, wie Sie gewünscht haben, in Begleitung», sagt er, «das Opfer liegt schon auf Ihrem Flügel. Aber es wäre mir lieb, wenn ich es nicht alleine exekutieren müsste. Damit habe ich schon Pierre Monteux einen Schrecken eingejagt, der es dirigieren soll. Cher ami ...», er sieht Claude Debussy an, «darf ich um Ihren Beistand bitten? Es gibt eine Fassung zu vier Händen, eine vorläufige.»

Sie gehen hinauf zum Haus, und im Salon versammeln sich Zuhörer um den Pleyel, Laloys Frau, Emma Debussy und Chouchou, auf dem Boden kauernd. Laloy steht zum Umblättern bereit. Um die Kleinen kümmert sich die Bonne. «LE SACRE DU PRINTEMPS» steht in roter Tinte auf dem Deckblatt, auch auf Russisch: Весна священная. Es gibt nicht sehr viele, denen es zuzumuten wäre, prima vista zu spielen, was Strawinsky da mitgebracht hat. Aber es ist eine gestochen scharfe Handschrift, «nicht meine», sagt der Komponist, «den ersten Teil hat der Kopist geschrieben, im zweiten müssen Sie mit meiner Schrift vorliebnehmen. Mesdames, ist es mir gestattet, den Kragen abzunehmen?»

Debussy legt seine schwarze Sonntagskrawatte nicht ab. Er setzt sich auf den linken der beiden Schemel und späht in die Noten. «Ist das eine Oboe, mit der Sie beginnen?», fragt

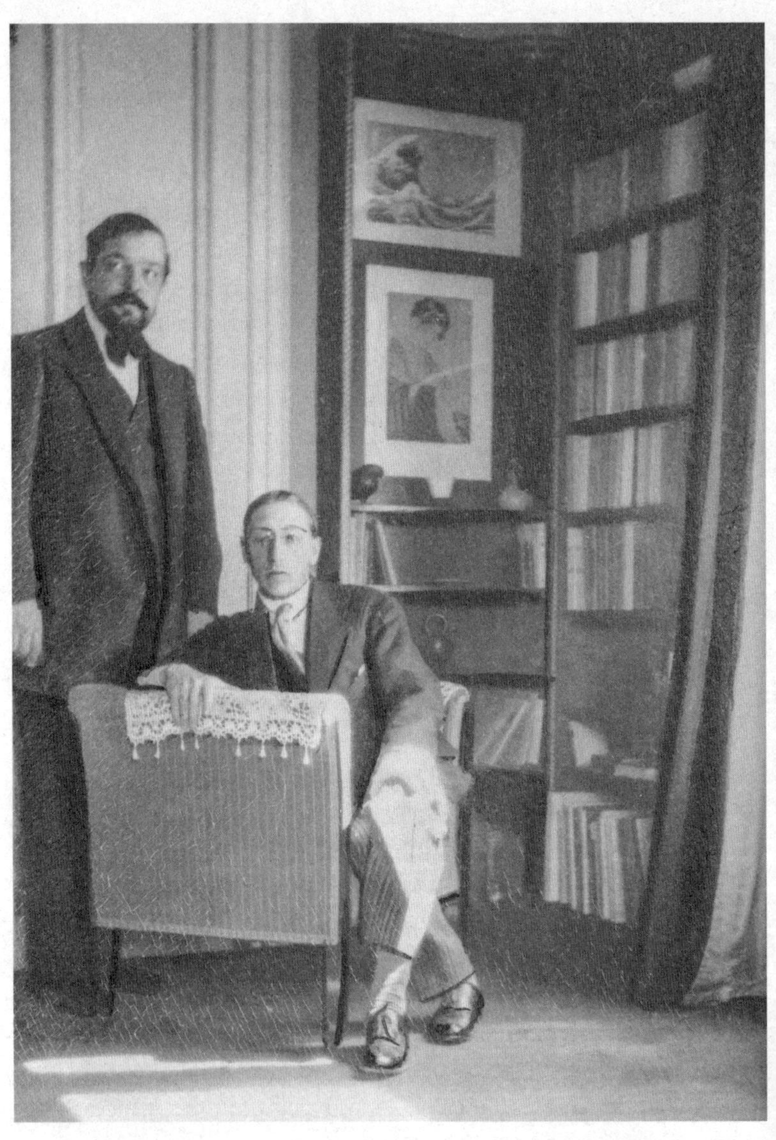

Schon im Juni 1910, nach dem Triumph des «Feuervogel»-Balletts in Paris, war Igor Strawinsky zu Gast bei Claude Debussy. Erik Satie fotografierte die beiden. Oben rechts: Hokusais Farbholzschnitt «Die große Welle», den Debussy für das Deckblatt von «La Mer» wählte.

er. «Nein, Fagott.» Der Ältere fragt sich im Stillen, welcher Fagottist ein C in dieser hohen Lage spielen könnte. «Und Sie», ergänzt Strawinsky, «beginnen im Horn, dann kommen Klarinetten dazu ...»

Chouchou findet es zuerst sehr einfach. Ihr Vater braucht nur die rechte Hand und spielt ganz gelassen, während der schmale junge Monsieur Strawinsky, vorgebeugt, fast mit seinen Blicken die Noten zu durchstechen scheint. Aber bald wird es auch für Papa nicht mehr so gemütlich, und Chouchou versteht gar nichts mehr in dem Kuddelmuddel. Sie möchte gerade weggehen, da ruft Strawinsky «Oboe!» und spielt irgendwelche Fanfaren, während Papa mit der Rechten trillert wie ein Wahnsinniger, dann aber spielt er ganz stur sehr gleichmäßige Töne, und Strawinskys Hände wüten ganz rechts, oben, auf dem Klavier herum, als würden sich Vögel zanken, bis wieder die einfache Stelle kommt, wie am Anfang.

Aber diesmal geht es anders weiter, mit einer Art Klopfen der Töne, dann ruft Strawinsky «Rideau!», Vorhang, legt kurz die Hände in den Schoß und sieht zu, wie sein Kompagnon taktelang nur Achtelakkorde drischt, mit beiden Händen und mit komischen Akzenten, das erinnert Chouchou an einen Tanzbären im Bois de Boulogne, und dann versteht sie alles: Wie die verrückten streitenden Vögel um den Bären herumfliegen und er sich von der Kette des Bärenführers losreißt und hinter zwei Radfahrern herläuft, die panisch in die Pedale treten, und Leute schreien, Automobile hupen, dann haut der Bär, oder ihr Papa, auch noch eine Trommel kaputt, und plötzlich schwebt von oben eine gute Fee herbei oder so etwas, die beiden Männer schlagen ein paarmal furchtbar wütend in die Tasten, gleichzeitig, dann ist Ruhe, Papa spielt etwas Ruhiges und Tiefes, allein, «sostenuto, Streicher», sagt Strawinsky leise, Debussy bremst ab, spielt langsamer, dunkler, das Licht wechselt, man ist woanders ... nicht hier, vielleicht in Russland?

Debussy war einmal dort, vor fast dreißig Jahren, mit achtzehn, neunzehn, als er «Bussik» war, Reisepianist der steinreichen Nadeschda von Meck, und mit ihr vierhändig vom Blatt spielte, nicht nur Klavierpartien, auch direkt aus der Partitur von Tschaikowskys *Vierter Sinfonie*, die ihr gewidmet war: «Er spielt wunderbar vom Blatt, das ist seine einzige und umso größere Stärke. Er liest eine Partitur, sogar Ihre, mit einem Blick», hat sie über ihren «Bussik» an Tschaikowsky geschrieben, den sie seiner Musik wegen liebte. Nadeschda von Meck war in jeder Hinsicht unabhängig, seit ihr Mann, ein Baron und Eisenbahnmillionär, einem Herzanfall erlegen war – infolge der Entdeckung, dass die Mutter seiner elf Kinder eine Affäre mit seinem Sekretär hatte.

Mit ihren jüngeren Kindern und einer Armee von Dienern und Lehrern reiste sie, wohin sie wollte. Am Pariser Conservatoire hatte sie sich 1880 nach einem brauchbaren jungen Pianisten erkundigt, und Antoine Marmontel, bei dem Debussy studierte, seit er zehn Jahre alt war, empfahl ihr Achille – erst zehn Jahre später entschied sich Debussy für seinen zweiten Namen Claude. Aus der Zweizimmerwohnung in der Nähe der Gare St. Lazare, in der Debussy mit Eltern und Geschwistern lebte, sah er sich in die Welt der Reichen katapultiert. Vom schweizerischen Interlaken ging es mit russischer Entourage nach Südfrankreich, dann über Paris, Genua und Neapel nach Florenz, wo man in der Villa Oppenheim Fuß fasste. In nächtelangen Séancen musste «mein kleiner Franzose», wie von Meck ihn in einem Brief an Tschaikowsky nennt, mit zwei russischen Musikern die gesamte verfügbare Literatur für Klaviertrio zur Erbauung der Familie darbieten, komponierte selbst ein Stück für diese Besetzung – und schied unter Tränen.

Im folgenden Jahr aber rief Frau von Meck ihn ins Zarenreich, nach Moskau und auf ihre gewaltigen Ländereien südlich dieser Stadt. Für ein paar Wochen des Jahres 1881 hat der neunzehnjährige Debussy aus der 3. Französischen Republik etwas vom vorrevolutionären Russland der Besitzenden erlebt, in dem ein Jahr später Igor Strawinsky zur Welt kam.

Und nun sitzen beide hier in Bellevue und rasen am Pleyel dem zweiten Teil des *Sacre* entgegen. Erst zwölf Minuten ist es her, seit Strawinsky im schmalen, singenden, fein leuchtenden Klang des Pleyel das Fagottsolo gespielt hat. Aber wenn es eine Musik gibt, die jegliche Zeitmessung als unzulängliches Provisorium bloßstellt, eine Musik, auf die Henri Bergsons Idee der *durée*, der nicht auf Punkte zu bringenden inneren Dauer allen Geschehens, aller Gedanken, geradezu gewartet hat, dann ist es diese. Mit Achteln, Sechzehnteln, Triolen zugleich donnern die Pianisten auf den Doppelstrich zu und scheinen ihn zu durchschlagen, es ist kein Schluss, kein Abbruch. Was da entfesselt ist, kann nicht aufhören. Trotzdem ist nun der erste Teil zu Ende.

Madame Laloy geht kurz hinaus, um nach ihren Töchtern zu sehen und ihrem Jüngsten, Jean, der zwei Monate alt ist. Während Debussy nun doch seine Krawatte abnimmt, sich den Schweiß von der Stirn tupft und Chouchou zulächelt, die neben ihn getreten ist, macht Strawinsky ein paar Korrekturen, eilig die Seiten wendend. Fehlende Vorzeichen ergänzt er, ein paar Crescendi, und über das Motiv im «Jeu du rapt» schreibt er eine Acht, der eine Linie über drei Takte folgt – das muss eine Oktave höher gespielt werden, wie es später auch Holzbläser und Piccolotrompete tun werden, damit es schrill heraussticht, dieses 23-Achtel-Thema der Jagd, der Entführungsspiele – vielleicht wird schon hier das junge Mädchen gegriffen, das später das rituelle Opfer ist.

Das war seine erste Vision, schon vor mehr als zwei Jahren, als er noch am *Feuervogel* arbeitete, «die Vision einer großen heidnischen Feier: alte weise Männer sitzen im Kreis und schauen dem Todestanz eines jungen Mädchens zu, das geopfert werden soll, um den Gott des Frühlings günstig zu stimmen.» Völlig unerwartet, erinnerte sich Strawinsky später, habe ihm dieses Bild vor Augen gestanden, es bewegte ihn stark, er dachte gleich an ein Ballett – was ein Jahr früher so undenkbar gewesen wäre wie die Musik, die daraus wurde.

Bis zum Februar 1909 war Igor Strawinsky eine unauffällige Gestalt aus besseren Kreisen, ein junger Familienvater, 26 Jahre alt, den man eher als Sohn des großen, früh verstorbenen St. Petersburger Opernsängers Fjodor Strawinsky zur Kenntnis nahm denn als Komponisten. Nach dem Tod des Vaters war Nikolaj Rimski-Korsakow ein Ersatzvater geworden, bei dem der 20-jährige Igor Unterricht nahm. Rimski war ein freundlicher, offener, mittlerweile akademisch gesinnter Komponist vom Jahrgang 1844, der den Autodidakten die klassischen Formen lehrte und das Orchestrieren. Mit 25 Jahren legte Strawinsky sein Gesellenstück vor, eine Es-Dur-Sinfonie im Schatten Tschaikowskys mit einem Hauch *Meistersinger*, im selben Jahr, als Katja das erste Kind bekam. Er hatte seine Cousine geheiratet und einen Sommersitz dort errichten lassen, wo sie schon als Teenager die Sommer auf dem Gut von Igors Onkel, Katjas Vater, verbracht hatten, klavierspielend, Tolstoj lesend, Tschechow aufführend, Himbeeren sammelnd, in Ustilug, Ukraine, im Südwesten des Zarenreiches.

Für die Musik der westlichen Moderne interessierte man sich in Russland zusehends; für Komponisten kamen die wichtigsten Impulse aus Frankreich. Doch zuerst wurden die Zeitgenossen, Franck, Dukas, Fauré, Debussy, nur in kleinen Zirkeln gespielt, in kleinen Besetzungen. Immerhin hörte sich auch Rimski das mit seinem Schüler an, riet ihm danach aber von Debussy ab: «Es ist besser, diese Musik gar nicht zu hören, denn man setzt sich sonst der Gefahr aus, sich an sie zu gewöhnen, und schließlich liebt man sie womöglich.» Strawinsky reizten die neuen Farben, er probierte sie in zwei kleinen Orchesterstücken aus. Die konnte Rimski nicht mehr hören; er starb im

Sommer 1908. Das *Scherzo fantastique* wird am 6. Februar 1909 – in Russland ein gregorianischer 24. Januar – in St. Petersburg uraufgeführt, nach der feierlich ausladenden, fast noch tintenfrischen *Ersten Sinfonie* von Edward Elgar und mit besten Kräften, mit dem Orchester jenes Mariinski-Theaters, an dem Igors Vater gesungen hat. Das Scherzo kommt gut an.

Im Publikum sitzt wohl auch der Mann, der kurz darauf Strawinsky belauscht, als er im Konservatorium die Klavierfassung des *Feuerwerk* spielt, drei Minuten rhythmisch markanter Musik in einer freien Harmonik französischer Farben. «Hinterher ließ er mir seine Karte bringen, mit der Bitte, ihn am nächsten Tag um drei Uhr nachmittags zu besuchen», erinnert sich Strawinsky. «Natürlich wusste ich, wo er sich aufhielt, jeder wusste das, also ging ich hin ...»

Bis vor wenigen Jahren hat Sergej Djagilew in St. Petersburg die *Welt der Kunst* geleitet, eine Kulturzeitschrift, die Russland als Teil Europas sieht, die über französische «Impressionisten» und die Wiener Sezession berichtet. Sergej Djagilew gilt als Alleskönner, seit er in Paris erfolgreiche Ausstellungen russischer Kunst und Konzerte mit russischer Musik organisiert hat. Strawinsky begibt sich in die Samjatin Pereulok, einen Katzensprung von der Newa entfernt; man lässt ihn in einer kleinen Eingangshalle warten. Er hört Gelächter hinter der Tür, die Zeit vergeht, er wird ungeduldig. Nach zwanzig Minuten steht er auf und geht zum Ausgang. Als er die Klinke ergreift, hört er hinter sich eine Stimme: «Strawinsky, придите, pridite, kommen Sie rein!»

Später wird er sich fragen, was geschehen wäre, hätte er die Tür zur Straße ein paar Sekunden früher erreicht und wäre gegangen. Er wäre womöglich nie aus Russland herausgekommen. Er hätte keinen *Sacre* geschaffen. Er hätte in diesem Jahr seine Oper *Die Nachtigall* vollendet und wäre später als sowjetischer Komponist im Schatten eines Schostakowitsch verblasst.

Vor dem 27-Jährigen steht ein massiver Mittdreißiger mit enormem Kopf, schwarz gefärbten, perfekt frisierten Haaren und schläfrigen Augen, von dezentem Parfümduft umgeben, die Weste offen unter geräumigem Jackett, und fragt ihn, was er von Chopin halte. Ob er sich vorstellen könnte – plötzlich sind Djagilews Augen groß, dunkel und äußerst lebendig –, ein, zwei Klavierstücke für Ballett zu orchestrieren, für die Truppe, die im Sommer in Paris auftritt. Ballett! Der selige Rimski wäre entsetzt. Ballettmusik ist unter der Würde eines ernsthaften Komponisten, Tschaikowsky hin oder her. Aber gut, er wird das machen. Djagilew ist nicht irgendwer, da vibriert etwas. Er macht es, Djagilew reist mit seinen Tänzern ab nach Paris, Strawinsky setzt sich wieder an seine *Nachtigall*. Im Herbst kommt ein Telegramm nach Ustilug, Djagilew ist zurück in St. Petersburg: Ob Strawinsky bereit sei, einen größeren Auftrag anzunehmen? Für Paris, Ablieferung März? Es geht, wie sich herausstellt, um das Märchen vom *Feuervogel*. Der junge Komponist willigt ein, obwohl er Angst hat, nicht fertig zu werden. Eine Dreiviertelstunde Musik in weniger als sechs Monaten! «Ich kannte damals meine Kräfte noch nicht.»

Das ändert sich schnell. Er lernt die Welt der Tänzer kennen, trifft Michail Fokin, den Choreografen und Solisten, dem er in dessen Wohnung Ideen und Skizzen vorspielt, während der Tänzer improvisiert, auf den Flügel klettert, hinunterspringt, auf dem Boden kriecht, als Zarewitsch und in allen anderen Rollen, böser Zauberer, Prinzessin ... Neben dem, was Strawinsky von nun an komponiert, wirken seine kleinen Orchesterstücke wie gemalte Äpfel neben einem wahrhaftigen, lebenden Baum, in dem bereits *Le sacre* keimt. Im Juni 1910 reist er den Tänzern nach zu den Proben für *L'oiseau de feu* in Paris, wo er am Tag vor seinem 28. Geburtstag in der Gare du Nord aus dem Zug steigt.

Die Uraufführung des *Feuervogel* in der Opéra ist so triumphal, dass sogar der zurückhaltende Claude Debussy zum Gratulieren hinter die Bühne kommt. Der kleine Russe ist der Mann der Stunde; er lernt nun alle kennen, die diese Stadt noch immer zu einer «Spitze der Welt» machen, wie Heinrich Heine sie schon nannte. Die Komponisten Maurice Ravel, Eric Satie, Manuel de Falla, Florent Schmitt, Reynaldo Hahn trifft er, auch Hahns Freund und früheren Geliebten Marcel Proust; weitere Schriftsteller sind André Gide, Paul Claudel, Gabriele d'Annunzio. Neben der Atmosphäre, dem Austausch hier kommt ihm St. Petersburg wie ein Laufstall vor, er denkt an Emigration. Als Serge Diaghilev – so heißt Djagilew in Paris – Zusatzvorstellungen für den *Feuervogel* ansetzt, reist Strawinsky zu seinem Sommersitz in Ustilug, bleibt dort zwei Tage und kommt zur letzten Vorstellung mit der ganzen Familie zurück an die Seine.

«Ganze Familie» heißt in diesem Fall: die erneut schwangere Katja mit zwei Kindern von drei und eineinhalb Jahren, Igors 55-jährige Mutter Anna und sein jüngerer Bruder Guri, Bertha Essert, die stämmige deutsche Gouvernante, die schon Igors Kindertage behütet hat, die strenge Baba Sonja, Katjas ebenso altgediente Pflegemutter, dazu Katjas Schwester Ljudmila mit ihrer Familie. Natürlich kommt diese zwölfköpfige Reisegesellschaft nicht wegen einer einzigen Vorstellung des *L'oiseau de feu*; sie fährt danach zur Sommerfrische in die Bretagne. Von dort reisen die Strawinskys nach Lausanne am Genfer See, wo Swjatoslaw zur Welt kommt, dann ins nahe Clarens, in die Villa Les Tilleuls.

Er kann von da aus, herausragend aus den Bergen hinter dem jenseitigen Ufer des Sees, den Montblanc sehen und, auf seinem Schreibtisch, ein Foto von Claude Debussy, das der ihm geschenkt hat. Unter dessen Augen schreibt er nun keineswegs das Stück, mit dem Djagilew gerechnet hat, begeistert von der Vision jenes heidnischen «großen Opfers», von dem der Komponist ihm erzählte. Es ist, als weiche Strawinsky dem Stoff aus; er hat sogar die Notizen verloren, die er sich dazu mit einem befreundeten Maler und Kenner der russischen Frühzeit machte. Stattdessen: Kasperltheater, Jahrmarkt! Ein Drama von Gliederpuppen, die lebendig geworden sind, rund um den tölpelhaften Helden Petruschka, der dem neuen Ballett seinen Namen gibt. Klar voneinander abgesetzte Tableaus von kinderleichter Eindeutigkeit, zugleich ein Labor, in dem Strawinsky alles, was der *Feuervogel* an orchestraler Fantasie hat explodieren lassen, alle Körperlichkeit der Klänge und Komplexität von Überlagerungen zu einer neuen Klarheit bringt. Mit der Verwandlung der Gliederpuppe in einen Menschen verwandelt Strawinsky das Orchester der Spätromantik in sein eigenes Instrument. Aber dabei bleibt es nicht.

«Sie werden noch viel weiter gehen ...» Als ihm Debussy das zu *Pétrouchka* schreibt, im April 1912, ein Dreivierteljahr nach der wiederum triumphalen Uraufführung dieses Werkes bei den Pariser *Ballets Russes*, ist Strawinsky schon mittendrin in einem großen Sprung, für den er noch einmal Anlauf auf heimatlichem Boden genommen hat. Bei Smolensk gibt es ein Zentrum für russische Volkskunst, finanziert von der Gattin des Oligarchen, dem alle Dampfer auf der Wolga gehören. Hier sammeln im Sommer 1911 der Komponist und der Bühnenbildner Nikolas Roerich, Lebensphilosoph und Experte für ethnische Kunst, Material für das «heidnische Russland», in dem *Das große Opfer* stattfinden soll. Strawinsky notiert sich ein paar Volkslieder und entwirft mit Roerich die Geschichte von einem Frühlingsfest russischer Stämme, an dessen Ende sich ein Mädchen zu Tode tanzen muss.

Im August 1911 erteilt ihm Djagilew den Auftrag. 8000 Rubel, was rund 150 000 Euro entspricht. Schon im nächsten Februar hat Strawinsky den ersten Teil dessen als Reinschrift abgeschlossen, was inzwischen *Les Sacres du Printemps* heißt, dann skizziert er den zweiten Teil, am Genfer See und auf Reisen, in Monte Carlo – inzwischen das Basislager der Tänzer – auch mal auf einer Restaurantrechnung, vielleicht nach der Klaviervorführung, an die sich Pierre Monteux erinnert. Monteux hat *Pétrouchka* dirigiert und ist jetzt fester Dirigent der Truppe. Serge Diaghilev führt ihn in einen winzigen Probenraum, wo Strawinsky am Klavier sitzt. «Er hatte gerade erst angefangen, da war ich schon sicher, dass er komplett wahnsinnig war», erinnert sich Monteux. «Ohne die Orchesterfarbe, die eine seiner größten Stärken ist, wurde die Rohheit des Rhythmus deutlich, die Primitivität. Die Wände wackelten, als Strawinsky hämmerte, gelegentlich mit den Füßen stampfend, auf und nieder springend (...). Mein einziger Kommentar danach war, dass diese Musik sicherlich Skandal machen würde.»

Jetzt, in Laloys Haus, einen Monat nach den Proben in Monte Carlo, agiert er nicht so wild. Er muss ja nicht alleine am Klavier die Wucht eines ganzen Orchesters ersetzen, von dem er keineswegs schon in allen Takten weiß, wie er welches Instrument einsetzen wird. Debussy ist ein ausgezeichneter Partner, souverän und aufmerksam, nicht verschlossen, wie er sonst oft wirkt, und so beweglich seine großen, weichen Hände sind, solche Ruhe strahlt er aus. Chouchou ist es aber ein bisschen zu ruhig, was sie jetzt spielen, nach der kleinen Pause, und ein bisschen zu unheimlich.

Eine Spannung baut sich auf, die einen weiteren Bogen hat als die Abenteuer zuvor. Noch immer spielen die beiden Klavier, das ja, aber die Ruhe, die Weite, die sie erzeugen, breitet sich um die beiden Männer aus, umfängt sie, auch den umblätternden Laloy, verwandelt sie, so als wären sie selbst ein Teil all der Weiten und Hügel und Nebel, als würden ihre Hände bewegt wie Blätter im Wind ...

Wie sie dann wieder zupacken, das kann Chouchou selbst vom Garten aus hören, wohin sie geflohen ist. Es kommt ihr

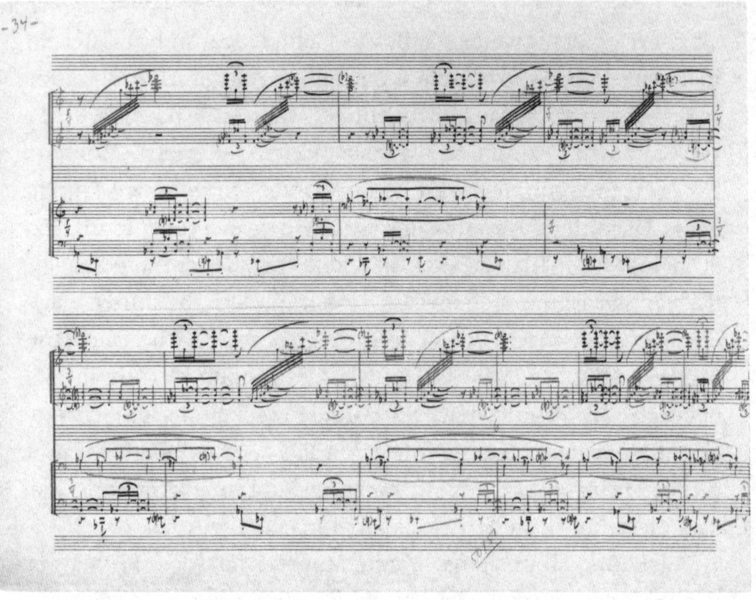

Chouchou ist es ein bisschen zu unheimlich, was sie jetzt spielen: «Le Sacre du Printemps», Passage aus der Introduktion des zweiten Teils in der Fassung für Klavier zu vier Händen in Igor Strawinskys penibler, schöner Notenschrift.

vor, als geschehe etwas Schreckliches da im Haus. Und dann ist es still. Sie geht zur Terrassentür, es ist still, kein Ton mehr, aber auch kein Applaus, nichts.

Die Erwachsenen sitzen und stehen um das Klavier herum, Emma lächelt ihrer Tochter zu wie von einem anderen Ufer. «Wir waren stumm», schreibt Laloy fünfzehn Jahre später, «niedergestreckt wie von einem Orkan, der vom Beginn der Zeiten gekommen war, um unser Leben an den Wurzeln zu ergreifen.»

Strawinsky schwankt ein bisschen, als er aufgestanden ist. Debussy legt ihm kurz die Hand auf die Schulter. Dann wendet der Jüngere sich rasch wieder zu den Noten und blättert zurück, um etwas zu korrigieren. «Fagott?», meint Debussy mit Blick auf die einsame Basslinie am Beginn der «Action Rituelle». «Nein, sicher nicht. Sie setzen ein Fagott nicht da ein, wo es jeder andere tun würde. Englischhorn?» «Sie sagen es!» Strawinsky lächelt, jetzt entspannt er sich. «Und die Begleitung, haben Sie sie erkannt?» Er spielt im Stehen die Akkorde, D-B-Ges-Es-F, «Pizzicato, Streicher tutti!», dann wechselt er die Töne, As-Es-Ces, von Ces zu C, singt ein Motiv dazu. Debussy reißt die Augen auf. «Das kennen Sie?» Es ist das «Modéré» aus seinen eigenen *Fêtes* für Orchester. «Natürlich, cher Maître. Und bitte, was schlagen Sie hier vor?» Strawinsky zeigt auf die nächste Seite, rechts oben, linke und rechte Hand des ersten Spielers im unisono. «Das habe ich mich eben schon gefragt. Eine Oktave auseinander ...» «... und piano!» «Oboe und ... nein, keine Oboe gleich nach dem Corno inglese. Trompete, warum nicht. Zwei gestopfte Trompeten.»

Strawinsky starrt ihn an, dann spielt er zwei Takte im Stehen. «Darf ich Sie bitten, noch einmal zwei Takte vorher zu beginnen?» Sie setzen sich, Debussy spielt langsam rotierende Sechzehntel, Altflöte, sein Kollege setzt ein, spielt die fünf Takte des Themas, bricht ab. «Nicht eine Oktave. Zwei Oktaven werden das! Wissen Sie, ich hatte tatsächlich an eine Oboe gedacht, und eine Trompete in F. Aber zwei gestopfte C-Trompeten sind besser, und noch darunter: Basstrompete! Gut.» Er springt auf, holt ein Heft aus seinem Jackett und macht eine Notiz. Die Linie im Bass wird sich mit der sanften Unerbittlichkeit des Metrums in den Hörnern und Fagotten verschränken, das ist grausamer.

Unterdessen hat Debussy den ersten Teil aufgeblättert und spielt noch einmal die Achtelakkorde, tam-tam-tam-tam, tam-tam-tam-tam, tam-BAM-tam-BAM, tam-tam-tam-tam ... «Das mag ich», sagt Chouchou, «das ist der Bär.» «Der Bär?» «Was für ein Bär?», fragt auch Strawinsky. «Das sind die Vorzeichen des Frühlings, meine liebe Chouchou, die Tänze der Mädchen … aber vielleicht ist auch ein Bär da, und sie sehen ihn nicht.» «Ich sehe ihn!» «Ich habe absolut keine Idee, wie Sie das instrumentieren wollen», meint Debussy und wiederholt prüfend den dichten, dissonanten Klang, Fes-As-Ces-Fes-G-B-Des-Es. «Für Klavier ist es perfekt! Im *Pétrouchka* haben Sie ja auch eines …» «Hier nicht. Es gibt auch keine Celesta, keine Harfe. Den Akkord spielen die Streicher. Und auf den Akzenten auch die Hörner.» «Dann brauchen Sie … acht Hörner?» «Warten Sie.» Strawinsky eilt zu seiner großen Aktentasche und kommt mit einem Blatt zurück, der Liste der Instrumente. «Vorläufig, fürchte ich. Mehr als acht Hörner werden es nicht. Aber noch eine Tuba, Tamtam, kleine Pauke … vielleicht auch noch eine zweite Bassklarinette …» «… und ein zweites Kontrafagott?» «Ja. Dann wäre in den Rondes printanières die Quinte im Bass komplett.» Debussy legt seiner Tochter den Arm um die Schultern. «Chouchou, ich glaube, wenn das Orchester spielt, werden die anderen ihn auch sehen, deinen Bären.»

*

Diesmal ist sie im Hotel Kummer abgestiegen, einem schlanken, weißen Bau von 1870, historistisch über alle fünf Etagen hinweg, Freisäulen, Figuren, Balustraden, ein Schmuckstück an der Mariahilfer Straße. Kummer hat sie wahrhaftig nicht. Endlich hat ganz Wien ihre Musik gehört, gestern, am 4. November 1912 im großen Saal des Musikvereins, es blieb den maßgeblichen Leuten auch gar nichts anderes übrig. Sie weiß ganz gut, dass sie nicht vor allem ihretwegen kamen, aber ihretwegen schon auch. Sie hat inzwischen eine gewisse brisante Berühmtheit erlangt, als «Composer and Suffragist», als «Kombattantin der englischen Suffragetten», als die Komponistin, die für das Wahlrecht ins Gefängnis ging. Im *Neuen Wiener Journal* nennt man sie sogar «Führerin der Suffragetten». Mit einem Stirnrunzeln liest sie, was der eifrige Journalist, der sie nach dem Konzert im Künstlerzimmer aufsuchte, aus dem Gespräch gemacht hat. Wenigstens steht da, dass sie «bei uns einen großen Erfolg erzielt» habe, «als Schöpferin einiger interessanter Kompositionen». Wieder und wieder hat man sie auf das Podium gerufen, ehe das Orchester des Musikvereins ein noch unbekanntes, spätes Werk von Gustav Mahler spielte. Bruno Walter, ihr treuer Freund und Bewunderer, hat am 4. November 1912 erstmals in Wien das *Lied von der Erde* dirigiert, sechs ausgreifende, melancholische, verzweifelt schöne Gesänge mit Orchester, die Mahler im Sommer 1908 geschrieben hat.

«Gerade so», will der Journalist des *Neuen Wiener Journals* von Ethel Smyth gehört haben, «wie die Balkanstaaten sich endlich aufgerafft haben, um das Joch, das ihnen die Türkei auferlegt hat, abzuschütteln, so müssen auch wir [die Suffraggetten] so lange gegen die Regierenden ankämpfen, bis sie nachgeben.» Gerade so? Blutvergießen ist gerade nicht das Modell der Kämpferinnen für das Frauenwahlrecht, als deren harmloseste die Komponistin sich hier darstellt: Sie habe nur «einen Stein in eine bereits zertrümmerte Scheibe geworfen. Aber ich wollte ins Gefängnis kommen, denn das hat unserer Sache genutzt.»

Ethel hat keineswegs ein gutes Gefühl, als sie, im Tee rührend, die Meldungen überfliegt, die die ganze gegenüberliegende Seite füllen. «Vorsichtsmaßnahmen der deutschen Konsulate in Konstantinopel und Saloniki. Zwei Dampfer für die Fortschaffung der Deutschen gemietet. Unterstützung der Griechen und Bulgaren durch serbische Truppen. Gemeinsamer Angriff gegen Saloniki. Der Vormarsch gegen Konstantinopel. Die Verbindung der mazedonischen Armee mit der von Adrianopel abgeschnitten. Der Rückzug der türkischen Ostarmee nach Tschataldscha. Adrianopel von allen Seiten zerniert. Gostivar von den Serben besetzt. Der griechische Vormarsch gegen Saloniki. Jenidze nach hartem Kampf genommen. Die Kämpfe um Skutari. Die Einkreisung vollendet.»

Etwas gerät aus der Kontrolle in diesen Wochen. Schon jetzt haben mehrere Zehntausend Soldaten aus fünf Nationen das Leben verloren, und keineswegs nur Soldaten. Bulgaren, Serben, Montenegriner, Griechen, Türken. Wer hätte mit so etwas gerechnet, als vor gut einem Jahr, gleichsam aus heiterem Himmel, aus dem blauen Himmel über der Libyschen Wüste, das Königreich Italien die westlichste Region des Osmanischen Reiches besetzte, Tripolitanien?

Keine Provokation ging dem voraus. Beflügelt vom Wettlauf der Kolonisierung, träumend von der einstigen Größe des Imperium Romanum, inspiriert durch die französische Inbesitznahme Marokkos, nahmen die Italiener das Gebiet den Türken ab. Bequem konnten die Piloten ihrer Eindecker die gegnerischen Stellungen finden und einschätzen, auch U-Boote waren im Einsatz, modernste Technik. Das geschah mit Ermunterung von Großbritannien, Frankreich und Russland, der «Entente», und zur Sorge der Staaten, mit denen Italien immerhin verbündet ist – Deutschland und Österreich-Ungarn. Die unterhalten auch zu den Osmanen gute Beziehungen. Um die Sache nicht eskalieren zu lassen, bewegten sie Konstantinopel zum Friedensvertrag mit Italien. Das türkische «Joch» war bis dahin eher ein Stabilitätsgarant auf dem Balkan gewesen.

Doch gerade weil die Türkei einlenkt, sehen sich im Oktober 1912 die Regierungen von vier Balkanstaaten bestärkt, endlich Krieg mit dem Osmanischen Reich zu beginnen. Es erstreckt sich nach Westen bis hin zur Adria, begrenzt von Griechenland im Süden, von Montenegro, Serbien, Bulgarien im Norden. Griechenland wird politisch von Großbritannien und Frankreich unterstützt, Bulgarien und Serbien bilden einen Bund unter russischer Patronage, dem sich das winzige neue Königreich Montenegro anschließt. Lauter kleine Brüder jener

Großmächte, die verblüfft zusehen, wie schnell und brutal die türkische Herrschaft in Südosteuropa gebrochen wird.

Allein hinter der Überschrift «Rückzug der türkischen Ostarmee nach Tschataldscha» – das ist eine Verteidigungslinie 43 Kilometer westlich vor der osmanischen Hauptstadt Konstantinopel, später Istanbul – verbergen sich rund 25000 Tote und Zigtausende von Zivilisten auf der Flucht. An einer sechzig Kilometer langen Front haben in drei Tagen bis zum 2. November 22000 osmanische Soldaten das Leben verloren – nicht zuletzt durch die überlegenen Waffen der Bulgaren, die bald darauf auch erstmals spezielle Handgranaten aus Flugzeugen abwerfen. Maschinengewehre bringen es inzwischen auf 60 Schuss pro Sekunde. Geliefert werden die Waffen vor allem von Schneider-Creusot in Frankreich und Krupp in Deutschland, während die Großmächte selbst sich abwartend verhalten. Zu heikel ist die Balance ihrer Interessen, zu eng und zu lukrativ sind ihre wirtschaftlichen Verflechtungen miteinander.

Eine «Konflagration unter den Großmächten» liegt aber schon in der Luft, als Ethel am 5. November im *Neuen Wiener Journal* blättert. An diesem Tag unterschreibt der russische Zar einen Befehl, der die Zahl der Reservisten deutlich erhöht, in der Nähe der galizischen Grenze zu Österreich werden russische Einheiten aufgestellt – für den Fall eines österreichischen Vorgehens gegen Serbien. Der russische Kriegsminister plant, ganz im Gegensatz zum Ministerpräsidenten, sogar eine Teilmobilmachung – was freilich außerhalb jener engsten Kreise, in denen der Plan dann gestoppt wird, niemand weiß.

Vier Tage später kann Ethel der *Neuen Freien Presse* entnehmen, was der alte Korngold über sie schreibt, mit 51 Jahren so alt nun auch wieder nicht, sogar jünger als sie selbst. Er kann sich zwar nicht von der Überzeugung verabschieden, dass «Frauen die tiefere Gestaltungskraft versagt bleibt», hört aber «unheimliche Energie, düstere Herbigkeit, rücksichtsloses Emporheben des Charakteristischen über das Schöne» in den Chorwerken, mit denen Bruno Walter das Konzert eröffnet hat. «Satanisch» findet Korngold das knappe Frauenchorstück *Hey Nonny No*, das mit einer aktuellen Ansage aus dem 16. Jahrhundert beginnt – «Men are fools that wish to die» – und in ein fatalistisches Trinklied mündet. Vor allem widmet er sich natürlich dem *Lied von der Erde*.

Sein Musikfeuilleton zieht sich über den Fuß dreier Seiten hin wie ein Kontrapunkt zur Kriegsberichterstattung darüber. Unten erfährt man, dass Mahler im Jahr nach seinem Tod «der meistaufgeführte moderne Komponist» sei, oben sorgt sich der Leitartikler um die serbischen Kriegserfolge. Es werde schwierig sein, «dem vom Waffenruhme aufgepeitschten Volksgeiste eine Politik ruhiger Erwägungen abzutrotzen». «Die Verdunkelung des Bewusstseins in der Trunkenheit präludiert dessen völligem Verschwinden», schreibt Korngold über Mahlers *Der Trunkene im Frühling*; darüber werden Gerüchte von Massakern an Christen in Konstantinopel gemeldet, wo man entschlossen sei, «den Krieg bis zum Aeußersten fortzusetzen». Massaker gibt es in diesen Monaten tatsächlich, allerdings nicht an Christen in Konstantinopel, sondern überall da, wo nach Eroberungen Übergriffe und Plünderungen einsetzen. Sämtliche Kriegsparteien gehen mit einer Brutalität gegen Zivilisten vor, wie man sie so entfesselt zuletzt im Dreißigjährigen Krieg erlebte. Davon wissen die Zeitungen noch nichts. Nachricht des Tages: Die Griechen haben die Hafenstadt Saloniki eingenommen und sind damit den Bulgaren zuvorgekommen.

Und während Korngold über Smyth in wohlwollender Herablassung notiert, «die Damen des Chores applaudierten der tapferen Schwester», bringt oben ein anonymer österreichischer Diplomat einen der gefährlichsten *hot spots* zur Sprache: Man könne an der albanischen Küste «keine Ordnung der Dinge zulassen», die Österreich-Ungarn den Handelsweg nach

Saloniki versperren würde und die Anteile an der «Herrschaft über das Adriatische Meer» verschieben könnte. Kurz: Keine Ausdehnung Serbiens nach Westen!

Am Ende befasst sich der Kritiker kurz mit Arnold Schönbergs jüngstem Werk. Er hat die Wiener Erstaufführung von *Pierrot Lunaire* besucht, kann aber mit der «Artistik seltsamer Geräusche», dem «absichtsvollen atonalen Denken» nichts anfangen. Das steigert wohl noch den Ingrimm Alban Bergs, der selbstverständlich im Konzert mit dem *Lied von der Erde* war und seinem Meister schreibt: «Ja richtig: Ethel Smyth! Das war das abscheulichste, dümmste was man sich vorstellen kann! (...) Es war eine Bodenlose Gemeinheit, es überhaupt u. gar noch vor Mahlers Werk aufzuführen!»

Haben ihm also neben *Hey Nonny No* und *Sleepless Dreams* auch die *Cliffs of Cornwall* nicht gefallen, das Vorspiel zum zweiten Akt der *Wreckers*? Der Graben ist tiefer. Eine Zeit der Polarisierung beginnt auch unter den Komponisten. Alles diatonische Komponieren nach Mahler lässt Berg kaum noch gelten, und vermutlich macht es ihn fassungslos, dass diese «Engländerin (!)» neuerdings im selben Verlag gedruckt wird wie die Werke von Mahler, Schönberg, Zemlinsky, in jener Universal Edition, für die Berg vorerst nur Arrangements von Werken anderer schreibt – nicht gerade gut bezahlt.

Der Direktor dieses Verlags ist ein ungewöhnlich risikofreudiger Mann Anfang vierzig. Einer, der über ästhetische Oppositionen hinwegsieht und, selbst kein Musiker, mit sicherer Intuition die Besten der Branche einsammelt: Emil Hertzka, ein Diaghilev der Verlagswelt. Viele von Ethel Smyths Werken wird er drucken; der lebhafte Briefkontakt zwischen beiden wird über Jahrzehnte währen.

Hertzkas Frau Yella, Präsidentin des Neuen Frauen-Clubs in Wien, lädt die Engländerin am 14. November 1912 ein, von ihren militanten Erfahrungen zu berichten; sogar Karl Kraus geht da-

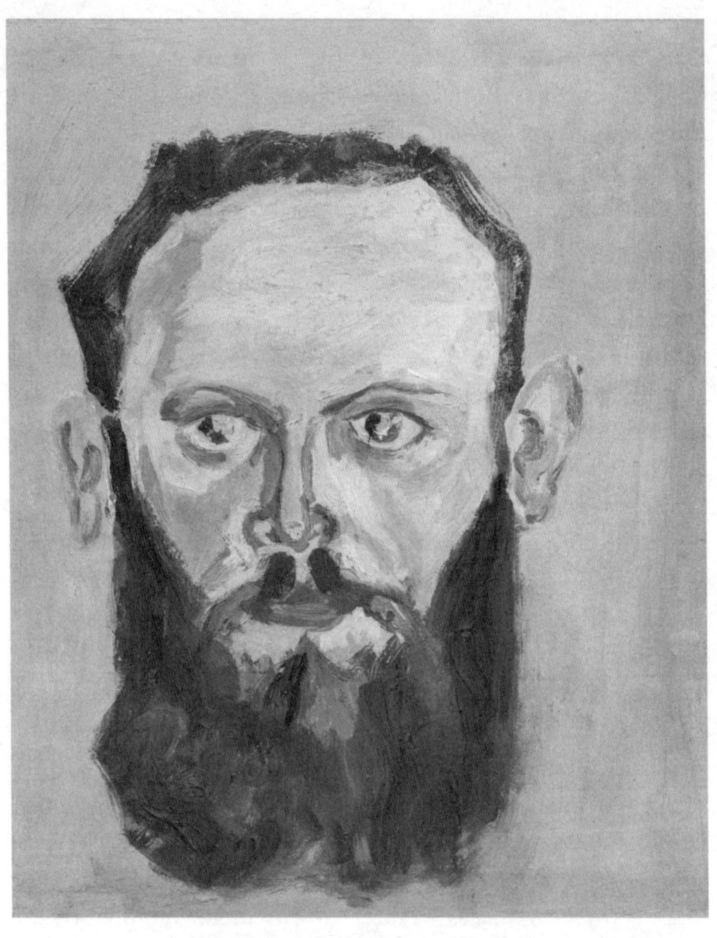

«Ich möchte Sie unentgeltlich malen, wenn Sie mir zusichern, dass Sie mir dann Aufträge verschaffen», schrieb Arnold Schönberg seinem Verleger Emil Hertzka am 7. März 1910. In diesem Jahr entstand sein Porträt des Mannes, der sich ab 1912 auch konsequent für die Musik von Ethel Smyth einsetzte.

rauf ein. Aber wie! Er kann nicht von seiner Geringschätzung des Publizisten Hermann Bahr absehen, der Ethels Anliegen unterstützt und nun als «einzige Suffragette mit Vollbart» geschmäht wird. Kraus' Vorstellung der Geschlechterrollen deckt sich, wo es um das Wahlrecht geht, mit der jener Schmöcke, die er sonst gern geißelt: «Traurig genug, daß sich ‹Männer› fanden, die sich mit der Ärmsten am Schluß in eine Diskussion einließen. Es dürften wohl jene isr. Freidenk. gewesen sein, die sich sonst in Heiratsannoncen verständlich machen.»

Emil Hertzkas jüngster Triumph ist der des 34-jährigen Franz Schreker, dessen Oper *Der Ferne Klang* im August in Frankfurt uraufgeführt worden ist – das Drama eines Komponisten, dem die Suche nach dem idealen, dem «fernen Klang» wichtiger ist als die Geliebte. Er trifft sie wieder, als sie zur Dirne herabgekommen ist, ohne dass er seinen Weg gefunden hätte: Fritz' erste Oper fällt durch, er stirbt in Gretes Armen. Den Klang aber, den er suchte, ist der, in dem das alles geschieht: Eine von üppigen Farben glühende Musik, fließende Stilmischungen am äußersten Rand der Spätromantik, in die sich Geräusche des modernen Alltags mischen, etwa der Pfiff einer Lokomotive …

*

Am 21. November 1912 um 15.34 steigt Igor Strawinsky am Anhalter Bahnhof aus dem Zug, nach siebenstündiger Fahrt ab Frankfurt mit der Preußischen Staatsbahn, über Erfurt und Halle. Die durchschnittliche Reisegeschwindigkeit liegt inzwischen bei 85 Kilometern in der Stunde. Zeit genug, um weiter an der Instrumentierung des *Sacre* zu feilen, den er aus Clarens mitgenommen hat. Im Wesentlichen war er dort fertig geworden, das hat er sich selbst schriftlich gegeben inmitten der Skizzen zum Schluss: «Heute am 4./17.XI.1912 Sonntag habe ich unter unerträglichen Zahnschmerzen die Musik des *Sacre* beendet. I. Straw. Clarens, Châtelard Hotel.» Der Hotelname ist in kleinen lateinischen Buchstaben den wild ausgreifenden kyrillischen Zeilen angefügt. Nun geht es ins nächste Hotel. Strawinsky blickt beiläufig nach oben in die riesige Hallenkonstruktion des Bahnhofs, die 62 Meter überspannt, geht durch die Dampfschwaden, die sich zwischen den mannshohen Radspeichen der Lok in die Novemberluft wälzen; draußen nimmt er eine Droschke zum Adlon, wo Diaghilev auf ihn wartet. Um 20 Uhr beginnt das Gastspiel der *Ballets Russes*.

Diaghilevs Compagnie ist mittlerweile so berühmt, dass selbst Kaiser Wilhelm II. sich ins Neue Königliche Operntheater begibt, nah am Brandenburger Tor, das bei den Berlinern schlicht Krolloper heißt – benannt nach dem Unternehmer, der hier einst ein Haus für gehobene Geselligkeiten errichtete. Es gibt zuerst *Cléopâtre*, ein Ballett zur Musik sieben älterer russischer Komponisten, dann den *Feuervogel*. Dem Kaiser gefällt *Cléopâtre* besser, und da er das Bühnenbild von Léon Bakst für eine historische Rekonstruktion hält, erklärt er Diaghilev begeistert, er werde seine Ägyptologen in die Aufführung schicken.

Neben Wilhelm II. ist auch der «König von Berlin» anwesend, wie Strawinsky den berühmten Kollegen bei sich nennt. Generalmusikdirektor Dr. Richard Strauss meint es wohl gut mit ihm, als er hinter die Bühne kommt und lächelnd erklärt: «Es ist ein Fehler, dass Sie Ihr Stück pianissimo anfangen lassen. Da hört das Publikum niemals zu. Man muss es beim ersten Akkord durch großes Getöse überraschen, dann folgt es sogleich, und hinterher können Sie machen, was Sie wollen.» Und das sagt einer, dessen kühne *Salome* gedämpft und mit einer leisen Klarinettenlinie beginnt ... Die Qualität des gastierenden Orchesters muss Strauss aber ähnlich beeindruckt haben wie Strawinsky. Der hat «niemals so wunderbare Klänge gehört, wie dieses erstaunliche Orchester sie in meinen Partituren enthüllt». Es sind die Londoner Musiker von Thomas Beecham, dem Gefängnisbesucher der Suffragetten.

Während die Regierungen der mächtigsten europäischen

Nationen nervös einander sondieren, über den brennenden Balkan hinweg, sind Künstler und Publikum all dieser Nationen in der Krolloper vereint, wochenlang: Franzosen und Russen auf der Bühne, Engländer im Graben, Deutsche im Saal, der immer voll ist. Im Verlauf der Gastspielreihe wird der Erfolg der «Russen» bei den Berlinern fast noch größer als in Paris. Fehlen noch die Österreicher. Serge Diaghilev, Vernetzer ohnegleichen, lädt sie zu *Pétrouchka* ein: Arnold und Mathilde Schönberg, die seit 1911 mit ihren beiden Kindern in Berlin-Zehlendorf leben, da es der Komponist im gehässigen Wien nicht mehr ausgehalten hat. Schönberg mag *Pétrouchka*, und so bittet er seinerseits Strawinsky und den Impresario am 8. Dezember in die Bellevuestraße 4, in den Saal der Choralion Company – ein Ableger der Aeolian Company in New York, die weltweit mit Pianolas handelt, «Kunstspielklavieren», die von Notenbändern gesteuert werden und es jedem Laien möglich machen, zu Hause alle Arten von Klaviermusik zu hören und dabei selbst manuell zu beeinflussen.

Und hier, ein paar Schritte vom Potsdamer Platz entfernt, bekommt Strawinsky am Sonntagmittag von Schönberg die Partitur des *Pierrot Lunaire* in die Hand gedrückt, eine handschriftliche Kopie, und liest im Halbdunkel mehr mit, als dass er auf die Bühne schaut. Man sieht die Musiker ohnehin nicht. Flötist, Klarinettist, Geiger und Cellist sind nebst Pianist hinter einem Wandschirm verborgen, während Schönberg als Dirigent sich so postiert, dass die Schauspielerin ihn gerade noch sehen kann: eine Frau Mitte fünfzig, die zum schwarz-weißen Pierrot-Kostüm eine groteske gelbe Perücke trägt.

Man kann sich über ihren exaltierten Sprechgesang streiten, aber immerhin hat Schönberg das Werk für sie geschrieben, Albertine Zehme, und in ihrem Auftrag. Von ihr bekam er die bizarren Gedichte des Albert Giraud, die Otto Erich Hartleben vor zwanzig Jahren übersetzt hat, und sie wirft sich ganz hinein in diese surrealistische Mondscheinwelt der Wunderrosen, Dandys, Totenschreine, Marienanbetungen, voller schwarzer Riesenfalter, verblutender Dichter, dürrer Dirnen und welkender Matronen – das *fin de siècle*, in dem Frau Zehme jung war und das dem 30-jährigen Strawinsky etwas überholt vorkommt, ein bisschen zu nah an der ornamentalen Drastik von Aubrey Beardsley.

Aber was Schönberg daraus macht in seinen 21 kurzen Stücken, das interessiert ihn sehr – so klar und konzentriert, auf so feinem Grat zwischen Ironie und Abstraktion. Schönberg setzt die Töne und Intervalle völlig frei, da ist kein Hauch von Diatonik, Dur und Moll, aber wohl nicht, weil er sich das verboten hätte – es ist ihm einfach zu eng. Andere Traditionen nicht. Walzermetren, gewisse Gesten, eine Passacaglia, gediegene polyphone Verflechtungen wie von einem Bach auf anderem Planeten – ist es übrigens Zufall, dass nach «blutigen Tropfen alten Ruhmes» das Klavier dreimal leise einen dissonanten Klang anschlägt, in dem von unten nach oben die Töne B, A, C, H vereint sind?

Man bemerkt das nur lesend, wie Strawinsky. Ohne die Noten würde er, obwohl dank der stattlichen Gouvernante Bertha des Deutschen mächtig, auch den Text kaum verstehen, da die Dame mit den gelben Haaren ihn so hysterisch vorträgt, mitunter fast quietschend in der Höhe, grollend in der Tiefe, in jede Silbe ein Pathos legend, das die Partitur gerade nicht hat. Die Musik ist vollkommen unpathetisch, das gefällt ihm, und sie ist zusammenhängend und ökonomisch in all den wechselnden Perspektiven und Besetzungen, mal nur die Flöte zur Stimme, mal nimmt der Geiger eine Bratsche oder der Klarinettist die Bassklarinette, und alles ist «vom kreativen Genie geprägt», wie Strawinsky zwei Wochen später einem Veranstalter in St. Petersburg schreibt, überzeugt, dass er einen «wirklich herausragenden Künstler unserer Zeit» getroffen hat.

Es ist ein Zusammentreffen zu guter Zeit; es ist vielleicht

der einzig mögliche Zeitpunkt, an dem diese beiden offen füreinander sein können, jetzt, da der Jüngere von ihnen in seiner Kunst mit dem *Sacre* so weit gekommen ist, dass er die Stärke eines ganz anderen nicht meiden muss, weil sie die Welt noch reicher macht, die er selbst gerade erobert, neugierig auf alles. Jetzt, da der Ältere, nur um acht Jahre Ältere, in Berlin freiere Luft atmet, wenn auch schlechtere, als zuvor in seinen Prometheusfesseln in Wien und allzu nahe einem Atelier im fünften Stock, in dem einer sein letztes Bild von Mathilde malte. Jetzt, da er im *Pierrot* Rückblick und Aufbruch in eins gesetzt hat und es wagen konnte, am Ende den «alten Duft aus Märchenzeit» mit einem kleinen seligen Terzgang von Bratsche und Cello aufzuspüren und in die Luft des gegenwärtigen Planeten zu überführen, ein so feines Aroma, dass wohl nur die Kunst es fassen kann ...

Sie stehen am niedrigen gusseisernen Gitter, das den Eingang zum Choralion-Saal vom Bürgersteig trennt, zusammen mit den Musikern, dem Klarinettisten Hans de Vries mit seinem wackeren Walrossgesicht, dem ernsten, bescheidenen, brillanten Pianisten Eduard Steuermann, die Mäntel offen über ihren Fräcken, bitterkalt ist es nicht, vier Grad, ein bisschen sonnig. Frau Zehme trägt inzwischen einen abenteuerlichen Tütenhut, ist aber gar nicht mehr hysterisch, sondern hocherfreut über die Komplimente, die der gewaltige, gemütliche Diaghilev ihr macht. Die Straße ist still, vom nahen Potsdamer Platz lärmt das ewige Gebrüll der Trams und Automobile herüber. Vielleicht wird man noch ins Josty gehen. Strawinsky gibt Schönberg Tipps für St. Petersburg, wohin der in einer Woche reisen wird, und dieser warnt Strawinsky vor Wien, wo die *Ballets Russes* im Januar gastieren werden. Den klügsten Mann von Wien könne er ohnehin auch in Berlin erleben, sagt Schönberg, ganz genau hier. Und er zeigt auf ein Plakat: Am Dienstag wird Karl Kraus im Choralion-Saal lesen.

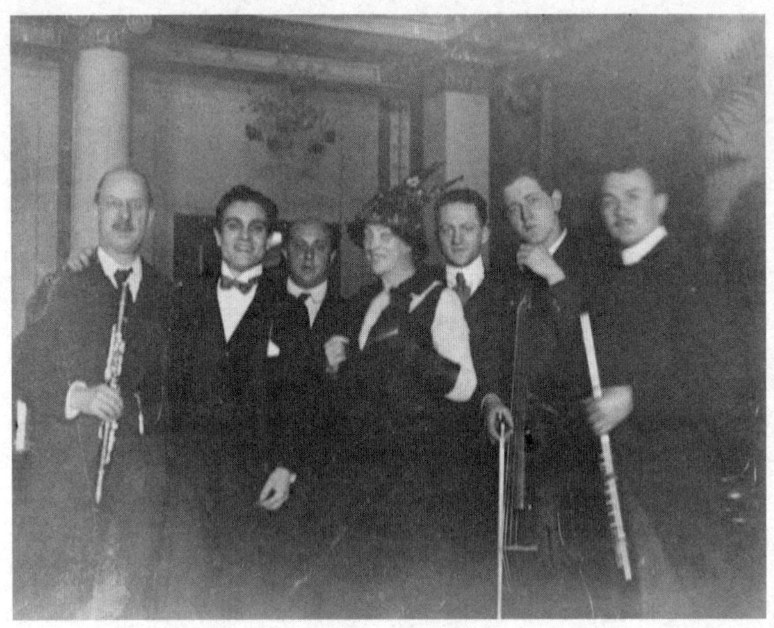

Die ersten Interpreten des «Pierrot Lunaire» am 16. Oktober 1912 vor dem Choralion-Saal in Berlin, die auch Strawinsky am 8. Dezember des Jahres hörte: Klarinettist Hans W. de Vries, Geiger und Bratscher Jakob Malinjak, Dirigent und Komponist Arnold Schönberg, Rezitatorin Albertine Zehme, Pianist Eduard Steuermann, Cellist Hans Kindler, Flötist Carl Essberger.

*

Zu Beginn des Jahres 1913 versteht Strawinsky besser, warum sein Kollege Wien verlassen hat. Hier soll das Orchester der Hofoper die *Ballets Russes* unterstützen, doch bei den Proben zu *Pétrouchka* legen die Streicher die Bögen nieder und nennen die Musik «schmutzig» und eine «Schweinerei». «Seien Sie nicht traurig», sagt ihm ein alter Orchesterdiener, «beim *Tristan* war es genauso.» Diaghilev kann die Wogen glätten, aber nicht einmal Nijinsky als Faun und als Pétrouchka kann das Wiener

Publikum aus der Reserve locken, auch wenn Künstler wie Kokoschka außer sich sind vor Begeisterung. Als einzige europäische Metropole wird Wien mit «den Russen» aus Frankreich nicht warm. Anders als in Berlin nimmt man sie als Emissäre des Zarenreiches wahr, durchs Brennglas des hier viel näheren Balkankriegs.

Ethel Smyth ist noch immer in der Stadt, als am 14. Februar 1913 Arnold Schönberg eher widerwillig aus Berlin anreist, um bei den Proben zu einem Großprojekt zu helfen, seinen frühen *Gurre-Liedern*, die den Verleger Hertzka begeistern. 1910 hatte sich Schönberg dieses Werk wieder vorgenommen, das in der Blüte seiner Liebe zu Mathilde entstand und dessen Instrumentierung er 1903 abgebrochen hatte: Mit 140 Orchestermusikern, drei Chören, fünf Solisten und einem Sprecher wollte er die Geschichte einer großen, heimlichen Liebe erzählen, die selbst ein Mord nicht beenden konnte. Der dänische König Waldemar trifft auf dem abgelegenen Schloss Gurre immer wieder seine Geliebte, Tove – bis seine Gemahlin das Mädchen töten lässt. Die Liebe ist aber so groß, dass Waldemar selbst nach seinem Tod mit den Skeletten seiner Krieger durch den Wald bei Gurre rast, um Tove nah zu sein.

Nicht als Totentanz, sondern als Triumph der Natur enden die *Gurre-Lieder*, die Verslegende des Dänen Jens Peter Jacobsen, aus der Schönberg eine Weltanschauungsmusik im Geiste des *fin de siècle* macht. Seine 48 Bläser, vier Harfen, sechs Pauken und die vielen Streicher braucht er zur Erzeugung nuanciertester Klänge. 1911 vollendet er die Instrumentierung dieses Epos, dessen harmonische Sprache, noch in Wagners Bann, er seit Jahren hinter sich gelassen hat. Dem großen Publikum ist diese Spätromantik aber noch viel näher, und auch sonst ist die Zeit reif für eine Uraufführung: Schönberg ist umstritten, aber darum auch berühmt genug für so einen Aufwand.

In diesen Jahren werden die Orchester immer größer, mit

denen die Komponisten zu Natur und Spiritualität gelangen wollen, zu Mysterien und Erlösungen. Da ist nicht nur Mahlers *Achte*, da ist, ein halbes Jahr später in Moskau uraufgeführt, die gewaltige *Prométhée* des messianischen Russen Alexander Skrjabin, sein «Gedicht des Feuers» mit einem Sinfonieorchester, zu dem noch Orgel, Klavier und wortloser Chor kommen, in einer vollkommen eigenen Harmonik, die magischen Gesetzen zu folgen scheint, jenseits aller «westlicher» Musik. Da ist *Daphnis et Chloé*, Maurice Ravels einstündige Musik für die *Ballets Russes*, im Juni 1912 im Pariser Châtelet uraufgeführt, hundert Instrumente werden da allein für einen leisen Sonnenaufgang gebraucht. Und zu der Zeit, da sich Schönberg sein frühes Werk wieder vornimmt, holt auch Richard Strauss einen Entwurf vom Jahrhundertanfang heraus und quält sich mit einer Sinfonie *Die Alpen* herum – woraus vorerst nichts wird.

Ethel hört bei den Proben im Musikvereinsaal zu und ist von den *Gurre-Liedern* so begeistert, dass sie Arnold Schönberg anspricht – nicht ganz leicht, da er entweder mit dem Dirigenten Franz Schreker Korrekturen in Partitur und Material bespricht oder von diesem hochgewachsenen jungen Mann belagert wird, dessen Gesicht sie an das von Oscar Wilde erinnert. Allerdings sieht er die 54-jährige Engländerin an, als sei sie ein merkwürdiges Tier, das man vergessen hat anzuleinen. Reviergrenzen haben Miss Smyth noch nie beeindruckt, und so räumt sie in einer Probenpause Alban Berg beiseite mit einem herzhaften, strahlenden «Herr Schönberg!» und verwickelt den Komponisten in ein Gespräch über Johannes Brahms.

Dass sie Brahms 1890 in Leipzig näher kennenlernte, scheint ihr, nebst ihrer Begeisterung, eine bessere Einführung zu sein als der Hinweis auf ihre eigenen Stücke, die hier in Wien vor einem Vierteljahr zu hören waren. So, wie Arnold Schönberg reagiert, ist er ihr lieber als Brahms, der weder mit Komplimenten noch mit Frauen klarkam. Aufrichtig erscheint er ihr, *unsophisticated*, als er bekennt, er habe Brahms als junger Mann verehrt, später gehasst und dann wieder geliebt. «Jetzt bin ich in der vierten Phase und schätze ihn gar nicht.» «Vielleicht unterschätzen Sie ihn?» «Es ist ziemlich wahrscheinlich, dass ich ihn in ein paar Jahren wieder für einen Großen halte», sagt er, ohne zu zögern, «und das muss kein Widerspruch sein. So wenig wie diese Orchesterlieder im Widerspruch zu meinem Weg stehen.» «Ihre *Gurre* songs, you don't repudiate it, Sie lehnen das frühe Werk nicht ab?» «Überhaupt nicht! So habe ich vor zehn Jahren nun einmal gefühlt, und in dieser Sicht ist das Stück richtig. Heute setze ich die Sachen knapper, könnte man sagen. Aber ablehnen? Nein.»

Neben ihnen taucht erneut der Jünger auf, mit einem Notenstapel unter dem Arm. «Warten Sie, lieber Berg, gleich ... Sagen Sie, Fräulein Smith ...» «Smyth.» «Frau Smyth, möchten Sie nicht nächste Woche mit uns nach Prag kommen? Am Montag, gleich am Abend nach dem Konzert hier, wird mein *Pierrot Lunaire* aufgeführt. Ganz etwas anderes. Gar kein Gesang, nur Deklamation und fünf Instrumente.» «I'll love to think about that ... es wäre mir eine Ehre!»

Es ist der Farbenzauberer Franz Schreker, der am Sonntag, 23. Februar 1913, als Dirigent nach zehn Proben mit dem Wiener Tonkünstler-Orchester die *Gurre-Lieder* zum ersten öffentlichen Erklingen bringt – und zu einem sagenhaften Triumph. Womöglich spielt drum herum auch die Erleichterung eine Rolle, die eine seit Mitte Dezember tagende Botschafterkonferenz in London herbeigeführt hat: Eine Beilegung des Konflikts auf dem Balkan zeichnet sich ab. Auf Seite 1 der *Neuen Freien Presse* wird an diesem Sonntag ausführlich die freundliche Haltung des russischen Ministerpräsidenten gegenüber den Interessen von Österreich-Ungarn gewürdigt, während im Feuilleton mindestens ebenso ausführlich Frank Wedekinds Theaterstück *Die*

Büchse der Pandora verrissen wird. Ein Ende des Kriegs ist in Sicht. Vielleicht auch in der Musik?

Nach dem Sonnenaufgang in reinem C-Dur, mit dem Schönbergs Oratorium endet, sind selbst die Gegner des Komponisten bereit, ihn wie einen verlorenen Sohn in die Arme zu schließen. Sie lassen die eigens mitgebrachten Schlüssel stecken, auf denen sie hatten pfeifen wollen, und klatschen enthusiastisch. Der Applausorkan zwingt den Dirigenten und den Komponisten, fünfzehn Minuten lang immer wieder nach vorn zu kommen, und der Beifall verklingt erst, als die Saaldiener nach und nach die Lichter ausschalten. «Sonst wären wir da möglicherweise immer noch», schreibt eine Woche später Ethel Smyth.

The Suffragette ist das Nachfolgeblatt von *Votes for Woman*, und Ethels Musikfeuilletons sind eher Ausnahmen zwischen den politischen Texten, Berichten, Kommentaren. Zur brutalen Zwangsernährung inhaftierter Frauen äußern sich renommierte britische Mediziner ebenso wie George Bernard Shaw, inzwischen berühmter Theaterautor, zugleich radikalisiert sich die Bewegung. Am 19. Februar wird das unbewohnte Landhaus des Schatzkanzlers Lloyd George gesprengt, Emmeline Pankhurst übernimmt die Verantwortung und ruft zum Guerillakrieg auf, es folgen Brandanschläge, Leitungen werden gekappt, Golfplätze verwüstet, Bomben gelegt. Das verträgt sich schlecht mit dem Grundsatz der *Women's Social and Political Union*, kein Leben zu gefährden.

Unterdessen wird der Beschluss der Londoner Botschafterkonferenz sabotiert, aus Albanien einen neutralen Staat zu machen. Die Stadt Skutari – auf albanisch Shkodër –, strategisch wichtig, nahe der adriatischen Küste gelegen, noch immer osmanisch regiert, wird von Montenegro und dem verbündeten Serbien weiterhin nicht nur belagert, sondern auch bombardiert. Die Nervosität zwischen Russland und Österreich-Ungarn wächst wieder, «dreister ist Europa niemals verhöhnt worden», schreibt die *Neue Freie Presse* an demselben 1. April 1913, an dem sie «Große Lärmszenen im Musikvereinsaal» meldet.

Ethel hat die Szenen am Abend zuvor miterlebt. Sie war nicht zum *Pierrot Lunaire* nach Prag gefahren und hatte den Skandal verpasst, den das Stück im Rudolphinum doch noch machte – nachdem es in neun Städten bis hinauf nach Hamburg und selbst in Wien zwar nicht ohne Verrisse, aber doch ohne Turbulenzen durchging. Die Wiener sparten ihre Kräfte für die Abstrafung des ganzen Kreises um Schönberg. Der Meister denkt nicht daran, in den Schoß jener Harmonien zurückzukehren, für die man ihn unlängst bejubelt hat, und dafür lässt man nun auch seine Schüler büßen. Ethel erinnert sich 1928 nicht mehr an die Musik – für sie sind Schönbergs Eleven da nur noch «impotente Würmer» –, sondern daran, dass es Gelächter gab und, nachdem der Meister wütend herumgebrüllt habe, Gejohle, schließlich «free fight all round».

Gelächter setzt schon ein, als Schönberg einige kurze Orchesterstücke von Anton Webern dirigiert, kristallklare Konzentrate, ganz ohne die tonale Bindung, mit der dann vier jugendstilvolle Orchesterlieder von Alexander Zemlinsky den Unmut vorübergehend bezähmen. Bei Arnold Schönbergs *Kammersymphonie*, schon 1907 umkämpft, erwacht der Zorn wieder – die ersten Hausschlüssel werden zum Pfeifen gebracht –, und erst recht, als Tenor Alfred Borrutau das singt, wovon Schönberg sicher war, es werde «milder wirken». Vielleicht bringt es die Leute schon auf, dass Alban Berg Ansichtskartentexte komponiert hat. Lyrik, die Peter Altenberg an junge Mädchen schickte und später publizierte, der sandalentragende, stadtbekannte Kaffeehausliterat. «Sahst du nach dem Gewitterregen den Wald? / Alles rastet, blinkt und ist schöner als zuvor. / Siehe, Fraue, auch du brauchst Gewitterregen!»

In nicht mal zwei Minuten entfaltet Berg sparsame, sinnliche Klänge, inmitten derer so etwas wie ein Dominantseptnonenakkord erbebt – wären nicht hier die harmonischen Funktionen aufgehoben. Aber die Musiker kommen gar nicht bis dahin. Schon anfangs wird so viel gelacht, dass Schönberg das Orchester abklopft, sich umwendet und ruft: «Ich bitte jene, die nicht ruhig sein können, den Saal zu verlassen!» Das hilft, um das Lied zu Ende zu bringen, doch das Getöse danach ist so groß, dass er sich erneut ans Publikum wendet: «Ich werde gegen jene, die stören, die öffentliche Gewalt anrufen!» «Halt's die Goschn», ruft einer laut zurück, «jetzt kommt die zweite Ansichtskart'n!» Rufe, Pfiffe, Gelächter. Das nächste Orchesterlied beginnt mit einem leisen Akkord aus zwölf Tönen in den Bläsern, vom As der Basstuba bis zum E der Flöte, und gleich setzt der Sänger ein: «Über die Grenzen des Alls blicktest du sinnend hinaus; / Hattest nie Sorge um Hof und Haus! / Leben und Traum vom Leben ...»

Plötzlich schweigen alle Instrumente, und er spricht tonlos: «Plötzlich ist alles aus.» Dann folgt noch einmal die erste Zeile ... Sein letzter hoher Ton geht über ins Schrillen der Schlüsselpfeifen. Man hört Webern brüllen: «Hinaus mit der Bagage!» «Mit euch, aber auf den Steinhof», brüllt es zurück, man prügelt sich schon auf der Galerie. Die Musiker verlassen das Podium, der Veranstalter betritt es, Leiter des Akademischen Verbandes für Literatur und Musik in Wien, und möchte etwas sagen, als einer «Lausbub!» schreit, woraufhin Erhard Buschbeck vom Podium ins Parkett springt und den Zwischenrufer so vehement ohrfeigt, dass Herrn Dr. Viktor Albert der Zwicker aus dem Gesicht fliegt.

Kurz atemlose Stille, dann ein «Bravo!», das war Adolf Loos, der Architekt, und dann fliegen überall die Watschen im Saal, man sieht gestandene Herren quer über die Sitze klettern, um ihre Gegner zu züchtigen. Es hilft auch nichts, dass Polizeioberkommissar Dr. Leinweber – er versieht an diesem Abend den regulären Inspektionsdienst – zur Ordnung ruft. Gustav Mahlers

Kindertotenlieder müssen entfallen, Polizisten räumen den Saal und nehmen Personalien auf, die Lichter werden gelöscht. Und Ethel Smyth hat Mühe, an der stockfinsteren Garderobe ihren Mantel wiederzufinden.

KAPITEL 6

1913–1914. Die Kunst ist das Leben – ein Skandal. *Le Sacre du Printemps*. Debussy hat ein Problem mit Ravel, eine Ehekrise und keine Lust auf Moskau. Ethel Smyth wird in Ägypten viktorianisch und komponiert eine Posse.

Alle fünfzehn Minuten hört er einen Zug, mal von rechts, mal von links kommend. Stampfen und Dröhnen in mittlerem *crescendo*, vorm Höhepunkt ein Pfiff: Das sind die Loks auf dem inneren Gleis, von Norden kommend, Signal gebend vor dem kurzen Tunnel, in dem sie dann schon für den Bahnhof an der Porte Dauphine bremsen. Jähes Getöse, *sforzando*: Zug aus dem Tunnel von Süden her kommend, äußeres Gleis, nächster Halt Porte Maillot. Im Winter kann er sie, anders als jetzt im Mai, aus dem Arbeitszimmer mit Blick durch blätterlose Bäume auch sehen, keine dreißig Meter entfernt – die Rauchstöße der gedrungenen Loks mit ihren vier, fünf Waggons, die den ganzen Tag lang Paris umrunden, morgens und nachmittags sogar in doppelter Frequenz, wegen der Arbeiter und Angestellten. Sonntags weitaus weniger, dafür aber bis nach Mitternacht, wegen der Ausflügler. «Natürlich liebe ich die Ringeisenbahn», hat er nach dem ersten Jahr an dieser beschaulichen Adresse erklärt, und sarkastisch hinzugefügt: «Weil man sich an alles gewöhnen können muss.»

Wer Claude Debussy besucht, im Westen der Stadt, ist überrascht vom Lärm im Garten. Dank des Tunnels ist auf der stattlichen avenue du Bois de Boulogne von der Ringeisenbahn nichts zu bemerken. Ungehindert blickt man zur breiten

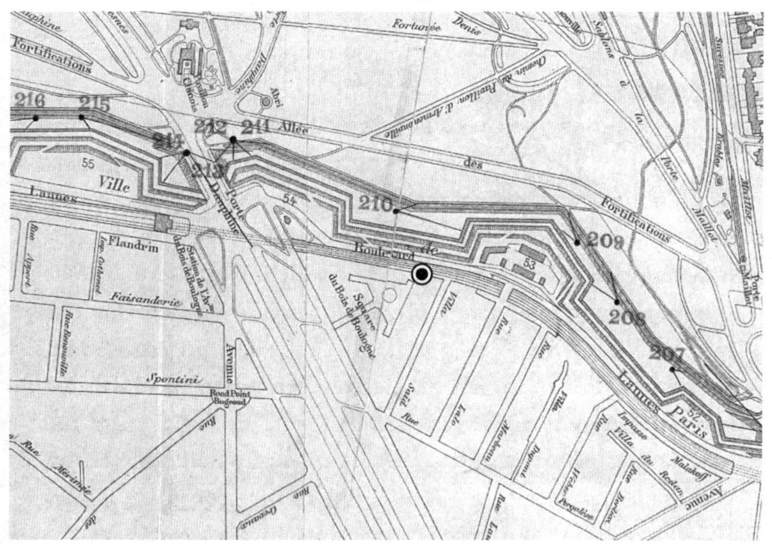

Für 8500 Francs Jahresmiete bewohnten die Debussys ein hübsches Haus am Square du Bois de Boulogne – heute Square de l'avenue Foch, Teil einer gated community. Die zeitgenössische Karte zeigt die Ringeisenbahn, seit 1934 größtenteils stillgelegt, und die Stadtbefestigung von 1844, an deren Stelle seit 1973 die Stadtautobahn Boulevard périphérique verläuft.

Porte Dauphine zwischen den alten Befestigungsmauern und sieht dahinter fast schon, zwischen den Bäumen des Bois de Boulogne, den chinesischen Pavillon. Zum Haus der Debussys geht man von der belebten Avenue in ein Sträßchen nach rechts, eine Sackgasse, die auf einen stillen kleinen Platz führt, umgeben von hübschen zweistöckigen Häusern. Es ist keine billige Adresse, die sich Emma und Claude ausgesucht haben, im Herbst 1905, kurz vor Chouchous Geburt. Das Haus ist groß genug für Personal – eine Haushälterin, eine englische Nurse. Das alles entspricht knapp dem Standard, den Emma aus ihrem früheren Leben als Bankiersgattin kennt. Nur fällt es ihrem Mann zunehmend schwer, ihn auch zu finanzieren, zusätzlich zum Unterhalt für Lilly Texier. Und nun, am 16. Mai 1913, muss er wieder einen Gläubiger vertrösten.

Viel Hoffnung setzte er auf das Ballett, das er hier im vorigen Sommer für Diaghilev schrieb. Gestern ist es ausgelacht worden. Im selben nagelneuen Theater, zu dessen Eröffnung im April er seinen *Faun* dirigiert hat, konzertant, ohne Ballett, ohne diesen entsetzlichen Nijinsky, der nun die *Jeux* ruiniert hat. Wie soll man auch nicht lachen über diese kurzen weißen Höschen mit schwarzer Samtborte und grünen Hosenträgern! Hauptsache, modern und noch nie da gewesen, erstmals ein Ballett in zeitgenössischer Kleidung! Da trippelte er seine 32stel mit den Füßen, zählte sie mit den Armen nach, eine komische Art von Mathematik auf der Bühne, die er sich von irgendeinem Schweizer Rhythmusforscher in Deutschland abgeschaut hat, dann wieder stand er da wie halb gelähmt und glotzte auf die Musik – schrecklich! Debussy hat vorgestern in der Probe noch protestiert, zu spät natürlich.

So wie schon die Proben zu spät begannen und zu kurz waren, weil so viel Zeit für Strawinskys *Sacre* draufgeht. Die Stimmung zwischen beiden ist ein wenig gereizt. In der Probe hatte Debussy erklärt, was Nijinsky da mache, sei unanständig, das fand Gabriel Astruc auch, der Theaterchef, der es aus seiner Loge Diaghilev zurief, woraufhin Strawinsky, der im Parkett herumlümmelte, schrie: «Ihr seid doch alle Schweine in Paris, wenn ihr das unanständig findet!» Dann soll er doch andächtig zusehen, wie Nijinsky in zwei Wochen seinen *Sacre* hinrichtet! Debussy jedenfalls hat nachgegeben, ohnehin konnte er seine Zeilen für *Le Matin* nicht zurückziehen, in dessen Ausgabe für den Tag der Uraufführung der *Jeux* er vom «unvergleichlichen Nijinsky» schwärmte und von Diaghilev als dem «Mann, der die Steine zum Tanzen bringen könnte».

Und es hätte ja ein kleines Wunder werden können, dieses leicht erotische Spiel in der Dämmerung eines Parks, Tennisspieler, ein Mann, zwei Frauen, der Ball geht verloren, man sucht ihn, man küsst einander, wird gestört ... keine zwanzig Minuten schwebender und dabei pulsierender Klänge, durch die von hinten eine tief stehende Sonne leuchtet. Wieder eine neue Farbigkeit, konkreter als in *La Mer*, transparent wie die Farben des geliebten William Turner, real, subtil, träumerisch,voller Gegenwart. Aber wohl ohne Zukunft nach diesem Desaster.

Die Antwort an Russell, den britischen Impresario, hatte er sich für heute aufgehoben, in der Hoffnung, zuversichtlicher schreiben zu können. Die Hoffnung ist nach dem Erwachen weiter verblichen, mit dem Blick auf Emmas umschattete Augen. Sie hat wieder fast gar nicht geschlafen, sie wird umgetrieben von Sorgen, von Gedanken, die sich so selbstständig gemacht haben, dass sie sie nicht äußern kann. Vielleicht möchte sie ihn schonen, aber das Gegenteil geschieht. Wird sie mitkommen können nach London, in vier Wochen? Wenn nicht, dann darf er sie nicht alleine lassen. Dann fehlen genau die 5000 Francs, die ihm Russell vor einem halben Jahr geliehen hat, fast 22 000 Euro, und von denen ihm dieser Bewunderer nun in allerenglischster Höflichkeit vorgeschlagen hat, ein Fünftel bis zum Ende des Monats ... «In diesem Moment habe ich absolut kein Geld flüssig», muss er ihm bekennen. «Ich versichere Ihnen, dass es nicht meine Schuld, sondern die einer Kette von Ereignissen ist, die sich ungut aneinanderreihen. Mögen Sie mir bitte ...»

«Papa?» «Einen Moment, ma chère.» Er unterschreibt, schiebt den Brief zur Seite, steht auf, dreht den Sessel vom großen Schreibtisch um, setzt sich wieder und sieht seine Tochter an. «Wie geht's dir, Chouchou?» «Gut.» «Und wie geht's Mama?» «Sie hat sich wieder hingelegt. Papa, wollen wir arbeiten?» Er lacht. «Ah, die Hauptrolle ... hast du sie mitgebracht?» «Sie sitzt schon dort.» Es ist ihre Puppe Nina, die älteste ihrer Puppen, die als Beraterin eingesetzt wird und an einem Bein des Blüthner lehnt. Chouchou, die bald acht wird, spielt nicht mehr oft mit ihr, aber ihrem Vater scheint sie wichtig zu sein. «Wir wollen ihr ihre Geheimnisse entlocken», hat er gesagt, und es stellte sich heraus, dass Nina ihr Thema ein bisschen trauriger haben wollte. Besser gesagt, das Thema der Puppe aus der Spielzeugschachtel, die zuerst in Polichinelle verliebt ist, aber dann doch mehr in den kleinen Soldaten. Alles Geschöpfe, die in einem Spielzeugladen nachts wach werden, das elektrische Licht anschalten und auch den Phonographen … Es soll ein Marionettenballett werden.

Chouchou schlägt die Seidendecke zurück, mit der der Flügel am Abend verhüllt worden ist, öffnet den Tastendeckel und schlägt ein F an, dann ein E und ein D. «Das ging mit ‹es› weiter», sagt Debussy, setzt sich hin und spielt das Thema der Puppe. «Ich kann es auch ein bisschen anders machen», er spielt einen kleinen Bogen nach oben, «das wäre lustiger.» «Lieber wie vorher», sagt sie, «oder, Nina?» Er spielt es und ergänzt den Walzerrhythmus dazu. «Warum findet Nina es besser, wenn es etwas traurig ist?» «Weil … sie möchte lieber woanders wohnen. Auf dem Land.» «Da wird sie ja auch hinziehen mit ihrem Soldaten.» Er selbst zöge auch gern aufs Land, in die Banlieue, der Ruhe wegen und aus Kostengründen. Ihm graut vor Ende August, wenn wieder die Jahresmiete fällig ist, höher noch als voriges Jahr. Der versoffene Miethai würde ihn am liebsten auf die Straße setzen, um das Haus einem der Millionäre aus Amerika und Brasilien zu überlassen, von denen es in diesem Viertel wimmelt. «Wollen wir nicht ein paar Schritte gehen, Chouchou?» «Wenn du möchtest, Papa.» «Du kannst Nina mitnehmen.» Nein, das möchte sie nicht.

Es ist warm draußen, nicht zu warm, um die 15 Grad jetzt um halb elf, der Himmel ist klar bis auf ein paar Wolken, am östlichen Ende der Avenue sehen sie, klein wie ein Modell, den Triumphbogen. Sie gehen nach Westen durch die Porte Dauphine und biegen am großen, baumumstandenen Platz links ab zum See. Debussy entzündet eine Zigarette und inhaliert behaglich. «Ah, raus aus der Festung!» «Warum ist eigentlich Paris eine Festung?» «Das ist es schon lange nicht mehr, Chouchou. Kein Mensch braucht diese Mauern.» Seit fast 70 Jahren ziehen sie sich um die Stadt, noch auf Befehl Louis-Philippes gebaut, mit acht Toren für die Eisenbahnlinien schon damals ein Anachronismus, zehn Meter hoch. Längst sind die Wälle und Gräben davor eingeebnet oder zu Ausflugszielen geworden, ein Motiv für Maler wie Vincent van Gogh. «Will niemand mehr Paris erobern?» «Bestimmt nicht. Darum kann ja auch der Soldat mit der Puppe aufs Land ziehen.» «Aber, Papa. Das ist ein altmodischer Soldat. Und er ist nur ein Spielzeug.» «Das stimmt, Chouchou. Ein Krieg ist kein Spiel.»

Bis vor Kurzem hat man einen Krieg in Europa für möglich gehalten – vor allem wegen des albanischen Zankapfels Skutari an der Adria, den der montenegrinische König Nikola gegen den Beschluss der Botschafterkonferenz weiter belagerte und beschoss, von den Serben unterstützt und auf Russland zählend. Doch das russische Außenministerium hat im April den ungestümen Kleinkönig dezent zurückgepfiffen, Anfang Mai hat er eingelenkt, ein Friedensvertrag für den Balkan ist endlich in Sicht. Gestern konnte Debussy der Zeitung entnehmen, dass Skutari ohne Zwischenfall den Truppen der Großmächte übergeben wurde, angeführt von einem englischen Admiral. Nicht auszudenken, was geschehen wäre, hätte Österreich-Ungarn im Alleingang in Skutari aufgeräumt, hätte Russland darauf militärisch reagiert, wären die jeweiligen Verbündeten Deutschland und Frankreich hineingeraten, mitsamt ihren gallophoben Pangermanisten und gallischen Nationalisten, die den Erzfeind doch schon wieder mitten in ihrer Hauptstadt haben: Die Pariser Oper spielt den kompletten *Ring* zum 100. Geburtstag von Richard Wagner am 22. Mai …

«Was ist, Papa? Du lächelst so komisch.» «Ach, ich dachte an einen komischen Deutschen ...» Er hat sich über Wagner schon in Tönen lustig gemacht, als Chouchou gerade zwei Jahre alt war. Freilich ein fast schon wieder liebevoller Gruß an den alten Giftmischer, in einem Sechserpack von Klavierstücken, gewidmet «meiner lieben kleinen Chouchou mit zärtlichen Entschuldigungen ihres Vaters für das Folgende». *Children's Corner* endet mit einem Ragtime, einem Cake Walk, der dreimal von der Anfangslinie des *Tristan* gebremst wird, die dreimal den Tristanakkord knapp verfehlt, jedes Mal anders.

Das sind Späße nach dem Geschmack des Herrn, den die beiden antreffen, als sie von ihrem Spaziergang zurückkommen. Vollendet höflich wie immer, hat er vor dem Eingang gewartet, im schwarzen Mantel, mit schwarzem Hut und schwarzer Krawatte um den blütenweißen Hemdkragen. «Monsieur Erik Satie begrüßt Sie und entschuldigt sich ausdrücklich», sagt er feierlich und führt die Hand zum Pince-nez, hinter dessen kreisrunden Gläsern seine Augen zwinkern. «Mon cher Claude, ich konnte Sie über das Telefon nicht erreichen.» «Es ist seit Tagen abgeschnitten», knurrt Debussy, «seit der Überschwemmung vor drei Jahren gibt es dauernd solche Probleme. Aber, mein alter Normanne, warum sind Sie nicht schon hineingegangen?» «Ihre Haushälterin sagte mir, Madame sei krank und Mademoiselle sei mit Monsieur ausgegangen. Und gerade wegen Mademoiselle ist Monsieur Erik Satie gekommen.» «Wegen mir, Monsieur?»

Chouchou mag ihn, diesen verrücktesten der Freunde ihres Vaters. So korrekt er sich kleidet – unter dem Mantel kommt, wie immer, ein grauer Samtanzug zum Vorschein –, auf so feine Weise scheint er sich immer über die Welt der Erwachsenen lustig zu machen, mit dem faunischen Lächeln über dem schwarzen Knebelbart und unter der schon ergrauenden *moustache*. Aber mit größtem Ernst hat er im vorigen Jahr ihr Lied studiert, betitelt *Das Meer ist böse, nicht den Besuch von Monsieur und Madame*

Debussy sowie ihrer charmanten kleinen Tochter bekommen zu haben, wozu wiederum Chouchou wohl auch angeregt wurde durch die ungewöhnlichen Titel, die Monsieur Satie seinen kleinen Klavierstücken gibt, etwa *Drei Stücke in Form einer Birne*.

Einen richtigen Beruf scheint er nicht zu haben; kein Mensch weiß, wovon er eigentlich lebt, ja nicht einmal, wo genau. «Am anderen Ende der Stadt», hat Chouchous Papa mal gesagt, «und auf jeden Fall für weniger Miete als wir.» Tatsächlich ist Satie, auch wenn ab und an eine Kleinigkeit von ihm gedruckt wird, so knapp bei Kasse, dass er die zehn Kilometer von Arcueil im Südwesten bis zur avenue du Bois de Boulogne mitunter vollständig zu Fuß zurücklegt, um die dreißig Centimes für die Ringbahn zu sparen. Aber nie würde es ihm einfallen, jemanden um Geld zu bitten. Er sagt jetzt auch keinem, dass er morgen Geburtstag hat – er wird 47 Jahre alt! –, sondern holt sein Geschenk für Chouchou aus der Aktentasche, ein paar Notenseiten mit Klaviermusik.

«Es heißt *Españaña*», sagt er, und sie liest aufmerksam die Widmung für Mademoiselle Claude Emma Debussy und die Hinweise in den Noten. «La belle Carmen et le peluquero», «Reiten Sie auf Ihren Fingern», «Puerta Maillot», «Plaza Clichy», «Ist das nicht der Alkalde?», «Les cigarières» ... Alles ohne Taktstriche. «Spielen Sie das für mich, Monsieur?» «Oh, das kann Ihr Vater viel besser.» Wohl wahr. Als Debussy ihn kennenlernte in grauer Vorzeit, im Nachtkabarett *Le chat noir* der 1890er, schlug sich Satie dort als mediokrer Barpianist durch; man sagte ihm nach, er könne besser trinken als spielen. Aber der irrlichternde Witz, den seine Freunde mögen, sprüht auch in den kleinen Stücken. Als Debussy sich hinsetzt und *Españaña* spielt, kommt es Chouchou vor, als könnte die Musik auch im neuen Spielzeugkistenballett stehen.

*

Donnerstag, 29. Mai 1913. «Lieber André Caplet», schreibt Debussy dem jüngeren Komponisten, Freund, Bewunderer, dem Dirigenten und Arrangeur seiner Musik, «das kapriziöse Schicksal, das mein Leben leitet, spielt mir eine saure Flötenweise. Ich fahre nicht nach England. Voilà, fünftausend Francs, die für immer im Ärmelkanal versinken! Immerhin ist das noch besser, als zum Präsidenten der Republik ernannt zu werden, aber ärgerlich genug.» Emma fühlt sich zu krank. Sie kam auch gestern nicht mit zur Generalprobe, zu der Debussy anmerkt: «*Le Sacre du Printemps* ist eine außergewöhnlich wilde Sache ... Wenn Sie so wollen: Barbarische Musik mit allem Komfort der Moderne!» Im Übrigen verlief der Testlauf friedlich, beschränkt auf den *Sacre* und ein Publikum aus Journalisten, Förderern und Enthusiasten – kein Vergleich mit dem Tumult bei der Generalprobe von Debussys *Pelléas* vor elf Jahren. Die Uraufführung des *Sacre* heute Abend könnte ein Erfolg werden.

Als er um kurz nach acht zur avenue Montaigne kommt, sieht er vor dem Theater, im Foyer, auf den roten Läufern zwischen den gusseisernen Art-déco-Geländern der breiten Treppen genau die Gesellschaft, die er gern meidet, das geschwätzige und geschmückte Tout-Paris, Aristokratie, Diplomaten, Snobs, Demimonde. Die Damen mondän, dekolletiert, übersät mit Perlen, mit Kopfschmuck und mit Straußenfedern, und zwischen den Fräcken der soignierten Herren die betont grobe Kluft der Bohemiens, Apachen, Zukunftspartisanen mit ihren Schirmmützen. Debussy bahnt sich, hier und da mürrisch grüßend, seinen Platz zur Loge von Theaterchef Astruc, wo schon Gabriele d'Annunzio sitzt, Textdichter seines *Martyre de Saint Sébastien.*

Es duftet nach besten Parfüms an diesem warmen Maienabend, von zahlreichen Fächern ventiliert, eine glänzendere Gesellschaft hat man in Paris lange nicht gesehen. Die Loge rechts nebenan – in diesem neuen Haus befinden sich die Logen unterhalb eines im weiten Bogen geschwungenen Balkons, überall beste Sicht, beste Akustik – ist voller Damen von ausgesuchter Eleganz, die einander und ihre Begleiter überbieten mit geistreichen Bemerkungen und hellem Gelächter – ein Klang, der Debussy unangenehm an das Lachen vor zwei Wochen in *Jeux* erinnert. Inzwischen sind alle 2000 Plätze besetzt.

Das Licht wird gedämpft. Applaus für Pierre Monteux, der sich knapp verbeugt. Dann hebt er den Taktstock für gut zwanzig Minuten, in denen die Welt in bester Ordnung ist, endend mit jener *Valse brillante* von Chopin, die Strawinsky vor vier Jahren für die *Ballets Russes* orchestrierte. *Les sylphides*, choreografiert von Michail Fokin, der schon länger nicht mehr dabei ist. *Ballet blanc*, weiße Tutus, Spitzentanz, kein Plot, eine Träumerei bei Mondlicht. Applaus, Pause, Champagner, Gespräche, die nicht enden, als man sich erneut in den Saal begibt. Die gewaltige ornamentierte Lichtschale an der Decke wird wieder dunkel. Der Applaus für Monteux und das Orchester ist diesmal von einer seltsamen Unruhe durchzogen, als erzähle man sich Witze, während man klatscht, die Damen in der Nachbarloge kichern auch schon wieder. Man könnte fast meinen, das Publikum selbst habe Lampenfieber, als stünde ihm ein Auftritt bevor, bei dem niemand weiß, wer welche Rolle spielen wird.

Jähe Stille. Das Fagottsolo, Horn dazu, die Klarinetten setzen ein, der rostrote Vorhang ist noch unten. Die Triolen der Fagotte. Das Pizzicato, die Flöte. Ein Miauen. Ein Miauen vorn links im Parkett, von empörtem Zischen gefolgt, von halblauten Worten. Einer pfeift. Die Damen in der Loge neben Debussy tuscheln. Er sieht, wie Astrucs Hände sich auf den Knien verkrampfen. Die Hände von Monteux halten das Orchester auf Kurs. Siebzehn Proben hat er in zwei Wochen hineingestopft, dazu fünf mit Bühne und Orchester, und immer war Strawinsky dabei. Solche Rhythmen, solche Dissonanzen haben sie nie zuvor gespielt, und manchmal half es nur, dass der Komponist selbst ans Klavier sprang, schrie, «ich weiß, was ich geschrieben habe», und es in die Tasten drosch. Jetzt sitzt er angespannt vorn rechts neben Katja und blickt auf Monteux' Hände. Die Musiker versuchen, sich nicht beirren zu lassen, obwohl es im Saal immer unruhiger wird.

Da ist er, der achttönige Akkord! Tam-tam-tam-tam tam-tam-tam-tam tam-BAM-tam-BAM tam-tam-tam-tam ... fes-as-ces-fes-g-b-des-es. Der Vorhang geht dabei hoch, vor grob gemalter Natur sieht man Gruppen von ... Balletttänzerinnen sollen das sein? Wo sind ihre schönen Beine, Schultern, Arme? Vermummt in russische Trachten, mit langen Zöpfen und Borten, einander in Kreisen zugewandt, gebeugt auf der Stelle hopsend, unelegant, archaisch, beunruhigend wie dieser Klang, Streicher als Perkussionsinstrument! «Buhh!», ruft einer. «Wo ist das Ballett?» Wieder die Trillerpfeife, noch eine, ein Schlüsselpfiff, andere schreien mitten hinein: «Bravo!», und applaudieren. Astruc krallt sich jetzt an der Logenbrüstung fest. Die Damen nebenan lachen schrill; woraufhin einer brüllt: «Ruhe, ihr Nutten aus dem Sechzehnten!»

Das gilt dem noblen Arrondissement, der eleganten Welt. Einer der Herren in der Nebenloge springt auf und pfeift auf seinem Schlüssel, Monteux dirigiert ungerührt wie ein Krokodil, das «Jeu du Rapt» ist erreicht. Debussy ist bleich vor Wut, als einer der Herren nebenan ruft: «Spielt lieber Tango!» Nun brüllt Debussy selbst nach rechts: «Ihr seid ein Haufen Schwachköpfe!» «À la po-o-rte», hört man jemanden rufen mit einer Stimme wie ein Nebelhorn, immer wieder, «zur Türe, schmeißt sie raus!» Wen meint er, die Störer oder die Künstler? Inzwischen ist der Lärmpegel so hoch, dass man die Sechsachteltakte der Streicher nach Ziffer 47 eher sieht als hört. Zwischen ihnen, immer dichter, die Tuttischläge, unregelmäßig, unberechenbar, wie Faustschläge.

«Tranquillo» steht dann in der Partitur, und tatsächlich wird es auch im Saal etwas ruhiger, aber nur bis zum nächsten Allegro, dem «Ritual rivalisierender Stämme». Ein Wunder, dass die Tänzer es überhaupt bis hier geschafft haben. Strawinsky, der schon nach fünf Minuten aufgesprungen und mit einem «Fahrt zur Hölle!» aus dem Saal gerast war, türenknallend, fand auf der Seitenbühne Nijinsky, auf einem Hocker stehend und eisern Zahlen brüllend, da die Tänzer das Orchester im Getöse kaum hören können. «Sieben, acht, neun!» Inzwischen ist auch Astruc aufgesprungen und ruft laut: «Erst zuhören! Dann pfeifen!» Er verlässt die Loge, kurze Zeit später flammt das Licht im Saal auf, während die Vorstellung weitergeht, erlischt wieder, noch einmal; es hilft nichts, der erste Teil endet im Geheul, befeuert von der rhythmischen Wucht der Musik.

Auch als nach kurzer Umbaupause der Vorhang wieder hochgeht, ist es, als seien Partitur und Publikum magisch verbunden, als finde dieses Stück, dessen härteste Akzente wie Felsenzacken aus der Brandung von Gelächter, Pfiffen, Buhs und Bravos ragen, nicht nur auf der Bühne statt, sondern im ganzen Théâtre des Champs-Élysées, wobei die Fronten keineswegs eindeutig sind. Sicher, da steht inzwischen die ganze *Nouvelle Revue Française* wie eine Phalanx im Logengang, die literarische Intelligenz rund um André Gide, und bändigt mit Zurufen die Logen des Adels, aber ein Klassenkampf ist das nicht. In einer der Logen erhebt sich eine fabelhaft angezogene Dame und schlägt dem schlüsselpfeifenden Herrn nebenan ins Gesicht, der daraufhin ihrem Begleiter seine Karte für das Duell überreicht, zwei Geschwister streiten sich lautstark, hinter dem Fotografen Carl van Vechten steht ein junger Mann, der einfach nur vor Aufregung mit beiden Händen auf den Kopf des Amerikaners trommelt.

Und irgendwann, mit dem untrüglichen Gespür für die richtige Stelle, das Timing, den Auftritt, ins Abebben einer Lärmwoge hinein, hat sich die 75-jährige Comtesse de Pourtalès erhoben, eine Ikone der Salons und des Adels, aller Künste kundig, von Renoir gemalt, und, unter ihrem verrutschten Diadem hervor, mit erhobenem Fächer, geschrien: «Es ist das erste Mal in sechzig Jahren, dass es jemand wagt, sich über mich lustig zu machen!» Das hat immerhin ein anderes Niveau als die Albernheiten, die noch folgen, der Schülerhumor, mit dem einer nach dem Zahnarzt ruft, als Maria Piltz, ehe sie sich als Erwählte in der «Danse sacrale» zu Tode tanzt, still steht, zu den fatalen fünftönigen Attacken der Bläser überm Heulen des Saales, und reglos ihre Hand ans Kinn hält. Sie scheint zu träumen, die Knie zueinander gedreht, die Fersen nach außen. Ihre ungeheure Stille bringt für lange Momente den Saal zum Schweigen. Dann geht ein jähes Zucken durch ihren Körper, und sie ist den Rhythmen ausgeliefert, ihre Glieder fliegen in diese und in jene Richtung, etwas grauenhaft Burleskes ist darin, ein Zerrissenwerden, und die ganze Energie der Kunst. Einer Kunst, die das Leben selbst ist, nicht seine Zutat, und die darum dem Gejohle nicht nachgibt, sich nicht zerbrechen lässt, die sogar die primitive Energie, die entfesselte Aggression, die dort, unter 2000 kultivierten Menschen, sich entlädt, noch aufnimmt und bis in die Fingerspitzen vibrieren lässt.

Als der Vorhang fällt – man kann nicht glauben, dass seit dem ersten Fagottsolo nur 45 Minuten vergangen sein sollen, war es nicht ein Jahrhundert? –, geht die Schlacht der Protestrufe und der Jubelrufe weiter. Und mit jedem Mal, mit dem Komponist, Choreograf, Ausstatter an die Rampe treten, gewinnt die Begeisterung an Kraft, vielleicht weiß mancher schon gar nicht mehr, warum er eigentlich brüllt. Pierre Monteux kann es wagen, allein auf die Bühne zu kommen und das Orchester aufstehen zu lassen. Dass es aber dem erschöpften Vaclav Nijinsky gelingt, an diesem Abend noch das Solo im *Spectre de la Rose* zu tanzen, zur Musik Carl Maria von Webers, grenzt an ein Wunder.

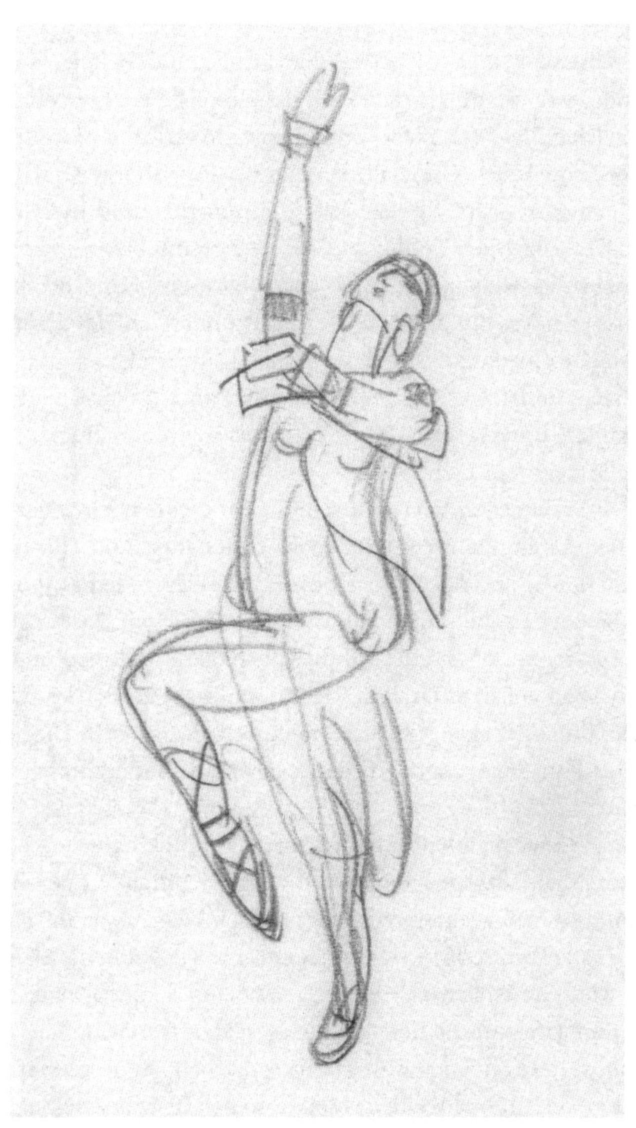

Die 26-jährige Künstlerin Valentine Gross machte während der Proben zum «Sacre» unschätzbare Skizzen. Die Solistin im Finale, so zeigt sich hier, gestaltete in Nijinskys Choreografie auch ein «Opfer» voller Vitalität.

Debussy gehört nicht zu der Runde, die sich zu später Stunde, wie so oft, ins *Larue* an der Place de la Madeleine begibt: Diaghilev, Nijinsky, Strawinsky, Maurice Ravel, André Gide, Léon Bakst, Oscar Fried, Jean Cocteau, Harry Graf Kessler, Tata Goloubeff, die Geliebte d'Annunzios, und die Gräfin Suboff … Diaghilev hebt sein Glas und resümiert mit breitem Lächeln den Skandal: «Genau, was ich wollte!» Und der Komponist erinnert ihn daran, wie er ihm zum ersten Mal den *Sacre* vorspielte, in einem Hotel in Venedig, die Stelle, an der der Vorhang aufgeht, 27-mal derselbe dissonante Akkord, und wie Diaghilev unterbrach: «Wird es lange so weitergehen?» «Bis zum Ende, mein Lieber.»

Fünf von ihnen kurven um drei Uhr nachts noch angezecht im Taxi durch die leere Stadt, nach Westen durch die Porte Dauphine in den Bois du Boulogne hinein, in klarer Mainacht unter der Sichel des abnehmenden Mondes, «Bakst sein Taschentuch am Spazierstock wie eine Fahne schwenkend, Cocteau und ich hoch oben auf dem Dach des Autos, Nijinsky in Frack und hohem Hut stillvergnügt in sich hineinlächelnd». Auch Diaghilev sei bis zum Morgengrauen dabei gewesen, notiert Kessler im Hotel.

Jean Cocteau, talentierter Trittbrettfahrer der Künste, will in dieser Nacht dagegen nur mit Diaghilev, Nijinsky und außerdem Strawinsky unterwegs gewesen sein, und zwar im Fiaker, wobei der Impresario tränenüberströmt Puschkin zitiert und der Komponist sich an einer Übersetzung versucht habe. Das ist, fünf Jahre und einen Weltkrieg später, frei erfunden, dem Mythos dieses Abends hinterhergeschrieben, zu dessen tatsächlichem Verlauf nur wenige Quellen so belastbar erscheinen wie die zeitnahen Notizen des dezidiert für die Nachwelt beobachtenden Tagebuchautors Harry Graf Kessler, 44 Jahre alt.

Die Presse der nächsten Tage, die das Stück überwiegend «desagréable» findet und barbarisch, wenn auch «virtuos orchestriert» und von einer «gewissen rhythmischen Kraft», geht mit keinem Detail auf Exzesse ein. Von denen berichten, je mehr Zeit vergeht, umso mehr Dabeigewesene, es kommen Schlägereien dazu, ein Polizeieinsatz – doch die Akte Cb29.47 der Pariser Polizeipräfektur für die Zeit von Februar 1913 bis April 1914 ist verschwunden. So entwickelt sich der Mythos dieser Uraufführung als kollektive Erzählung über Jahrzehnte, über ein ganzes Jahrhundert hinweg und weiter, nicht nur parallel zur Rezeption des *Sacre*, sondern untrennbar mit ihr verbunden.

Verschwunden ist, jedoch erst nach 1980, auch das persönlich signierte Exemplar der gedruckten Fassung zu vier Händen, das Strawinsky im Juni seinem Freund Debussy überreicht – in der Privatklinik «Villa Borghese» in Neuilly-sur-Seine. Am 3. Juni ist der Russe dort nachts mit einer Typhusinfektion eingeliefert worden, die er wohl dem Genuss einer kontaminierten Auster nach der Uraufführung verdankt. 41 Grad Fieber, kalte Bäder, Katja zieht zu ihm ins Spital, später kommen Freunde und Kollegen zu Besuch, Ravel, Schmitt, Puccini sowie Emma und Claude Debussy. Ihr junger Freund empfängt sie keineswegs als Bettlägeriger, sondern in Anzug, Weste, Krawatte, Schuhen, auf eine Chaiselongue drapiert, hinter ihm so viele Blumensträuße, dass man an eine Beerdigung denken könnte. Doch Igor blickt trotzig, und er wirkt jungenhafter denn je, so, als habe er das Stück noch gar nicht geschrieben, über das sie nun weniger sprechen als über die Pressereaktionen.

«Ich habe etwas für Sie, cher ami», sagt er schließlich, «Katja, kannst du es mir bringen?» Es ist *Le Sacre* zu vier Händen, gedruckt erschienen kurz vor der Uraufführung. «Ihr schöner Albtraum, nun ist er noch schrecklicher geworden, als Sie es erhofft haben!» Strawinsky spielt auf den Brief an, den ihm Debussy im vorigen November schrieb. Der lächelt, ohne etwas zu sagen. «Würden Sie mir kurz den Tisch hier freiräumen?»

Strawinsky setzt sich auf, legt den Band auf den Tisch, blättert ihn auf und zückt seinen Federhalter. «Für meinen sehr lieben Freund C. Debussy zur Erinnerung an die Schlacht vom 29. Mai 1913 von seinem Igor Strawinsky, 9/VI 1913.» Anders als sonst vergisst er, dem russisch orthodoxen Datum das gregorianische anzufügen, den 22. Juni. Wie alle Kranken umgeben ihn die Mächte seiner Kinderjahre, und er sehnt sich danach, sich im russischen Ustilug von Paris zu erholen. «Werden Sie bald gesund», sagt Debussy, als er die Noten nimmt. «Die Musik braucht Sie sehr.»

*

Einem weicht er immer aus, einem, der doch seine Musik bewundert. Dreizehn Jahre jünger ist jener andere, mit dem sich Debussy vielleicht mehr verglichen sieht, als dass es wirklich geschähe – weil er selbst am besten seine Begabung, auch sein Genie erkennt, weil er ihm nahe ist: In der musikalischen Sprache, in der Stadt, über Freunde wie Strawinsky und Satie, über den gemeinsamen Verleger. Doch unangenehm hat es ihn vor fünf Jahren berührt, als er Jacques Durand an der Madelaine besuchen wollte und in dessen Büro jenen anderen traf. Nicht nur das, er hatte es sich in Durands Sessel bequem gemacht, zierlich, elegant gekleidet, perfekt frisiert bis in die Bartspitzen, hinter denen ein ironisches Mundwinkelkräuseln nicht auszuschließen war: Maurice Ravel.

«Deplatziert» hat Debussy schon Ravels experimentelle Tierporträts in Liedgestalt gefunden, die *Histoires naturelles* von 1906, die sein getreuer Louis Laloy öffentlich so lobte, dass er ihn zurechtwies – er möge so etwas doch dem «Kammerdiener» Ravels überlassen, dessen Freund Dimitri Calvocoressi, einem Kritiker. Indessen hat Ravel vom älteren Kollegen so viel gelernt, dass Romain Rolland ihn einmal «debussyistischer als

Debussy» nennt, und die *Nocturnes* liebt er so sehr, dass er sie für zwei Klaviere transkribiert und diese Fassung selbst mit aus der Taufe hebt. Freilich ist auch Ravel empfindlich, wenn seine Neuerungen im Komponieren für das Klavier gelegentlich dem berühmteren Kollegen zugeschrieben werden. Den wiederum mag es gekränkt haben, dass ein Auftrag von Diaghilev vor ihm den geselligeren Ravel erreichte, und dann gleich für ein gigantisches Orchesterwerk wie *Daphnis et Chloé*.

Im Sommer 1913 aber kommen sie einander geradezu gefährlich nahe – in ihrer Liebe zur Poesie von Stéphane Mallarmé, die im Frühjahr in einer vollständigen Ausgabe erschienen ist, fünfzehn Jahre nach Mallarmés Tod. Claude Debussy, dem Dichter seit ihren Begegnungen und dessen Wertschätzung des *Prélude à l'après-midi d'un faune* tief verbunden, wählt drei Gedichte aus, um sie in mélodies zu fassen, zuallererst *Soupir, Seufzer*.

«Es steigt, oh stille Schwester, meine Seele an / zu deiner Stirn, wo, unter sommerrotem Bann, / ein Herbst träumt, zum Himmel, in deinem Engelsblick / verrätselt, wie ein weißes Wasser beständig / emporseufzt aus traurigem Garten ins Azur! / Ins Blau, oktoberlich gemildert, blass und pur, / dessen endlose Sehnsucht große Becken spiegeln ...»

Die Verse beschwören dann, in kaum übersetzbarer Dichte und nur noch hauchfeinem Zusammenhalt der Sprache, die Agonie welkender Blätter auf dem Wasser, durch das sie, vom Wind getrieben, kühle Furchen ziehen, während eine «gelbe Sonne», «le soleil jaune», einen langen Lichtstrahl hinter sich herzieht.

Die Melancholie darin führt Debussy zu kargen Bögen des Klaviers, gebildet aus Quinten und Quarten. Mit dem Einsatz der Stimme schweigt das Instrument zunächst, die behutsamen Akkorde dann haben etwas Rezitativisches, und der Gesang bleibt mitunter wie psalmodierend auf fast nur einem Ton, bei «comme dans un jardin mélancholique» und «sur l'eau morte». Keinen Dur- oder Moll-Klang gibt es bis auf ein kurz gestreiftes C-Dur, nur Schichtungen der archaischen Quarten und Quinten, bis zum letzten Sonnenstrahl. Die Farben im Gedicht – Rot, Weiß, Blau, das Braun der Blätter, die gelbe Sonne – werden nicht vertieft, sie sind nur von ferne zu sehen, durch Töne und Worte hindurch, fast selbst schon Zeichen geworden, Teile von Gedanken, Erinnerungen unter grauem Himmel.

Mit dieser Komposition und zwei weiteren Liedern zu Gedichten Mallarmés, *Placet futile* (*Vergebliche Bitte*) und *Eventail* (*Fächer*), wendet sich Debussy Anfang August 1913 an seinen Verleger – und erfährt, dass auch der Verlagsautor Ravel gerade drei Lieder zu Gedichten des Großen vollendet hat. Schlimmer noch: Auch er beginnt mit *Soupir* und *Placet futile*! Das Schlimmste: Dr. Bonniot, der Schwiegersohn von Stéphane Mallarmé, hat Ravel bereits die Genehmigung zur Verwendung der Gedichte erteilt und verweigert sie daher Debussy für die beiden ersten mélodies. Debussy findet das «nicht lustig»; Ravels Textauswahl nennt er ein «Phänomen von Autosuggestion, das es wert wäre, der medizinischen Akademie mitgeteilt zu werden». Aber Ravel ist kein klinischer Fall, sondern ein kluger Kollege. Er setzt sich bei Edmond Bonniot für Debussy ein und verschiebt die Veröffentlichung seiner eigenen Stücke.

Ein größerer Unterschied ist kaum denkbar als der zwischen den Meisterwerken, die in derselben Zeit, derselben Stadt zu Mallarmés *Soupir* komponiert wurden. Während Debussy durch die Worte wie durch ein Fernglas schaut, sind sie für Ravel wie eine Lupe, er führt uns mitten in ein Geschehen. Von Anfang an sind wir umgeben vom Klang des «blanc jet d'eau», der aus dem Brunnen beständig zum Himmel schießt, ein fein schäumendes kühles Glitzern von Arpeggien eines Streichquartetts, sehr hoch, in hauchendem Flageolett gespielt, bestehend aus den Tönen einer fünftönigen Skala – ein Streichquartett, zu dem nach der Gesangsstimme noch zwei Flöten, zwei Klarinetten und ein Klavier kommen.

Genau diese Besetzung hat Ravel im März bei Strawinsky kennengelernt, am Genfer See. Er half ihm bei einem Auftrag, für den die finale Arbeit am *Sacre* keine Zeit ließ. Strawinsky zeigte ihm sein neues japanisches Lied *Mazatsumi* und erzählte von der Musik, die ihn darauf gebracht hatte, für Stimme und ein kleines Ensemble aus Bläsern, Streichern und Klavier zu schreiben: *Pierrot Lunaire* von Arnold Schönberg. Es führen also auch Spuren aus Berlin und Wien in den Mallarmé'schen Garten, den der 37-jährige Ravel komponiert.

Melancholisch ist es auch hier, aber ohne Depression. Es ergibt sich sogar auf der ausgesungenen letzten Silbe von «mélancholique» ein Klang, der ein reines Glück umfasst und ebenso die Ambivalenz, die so viele Worte bei Mallarmé haben. Wie Debussy reagiert Ravel auf den Perspektivwechsel in der zweiten Hälfte des Gedichts – vom Herbst, der noch träumt, zu dem, der sich vollzieht. Debussy schreibt gerade hier eine aufwärts drängende Linie – fast trotzig, «sich etwas belebend». Bei Ravel endet hier das pentatonische Fontänenfiligran. Seine Streicher werden, nun in komprimierten Linien und chromatisch, nach unten gezogen, der Gesang bleibt ohne Richtung, das Wort «unendlich» wird wörtlich genommen – ein ganzer Takt für die letzte Silbe, dazu kristalline, harmonisch offene Klavierakkorde, wiederholt, nicht enden wollend.

Doch einen Dur-Klang gibt es noch, ein einsames warmes B-Dur von Sängerin und beiden Klarinetten beim «long rayon», dem langen Sonnenstrahl am Ende, das bei Ravel nicht das Ende ist. Zweimal wirft er einen Blick zurück auf den Brunnen mit seiner Fontäne, zweimal noch sehen und hören wir die zarte fünftönige Gischt, diesmal vom Klavier sekundiert und damit zugleich entrückt. Bald, das spürt man, wird der Brunnen abgestellt, bald werden alle Blätter gefallen und die Bassins leer sein. Aber das ist eine Melancholie, in der der Sommer, auch der metaphorische, noch so leuchtet, dass man seiner Wiederkehr gewiss sein kann, und des Lebens. Debussys Musik sieht ihn – was immer er bedeuten mag – wie etwas nicht mehr Erreichbares.

*

Nach Moskau? Er will nicht dorthin. Er muss, des Geldes wegen. Sergej Kussewizki zahlt gut – so gut, dass Debussy den von ihm geschätzten Dirigenten Alexander Siloti brüskiert, sogar zutiefst gekränkt hat, der ihn ebenfalls einlud, nach St. Petersburg, aber nur für 5000 Francs. Nur? Umgerechnet fast 22 000 Euro für sechs Reisetage und eine Woche mit Proben und Konzerten! Aber Kussewizki in Moskau hat für denselben Aufwand fast das Doppelte geboten, und angesichts seiner Schulden hat Debussy sich, so Siloti, «verkauft wie eine Hure vom Newski-Prospekt». Zudem wird dieser Franzose auch noch mit Moskauer Musikern in St. Petersburg auftreten!

Chouchou hat heute Mittag in der Gare du Nord die langen, romantischen, nussbraunen Schlafwagen des Nord-Express bewundert, die Harmonikas zwischen ihnen, schwarz wie Fledermausflügel, den breitfenstrigen Speisewagen, die kupfern glänzenden Metallaufschriften: *Compagnie Internationale des Wagons-Lits et des Grands Express Européens*. Emma hat geweint. Noch nie waren sie so lange getrennt, und sie hat versucht, ihn von der Reise abzuhalten. Sie hat mit ihren Händen Küsse geworfen, als der Express losfuhr, pünktlich um 13.45 Uhr an diesem Montag, 1. Dezember 1913.

Am selben Tag, schon um 9 Uhr morgens, ist auch Ethel Smyth in Paris in den Zug gestiegen – in der Gare de Lyon und gen Süden, nach Marseille, um dort an Bord eines Zweischraubendampfers zu gehen. Sie reist nach Ägypten …

Um halb fünf schreibt Debussy schon das erste Telegramm, aus Erquelinnes in Belgien: «Der Zug fährt schnell. Die Reue bleibt. Alle arme Liebe von Claude. Umarme Chouchou.» Vor vielen Jahren flog Nadar mit seinem Ballon über diese Stadt, dessen Sohn Paul auch Debussy fotografiert hat ... Es ist bereits dunkel. Liège, Aachen, Köln. Hannover wird im Schlaf durchquert. Am nächsten Morgen geht es ab Berlin Friedrichstraße weiter nach Warschau, in den westlichsten Teil des Zarenreichs, dreizehn Stunden Fahrt. Dienstag, 21.33 Uhr: «Vergiss deinen Claude nicht.» Hier steigt man um in baugleiche Wagen der russischen Breitspur. Von nun an werden die Lokkessel mit Birkenscheiten befeuert.

Am nächsten Morgen: Schnee auf der Steppe, so weit das Auge reicht, «eine Generalausstellung des Weißen», wie er für Emma notiert, als einziger Kontrast die sechs schwarzen dünnen Drähte neben dem Gleis, die vor dem Fenster unablässig ansteigen und ruckartig wieder absteigen, neuen Anlauf nehmen ... Kein Vieh ist weit und breit in Sicht, dafür kommt es ihm vor, als gebe die Lokomotive einen Laut wie das Muhen einer Kuh von sich. Das Essen im Speisewagen gefällt ihm nicht, aber ihn berührt der Anblick eines Mädchens, das mit seinem Vater den Tee einnimmt. Wäre doch Chouchou hier! Es würde sie amüsieren, die Kellner bei ihren Balancekunststücken zu bewundern, die Allee von Mineralwasserflaschen, die Servietten, gefaltet wie Mitras ...

Debussy weiß wenig über die Musik seiner russischen Zeitgenossen, von Strawinsky natürlich abgesehen, der leider nicht in Moskau sein wird. «Eine bewundernswerte Stadt, die Sie vielleicht nicht sehr gut kennen», hatte Debussy ihm launig geschrieben, «dort würden Sie den musicien français Claude Debussy treffen ...» Rachmaninow interessiert ihn nicht, Prokofjew kennt er nicht, einen 22-Jährigen, der mit einem brachialen Klavierkonzert kürzlich das Publikum eines russischen Kurorts erschreckte. Den Wahnwitzigsten von allen kennen nicht einmal russische Hörer: Nikolaj Roslawez, 32 Jahre alt, Bauernsohn, arbeitet zu dieser Zeit an Klavierstücken, die so galaktisch weit von den alten tonalen Bindungen entfernt sind und so komplex, dass man sie erst hundert Jahre später aufführen wird – und selbst dann noch in kleinen Zirkeln.

Und Skrjabin? Alexander Skrjabin, den man in Paris kennt, seit er dort 1896 als Pianist debütierte, seit 1905 seine Dritte Sinfonie von Arthur Nikisch aufgeführt wurde, der seinen Weg zu einer neuen, in Farben denkenden Musiksprache durchaus nicht im Schatten gegangen ist, den Diaghilev gern beauftragt hätte und den Kussewizki hoch schätzt – nie und nirgends erwähnt ihn Debussy, und Skrjabin sagt nur einmal: «Er hätte nicht unsere russische Musik bestehlen sollen.» Soll nur keiner auf die Idee kommen, es könnte umgekehrt gewesen sein und «Diebstahl» das falsche Wort …

Debussy und seine französischen Zeitgenossen – Fauré, Dukas, Ravel – geben der russischen Musikavantgarde die wichtigsten Impulse, um ihre eigenen Quellen zu öffnen. Strawinsky konnte Musik von Debussy schon 1902 in St. Petersburg hören, dessen *Nocturnes* wurden in Moskau 1910 gespielt, *La Mer* ein Jahr später. Der Komponist Nikolaj Mjaskowski, so alt wie Strawinsky, findet, Debussy sei ein unvergleichlicher Poet, von seinen französischen Kollegen «vielleicht der wichtigste», sogar «das einzige Genie».

Abends ist mit einer Stunde Verspätung Moskau erreicht, kurz nach neun, Brester Bahnhof. Eine ganze philharmonische Abordnung empfängt den erschöpften Gast aus Frankreich, der nach 56 Stunden Eisenbahnfahrt eine russische Begrüßungsrede über sich ergehen lässt, ehe ihn Sergej Kussewizki erlöst. Ein großer, schlanker Mann Ende dreißig, energiesprühend, vielsprachig, begnadeter Virtuose auf dem Kontrabass, Dirigent eines eigenen Orchesters, mit dem er die Konservativen wie die

Progressiven erreicht. Er hat Tschaikowskys Sinfonien zyklisch aufgeführt und ebenso die von Beethoven, auch in entlegenen russischen Städten, in denen nie zuvor so etwas erklang. Für den Januar 1914 plant er in Moskau die Erstaufführung des *Sacre*, und in dieser Woche wird Ferruccio Busoni mit ihm sein Klavierkonzert spielen.

Debussy kann noch schnell ein Telegramm an Emma aufgeben («Ich bin da, leider»), dann fährt Kussewizki mit ihm in einen Villenvorort der verschneiten Stadt, wo er mit seiner Frau und zwei Bulldoggen ein großes Haus bewohnt. Moskau ist mit 1,6 Millionen Einwohnern etwas kleiner als St. Petersburg, mit jener Stadt in alter Rivalität und durch eine Eisenbahnlinie verbunden. Im Norden die westlich orientierte, planvoll gebaute Hauptstadt des Zarenreiches, im Zentrum das verwinkelte, gewachsene Moskau, das slawophile Traditionalisten noch immer für die Hauptstadt halten, die es einmal war.

Beide Städte sind rasant gewachsen durch die landlosen Bauern, die nach Aufhebung der Leibeigenschaft in die Industriebetriebe rund um die Städte kamen. Ein Wirtschaftswunder ist in jüngsten Jahren in Gang gekommen, mit amerikanischer Geschwindigkeit, das Reich ist jetzt die im Weltvergleich sechstgrößte Handelsmacht, während Zar Nikolaus II. an Macht verliert. Er kontrolliert noch das Militär und ernennt die Minister, aber das von ihm zähneknirschend gewährte Parlament – seit der ersten Duma 1906 inzwischen die vierte gewählte Parteienversammlung – zeigt Wirkung. Es gibt Parteien und Debatten, eine relativ freie Presse und seit einem Jahr sogar eine Krankenversicherung für Industriearbeiter. Pompös hat man in diesem Jahr das 300-jährige Jubiläum der Romanow-Dynastie gefeiert, aber die alte hierarchische Ordnung ist längst dabei, sich aufzulösen.

Das Russland, das Debussy, jetzt 51 Jahre alt, mit neunzehn Jahren erlebte, ist nicht wiederzuerkennen. Er hat mit Rückständigkeit gerechnet, mit Unverständnis. Aber das Orchester, mit dem er am Dienstagvormittag *La Mer* probt, ist jung, engagiert, exzellent, besonders die Kontrabässe. Zwei Übersetzer übermitteln Debussys Wünsche den Musikern. Nachmittags führt ihn Kussewizki ins *Jelissejewski Magasin*, um Kaviar zu bestellen. Es ist ein palastartiges Lebensmittelkaufhaus, wo man täglich 500 Kilo Räucherlachs zerlegt, die Verkäufer sind gekleidet wie Botschaftsattachés.

Kussewizki bemüht sich, seinen Gast bei Laune zu halten, nicht ahnend, was den so spürbar bedrückt. Emma schreibt täglich, und ihre Briefe werden immer verzweifelter. In Paris hat sie sich danach gesehnt, wieder aufzubrechen mit ihm, auszubrechen wie damals nach Jersey, mit ihm zu reisen wie vor fünf Jahren nach London, aber die jüngste Londonreise hat er gerade ihretwegen absagen müssen. Inzwischen findet er selbst, wie sie, kaum mehr Schlaf. Was Emma nicht ihm anvertraut, sondern Katja Strawinsky, ist etwas, das sie nur in Anführungszeichen schreibt: «Wir sind bald ‹alt›.»

Ihre Zeilen an Claude sind voller Vorwürfe. Ein Satz trifft ihn zutiefst: «Ich weiß nicht, was ich tun soll, um keinen Groll gegen Deine Musik zu hegen.» «Und wenn ich nun fortfahre», antwortet er ihr, «welche zu machen und sie zu lieben, dann durchaus, weil ich ihr, die Du so schlecht behandelst, verdanke, Dich kennen und lieben gelernt zu haben, und alles andere!» Würde denn ihrerseits Emma ihn lieben ohne seine Kunst? «Es sind weder der etwas eingeschränkte Charme meiner Unterhaltung noch meine physischen Vorzüge, die mir helfen könnten, Dich zu halten.»

Kussewizki überlässt ihm die Partitur von Busonis Klavierkonzert, in der Hoffnung, die beiden Gaststars in Moskau zusammenzubringen. «Eine sumpfige Musik», schreibt Claude an Emma, «bei der die schlimmsten Fehler von R. Strauss dadurch verschlimmert werden, dass sie von jemandem gemacht werden, der keine von dessen Qualitäten hat.» Busoni braucht fünf Sätze, siebzig Minuten und zum Orchester noch einen Chor, der die ewigen «Pfeiler der Welt» besingt. Vor neun Jahren hat er es komponiert, einen künstlichen Planeten, auf dem das Erbe des europäischen 19. Jahrhunderts neu und gigantisch installiert wird, durchgeistigt und monumental. Es hat etwas von einer utopischen Diktatur, einer marmornen Insel der Seligen. Ob sie sich über einem Sumpf erhebt?

Debussy hört sich das nicht an. Er geht am Abend des Konzerts mit Serge Diaghilev ins Theater der Künste, wo man möglicherweise *Pelléas* produzieren will. An diesem Sonnabend steht Mussorgskis *Jahrmarkt von Sorotschinzy* auf dem Programm; anschließend führt der Impresario den Komponisten ins *L'Hermitage*. Man lästert beim Essen über Nijinsky, den Diaghilev – empört darüber, dass sein Geliebter eine Tänzerin geheiratet hat – aus den *Ballets Russes* hinausgeworfen hat. Und man lässt es sehr spät werden unter den Gesängen von *tziganes*, Musikern der Sinti und Roma, die hier ihr Geld verdienen.

Am Montagvormittag gehen die Proben weiter, denen ein Bankett folgt, und nach Mitternacht besteigen alle Musiker den Zug nach St. Petersburg, dieser erstaunlichen hellen Stadt am Meer, auf gleicher Höhe mit Helsinki und Stockholm, nach Westen breit durchströmt von der Newa. Sie verbindet die Ostsee mit dem Ladogasee östlich von Petersburg, der fast so groß ist wie der Golf von Finnland. Strömung, Weite, Offenheit, krasse Gegensätze auch: Zur grauen Eminenz bei Hofe ist ein wundertätiger Wandermönch aufgestiegen, und zur Feier des Romanow-Jubiläums hat der Zar ein diamantenbesetztes Ei anfertigen lassen, das fast vierhundertmal so viel kostet, wie ein russischer Fabrikarbeiter im Jahr verdient. Da freilich der Durchschnittslohn nur etwa 100 Euro im Monat beträgt, ist das Ei sogar preiswert: 24600 Rubel, 448000 Euro.

Zugleich ist die Stadt des Winterpalasts ein Brennpunkt

der Avantgarde. Hier hat Diaghilev vor vierzehn Jahren seine Zeitschrift *Welt der Kunst* gegründet und 1909 die *Ballets Russes*, hier haben vor ein paar Tagen Majakowski und Malewitsch zugeschlagen, in zwei Produktionen: Zuerst stellte sich, im Theater des Luna-Park, der 25-jährige Wladimir Majakowski vor den geschlossenen Vorhang, mit Zylinder, schwarzem Mantel und gelber Futuristenweste, und eröffnete rezitierend eine Tragödie ohne Handlung, in der Laien und Studenten Figuren wie «Mann ohne Kopf» darstellen, zwischen Sätzen wie diesem: «Im Land der Städte haben sich die Dinge zu unseren Herrn erklärt / und kommen nun heran, um seelenlos uns auszulöschen.»

Am selben Ort folgte, während in Moskau noch Debussy aus dem Zug stieg, *Sieg über die Sonne*, eine zweiaktige «Oper», deren zahlreiche Protagonisten von Kasimir Malewitsch in kubofuturistische Papprüstungen gesteckt wurden. Die Musik ist aus Banalitäten und Dissonanzen provokant zusammengestückelt; das finale «Kriegslied» hat folgenden Text: «lll / kr kr / tlp / tlmt / kr wd t r …» Als der Vorhang fällt, unter den durchaus erhofften Schimpfkanonaden des Publikums, sieht man auf dem Stoff ein Gewirr von Buchstaben, Zeichen und erstmals jenes schwarze Quadrat, das sich, nachdem Malewitsch es 1915 zum alleinigen Inhalt eines Bildes gemacht hat, zu einer Kaaba der Moderne eines ganzen Jahrhunderts entwickeln wird.

Es ist, als holten gerade in diesem Jahr, in diesem Dezember und dieser Stadt die russischen Künstler wie im Zeitraffer den Westen ein, als überholten sie ihn in einer verspäteten Jahrhundertwende. Ein «fröhliches Jahr» sei es, findet Majakowski, nämlich das einen «großen Bruchs», der «in allen Bereichen des Schönen» eingeleitet worden sei. Alexander Blok, als Puschkin von St. Petersburg gefeiert, sieht schwärzer. Während Debussy mit Kussewizkis Orchester probt, arbeitet der 33-jährige Blok am Gedicht «Nowaja Amerika». «Das zwanzigste Jahrhundert …

noch unbehauster, / noch schrecklicher als des Lebens Finsternis / (...) Welch flammende Fernen haben sich deinem Blick eröffnet? / Wovon kündet das nie verstummende Gekreisch der Maschinen? / Wozu zerschneidet der Propeller, heulend, / Den kalten, den öden Nebel?»

Die bis dahin größten Flugzeugpropeller haben im Mai des Jahres die Luft über St. Petersburg zerschnitten, getrieben von zwei 100-PS-Motoren an den unteren Tragflächen des «Russischen Recken». Diesen Doppeldecker hat Igor Sikorski gebaut. Als er mit der Konstruktion begann, lag der – französische – Rekord bei einer Nutzlast von 600 Kilogramm, die 900 Meter weit in der Luft gehalten werden konnte. Der «Recke» trägt 1440 Kilogramm, fliegt in der Luft mehrere Kurven und 170 Kilometer weit. Im August ist er mit vier Motoren und sieben Passagieren fast zwei Stunden lang geflogen. Ihnen stehen Sitze, Sofa, Tisch und Waschraum zur Verfügung – und vor der Pilotenkabine befindet sich eine Plattform mit Suchscheinwerfer und Maschinengewehr. Flugapparate entstehen in Russlands Flugzeugwerken ohnehin nur für militärische Zwecke – über 300 werden in diesem Jahr in Riga, Warschau, Moskau und St. Petersburg gebaut.

Als Debussy am Dienstagmorgen aus dem Grand Hôtel de l'Europe tritt, um die schneebedeckte Michailowskaja uliza zur *Salle de la Noblesse* zu überqueren, sieht er wenige Automobile, Straßenbahnen mit Oberleitung – und vor allem Schlitten. Er mag dem Einspänner nachblicken, mit dem eine Petersburger Dame zum shopping fährt – den Muff graziös vor das Gesicht gehoben, vor sich den massigen Kutscher im blauen Gewand, hinter sich den Diener mit Kokarde, der die Stäbe der Rückenlehne umklammert, auf schmalem Fußbrett über den Kufen stehend. Würde es Debussy für möglich halten, dass es die Frau eines Juristen und liberalen Abgeordneten der Duma ist, der für sein Eintreten gegen zaristische Willkür schon drei Monate im Gefängnis saß? Aber so fährt sie hier herum, die Mutter des jungen Vladimir Nabokov.

Scharf getrennt sind die Welten nicht, das alte und das neue Russland. Wer Domestiken hat, kann gleichwohl Demokrat sein. Prominente aus Adel, Politik, Wissenschaft, Kultur trifft man nicht nur im Mariinski Theater, man trifft sie auch im Kellerlokal *Der streunende Hund*, einem Künstlerkabarett an der Italjanskaja uliza. Es ist so elitär wie subversiv; nur als Klubmitglied oder durch Beziehungen kommt man hinein. Fast alles ist dort erlaubt, nicht nur das Rauchen und Reden während der Darbietungen, in die das Publikum oft spontan einbezogen wird. Man liebt Barockmusik von Couperin und Frechheiten von Prokofjew, Dandys und Bohemiens, Clowns und Rowdys. Aktuelle Kunstästhetiken, die einander sonst in Zeitschriften befehden, purzeln hier in freundlichem Qualm und Lärm durcheinander: Impressionismus, Symbolismus, Kubismus, Akmeismus, Neoprimitivismus, Neoklassizismus, Futurismus ...

Ähnlich aufgeschlossen ist das Publikum, das sich am Abend des 10. Dezember, hier des julianischen 27. November, in der Salle de la Noblesse gegenüber dem Hotel drängt. 2500 Petersburger wollen den berühmten Franzosen erleben, so wie man in dem glänzenden Saal schon Berlioz und Liszt erlebte, Tschaikowsky, Rimski-Korsakow, alle großen Namen ... Niemand wird hier, wie vor fünf Jahren in London, in *La Mer* ordentliche Melodien vermissen, im Gegenteil. Die frühe Suite *Printemps* hat Debussy aus dem Programm geworfen, es beginnt mit *Nuages* und *Fêtes* aus den *Nocturnes*, gefolgt von der 1910 geschriebenen *Rhapsodie* für Klarinette und Orchester und, vor der Pause, *La Mer*. Dem Klarinettisten hört man zum Glück nicht an, dass er entsetzlich dumm ist, so technisch überragend er auch spielt, es läuft glänzend. Und dann *La Mer*!

Etwas geschieht hier mit diesem Stück. Es verbindet sich mit der Gegenwart, so neu wie noch nie, von Satz zu Satz mehr.

Kaum hat der *Dialog zwischen Wind und Meer* begonnen, spürt Debussy hinter sich im Saal einen Ruck, ein anderes Atmen, als sei da etwas im Innersten berührt worden. Bedeutungen, Blicke tun sich auf. Das hohe leise Pfeifen der Geigen bei «plus calme et très expressif», dieses unwirkliche, körperlose A im künstlichen Flageolett, nicht enden wollend, scheint die Decke des Saals von den weißen Säulen zu entfernen und wie ein sehr feiner Schmerz und zugleich Himmelsschimmer die Ostsee des Jahres 1913 und den Atlantik von 1904 zu verbinden, wo er das schrieb.

Aber der Himmel berührt viele Jahre, auch kommende, so wie der Wellengang des Motivs von Flöte und Oboe, das sich immer mehr ausbreitet. Im Andrang der Meeresgewalt der Töne hört man nun auch die Wucht der gegenwärtigen Zeit, des Menschentuns, so, als sei es ein Naturvorgang und ohne Bewusstsein, nicht zu steuern, nur ab und zu klar zu erkennen aus selten erreichter Höhe.

Er hatte befürchtet, es könne alles vollkommen unpassend sein, er selbst museal und alt gegenüber diesem hellwachen Publikum, er hat gestern noch mit dem Schlimmsten gerechnet, aber nun ist da ein Horizont in der Musik, der ihn und das Publikum umfasst, an dem er sich noch mit Emma auf Jersey sieht, chère petite Mienne, ihm reißt fast das Herz in einer schrecklichen Bitterkeit, dann aber fordern ihn die Pizzicati im Bass wieder ins Geschehen. Kussewizkis wunderbare Kontrabässe spielen die Reihe leise aufsteigender Pizzicatoachtel plastisch, gefährlicher noch, als es die Triolen der drei Trompeten darüber sind.

Dann ist da alles zugleich, die Struktur, der Moment, ein ganzes Leben, schrankenlose Gegenwart, und für ein paar wahnsinnige Sekunden scheint ihm, er habe ein russisches Stück geschrieben, russischer als Mussorgski! Nach dem Abriss vor Ziffer 62, dem Akkord im *tutti*, dämpft er die Streicher extrem herunter für die umso glühendere Steilkurve der letzten fünfzehn Takte, um den Des-Dur-Klang geradezu explodieren zu lassen.

Kaum sinken seine Arme, da braust und dröhnt jäh von hinten das Meer, das herrlichste jenseits der Küste, die Brandung begeisterter Rufe, Schreie, Gebrüll, Applaus, die Leute stehen, die Musiker klopfen strahlend mit den Bögen an die Pulte, er dreht sich um zum tobenden Saal und hält mühsam die Tränen zurück, den Kopf geneigt. Aber hinter der Bühne weint er und weint und weint. «Nun muss ich Dir gestehen, dass ich in der Pause so fertig mit den Nerven war, dass ich all meine Tränen geweint habe ...», wird er an Emma schreiben. «Du verstehst das leicht? Bei den seltenen Gelegenheiten, wenn ich dirigiere, bist Du da: ich kann Dir dann sofort alles sagen, was ich nur Dir sagen kann ...»

Gefasst kehrt er ans Pult zurück. Es folgen der *Faun*, die *Images* – fünf Charakterstücke, 40 Minuten lang – und als ironischer Rausschmeißer ein *Schottischer Marsch*, dem man nicht anhört, dass Debussy ihn in der Zeit von *Faun* und *Pelléas* schrieb. Aus nächster Nähe kann Lasar Saminski ihn sehen, ein junger Komponist in Strawinskys Alter. Er behält den Abend als «einen der tiefsten Eindrücke dieser Epoche» in Erinnerung. «Eine berührende Schönheit enthüllt sich in dieser Verbindung einer unbeholfenen [Dirigier-]Technik mit einer Interpretation, die auf höchstem Niveau überzeugend und persönlich ist. (...) Seine gedankenvollen Augen, groß und schön, ein wenig leidend, schienen die immense Menge nicht zu sehen, die den riesigen Saal überflutete. Eine wunderbare Ruhe bestimmte seine Bewegungen. Nie (...) ist uns *La Mer* so verführerisch und geheimnisvoll zugleich erschienen, so voll vom rätselhaften Leben des Kosmos, wie an diesem wunderbaren Abend, als der große Schöpfer mit sanfter Hand über seine Wellen gebot.»

Drei Tage später dirigiert Debussy seine Werke in Moskau. Auf denselben Abend des 12. Dezember hat Alexander Skrjabin, ebenfalls in der Stadt, einen Auftritt mit eigenen Klavierwerken gelegt. Das letzte *poème*, das er vor seinem unerwartet frühen Tod schreiben wird, ist da schon skizziert: *Vers la flamme – Zur Flamme*. Es ist ein wachsendes Leuchten, weltumfassend, es umfasst auch die Wogen eines Meeres in der Taschenpartitur auf seinem Schreibtisch: *La Mer*.

Debussy lernt den jüngeren Kollegen also nicht kennen. Beim anschließenden Empfang in Moskau erweist sich eine Dame der Gesellschaft als jene Sonia, eigentlich Sophia Karlowna von Meck, die er zuletzt als Vierzehnjährige in Rom sah, im Herbst 1881, Pianist im Tross ihrer Mutter Nadeschda. Er nannte sich noch Achille. Seine einstige Klavierschülerin ist noch immer fünf Jahre jünger als er, aber inzwischen eine Prinzessin Golizin. «Sans prince, il faut bien l'avouer», sagt sie. Ihr Französisch ist immer noch so gut, wie ihre Hauslehrer teuer waren. «Er wurde im September in Moskau begraben.» «Das tut mir leid.» «Wir waren bereits geschieden.» «Das ... kommt in den besten Familien vor.»

«Gerade in den besten», sagt sie lächelnd, «meine Mutter hat es sich nicht nehmen lassen, für all ihre Kinder die Ehen zu arrangieren.» «Oder zu verhindern», sagt er, selbst überrascht von seiner Anspielung, berührt vom Anblick ihres Gesichts, ihrer Augen mit den schmalen, eng geschwungenen Lidern. Er fragt sie nicht nach Kindern, sie ihn auch nicht. «Mir scheint, wir haben uns sehr verändert», sagt sie in Erinnerung an ihren Flirt, an seinen tapsigen Antrag, den ihre Mutter keinem sonst verziehen hätte als «Bussik», der alles vom Blatt spielen konnte. «Oh nein, Madame, es ist nur die Zeit, die sich verändert hat.» «Sie verändert sich gerade so schnell wie noch nie. Leben Sie wohl, illustre Maître. Ich habe sehr gern zugehört. Sehr gern.»

Am Sonntag begleitet ihn Kussewizki zum Zug, der um 14.30 Uhr nach Warschau abfährt. Um 16 Uhr wird es schon dunkel. In seinem Abteil knarrt und ächzt leise die Holztäfelung, und neben der Tür zur Toilette schwingt die Quaste einer doppelschaligen blauen Nachtlampe hin und her. Der Aufenthalt in Warschau ist diesmal länger, der in Berlin auch. Man bekommt dort Ansichtspostkarten mit Vordruck: «Geschrieben im Wartesaal des Hauptbahnhofs Friedrichstraße Berlin, den ...» Er trägt «16. Déc./13» ein und schreibt an Chouchou, an seinen Verleger auch; für den Dirigenten Inghelbrecht wählt er eine Karte mit Statuen preußischer Generäle, die vor einem Jahrhundert gegen Napoléon kämpften. «Wenn Sie die nicht schön finden, liegt das daran, dass Sie kompliziert sind!» Emma bekommt ein Telegramm, das vierzehnte in zwei Wochen, dem aus Liège noch eines folgt. Am Dienstag um 23.30 Uhr endet in Paris die längste Konzertreise, die Claude Debussy je unternahm.

*

Wenn sie zum Golfen geht, kann sie bei gutem Wetter im Nordwesten die Pyramiden am Horizont sehen. Meistens ist gutes Wetter hier, nicht zu heiß im Winter, zwischen zehn und zwanzig Grad, und der Wind ist staubfrei und knochentrocken, 40 Meter oberhalb des Nils auf einem Plateau an dessen Ostufer, 25 Kilometer südlich von Kairo. Ein wunderbarer Ort, dieses Helwan, orientalische Weite mit allem Komfort der Moderne. Mit deutschen Ärzten und italienischem Restaurant, mit zehn Luxushotels und einem Heilbad über sprudelnder heißer Quelle, mit fünf Kirchen für christliche Konfessionen von anglikanisch bis orthodox und einer Zugverbindung, mit der man 31-mal am Tag bequem nach Kairo kommt, wenn man möchte.

Aber das möchte sie nur selten. Ethel Smyth ist sehr zufrieden hier in dieser luxuriösen ägyptischen Bastion des British Empire, nahe der Wüste, mit deren Sand ein exzellenter

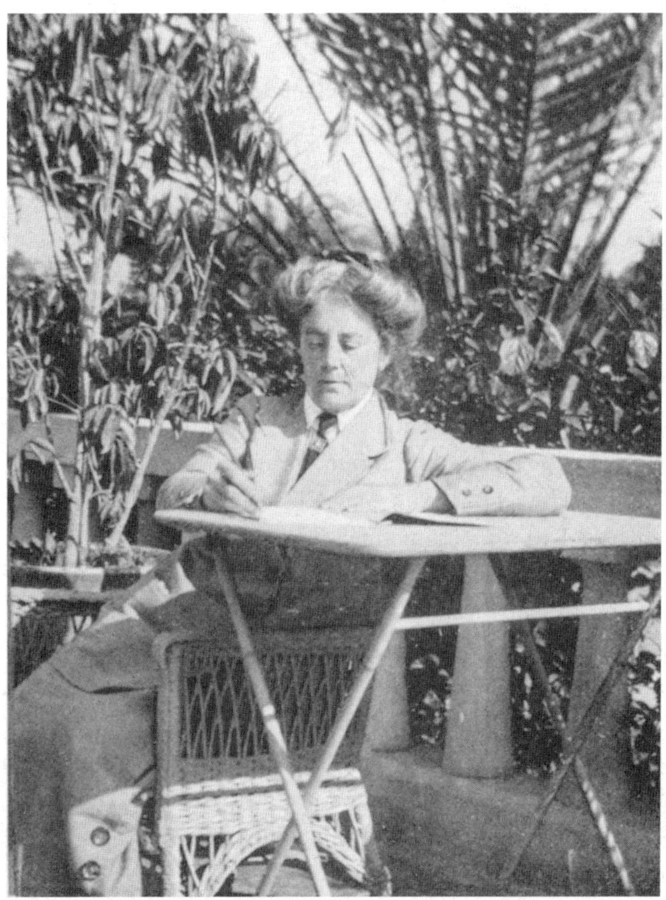

«Ich arbeite so drauflos an meiner komischen Oper ...» Ethel Smyth, 56, auf der Terrasse des Tefwik Palace Hotel im ägyptischen Kurort Helwan, wo sie von Dezember 1913 bis Mai 1914 «The Boatswain's Mate» schrieb.

Golfplatz ausgelegt wurde, achtzehn Löcher (es gibt auch einen kleineren nur für Damen). Der Palast des vorletzten Khediven ist längst zum Hotel geworden und nach diesem Marionettenherrscher benannt: Tefwik Palace Hotel.

Da sitzt sie nun behaglich auf der Terrasse, von Palmenblättern beschattet, im Korbsessel an der Balustrade, im weißen Jackett, und erholt sich von der Arbeit im Selamlik, dem Pavillon, in den man ihr ein Klavier gestellt hat. Ja, sie komponiert wieder, diesmal etwas Leichteres. «Ich arbeite so drauflos an meiner komischen Oper *The Boatswain's Mate* und genieße das gewaltig», schreibt sie am Montag, 22. Dezember 1913, der fernen Freundin Emmeline Pankhurst, «besonders das Libretto, überwiegend komische Verse, sehr entfernt auf den Spuren von W. S. Gilbert, aber nicht schlecht, glaube ich ...»

Vor knapp zwei Wochen ist Ethel angekommen, nach fünf stürmischen Tagen auf einem Zweischraubendampfer des Norddeutschen Lloyd von Marseille nach Alexandria, und erhielt bald Post von Emmeline. Mrs. Pankhurst ist offenbar bei ihrer Tochter Christabel in Paris untergeschlüpft, nachdem sie den Bewachern ihrer Wohnung entwischt war. Die britische Regierung ist dazu übergegangen, die Aktivistin nach ihren Hungerstreiks zur Erholung zu entlassen, um sie nach einer Frist wieder ins Gefängnis zu bringen – wo sie dann erneut streikt. Auf beiden Seiten, bei WSPU und Regierung, wächst die Aggressivität. Inzwischen haben sich die militanten Suffragetten auf Brandstiftungen verlegt – in diesem Jahr beläuft sich der Sachschaden auf insgesamt 271 000 Pfund.

Es liegt auch an den *Ballets Russes*, dass Ethel Smyth ein halbes Jahr, bis zum Mai des Jahres 1914, in Ägypten leben wird. Zwei Jahre ist es her, seit in London die *Ballets Russes* debütierten und anschließend Mary Hunter ein Abendessen ausrichtete – eine so schöne wie reiche Salonnière der Stadt, von Rodin als «Engländerin aus der Zeit des Perikles» bewundert und in Marmor verewigt. Diese Mary ist Ethels ältere Schwester, und bei ihrem supper lernte Ethel einen von Kunst und Musik besessenen jungen Mann kennen, Ronald Storrs, den Orientsekretär der Verwaltungsbehörde für Ägypten. Das Land ist de facto ein Protektorat des Empire, nur nominell unter osmanischer Hoheit. Und als Ethel den Sekretär kürzlich in Paris wieder traf – bei der Princesse Edmond de Polignac, wo auch sonst –, riet er ihr zur Reise nach Helwan. Das werde auch ihren Ohren guttun. Immer häufiger hört Ethel ein Klingeln und Pfeifen.

Storrs Vorgesetzter ist der Mann, den sie hier den «Pharao» nennen. Seit 1911 ist Horatio Herbert Kitchener, 63 Jahre alt, britischer Generalkonsul Ägyptens und des Sudan. Der Sohn eines Offiziers und Absolvent einer Militärakademie, in dessen südafrikanischen Konzentrationslagern 26370 burische Frauen und Kinder starben, hat zuletzt die indische Armee des Empire reorganisiert und den Thron eines Vizekönigs auf dem Subkontinent ins Auge gefasst. Doch lieber lässt die Regierung in London ihn nun am Suezkanal die Fäden ziehen – zumal er sich in Nordafrika schon mit Mitte dreißig als militärischer Ausbilder bewährte und seitdem fließend Arabisch spricht.

Kaum stieg Ethel, noch erschöpft von der Seereise, in Kairo aus dem Zug, warteten schon zwei Rotlivrierte nebst Automobil und brachten sie zu Mr. Storrs, der das volle Programm auffuhr, tea time mit Pianist und Sänger, anschließend hautnahes Erleben einer Prozession, Blutrituale, Fackelträger, berauschte Tänzer, orgiastische Menge in engen Gassen, durch die Ethel vom persischen Mitarbeiter des Sekretärs geschleust wurde. Ein Zauberwort genügte, um ihnen den Weg zu bahnen. «Kitchenaire … Kitchenaire …», sagte er immer wieder, nicht einmal laut, und die Leute wichen im Gedränge zur Seite.

Noch immer ist das britische Imperium auf der Höhe seiner Macht, und selbstverständlich spricht der frisch gedruckte Baedeker für 1914 von einer «civilized world», deren Interesse Ägypten wegen seiner frühen Hochkultur verdiene. Die Sitten anderer Kontinente lässt man sich als Dekor gefallen, ihre Menschen als Diener; die dritte Klasse der Züge ist «für Europäer nicht geeignet». Es ist, lernt Ethel bald, unter Letzteren hier üblich, die «Eingeborenen» für dümmer als Pferde und Hunde zu halten und Bauarbeiter mit Peitschenhieben zu traktieren. Ronald Storrs, der kunstsinnig sensible Orientsekretär, bildet eine Ausnahme. Er begnügt sich damit, seinen Diener anzuschreien. Das, beteuert er, entspreche «der ägyptischen Art, arabisch zu sprechen. Wenn Sie nicht schreien, verstehen die Sie nicht!»

Nichts könnte weiter von Ägypten entfernt sein als das Libretto, das Ethel hier für sich schreibt. Es ist, nach einer Kurzgeschichte von William Wymark Jacobs, eine launige, kleine, englische Posse um eine resolute Gastwirtin und ihren lästigen Verehrer, einen Bootsmann, dessen Eroberungsplan mit einem Pistolenschuss ohne Opfer und guten Aussichten für seinen jungen Kumpan endet, ebenjenen boatswain's mate, den sich Mrs. Waters gut gelaunt für einen zweiten Frühling warmhält. Und nichts könnte weiter von Ethels voriger Oper, den dramatischen *Wreckers*, entfernt sein als dieser Einakter, durchsetzt mit Zitaten aus der angloschottischen Folklore – die erste Hälfte voller gesprochener Dialoge, die zweite durchkomponiert, raffiniert zwar, aber entschieden unterhaltsam und in der Wahl der Mittel ebenso entschieden bodenständig. Auf keinen Fall hätte sich Gustav Mahler das länger als eine Minute angehört.

Es ist, als wolle sich Ethel Smyth in jeder Hinsicht erholen, von politischem wie künstlerischem Anspruch, als zöge sie sich, von kolonialem Komfort umgeben, in ein pittoreskes Operettenengland zurück. «Ich hab gedacht, ein Mann hier am Platz, nur so für die grobe Arbeit ...» «Die kriege ich gemacht, ohne wieder zu heiraten, und dann auch noch billiger!» «Aber ist das Leben nicht ein bisschen einsam?» «Überhaupt gar nicht! Keiner hat so ein gutes Bier wie meins. Ich hab so viel Gesellschaft, wie ich will, und manchmal noch mehr!» «Na, ich sag ja nur, ich weiß, was ich will, wenn ich's sehe, ewig blüht die Hoffnung in meinem Herzen!» «Umso mehr schade drum! Es gab nie was Erstaunlicheres als die Einbildung von manchen

Leuten, die ich kenne! Komische Sache, Mr. Benn, Sie wollen mich immer nach dem dritten Glas heiraten.»

Nein, es hätte nicht Ethel Smyths riskante Aktivitäten für das Frauenwahlrecht gebraucht, nicht ihren selbst gebahnten Weg von der Offizierstochter zur Komponistin, um diese schlagfertige Mrs. Waters zu kreieren, 314 Jahre nach Shakespeares *Merry Wives of Windsor*, 20 Jahre nach Verdis *Falstaff*, gar nicht zu reden von *La serva padrona* und *Don Pasquale* … Dass eine Frau einen eingebildeten Mann auflaufen lässt, ist ja keine feministische Errungenschaft, sondern einer der bewährtesten Theaterplots überhaupt. Aber es macht Ethel nun mal Spaß – und die Posse wird später sogar ihr populärstes Stück.

Das wahre Stück dieses ägyptischen Winters ist ein anderes, eine politische Groteske mit Miss Smyth in der Mitte. Es verbindet korbsesselhaft krachende Kolonialklischees mit der Brutalität in der Hauptstadt des Empire, über die nicht nur Emmeline Pankhurst die ferne Freundin auf dem Laufenden hält, sondern auch die allwöchentlich ins Tefwik Palace Hotel gesandte Wochenzeitung *The Suffragette*. Noch vor Emmelines nächstem Brief aus London – manchmal braucht die Post zehn Tage – trifft die Ausgabe vom 19. Dezember ein. Die Titelzeichnung zeigt einen muskulösen Mann in Sporthosen, kurz geschoren, breitbeinig dastehend, der eine davonstrebende junge Frau am Arm gepackt hält – man könnte das, da ihr knappes Kleid den Oberkörper nicht bedeckt, für eine Männerfantasie halten, doch es ist eine Anklage: «Justice» steht über dem Mann; die Titelzeile lautet: «Rohe Gewalt. Die einzige Waffe der Regierung».

Entsetzt liest Ethel, dass Emmeline auf der Rückkehr aus Paris im *boat train* von Dover nach London verhaftet wurde, dass Victoria Station im Belagerungszustand gewesen sei, dass ein Konvoi motorisierter Polizeifahrzeuge die Anführerin der WSPU nach Holloway eskortiert habe. Die Regierung wollte jeden Fluchtversuch ausschließen – man hat inzwischen Erfahrungen mit der Schlagkraft der weiblichen Bodyguards, die die zierliche Chefin meist begleiten. Ihre Tochter Christabel, die *The Suffragette* von Paris aus herausgibt, kommentiert: «Mit der Verhaftung wurde eingestanden, dass Frauen im wahrsten Sinne so furchtbar geworden sind wie eine Armee unter Fahnen.» Auf einer Doppelseite werden die Anschläge gemeldet, die auf die Verhaftung folgten. In Devonshire ist ein riesiges Holzlager in Flammen aufgegangen, an ein Geländer gebunden fand man zwei Schreiben an die Regierung und die jüngste Nummer der *Suffragette*.

Ethel lässt das Blatt in der Lounge liegen – soll «D.G.» das ruhig lesen, ihr stockkonservativer Golfpartner aus Schottland. Dieser Geschäftsmann, stolz, alt, knarrend, verkörpert den Expat in Reinform. Er hat eine Villa in Helwan, reist häufig zu Terminen nach Kairo, liest seine *Times* im Tefwik und weiß es zu schätzen, dass die seltsame Engländerin mit dem Klavier im Selamlik eine exzellente Golferin ist und mitunter täglich mit ihm die achtzehn Löcher spielt. «Zufallstreffer», knurrt er, wenn sie einen guten Schlag macht, das knurrt er ziemlich oft, es ist schon ein running gag zwischen ihnen. «D.G.» nennt man ihn hier, weil keiner weiß, was genau er macht. Da er von der Bedeutung seiner nicht näher zu ermittelnden Profession offenbar eine hohe Meinung hat, ist er für die Stammgäste in der Lounge der «Director General».

Mit Captain Hunter ist er sich einig in der Verachtung der Fellachen, ihrer Falschheit, ihrer Faulheit und vor allem ihrer Dummheit. «Dümmer als Pferde», sagt der Captain, und während Ethel schweigt, ergänzt ein junger Ingenieur von der Eisenbahngesellschaft: «Glauben Sie mir, ich habe selbst gesehen, wie zwei von ihnen auf einem Ast saßen, den sie durchsägen sollten. Sie sägten zwischen sich und dem Baumstamm. Well, sie *haben* den Ast gekappt.» «D.G.» lacht knarrend und entzündet eine Zigarre. «Oh», sagt da im Flötenton die «psychische

Lady», die esoterische Gattin des Hotelkönigs, dem in Helwan gleich mehrere Häuser gehören, «aber wie süß ist es, wie berührend, dass sie so dumm sind! Wie werden sie leiden, wenn sie das eines Tages erkennen!» Die «psychische Lady», wie Ethel sie für sich nennt, befasst sich hauptsächlich mit ihrer «Selbstentwicklung», und zur Suffragettenbewegung sagt sie: «Oh, ich werde auch noch dahin kommen ... meine spirituelle Kraft entwickelt sich dank der Atemübungen ... Sie werden sehen, meine Liebe!»

The Suffragette rührt sie nicht an, anders als der alte Schotte, der beim nächsten Treffen zu Ethels Überraschung lobende Worte für Mrs. Pankhurst findet. Ein Freund in Kairo, Anwalt, habe sie in London im Old Bailey erlebt, «als Rednerin eine Klasse für sich, sagt er. Eine der besten Verteidigungsreden überhaupt, sagt er. Militanz ist der richtige Weg, wenn Sie das Wahlrecht wollen. Sagt *er.* Nun ... Sie werden uns ja nicht das Hotel anzünden!» Inzwischen ist Emmelines nächster Brief angekommen, mit Details ihrer Verhaftung im *boat train.* An der Victoria Station haben Polizisten sie, da sie den Zug nicht verlassen wollte, auf den Bahnsteig gestoßen, so, dass sie hinfiel, dann an Armen und Beinen in ein Auto geschleppt. In Holloway hat sie diesmal nicht nur Essen, Trinken und die ärztliche Untersuchung verweigert, sondern auch den Schlaf – nach vier Tagen hat man die völlig Geschwächte wieder gehen lassen.

«My darling Em», schreibt Ethel, «ich denke an Dich wie an einen großen Leuchtturm, sichtbar durch all die tausend Meilen Nebel zwischen uns; und wie das mit Leuchttürmen so ist, man schaut immer hinüber zu ihrem Strahl.» So sieht sie sie lieber als in Holloway, wo die Freundin sich bald wieder befindet. «Ah, meine Liebe, wie froh bin ich, dass die Bildtelefone, die Du erwähnst, noch nicht erfunden sind. Wie käme ich mit meiner Arbeit weiter, sähe ich Dich in einer schlecht geheizten Zelle auf dem Zementboden liegen?» «Seltsame Vorstellung», schreibt Emmeline später nach Helwan, «dass Du eine komische Oper schreibst, bei allem, was hier vorgeht...»

Es ist auch der Gedanke an diese Freundin, der Ethel völlig unduldsam macht gegenüber den Frauen, die sie bei einem Wohltätigkeitsfest der ägyptischen Oberschicht in Kairo erlebt. Nur Damen und Eunuchen sind zugelassen, die Schleier fallen, und sie, die Frauenschönheit liebt, die den «Zauber des Orients» erhofft hat, sieht überwiegend voluminöse Frauen mit gefärbten Haaren, «zurechtgemacht mit europäischer Eleganz der fünfzehnten Garnitur».

Sie erlebt diese doppelt kolonisierten Frauen – weggesperrt in einer muslimischen Gesellschaft, die ihrerseits dem Empire gehorcht –, sie sieht die «Fettballen» der Bauchtänzerin Fatima, die so alt ist wie sie selbst, über fünfzig, «und ich konnte nicht anders», schreibt sie noch 1935 über ihre fluchtartige Rückfahrt nach Helwan, «als mit düsterer Wut an diesen riesigen Stall voll mit weiblichem Vieh zu denken, offensichtlich alle zufrieden, das zu sein, was sie waren... und sie [Pankhurst] Inch für Inch ihr Leben gebend für alle Frauen!» Da spielt es keine Rolle mehr, dass die elegant gekleidete, englisch oder französisch sprechende, gebildete Ägypterin, die Ethel zu diesem Fest einlud, eine Bekanntschaft aus dem Zug, mit der Suffragettenbewegung sympathisiert.

Vielleicht steckt in Ethels Verachtung der vermeintlich genügsamen Frauen auch Verzweiflung darüber, wie weit der Weg auf der ganzen Welt noch ist, und die Verdrängung der Tatsache, dass sie selbst zurzeit kaum Schritte nach vorne macht, auch nicht als Komponistin. Die arabische Musik, die sie hier hören kann, hat keine Folgen für ihr Werk, am wenigsten für die Partitur einer Wirtshausposse voll von britannischem Liedgut.

Wenn sie ihren Freund Ronald Storrs in Kairo besucht, kommt die frühere Ethel zum Vorschein. «Manchen war ihr verwegener, hinterfragender Geist ein zu starkes Elixier. Ich konnte und kann nicht genug davon haben», erinnert sich Storrs. «Jedes Mal, wenn sie in unser Haus kam, brachte sie eine Atmosphäre wie von Jagdgründen mit, die Atmosphäre von Johannes Brahms, John Sargent und unserer Freunde in Paris – und das war das Leben!»

Ausgerechnet die Schwester des «Pharao», des Generalkonsuls Viscount Kitchener, scheint sich von Ethel den Umsturz in Kairo zu erhoffen. Frances Parker ist, wie sich erweist, die Mutter einer militanten Suffragette gleichen Namens. Sie residiert in diesem Winter auf dem Regierungsgelände am Nil, in einer eigenen Wohnung, lädt die Komponistin oft ein und macht keinen Hehl aus ihrer Verachtung für den «Dreck», den die Diplomaten in der *Agency* gegenüber von sich geben. Sie hofft, «dass hier in Kürze etwas Drastisches geschieht». Mrs. Parker schaut Ethel an, als möge sie die Behörde ihres Bruders möglichst schon heute in Flammen aufgehen lassen. «Für Aktionen im Ausland ist es noch zu früh», meint Ethel vorsichtig. «Nein. Es ist höchste Zeit!»

Die Monate streichen dahin. Golf in Helwan, Tennis in Meadi, auf halber Strecke nach Kairo, weitere Besuche bei Mrs. Parker und Mr. Storr, die Sphinx im Mondlicht, eine Exkursion in den Sudan, zwei Wochen mit Kamelen, mit Koch und Diener und Zelten für Captain George Hunter nebst Gemahlin, einen Mr. Morice, eine Mrs. Wild – sie ist wie viele der gebildeten Engländerinnen hier von Emmeline Pankhurst sehr beeindruckt – und Miss Ethel Smyth. Man spielt Golf in der Wüste, man geht auf die Jagd – 50 Pfund kostet die Lizenz, alles von der Gazelle bis zum Elefanten zu erlegen –, man bewundert am Nachthimmel das Kreuz des Südens.

Ende Februar erfährt Ethel, dass den Anschlägen der militanten Suffragetten nun auch Kirchen zum Opfer fallen. «So entsetzlich es ist», schreibt sie an Emmeline, «ich glaube, dass die Zeit zur Zerstörung großer Kunst gekommen ist. Wenn ihr das tut, werde ich *als Künstlerin* an alle Zeitungen schreiben, dass ich das unterstütze. (...) Der gewöhnliche Mann hofft sowieso nur, dass *sein* Haus nicht niedergebrannt wird ... aber ein schönes Gebäude oder Gemälde ist das Eigentum der Nation. So, wie ich es sehe, wird es dazu kommen ...» Sie muss nicht lange warten. Am 10. März begibt sich Mary Hutchinson, 31 Jahre alt, ultramilitant, Pankhurst glühend ergeben, in London in die Nationalgalerie zur berühmten *Venus vor dem Spiegel*, die Diego Velázquez 1651 vollendete. Mit einem Küchenhackmesser versetzt sie dem entblößten Rücken der Venus sieben tiefe, lange Schnitte, ehe man sie an weiterer Zerstörung hindert.

Die Zeitungen drucken ihre Erklärung: «Ich habe versucht, das Bild der schönsten Frau der mythologischen Geschichte zu zerstören im Protest dagegen, dass die Regierung Mrs. Pankhurst zerstört, die der schönste Charakter in der neueren Geschichte ist. Gerechtigkeit ist ein Teil der Schönheit ebenso, wie Farbe und Linie auf der Leinwand es sind. Mrs. Pankhurst will Gerechtigkeit für die weibliche Menschheit, und dafür wird sie von einer Regierung verlogener Politiker langsam umgebracht.»

Tatsächlich verteidigt Ethel Smyth die Attacke auf das Meisterwerk in *The Suffragette*, als Künstlerin, die durch «die Zerstörung von Kunst einen mindestens so schmerzhaften Stich erlebt wie der durchschnittliche Bürger». «Ich glaube nicht, dass große Kunst auf unsauberem Boden blühen kann. Es ist etwas Hasserfülltes, Finsteres, Krankmachendes in diesem Aufhäufen von Kunstschätzen, diesem Sentimentalisieren vor der Schönheit, während man gleichgültig zusieht, wie die Körper von Frauen und kleinen Kindern durch Lüsternheit, Krankheit und Armut geschändet werden. (...) Wissend, dass die einzige Macht, die ihre Leiden heilen könnte, von den heute in England regierenden Männern in Ketten gehalten wird, ist es mir unbegreiflich, wie man so dreist sein kann, Militanz zu verdammen. Wenn nichts als der Verlust des Unersetzlichen der Bösartig-

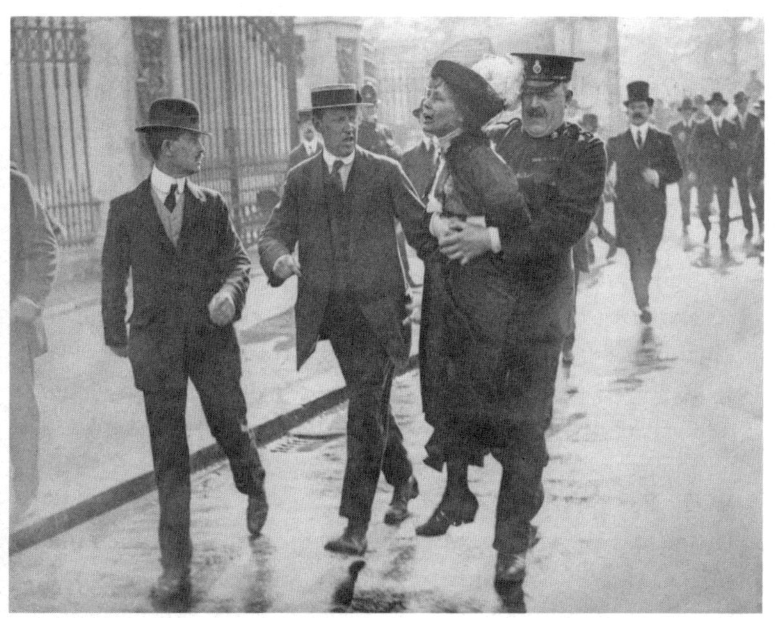

WSPU-Anführerin Emmeline Pankhurst, 55, wird bei einer Demonstration am Buckingham Palace am 21. Mai 1914 brutal zu einem Polizeiwagen geschafft, um erneut in Holloway inhaftiert zu werden.

keit der Zwangsernährung ein Ende setzen kann – dann treibt mit Schrecken das Land heraus aus seinem stillschweigenden Dulden von Ungerechtigkeit und Grausamkeit, bringt es dazu, seine Frauen zu befreien, lasst ein Meisterwerk nach dem anderen dahingehen.»

Derweil bleibt sie in *The Boatswain's Mate* stecken: «Mir kommt die ganze Oper ruiniert vor.» Inzwischen ist es Mai, 30 Grad selbst in der Lounge des Hotels, die Ouvertüre fehlt noch. Sie soll aus Themen der Oper bestehen, aber «ich bin der Themen müde». Dann findet sie einen Ausweg und schreibt an Emmeline: «Ich habe alles verschrottet, was ich geschrieben hatte, und schreibe jetzt ein ziemlich kurzes, sehr heiteres Stück ohne ein einziges Thema aus der Oper, aber, als Hauptmelodie … *The March of the Women*! Mrs. Waters hat diese beiden Männer so prächtig abblitzen lassen, dass die Oper diesen touch verdient, finde ich – und Du? Das war allerdings nicht mein Vorsatz; ich kam einfach auf den Marsch, weil ich, wie Du weißt, die Melodie mag!»

Und so steht es dann auch in der Partitur, die sie nach Wien schickt. Es ist ein funkelndes Kabinettstück, von treibendem Rhythmus durchzogen, über dem das Marsch-Thema zuerst geschmeidig in den Bläsern fließt. Dann finden sich Fragmente davon hier und da, in stets überraschender Schattierung – ein blitzend ironisches Spiel, vielleicht die beste und intelligenteste Musik der ganzen Oper. Doch der Marsch, dieses berühmte Thema, das längst Abertausende britischer Frauen kennen und singen, ist wirklich nur noch ein *touch*, wie mit einem nachsichtig wehmütigen Lächeln aus weiter Ferne gesehen, zum Spielzeug geworden, das Gegenteil von Militanz. Die Pauke am Schluss klingt wie das Poltern eines gutmütigen Onkels, ehe das Kasperltheater beginnt.

Danach packt Ethel ihre Koffer, sucht sich das Zimmer aus, das man ihr für den nächsten Winter im Tefwik Palace Hotel reservieren soll, und lässt sich vom jungen Astronomen, dessen Observatorium im Nordosten des Städtchens sie häufig besucht hat, erzählen, welche Sterne und Konstellationen sie am Himmel Ägyptens wird bewundern können, im November und Dezember 1914.

KAPITEL 7

1914–1915. Ende eines Sommers. Smyth flieht in die Heimat. In sieben Tagen sterben 150 000 Soldaten. Haben Strauss und Berg den Krieg schon vorher komponiert? Ein Pianist verliert einen Arm. Debussy kämpft gegen die Zeit.

Die hellen Rufe der Kinder und darüber die Schreie der Möwen, die elegant Papierdrachen umsegeln, unter strahlend blauem Himmel – der Sommer ist so schön wie nie, und Emmeline sieht auch schon besser aus als vor ein paar Tagen. Wie ein Schatten ihrer selbst war sie im Hafen von St. Malo ihrer Freundin Ethel entgegengewankt, hohlwangig, bedrohliche sechs Kilo leichter nach ihrem mittlerweile zehnten Hungerstreik in Holloway. Ihre Tochter Christabel und zwei WSPU-Bodyguards hatten sie aus dem Londoner Hauptquartier der Union an den Detektiven vorbeigelotst und mit ihr das Schiff in Weymouth bestiegen. Eigentlich hätte sich Mrs. Pankhurst am 22. Juli wieder im Gefängnis einfinden müssen. Stattdessen blinzelt sie nun in die Sonne, aus dem Zelt, das Ethel gemietet hat, eher ein Schirm mit Umhang, unfern des Hôtel des Panoramas et du Golfe. Erschöpft ist sie, nicht vom Kampf, sondern vom ersten Schwimmen seit fünfundzwanzig Jahren – sie kann es noch!

St. Briac-sur-Mer an der bretonischen Küste hat jetzt, Juli 1914, bestimmt tausend Bewohner mehr als außerhalb der Saison. Die meisten Urlauber haben die letzten paar Kilometer ab Dinard mit der kleinen Dampftram zurückgelegt. Manche der schmucken Villen gehören Briten, und denen ist natürlich auch der Golfplatz zu verdanken, der Ethel an die *Côte d'Émeraude*, gelockt hat, die Smaragdküste, anspruchsvoll, wie sie es liebt: achtzehn Löcher, sandiger Boden, viel Wind, Blick auf das Meer über Ginster und Granit hinweg.

Das Weltgetümmel ist fern, auch wenn die Zeitungsjungen jeden Tag am Strand die Schlagzeilen der Pariser Blätter ausrufen. «Gaston Calmette, Gaston Calmette», schreit einer, «Madame Cailloux devant la Cour!» «*Figaro* oder *Le Temps*?», fragt Ethel. «*Le Temps*», sagt Emmeline matt, «die vom *Figaro* sind doch parteiisch ...» Sie blickt liebevoll auf zwei kleine Jungen, die in blauen Marinekostümen und weißen Hüten vorbeistapfen, Schaufeln in der Hand. Ethel kehrt mit der Zeitung zum Zelt zurück, sie teilen sich das Blatt. Gaston Calmette ist in diesen Tagen das beherrschende Thema in Frankreich, genauer: der Prozess gegen seine Mörderin. Den Redaktionen hätte zur Ferienzeit gar nichts Besseres passieren können, zumal es auch um ihre eigene Zunft geht.

Calmette, Chefredakteur der konservativen Tageszeitung *Le Figaro*, war am 16. März 1914 in seinem Büro von der Frau des Finanzministers erschossen worden, von Henriette Cailloux. Ihr Mann, Pazifist und Steuerreformer, stand zuvor monatelang im Fokus der Angriffe des *Figaro*. Calmette nutzte alle Mittel, um ihn zu schwächen, und zuletzt drohte er, die Liebesbriefe zu publizieren, die Henriette an Joseph Cailloux schrieb, als sie noch mit einem anderen verheiratet war. Daraufhin ließ sich die 39-Jährige im Dienstwagen ihres Mannes zum Tatort fahren und wurde dort selbstverständlich empfangen. Ihren Browning hatte sie im Muff versteckt wie die englischen Suffragetten ihre Steine.

Viel schmutzige Wäsche wird nun gewaschen, nicht nur die aus den Betten der französischen Elite. Auch mögliche Verstrickungen des *Figaro* kommen zur Sprache, da der deutsche Waffenkonzern Krupp offenbar versucht hat, Artikel im Blatt zu lancieren – vor dem Hintergrund von unsauberen Aktionen der Firma, die in Berlin der SPD-Abgeordnete Karl Liebknecht aufgedeckt hat.

Der Prozess gegen die Attentäterin, in dem sogar der Präsident der Republik, Raymond Poincaré, aussagt, hat mühelos jenes andere Attentat von den Titelseiten verdrängt, das erst vor drei Wochen die Welt erschreckte: Der österreichische Thronfolger Franz Ferdinand und seine Frau Sophie waren bei einem Staatsbesuch in Sarajewo von einem serbischen Ultranationalisten im offenen Coupé erschossen worden, von einem mehrerer gut vorbereiteter junger Verschwörer, die der österreichisch-ungarischen Doppelmonarchie die Annexion von Bosnien-Herzegowina im Jahr 1908 nicht verziehen.

Während Emmeline sich über Madame Cailloux informiert, studiert Ethel stirnrunzelnd die Seite drei von *Le Temps*. «Was machen denn diese verrückten Wiener?», sagt Ethel halblaut. «Hat es etwas mit deiner Oper zu tun?», fragt ihre Freundin, denn fast täglich korrespondiert die Komponistin mit der Universal Edition wegen der Drucklegung der *Wreckers*. «Nein. Mit einem Ultimatum. Es ist wohl noch nicht offiziell. Sie wollen Forderungen an Serbien stellen, die unerfüllbar sind. Die Regierung in Belgrad soll gegen panserbische Propaganda vorgehen und gewisse Personen in Haft nehmen, die mit dem Attentat zu tun haben.» «Das ist doch nicht unerfüllbar», meint Emmeline, «schon gar nicht», sie pocht auf eine Meldung auf Seite eins, «wenn ich bedenke, dass Englands König sogar die militanten Iren empfängt, während wir ins Gefängnis müssen. Ich habe ihm geschrieben.»

«Hier schreiben sie von drohender internationaler Gefahr, weil die Russen sich an die Seite der Serben stellen könnten.» «Ist nicht Poincaré gerade in Sankt Petersburg?» Ja, und Poincaré, der französische Präsident, hat in St. Petersburg den dortigen österreichisch-ungarischen Botschafter darauf hingewiesen, «dass Serbien in Europa Freunde habe, die sich über eine derartige Aktion wundern würden», nämlich über Forderungen an Belgrad. Er setzt auf hartes Auftreten, um Österreich zu bremsen. Doch unverdrossen hat man beim k.u.k. Außenminister Berchtold an dem Papier gefeilt, das an diesem Nachmittag, 23. Juli, der serbischen Regierung überreicht werden soll und längst zu den «glaubwürdigen Quellen» durchgesickert ist, von denen Ethel am Strand liest.

«Immerhin ist das nicht halb so gefährlich wie der Balkankrieg», meint sie und schaudert in Erinnerung an die Schlachtenmeldungen vom November 1912, die über der Besprechung ihres Wiener Konzerts seitenweise dahinfluteten, «du hast recht, Em. Und wenn die Serben ein paar Verdächtige einsperren, wird es denen besser gehen als dir in ... *well*.» «Da werden die mich nie wieder sehen.»

Um 18 Uhr, als die beiden Engländerinnen zum Hotel hinaufgehen, zwischen Kindern, die stolz ihre Eimer mit Sand-Aalen schleppen, mit *lançons*, im Watt gefangen, überreicht in Belgrad der österreichische Gesandte Wladimir von Giesl die Note seiner Regierung dem serbischen Finanzminister. Dessen Regierungschef ist gerade auf Wahlkampfreise. Die k.u.k. Regierung, lesen die rasch zusammengerufenen Minister, sehe sich nach Jahren der «Haltung zuwartender Langmut» nun in der Pflicht, den «Umtrieben ein Ende zu bereiten, die eine beständige Bedrohung für die Ruhe der Monarchie bilden».

Diese Monarchie erwartet von der serbischen Regierung eine offizielle Versicherung. Von ihren zehn Forderungen sind die fünfte und sechste am schwierigsten zu verkraften: Organe der k.u.k. Regierung sollen in Serbien mitwirken gegen die «subversive Bewegung» und auf serbischem Territorium an Ermittlungen gegen die Verschwörer teilnehmen. Um Antwort wird gebeten bis spätestens Samstag, 25. Juli 1914.

Wahrscheinlich wäre diese Antwort etwas entgegenkommender ausgefallen, hätte nicht vor Ablauf des Ultimatums der Ministerrat in St. Petersburg ein Telegramm nach Belgrad gesandt, in dem für den Fall des Falles – einem Angriff Österreichs auf Serbien – eine russische Mobilmachung in Aussicht gestellt wurde. Dennoch lässt die serbische Antwort viel diplomatischen Spielraum.

Am Sonntag ist in *Le Temps* das Thema Calmette in die Beilage gerutscht zugunsten der Spannungen zwischen Serbien und Österreich-Ungarn, am Montag wird der Abbruch der diplomatischen Beziehungen zwischen diesen Staaten bekannt – und die russische Teilmobilisierung. Der Leitartikler des Blattes hofft nun auf den «klaren Geist» des deutschen Kaisers und seines Reichskanzlers, um den Konflikt nicht zur «guerre générale» werden zu lassen.

Tatsächlich ist Wilhelm II. entsetzt von der Aussicht auf einen Krieg. Nie wurden so viele Telegramme durch die Kabel zwischen Berlin, St. Petersburg, London gejagt. Doch am Dienstagvormittag, 28. Juli, unterschreibt Kaiser Franz Joseph in Bad Ischl die Kriegserklärung seiner Monarchie an das Königreich Serbien, dessen Hauptstadt dann schon in den frühesten Morgenstunden des nächsten Tages von drei Kriegsschiffen beschossen wird. Am Donnerstag kommt die Nachricht von der russischen Generalmobilmachung.

Die sensationelle Nachricht, dass am 28. Juli die Mörderin von Gaston Calmette freigesprochen wurde, weil sie zur Tatzeit nicht zurechnungsfähig gewesen sei, geht in all dem schon fast unter. Ethel macht hartnäckig Korrekturen für den Druck der *Wreckers*, die Bruno Walter im kommenden Februar in München aufführen will, und schreibt der Universal Edition nach Wien: «Die politischen Verhältnisse können, wie Sie sagen, manche Verzögerung mit sich bringen.»

Am Samstag dauert es länger als sonst, bis Emmeline und Ethel am Frühstückstisch versorgt werden. Vorerst begnügen sie sich mit der Zeitung, mit deren Lektüre sie schon in der ganzen Woche nicht mehr bis mittags gewartet haben, aber die Nachrichten schlagen ihnen auf den Magen. Was wird Deutschland tun, was England? Nun hat der Zar seine Truppen entsichert, und seine Partner in der Entente, die französische Republik und das Vereinigte Königreich, sind in Hochspannung, «Tauben» und «Falken» aller Länder auch. Der französische Sozialistenführer Jean Jaurès, für europäische Verständigung kämpfend, ist am Freitagabend in einem Pariser Café mit zwei Schüssen in den Rücken ermordet worden. Davon steht noch nichts in der Zeitung.

«Der deutsche Botschafter», sagt Ethel, «soll in Paris versichert haben, dass Gerüchte über eine Teilmobilmachung grundlos sind.» «Frag doch unsere deutschen Kellner, was sie davon halten», sagt Emmeline grimmig. «Wo sind sie überhaupt?» Ethel steht auf. Wenn ihnen niemand den Tee bringt, holt sie ihn eben selbst. Mit dem Tablett und blassem Gesicht kommt sie zurück. «Ich habe nur noch Franz erwischt, mit seinem Koffer in der Hand. Er sagt, seine Frau sei krank, und er müsse heim. Wo die anderen fünf Deutschen sind, weiß er nicht. Aber natürlich weiß er es. My darling Em, wir müssen hier schleunigst weg.» «Das stimmt», sagt ihre Freundin und legt die Zeitung hin. «Sie zitieren die *Times*, es heißt, die Deutschen könnten durch Belgien nach Frankreich kommen und die Flottenstützpunkte besetzen.» «Packst du unsere Koffer? Dann kümmere ich mich um eine Schiffsverbindung.»

Um 11 Uhr stehen sie in der Lobby, zwischen ein paar Familien, die gerade aus Paris angekommen sind – die *Grandes Vacances* dauern ja noch bis Ende September –, und der Hotelbesitzer, ein temperamentvoller Mann, eilt auf sie zu: «Mais les Anglais ne vont pas nous lâcher, n'est-ce pas? Die Engländer werden uns nicht im Stich lassen?» Ethel versucht, ihn zu beruhigen. Bis jetzt sieht es aber nicht aus, als wolle England intervenieren. Außenminister Edward Grey erklärt zu dieser Stunde in

London dem verzweifelten französischen Botschafter, dass das Kabinett jede Intervention ablehne.

Der Hotelier in St. Briac scheint es zu ahnen. «Nous, si francs, si loyaux ! ... et ces cochons-lâ ! ... qu'en dites-vous, Mesdames?», ruft er und deutet mit ausfahrender Geste gen Norden. Er meint die englische Regierung. «Wir, so offenherzig, so loyal! ... und diese Schweine da! ... Was sagen Sie dazu, meine Damen?» Ethel hofft immer noch, dass ein Eingreifen nicht nötig sein wird. Dass ihre Opern in Frankfurt und in München gespielt werden können, damit die Engländer begreifen, was sie an ihrer Komponistin haben. Emmeline sieht den Mann an und sagt nur: «England wird kämpfen.» Er blickt die zierliche Frau überrascht an. Das war nicht der Tonfall einer Urlauberin.

Am frühen Nachmittag sind sie in St. Malo; um 17 Uhr läuten die Glocken und hören nicht auf. Die beiden folgen der Menge, die zum Rathaus strömt. Um 15.55 Uhr hat die französische Regierung die *mobilisation générale* ausgerufen, die um Mitternacht beginnt, der Bürgermeister hält eine Rede. Großer Jubel, die Älteren schwärmen, nun sei der Tag der Rache für Einundsiebzig gekommen, man spricht vom Ruhm, den das hiesige 47. Infanterieregiment sich verdienen werde. Zur selben Stunde unterzeichnet Wilhelm II. die Generalmobilmachung, die Kriegserklärung an Russland wird überreicht.

Es ist ein schöner, milder, klarer Abend über dem Meer, als der Dampfer nach Southampton ablegt. Die beiden Frauen stehen an der Reling und sehen die Sonne rotgolden auf den Wellen funkeln. «It's a pity, my dear, nun konnten wir den Unterricht gar nicht fortsetzen», sagt Ethel irgendwann, und Emmeline lächelt. Noch gestern hat sie ihre Kunst aus Kindertagen wiederentdeckt, sich rücklings im Meer treiben zu lassen, mit ausgebreiteten Armen, und versucht, sie Ethel beizubringen. Vergeblich. «Im Tauchen bist du sehr gut», hat Mrs. Pankhurst gerufen, «aber so hilflos, wenn du wieder raufkommst!»

Plötzlich verstummt das Plaudern der anderen Passagiere an Deck. Die beiden drehen sich um und sehen, wie im Osten ein langes, schwarzes Kriegsschiff, schwärzer und härter als die Klippen der sich entfernenden Küste, Lichter am Bug, über das funkelnde Wasser hinein ins Grau der Dämmerung gleitet.

*

Claude Debussy setzt sich an diesem Abend an den Schreibtisch. Er muss wieder einmal einen Gläubiger um Geduld bitten, und seit einigen Stunden hat er ein starkes Argument, die «troubles que vous savez». «Heute», schreibt er am Sonnabend, 1. August 1914, «hat sich die Situation verkompliziert durch die Misshelligkeiten, die Sie kennen.» Das Geschäft an der Madeleine wird noch länger auf die 1963 Francs warten müssen, für die man ihm Hosen, Westen, Krawatten geliefert hat, alles nach der englischen Mode, für die das «Carnaval de Venise» berühmt ist und die der anglophile Komponist so schätzt. Man muss ihm dort mehr als nur eine Kombination angemessen haben – es sind umgerechnet gut 8500 Euro, die Debussy schuldig ist.

In diesem Brief an einen Herrenausstatter taucht in seiner Korrespondenz erstmals die Katastrophe auf, von der nicht abzusehen ist, welche Ausmaße sie annehmen kann. Ob Debussy, ehe er ihn schrieb, mit der nun bald neun Jahre alten Chouchou im nahen Bois de Boulogne unterwegs war? In der Nähe des Pavillon d'Armenonville könnten sie gewesen sein, kurz nach vier, als die munteren Klänge der Kapelle, die da zum Tanztee aufspielt, abbrachen und stattdessen nach ein paar Minuten die *Marseillaise* zu hören war ...

Dass das mit den üblen Nachrichten der letzten Tage zu tun haben musste, war ihm gleich klar. Sie gingen zum Pavillon. «Mobilisation générale», sagte der Kellner, den er fragte, wenig begeistert, «sie beginnt um Mitternacht.» Sie sind dann noch weiter umhergegangen, er hat versucht, Chouchou zu erklären, was das ist, eine Generalmobilisierung, und warum sie ausgerufen wird – auch wenn er den zwingenden Grund so wenig kennt, wie es noch heute Vormittag einen gab. Noch da hat Frankreichs Regierungschef René Viviani genauso wie der deutsche Botschafter in Paris gehofft, die Zeit werde eine Lösung bringen. Zudem war offen, ob das Parlament Frankreichs Militärbündnis mit Russland ratifizieren würde. Und noch existiert keine Kriegserklärung von Deutschland an Russland – allerdings ein Ultimatum, man werde mobilmachen, wenn Russland nicht bis 12 Uhr die Einstellung seiner Kriegsmaßnahmen garantiere.

Die Militärs drängen indessen zur Eile, um für den Fall des Falles Truppen in Grenznähe zu haben – in Paris ist es General Joseph Joffre, in Berlin ist es Generalstabschef Helmuth von Moltke. Schließlich bringt am Samstagmittag der Ablauf des deutschen Ultimatums an Russland das französische Parlament dazu, die Mobilmachung zu beschließen, aber noch bis 15.55 Uhr bleibt die Anordnung unter Verschluss. So viel Zeit will Ministerpräsident Viviani für eine entspannende Wendung offenhalten. Die Plakate sind freilich schon gedruckt. Um 16 Uhr erscheinen die ersten an den Mauern von Paris.

Als Claude und Chouchou aus der Porte Dauphine auf die breite avenue du Bois de Boulogne treten, fahren dort kaum noch Autos, das Kriegsministerium hat sie beschlagnahmt. Sie biegen ab nach links, zu ihrem Haus, während in der Stadt schon Reservistentrupps zu den Bahnhöfen marschieren. Später, nach der deutschen Kriegserklärung an Russland um 19 Uhr, rätselt man in London über ein Telegramm, das Wilhelm II. soeben seinem Cousin Georgie geschickt hat, König Georg V., freudig das Angebot französischer Neutralität unter der Garantie Großbritanniens akzeptierend. Offenbar ist diese Idee auf der Ebene der Botschafter, der Diplomaten beider Seiten zustande gekommen; als «Missverständnis» wird dieser Ausweg verworfen, wohl der allerletzte.

Gerade noch vor zwei Wochen hat Debussy selbst in London dirigiert, wieder in der Queen's Hall, wieder auf Einladung der Speyers, diesmal nicht in Emmas Begleitung, und in so bedrückter Verfassung wie schon im Februar des Jahres in Amsterdam, wo im Concertgebouw das ganze Publikum und das ganze Orchester respektvoll aufstanden, als er erschien, um seine Musik zu dirigieren und am Klavier zu spielen. Es ist, während sein Ruhm wächst, kein gutes Jahr gewesen. Auf der Rückfahrt von Amsterdam hat er sich an der Tür zwischen zwei Waggons den linken Daumen gequetscht, zweieinhalb Monate konnte er nicht spielen, es folgten eine Gürtelroseninfektion und eine Grippe, begleitet von ehelichen Auseinandersetzungen und Angst um die Finanzen.

Dafür genügte schon der Besuch dieses Halsabschneiders im Juli, der mit 8500 Francs Jahresmiete davonzog, fast 37000 Euro. Wiederum hat Verleger Durand geholfen und Debussy stattliche 3000 Francs zugesagt für sechs kurze Klavierstücke, *Six Épigraphes antiques*, an denen er auch Anfang August noch arbeitet. Inschriften, in denen Träume und Bilder geborgen sind, Sehnsüchte, nicht altertümliche, eher zeitlose, von einfacher Struktur und großer Weite.

Ein von Traurigkeit durchwobener Sommerwind zu Beginn, morgendlicher Regen am Ende. Eine Nacht. Eine Tänzerin mit Kastagnetten, wie durch ein umgedrehtes Fernglas gesehen, lebendig, aber unerreichbar. Eine Frau in einem Ägypten karger Quintenquader – man hört Dinge, zwischen denen so viel Leere ist wie zwischen den Sternen, Abstraktionen. Und ein *Grab ohne Namen* mit der tröstlichen Reinheit seiner Granitplatten und der Glockentöne, die ab und an darüber klingen, zum langen Blick in die Tiefe einladend, am hellen Tag.

Von «Stunden, in denen man kaum etwas anderes als den

Suizid als Ausweg wahrnimmt», hat der Komponist am 14. Juli dem Freund Robert Godet geschrieben. «Seit Langem – ich muss es zugeben – verliere ich mich, ich fühle mich entsetzlich verkleinert! Ah! Der ‹Zauberer›, den Sie in mir liebten, wo ist er? Da ist weiter nichts als ein mürrischer Faxenmacher, der sich bald in einer letzten Pirouette das Becken brechen wird, ohne Schönheit.»

Und jetzt erst! Mobilmachung! Wovon sollen sie leben? Diesmal ist nur die Hälfte von den 3300 Francs gekommen, die Bankier Sigismond Bardac seiner geschiedenen Frau dreimal im Jahr überweist. Und wofür soll er leben? Für Chouchou natürlich. Für die Republik? Achille-Claude war zehn Jahre alt, als nach dem verlorenen Krieg gegen Deutschland, nach dem Ende des *Second Empire* diese neue Republik seinen Vater ins Lager sperrte und für vier Jahre seiner Bürgerrechte beraubte, nach dem Niedermetzeln jener hoffnungsvollen Pariser Commune, in der Manuel Debussy kurz ein Bataillon befehligt hatte. Dessen Sohn, nun 52 Jahre alt, hat keinen «Sinn für das Militärische».

Am Montag, 3. August, schreibt er an Jacques Durand: «Die Konsequenzen eines Krieges sind gleichermaßen verborgen wie unermesslich.»

Auf den Pariser Bahnhöfen, die Heerlagern gleichen, in überfüllten Abteilen herrscht zur gleichen Zeit beste Laune, außer bei den weinenden Frauen, die sich von Männern und Söhnen in Uniform verabschieden. Auch Emmas Sohn aus erster Ehe und ihr Schwiegersohn sind unter ihnen. «Wir kommen wieder, das wird schnell beendet sein!», hört man rufen. «Nach Berlin!» Die Deutschen haben Belgien ein Ultimatum gestellt? «Das sind Wahnsinnige!» Man singt die *Marseillaise*. Aus den nahen Départements kommen Züge, die mit Zivilisten wie mit Reservisten so voll beladen sind, dass selbst Damen die Fahrt auf den Dächern der Waggons gemacht haben. Ganz Verwegene stehen auf der Kupplung, lachend und singend. In der Stadt werden Milch und Butter knapp, da sämtliche Transportfahrzeuge, die Taxis ausgenommen, requiriert worden sind.

Zwanzig Deutsche vom Zimmermädchen bis zum Zuckerhändler hat man unter Spionageverdacht inhaftiert; schon am Sonntag sind mehrere deutsche Geschäfte angegriffen und geplündert worden, das Labor der Firma Maggi wurde ebenso zerstört wie die Brasserien Pschorr und Hans, berühmt für ihre Bierspezialitäten. Um 18 Uhr am Montag erfolgt, begründet mit der Falschmeldung eines Luftangriffs auf Nürnberg, die deutsche Kriegserklärung an Frankreich.

*

Die Berliner Innenstadt ist zur selben Zeit so gedrängt voll mit Menschen, dass die Straßenbahnen nur im Schritttempo fahren können. Wo immer ein Helm oder eine Uniform sichtbar werden, gibt es anerkennende Zurufe, man hört *Die Wacht am Rhein* und *Deutschland, Deutschland über alles* singen. Der Rausch, den am Freitag das Ausrufen der «drohenden Kriegsgefahr» bewirkt hatte, ist seit der Ankündigung der Mobilmachung vorbei, nicht aber der Andrang der jäh zum Krieg bereiten Massen Unter den Linden, so gewaltig, dass Wilhelm II. selbst seine Untertanen angewiesen hat, «Ansammlungen und Huldigungen in der Nähe des Schlosses für die kommenden Tage zu unterlassen».

Am Sonntag, dem ersten Tag der Mobilmachung, haben sich auf dem Bahnhof Friedrichstraße zwischen feldgrauen Uniformen noch viele Familien aus Russland, England, Frankreich gedrängt, in großer Angst, nicht mehr über die Grenzen zu kommen. Schon sind die Deutschen und ihre Zeitungen überzeugt, «rings von Spionen umgeben» zu sein, verdächtig ist jede ausländisch sprechende Person, und viele überleben das nicht. Harry Graf Kessler, als Rittmeister des preußischen Garde-Reservekorps schon am vorigen Dienstag aus Paris nach Berlin abgereist, hört am Sonntag von fünfzehn Erschießungen in Spandau und Kiel, im Elsass sollen 40 «Brunnenvergifter» erhängt worden sein. In München kann Erich Mühsam in letzter Minute eine Bekannte retten, die, stark geschminkt, vom Mob für einen verkleideten Spion gehalten wird.

In Bayern trennen sich am 3. August für lange Zeit die Wege von Arnold Schönberg und Wassili Kandinsky. Der russische Künstler lebt seit achtzehn Jahren in München, und seit fünf Jahren besitzt seine Gefährtin Gabriele Münter ein Landhaus in Murnau nahe dem Starnberger See. Dorthin war Familie Schönberg zur Sommerfrische gereist, denn der Komponist und der Maler verstehen sich bestens, seitdem ein Konzert in München Kandinsky tief beeindruckt und zu einem seiner stärksten Bilder inspiriert hat, *Impression III (Konzert)*.

Mit dem jungen Kollegen Franz Marc und anderen Freunden von der Neuen Künstlervereinigung München war er am 1. Januar 1911 in den Jahreszeitensaal gegangen, wo das Rosé-Quartett und Marie Gutheil-Schoder Schönbergs Quartett mit der «luft von anderem planeten» aufführten, dazu sein früheres Streichquartett *opus 7* und fünf Lieder. Etta Werndorff hatte die drei Klavierstücke *opus 11* gespielt, dichte Strukturen, in denen Ausdruck und Farben zu explodieren scheinen, Gedanken fliegen. Dass das Publikum mit Niesen, Räuspern und Stühlerücken störte, hatte die Faszination für Kandinsky nicht vermindert. Er sprach den Komponisten nicht an, sondern schrieb ihm: «Das selbstständige Gehen durch eigene Schicksale, das eigene Leben der einzelnen Stimmen in Ihren Compositionen ist gerade das, was ich auch in malerischer Form zu finden versuche (...), die ‹heutige› malerische und musikalische Dissonanz ist nichts als die Consonanz von ‹morgen› (...).»

So begann die Freundschaft. *Impression III (Konzert)* aus jener Zeit ist vom Gegenständlichen so weit entfernt wie Schönberg von der Gravitation eines Grundtons. Man kann die Bindung noch finden und ist schon frei von ihr. Man kann im Schwarz den Konzertflügel erkennen, in den knappen weißen Vertikalen die Säulen des Saals und ganz links das Publikum. Doch wer nichts über den Anlass des Bildes weiß, ist vielleicht noch empfänglicher für die Farbenschläge – im Zentrum ein Treffen gelber und schwarzer Flächen, bei dem das Gelb «sich direkt vom Hintergrund befreit, in der Luft schwebt und ins Auge springt», wie der Maler schreibt.

Es ist ein Bild wie aus einer lichten Zukunft, vor die sich nun in rasendem Tempo Wolken schieben. Der Maler und der Komponist sind jetzt offiziell Feinde. Das gilt für Unzählige. Selbst der Mäzen Edgar Speyer, der 1912 die Uraufführung von Schönbergs *Fünf Orchesterstücken* in London ermöglicht hat, der den englischen Titel eines *baronet* trägt, gerät wegen seiner deutschen Herkunft unter so massiven Druck, dass er mit seiner Familie 1915 in die USA zieht. Kandinsky, Angehöriger jenes Zarenreichs, dem am 1. August Deutschland den Krieg erklärt hat, muss schnellstens die Wahlheimat verlassen. «Ich dürfte das nicht sagen», meint er zum Abschied, «aber ich hoffe, dass England und Frankreich mein Land im Stich lassen.» Über Berlin kann er nicht mehr fahren; er bringt sich mit seiner Freundin in der Schweiz in Sicherheit.

Arnold Schönberg reist mit Mathilde, Trudi und Görgi zurück nach Berlin, nach Südende, in die Wohnung, die ihm die Bankiersgattin Albertine Zehme zur Verfügung gestellt hat, sein erster *Pierrot*. Post von Alma Mahler liegt da, die monatlichen 500 Kronen von der Gustav-Mahler-Stiftung für ihn sind gesichert, und einrücken muss er noch nicht. Aber warum hört er nichts von Alban Berg?

*

«Lieber Herr Schönberg, Sie können sich gar nicht vorstellen, wie schön es hier ist. Ich habe Ihnen ja schon erzählt, dass wir hier in 1000 m Höhe leben, auf einem wellenförmigen Plateau, das auf der einen Seite zur Koralpe ansteigt, aber doch weit genug ist, um nicht drückend zu wirken. Hier blickt man schon über die charakteristischen Gräben der Südsteirischen Alpen weiter hinweg auf fernerliegende Höhenzüge. Gegen Norden schließlich blickt man über das ganze steirische Paradies, die Ebene um Graz und weiter nordostwärts bis an die ungarische Grenze. Ich lebe hier doppelt so leicht als in Wien und glaube auch, dass das auf mein Arbeiten Einfluss hat. Etwas habe ich hier schon fertiggebracht, es ist das erste der drei Orchesterstücke, das ich Preludium benenne. Jetzt schreibe ich den in Wien beendeten ‹Marsch› in die Partitur ...»

Erst Wochen später erreicht der Brief den Adressaten. Nichts darin könnte einen darauf kommen lassen, dass Alban Berg ihn am Tag der französischen und der deutschen Mobilmachung verfasst hat, sechs Tage nach der Kriegserklärung seines Landes an Serbien. In Trahütten, südwestlich von Graz, befindet sich der Sommersitz der Familie seiner Frau Helene – sie haben vor drei Jahren in Wien geheiratet, wenige Tage vor dem Tod Gustav Mahlers – und bietet ideale Bedingungen. Es ist, dem Wohlstand der Nahowskis entsprechend, ein Fachwerkschlösschen, ein Pianino gibt es auch, und seit seiner Ankunft hier oben am 21. Juli komponiert Berg, als sei er aller Welt enthoben.

Außer den Orchesterstücken, an denen der 29-Jährige arbeitet, interessieren ihn nur die gute Luft, die schöne Aussicht und «Pferscherl», wie er Helene nennt. Dabei hat ihn sein kluger Bruder Charly schon vor der Abreise gebeten, die Mieten der zehn Zinshäuser, die den Bergs gehören, sofort zu kassieren und in Silberkronen – einer Währungseinheit, die sich als sehr stabil erweisen wird.

Während Berg vom Panorama schwärmt, als habe er vom

Weltgeschehen seit dem österreichischem Ultimatum nicht das Geringste mitbekommen, liegt auf seinem Tisch ein Stück zur Vollendung bereit, das im Rückblick klingt, als zeichne es alle Komplexität der Zeit nach, das unermessliche und undurchschaubare Potenzial der jüngsten Jahre, bis zu den Schüssen in Sarajewo, weiter bis zur trügerischen, träumerischen Stille dreier Sommerwochen, und noch weiter … Es mündet in den brutalsten Schluss, der je komponiert wurde.

Diesen *Marsch* hat Alban Berg schon im Frühjahr 1914 konzipiert. «Wenn das, was ich schreibe, nicht das ist, was ich erlebt habe, richtet sich vielleicht mein Leben einmal nach meinen Kompositionen, die ja dann die reinsten Prophezeihungen wären», schrieb er dazu an Schönberg, der immer noch sein Lehrer, fast Herr und Meister ist. Unzufrieden mit den *Altenberg-Liedern*, die den Tumult am 31. März 1913 auslösten, hatte Schönberg ihm geraten, es mit Charakterstücken für Orchester zu versuchen. *Präludium*, *Reigen* und *Marsch* bilden ein Triptychon der Extreme. Auf engem Raum geraten gewaltige Kräfte in Bewegung: vierfach besetztes Holz, sechs Hörner, vier Trompeten, vier Posaunen, eine Tuba, großes Schlagwerk, eine Celesta, zwei Harfen.

Nur 174 Takte, etwa zehn Minuten, umfasst der *Marsch*, den Berg in seiner Idylle vollendet, aber schon die Themen darin lassen sich nicht zählen. Zu dicht verknüpft ist alles, was sich da über einem Marschrhythmus entwickelt und aus der Kontrolle gerät. Hier ist eine Informationsdichte erreicht, wie es sie – als gerade noch durchhörbare – vorher und nachher in der komponierten Musik kaum gibt. Hier und da zucken Signale. Der Militärmarsch, der große Holzhammer, das Auftaktmotiv von Beethovens Fünfter, zum Reißen gespannte Ausdrucksbögen Mahlers, die nun wirklich reißen und neues Material werden, Reste aus einer Welt, die gerade zur Welt von gestern wird.

Aus ihr kommt diese Musik. Der *Marsch* ist auch ein Klangbild jener Stadt Wien, die im «Kern der Unruhezone» liegt und von der aus auch Alban Berg vor zwei Jahren besorgt zum brennenden Balkan sah. Die Stadt, deren letzten August vor dem Krieg Robert Musil später beschreibt, als bringe er auch Bergs Klänge in Worte: «Autos schossen aus schmalen, tiefen Straßen in die Seichtigkeit heller Plätze. Fußgängerdunkelheit bildete wolkige Schnüre. Wo kräftigere Striche der Geschwindigkeit quer durch ihre lockere Eile fuhren, verdickten sie sich, rieselten nachher rascher und hatten nach wenigen Schwingungen wieder ihren gleichmäßigen Puls. Hunderte Töne waren zu einem drahtigen Geräusch ineinander verwunden, aus dem einzelne Spitzen vorstanden, längs dessen schneidige Kanten liefen und sich wieder einebneten, von dem klare Töne absplitterten und verflogen.»

Bergs Musik wird am Ende unheimlich regelmäßig. Kein Marschrhythmus mehr, keine Vielstimmigkeit. Nur ruhige Achtel in Triolen, immer nur D, zuerst gezupft in den Streichern, dann in der Harfe, dann in der Celesta, 60-mal das D, darüber wenige kleine Linien und Akzente wie einsame Vögel. Es lässt an ein Totenglöckchen denken, ein Uhrenticken, ein Warten über einer leisen, beharrlichen Mechanik. Nach dem sechzigsten D schießen jäh Kaskaden von Bläsertönen nach oben, ineinander verzahnt, einander mitreißend, hinein in ein weiß glühendes C der Trompeten, das mit einem Schlag abreißt, ein Hammerschlag des ganzen Orchesters. Die Musik schlägt sich selbst tot.

Als Alban Berg dieses Stück beendet, am 23. August 1914, sind längst die Deutschen ins neutrale Belgien einmarschiert, England hat ihnen den Krieg erklärt, dann hat ein Staat nach dem anderen Kriegserklärungen verteilt. In Offensiven, Gefechten, Schlachten sind innerhalb von drei Wochen schon Hunderttausende umgekommen. Am 22. August sterben im belgischen Charleroi 75000 französische Soldaten vor deutschen Maschinengewehren. Am Tag danach erschießen deutsche Infanteristen 674 Bewohner der Stadt Dinant an der Maas, darunter auch Greise, Frauen, Kinder und Säuglinge. Während das geschieht, kann das Ehepaar Berg dem *Grazer Tagblatt* entnehmen, dass ein steirischer Unternehmer «angesichts der niederträchtigen Kampfesweise der Franzosen und belgischen Wallonen, die sich selbst an Weibern, Kindern und Verwundeten vergreifen, die bisherige Aufschrift ‹Hotel› von der Firmentafel entfernt und durch den gut deutschen ‹Gasthof› ersetzt» habe.

*

Der Mann, der am Morgen desselben Sonntags über bewaldete Hügel in Galizien reitet, ist eigentlich Pianist. Vor knapp neun Monaten hat er, 26 Jahre alt, sein solistisches Debüt in Wien gegeben, im Musikvereinssaal, mit dem Tonkünstlerorchester. Jetzt trägt er keinen Frack, sondern die Uniform eines Zweiten Leutnants des 6. Dragonerregiments: schwarzer Helm mit Kamm und Doppeladler-Emblem, krapprote Kniehosen, hellblaue Uniformjacke mit roten Schnüren, kniehohe Kavalleriestiefel. In farbenfrohen Relikten des vorigen Jahrhunderts reiten die Offiziere der habsburgischen Monarchie zu den Fronten; nur Pistole und Repetierkarabiner sind auf neuerem Stand.

Der Pianist und Leutnant Paul Wittgenstein leitet einen Spähtrupp nördlich von Zamosc, sein erster Einsatz, 240 Kilometer südöstlich von Warschau, bereits auf polnischem Gebiet, sieben Mann. Man rechnet damit, dass die 5. russische Armee mit 350 000 Mann anrückt, um die Österreicher aufzuhalten. Wittgenstein kann über die Ebene von Grabowiec kilometerweit nach Osten blicken. Da sind sie. Es sind sehr viele, und sie sind sehr schnell – in Richtung Zamosc. Paul und seine Männer notieren alles, was sie erkennen können. Aber ihre Patrouille ist nicht die einzige vor den Wäldern von Topola.

Ein russischer Spähtrupp trifft auf sie, es wird sofort geschossen. Wittgenstein spürt durchdringenden Schmerz, ehe er das Bewusstsein verliert. Als er erwacht, befindet er sich im Lazarett, das die Österreicher in Krasnystaw eingerichtet haben. Ein Arzt erklärt ihm, eine Kugel habe seinen rechten Ellbogen getroffen, doch ehe er Einzelheiten erfahren kann, setzt man ihm die Lachgasmaske auf. Als er zum dritten Mal erwacht an diesem Tag – es ist immer noch Sonntag, der 23. August –, fühlt er seine rechte Hand nicht mehr und kann die Finger nicht krümmen. Es gibt sie nicht mehr, den Unterarm ebenso wenig. Man hat ihn dem Pianisten amputiert. Und während Paul Wittgenstein noch fassungslos auf den Verband um den Stumpf blickt, rennen brüllend russische Soldaten durch die Gänge des Lazaretts. Krasnystaw ist gestürmt worden.

*

«Idiotisch», denkt er und sieht abgemähte Weizenfelder vorbeiziehen. Chouchou hat sich hingestellt und versucht, aus dem Abteilfenster noch einmal den Turm der Kathedrale von Chartres zu sehen, vergebens. Emma schläft, Mrs. Turner, die Hauslehrerin, blättert in einem Magazin. Die ersten Deutschen sind schon in Senlis, 40 Kilometer nördlich von Paris, ihre Armeen haben die Marne erreicht, und auf dem Weg dorthin hat dieses grandiose Kulturvolk auch gleich noch die Bibliothek von Leuwen niedergebrannt. Trotzdem kam es ihm, als er heute mit seiner Familie in den randvollen Zug stieg, wie Selbstmord vor, aus Paris zu fliehen, wie noch 500 000 weitere Pariser, dem Beispiel der Regierung folgend. Die ist schon seit zwei Tagen in Bordeaux. Aber wo soll Familie Debussy unterkommen in Angers, dreihundert Kilometer weit in den Südosten fahrend?

Nachdem am 30. August eine deutsche «Taube» fünf kleinkalibrige Bomben über Paris abgeworfen hatte, war Emma fast vor Angst gestorben, und so hatte der Komponist über einen

Freund das Papierchen ergattert, das «M. Debussy et 4 personnes» die Reise nach Angers am 5. September 1914 ermöglicht. Die Haushälterin wollte nicht mitkommen. Nun ist auch Chouchou neben ihrer Mutter eingeschlafen; Debussy lauscht dem Rattern der Räder. Immer zwei Sechzehntel, wenn die Doppelachsen über einen Schienenstoß rollen. Dada, dada. Eintönig wie eine Etüde. Aber so idiotisch ist das nicht, Chopin hat Kostbarkeiten aus solchen Elementen gemacht in seinen *Études*. Arpeggien, schwarze Tasten, Läufe in der Linken, Terzen, Oktaven, immer ein technisches Motiv mit einer poetischen Idee verbunden. Für Repetitionen wie diese hier war seine Eisenbahn wohl nicht schnell genug, die Finger ganz sicher.

Dada, dada. Aber nur als Einwurf, interessanter wäre es, noch simpler anzusetzen, durchgängig Sechzehntel! Mit dem Motiv der Tonrepetition eine Struktur schaffen, nach oben und unten entfaltet, mit Ansätzen von Linien, Sprüngen, Sechzehntel abwechselnd rechts und links, in Stufen, Bremsmanöver und Beschleunigungen nicht ausgeschlossen, eine rasche, heitere Fahrt…

Das Notenpapier ist tief im Gepäck vergraben; er tastet nach der Bescheinigung, die wird er ja wohl nicht noch einmal vorzeigen müssen, und wenn schon … Schnell zieht er neben der Unterschrift des Beamten fünf Notenlinien und skizziert ein paar Tonstufen, dann noch eine Idee, noch eine, bald ist kaum noch ein Platz frei. «Was machst du da?», hört er Emmas entsetzte Stimme. Sie ist aufgewacht. «Die werden uns aus dem Zug werfen, wenn du das vorzeigst!» «Man kann doch noch alles lesen», sagt er verlegen und verstaut die Bescheinigung wieder im Jackett. Claude Debussy weiß nicht, dass aus den Kritzeleien ein ganzer Zyklus entstehen wird, zwölf Etüden wie in Chopins opus 10 und 25, mit dem Scherzando an neunter Stelle: *Pour les notes répéteés*. Kein Eisenbahnstück! Ein blitzendes Klavierklanggebilde, fokussiert, elegant, mit lichtem Übermut – so, wie das Leben auch sein könnte.

Eine Hotelreservierung, das wäre schön gewesen. Als sie und ein paar Hundert weitere Hauptstadtflüchter an diesem Sonnabend um halb sieben in Angers aussteigen, nur noch 130 Kilometer von der Küste im Süden entfernt, gibt es nirgendwo mehr ein Zimmer; schließlich stranden sie in einer Absteige für Viehhändler und, wie sich herausstellt, voller Wanzen. Die Rettung naht am nächsten Tag in Gestalt eines Infanteristen im Fahrraddienst, der Debussy erkennt – Charles Domergue ist der Gründer des örtlichen Musikvereins – und mit dem Direktor des Grand Hôtel gut bekannt ist. Während in der gediegenen neuen Bleibe Debussys Budget weiter schmilzt, gelingt es General Joffre mit britischer Unterstützung, die Deutschen an der Marne zu stoppen. Anders gesagt, in sieben Tagen verlieren rund 150 000 Soldaten auf beiden Seiten das Leben, und die Front erstarrt für Jahre zu einem riesigen Schlachthaus.

«Es kommt uns teuer zu stehen, das Recht, die Kunst von Richard Strauss und Schönberg nicht zu lieben», schreibt Debussy einem Freund, als er Ende September wieder in Paris ist. Nach eigenem Bekunden hat er von Schönberg noch nie einen Ton gehört oder auch nur gelesen – dabei sind ihm gleich mehrere Werke bekannt. Beethoven sei ja nun glücklicherweise als Flame identifiziert worden. Was Wagner betreffe: «Er wird weiterhin dafür geehrt werden, Jahrhunderte von Musik in einer Formel versammelt zu haben. Das ist schon etwas, und nur ein Deutscher konnte es versuchen …» Nein, den alten Giftmischer mag er selbst jetzt nicht beiseite wischen, da er seine Kollegen den Nationen zuordnet wie Geheimwaffen. «70 hatten *sie* Wagner. 1914 haben *sie* nur noch Richard Strauss.» Dann setzt er sich an den wunderbaren, fast neuen Bechstein. Ein deutsches Instrument, leider. Immerhin hat er es noch nicht bezahlt.

*

«Ich konnte nie etwas anfangen mit aller ausländischen Musik. Mir kam sie immer schal, leer, widerlich, süßlich, verlogen und ungekonnt vor. Ohne Ausnahme. Jetzt weiß ich, wer die Franzosen, Engländer, Russen, Belgier, Amerikaner und Serben sind: Montenegriner! Das sagte mir die Musik längst.» So schreibt Ende August 1914 einer, der sich sonst von Debussy herausgefordert fühlte, einer, der selbst Mallarmé vertont hatte ... Bizet, Strawinsky, Delius, Ravel? «Diese Musik war längst eine Kriegserklärung, ein Überfall auf Deutschland (...) Aber jetzt kommt die Abrechnung! Jetzt werfen wir diese mediokren Kitschisten wieder in die Sklaverei, und sie sollen den deutschen Geist verehren und den deutschen Gott anbeten lernen.»

Arnold Schönberg ist nach den «herrlichen Siegen der Deutschen» im August nicht allein mit seiner Psychose, im Gegenteil. «Allmählich wurde es in diesen ersten Kriegswochen 1914 unmöglich, mit irgendjemandem ein vernünftiges Gespräch zu führen. Die Friedlichsten, die Gutmütigsten waren vom Blutdurst wie betrunken», erinnert sich Stefan Zweig an die Situation in Wien. Im November hat auch Alban Berg den Verstand verloren: «Nimm dem Debussy u. Ravells Scriabins u. wie sie heißen die gewisse verschwommene Harmonik weg: was bleibt? bei Debussy vielleicht 2,3 Motive von vier fünf Tönen.» «Meine ganze Libido gehört Österreich-Ungarn», hat bereits am 26. Juli Sigmund Freud einem Freund bekannt und damit immerhin offengelegt, dass die Quellen der Kampfeslust nicht im Bereich des Bewussten sprudeln.

Zudem hat kein Mensch eine Vorstellung davon, was ein Krieg in Europa mit den technischen Mitteln dieser Zeit bedeuten kann, keiner rechnet mit siebzehn Millionen Toten. Der letzte Krieg zwischen Frankreich und Deutschland liegt mehr als vier Jahrzehnte zurück und kostete fast 190 000 Soldaten das Leben, in den Balkankriegen von 1912 bis 1913 wurden 180 000 getötet und verletzt. «Weihnachten sind wir wieder zu Hause», haben die Rekruten ihren Müttern zugerufen, die Generäle denken ähnlich, und Alban Berg wirkt fast schon pessimistisch mit der Erwägung, der Krieg werde sicher noch bis zum Frühjahr dauern und einige geplante Konzerte verhindern.

Er ist, die Einberufung abwartend, noch immer in Trahütten, als er Anfang September von seiner Mutter erfährt, dass die Mieteinnahmen drastisch zurückgehen. Viele Familien von Einberufenen ziehen zu zweien oder zu dreien zusammen, um das Geld zu sparen, das die Männer nicht mehr verdienen können. Die meisten Fabriken sind gesperrt, und die Bänke an der Ringstraße sind voll von Arbeitslosen, die noch nicht in Uniformen stecken.

Im Palais Wittgenstein, Wien, 2. Bezirk, Alleegasse, beste Lage zwischen Karlskirche und Südbahnhof, herrscht Ruhe. Nur ab und an hören die Bedienten, wie die Herrin des Hauses Klavier spielt – Leopoldine Wittgenstein, 64 Jahre alt, seit bald zwei Jahren Witwe. Auf dem Bösendorfer liegen mitunter Handschriften von Mozart, das erste Klavierkonzert etwa, auch eine Kantate von Bach gehört zur Autografensammlung, Skizzen zur *Götterdämmerung*, zur *Missa solemnis*, viel Brahms. Johannes Brahms war früher gern bei ihr zu Gast, sein Freund und Lieblingsgeiger Joseph Joachim hat mit Leopoldine musiziert; sie ist eine so ausgezeichnete Pianistin, dass sie vom Blatt transponiert – und sie hat neun Kinder zur Welt gebracht. Sechs von ihnen leben noch, Mining, Kurt, Lenka, Gretl, Paul und Lucki. So werden sie von Poldy gerufen. Eigentlich heißen sie Hermine, Konrad, Helene, Margaret und Ludwig. Paul, der Pianist, der Zweitjüngste, ist der Einzige ohne Rufnamen. Seit er eingerückt ist, hat seine Mutter keine Nachricht von ihm.

Die «Alleegasse», wie die Bewohner ihren Neorenaissancepalast nachlässig nennen, ist die Residenz einer der reichsten Familien von Wien, erworben von Karl Wittgenstein, dem Begründer des ersten österreichischen Eisenkartells, «Karl der

Große», Eisenkönig, Eisenfresser, der Krupp ausgebootet hat beim Verlegen russisch finanzierter Schienen auf der Balkanhalbinsel, der sich schon mit 52 Jahren von allen Posten zurückzog und sein Vermögen rund um den Globus so geschickt investierte, dass keine Katastrophe sein Wachstum wird verhindern können. Man hat auch einen Hauskomponisten, den blinden Joseph Labor, bei dem die junge Alma Schindler einmal ein paar Stunden nahm. Von den Neutönern halten die Wittgensteins nicht so viel – für die Unterstützung Arnold Schönbergs konnte Hermann Bahr ihnen nur 940 Kronen abschwatzen.

Am 4. Oktober 1914 erhält Leopoldine Wittgenstein eine in kaum leserlicher Schrift gekrakelte Nachricht aus Minsk. «Ein schweres Unglück hat unseren armen Paul getroffen, der in einem der Kämpfe Ende August seinen rechten Arm verloren hat! Er selbst schrieb mir mit der linken Hand am 4. Sept. in Minsk, Russland, im Offiziersspital», schreibt sie darüber an ihren Jüngsten, der ebenfalls eingerückt ist. Ludwig Wittgenstein bedient nächtens den Scheinwerfer auf der *Goplana*, einem gekaperten Dampfer auf der Weichsel, tagsüber schält er Kartoffeln und arbeitet im Kopf an dem, was als *Tractatus logico-philosophicus* die Philosophie erschüttern wird: «Alles, was wir sehen, könnte auch anders sein. Alles, was wir überhaupt beschreiben können, könnte auch anders sein. Es gibt keine Ordnung der Dinge a priori.»

Der 25-Jährige, für untauglich erklärt, hat sich dennoch gemeldet, obwohl er überzeugt ist, «daß wir gegen England nicht aufkommen können». Und er schreibt Briefe in dieses feindliche Land. Bei einem kurzen Philosophiestudium in Cambridge ist er von Bertrand Russell als Genie entdeckt worden. «Welcher Philosophie würde es bedürfen», fragt er sich auf der *Goplana*, an den nun verstümmelten Bruder Paul denkend, «um darüber hinwegzukommen? Wenn dies überhaupt anders als durch Selbstmord geschehen kann.»

Aber Paul sieht sich keineswegs «um seinen Beruf gekommen», wie sein Bruder glaubt. Nachdem er als Kriegsgefangener 12 000 Kilometer Fahrt über Kiew, Minsk, Orel in randvollen Güterwagen überstanden und Temperaturen von 25 Grad minus überlebt hat, erreicht er Anfang 1915 das westsibirische Omsk, 2500 Kilometer östlich von Moskau. Dort malt er im Lazarett mit Kohle die Tasten eines Klaviers auf ein Brett und beginnt zu üben. Wie hat es vor zehn Jahren in Wien der Pianist Leopold Godowsky geschafft, Chopins *Revolutionsetüde* nur mit der linken Hand zu spielen? Freilich hatte der auch eine rechte Hand, die, wie man sah, unruhig auf ihren Einsatz wartete.

Die anderen Invaliden, die Schwestern und Ärzte blicken neugierig und mitleidig auf den kahl rasierten Mann, der mit fünf Fingern auf sein bemaltes Brett trommelt. Sie wissen nicht, dass er die Etüde in c-Moll auswendig im Kopf hat, die Frédéric Chopin um 1830 schrieb, die wie ein Schuss beginnt mit einem G-Dur-Septakkord rechts, um dann in rasende Passagen der Linken zu stürzen. Diese Hand muss bei Paul aber zugleich das fanfarenhafte Thema der Rechten darstellen. Kopfschüttelnd sieht man zu, wie der verstümmelte Unteroffizier seine Hand einen Meter weit nach rechts schnellen lässt, während er in die Luft vor sich starrt, wie dann wieder mit solcher Verve seine Finger nach links galoppieren, dass das Brett von der Kiste kippt. Manche tippen sich an die Stirn.

Nicht alle. «Ist das ein Vierviertelakt?», hört Paul einen Mann sagen, der zu ihm getreten ist, in makelloses Zivil gekleidet, mit leichtem skandinavischen Akzent. «Ja», sagt er und lässt eine Sechzehntelkette *smorzando* auf dem tiefen C enden, dann schlägt er einen Akkord an. Der Mann blickt auf Pauls Finger auf den schon verwischenden Tastenumrissen. «C-Moll. Hvad kan det være? ... lassen Sie mich raten.» «Ich spiele Ihnen den Anfang vor», sagt der Pianist ernst. Der andere sieht aufmerksam zu, dann lächelt er. «Sie haben sich die richtige Etüde ausgesucht! Nummer 12, oder? Viel zu tun für die linke Hand. Aber ich könnte sie auch mit beiden Händen nicht spielen, ich bin Geiger.»

Vor allem ist Otto Wadsted aber dänischer Konsul in Omsk, von seinem neutralen Staat beauftragt, die Bedingungen der Kriegsgefangenen zu überprüfen. Der 34-Jährige erwirkt, dass Paul Wittgenstein mit anderen Offizieren in einem Hotel untergebracht wird, vier Mann pro Zimmer. Dort findet sich auch ein verstimmtes Klavier. Drei Monate lang kann Paul üben; im April lässt er Wadstedt eine Bitte nach Wien schicken: Joseph Labor möge ihm ein Konzert für die linke Hand schreiben. Das ist der erste von vielen Aufträgen, mit denen Wittgenstein das Repertoire bereichern wird, nicht nur das eigene, mit dem er eine singuläre Solistenkarriere macht. Mehr als dreißig Werke wird er aus seinem Millionenerbe finanzieren. Richard Strauss und Erich Wolfgang Korngold schreiben für ihn, Prokofjew, Hindemith, Britten, Ravel ...

Es hätte anders kommen können. 16 000 Kriegsgefangene sterben in Omsk allein bis zum August des Jahres 1915. Und Paul, der aus dem Hotel bald ins gefürchtete Stadtgefängnis «Krepost» verlegt wird – dasselbe, das Fjodor Dostojewski in seinem *Totenhaus* schildert –, gerät nicht wegen, sondern trotz seines Vermögens vor eine der Kommissionen, die in Moskau prüfen, welche Invaliden heimkehren dürfen. Denn die Briefe mit Scheinen, die ihm aus Wien geschickt werden, plündern die Posten in Omsk. Bis Oktober 1915 wird verhindert, dass Wittgenstein auf einer der Listen für Austauschhäftlinge landet.

*

Es hätte anders kommen können auch für Rudi Stephan, der wie Paul Wittgenstein seinen ersten Einsatz in Galizien hat, strahlend begabter Komponist von 28 Jahren, auf der Suche

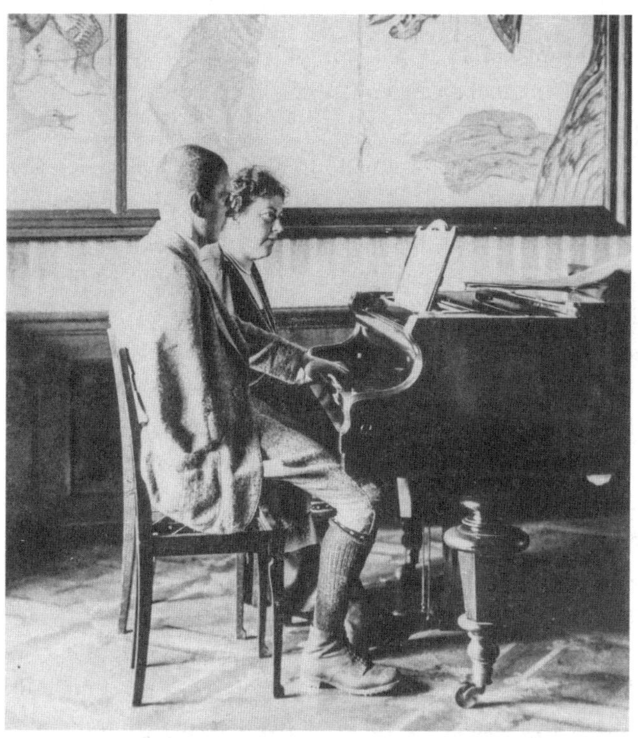

Pianist Paul Wittgenstein, 28, noch kurzgeschoren nach seiner Entlassung aus russischer Gefangenschaft. Neben dem Einarmigen sitzt seine Schwester Helene am Flügel, in Hochreith, dem Jagdhaus der Wittgensteins südwestlich von Wien.

nach einer Tonsprache ohne Dur und Moll, vertraut mit der neuen Musik von Debussy bis Schönberg, früh aufgefallen mit Orchestermusik von großer Dichte, vor Kriegsbeginn fertig geworden mit der Oper *Die ersten Menschen*, einer von Sinnlichkeit bebenden Neuerzählung dessen, was zwischen Adam, Eva, Kain und Abel geschah. «Den Lebendigen das Leben schön» wünscht sein «Adahm» zu Beginn des Werkes. «Ich halt's nicht mehr aus!», schreit Rudi Stephan, wenige Tage nach dem Eintreffen an der Front bei Tarnopol, am 29. September 1915 nachts, aus dem Graben hochspringend. Dann liegt er da, tot, mit einer Kugel im Kopf.

Es hätte anders kommen für Karl Sluszansky, der gerade einmal 20 Jahre alt wird, hochbegabt, von Alban Berg unentgeltlich unterrichtet, bis er 1917 den Folgen seiner Fliegereinsätze über den Alpen erliegt, für Karl Binder und Harry Loewy-Hartmann, Franz Schrekers beste Kompositionsschüler, die nicht aus dem Krieg zurückkehren. Den 31-jährigen britischen Lieutenant George Butterworth, dessen *Rhapsody* für Orchester Arthur Nikisch 1913 uraufgeführt hat, tötet am 5. August 1916 der Kopfschuss eines deutschen Scharfschützen an der Somme. Die Komponisten George Wilkinson und Willie Manson sind dort bereits im Juli umgekommen. Enrique Granados, 48 Jahre alt, gefeierter spanischer Komponist, ist am 24. März 1916 mit seiner Frau unterwegs von Folkestone nach Dieppe, als die Kanalfähre von einem deutschen U-Boot torpediert wird. Granados ertrinkt bei dem Versuch, seine Frau zu retten. Albéric Magnard, der «französische Bruckner», verteidigt am 3. September 1914 sein Anwesen mit dem Revolver gegen deutsche Soldaten, die ihn erschießen und das Haus mit allen Manuskripten darin in Brand stecken.

Anders kommt es für Maurice Ravel, der gleich nach Kriegsbeginn zur Armee will, wegen zu geringer Körpergröße abgewiesen wird und sich freiwillig als Lastwagenfahrer bei Verdun einsetzen lässt. Parallel arbeitet er an der Klaviersuite *Le Tombeau de Couperin*, die er nicht nur dem Meister des Barock, sondern auch sieben im Krieg getöteten ihm nahestehenden Menschen widmet. Und doch antwortet er vom Rand des Kampfgebietes der «Liga zur Verteidigung der französischen Musik», die ein Aufführungsverbot zeitgenössischer Musik aus Deutschland und Österreich anstrebt: «Es bedeutet mir wenig, dass Herr Schönberg, zum Beispiel, österreicherischer Nationalität ist.

Er ist darum nicht weniger ein Musiker von hohem Verdienst (...). Mehr noch, ich bin hoch erfreut, dass die Herren Bartók, Kodály und ihre Schüler Ungarn sind und das in ihren Werken mit so viel Geschmack manifestieren.» Die musikalische Kunst Frankreichs habe von den Anregungen ausländischer Zeitgenossen profitiert. Sie werde degenerieren, «wenn sie sich auf abgewetzte Formeln beschränkt».

*

«Ein Jubel muß es gewesen sein aus tausenden Männerkehlen, als nach schweren Kämpfen, in denen um jeden Fels, jeden Bergpfad, jedes Dorf gerungen war, Offiziere und Soldaten, ihre Mühe vergessend, den Freunden und Waffengenossen zum ersten Mal ins Auge blickten.» Im Ton der Heldensage werden die Leser der *Vossischen Zeitung* am 28. Oktober 1915 darüber informiert, dass im Norden Serbiens nun rund 650000 männliche Europäer damit beschäftigt sind, einander zu töten und zu verkrüppeln. Vor zwei Wochen ist auch Bulgarien in den Krieg eingetreten, aufseiten der Mittelmächte.

An diesem 28. Oktober dirigiert Richard Strauss in Berlin erstmals öffentlich seine *Alpensinfonie*. 130 Musiker der Dresdner Königlichen Kapelle haben vier Tage lang geprobt – viele Orchestermusiker sind vom Heeresdienst freigestellt – und spielen das einstündige Werk an diesem Donnerstag gleich zweimal in der Berliner Philharmonie. Um 13 Uhr als Voraufführung für geladene Gäste und Kritiker, abends vor 2500 Zuhörern. Das ist, wie alles bei Strauss, glänzend geplant. So können schon in den Morgenausgaben der Blätter ausführliche Besprechungen erscheinen. Die meisten hören das Werk als Naturschilderung.

So stellt es der Komponist ja auch dar. *Eine Alpensinfonie*, kein Werk mehrerer Sätze, sondern ineinander übergehende Szenen, alles Natur, keine Metaphysik, nur mal eine Erscheinung hier und eine Vision da zwischen Wald und Wiesen und Wasserfall, Gletscher und Gipfel und Gewitter. Am Anfang geht die Sonne auf, am Ende unter, in b-Moll wie in der allerersten Skizze von 1900, nun als Cluster aller Töne von b-Moll. Doch das Werk ist ein Speicher von Gedanken aus vierzehn Jahren und mehr. Eine Liebestragödie steckt darin, die Auseinandersetzung mit Nietzsche und mit Mahler, Strauss' Abwendung vom Christentum und seine Liebe zur Natur, seine Erfahrungen mit *Salome*, *Elektra*, *Rosenkavalier*, zuletzt auch mit dem Krieg. 1913 als Klavierskizze geschrieben, hat er das Werk von November 1914 bis Februar 1915 orchestriert.

Alles ist in dieser Musik, was zu ihr führte, und das macht sie durchscheinend. Durch den Wald aufwärts stapft nicht nur der Wanderer Strauss, aufgebrochen aus seiner Villa in Garmisch, es fliegen sich auch zwei verzweifelte Liebende in die Arme, während Gustav Klimt die goldvioletten Streicherornamente dazu gemalt zu haben scheint, und den Kühen auf der Alm hängen die Glocken aus Mahlers *Sechster* um den Hals. Ganz oben kippt etwas. Der Klang auf dem Gipfel ist maßlos, monumental, von blendendem Glanz und nicht enden wollender Größe. Dann wird eine Ermüdung der großen Linien spürbar.

Nach einem wie mit zusammengebissenen Zähnen erreichten E-Dur verliert die Harmonik ihre Stabilität. In wahnsinniger Anstrengung werden die Geigen in die Stratosphäre gepresst, darunter ragen noch einmal Bläsersäulen wie das Portal eines Kriegsministeriums – dann Schnitt. Nebel, giftig süßliche Farben.

Im «Gewitter» wird eine ganze Welt zermahlen, zersplittert, geschreddert. Strauss wirft, außer dem Sonnenmotiv, alle Bestandteile seiner *Alpensinfonie* in den Häcksler, auch den Wasserfall und die Alm, das Aufstiegsthema und die Spuren einer verzweifelten Liebe. Es ist eine unfassbar virtuos komponierte Orgie der Zerstörung. Sie bleibt unter der Kontrolle des Komponisten, doch er kontrolliert nicht das, was Spätere hier hören können: einen Kriegsfilm, in seinen Dimensionen dem Kino ein Jahrhundert voraus, während die *Alpensinfonie* in der Musik als letzter Saurier der Spätromantik dasteht. Die suggestive Körperlichkeit der Klänge holt uns in eine andere Gegenwart.

Die Kritiken am 29. Oktober 1915 lesen sich beeindruckt bis begeistert; der Mann vom *Tageblatt* erlebt alles «mit Wohllaut übergossen», selbst das Gewitter sei ein «erhabenes Schauspiel». Er findet, es sei «das erste und einzige hoch aufragende Werk aus der großen Zeit, die wir durchleben».

Auch Strauss hat sich zuerst, im August 1914, «in einer großen, herrlichen Zeit» gesehen. Doch im Februar 1915, nach Vollendung der *Alpensinfonie*, schrieb er an Hugo von Hofmannsthal: «Es ist widerlich [,] in den Zeitungen von der Regeneration der deutschen Kunst zu lesen (...), wie Jung-Deutschland gereinigt und geläutert aus diesem ‹herrlichen› Krieg zurückkehren soll, wo man froh sein kann, wenn die armen Kerle erst von Läusen und Wanzen gereinigt und von allen Infektionen geheilt und erst des Mordens entwöhnt werden müssen.»

*

Der Mann auf der flimmernden Leinwand winkt einem Taxi. Der Chauffeur verlangsamt, mit Schirmmütze unter dem hochgefalteten Verdeck sitzend, zur Rechten die Hupe, und wartet, dass Monsieur einsteigt über das breite Trittbrett. Und wie er einsteigt! So schwungvoll, dass sein Zylinder eingedrückt wird und auf die Straße fällt. Chouchou kichert. Mit verrutschtem Lächeln dreht Max Linder den Zylinder in den Händen, das Taxi fährt ohne ihn weiter. «Malheur de malheur! Un chapeau de 120 F», liest man jetzt im Kino weiß auf schwarz, «mon dieu», hört Chouchou ihren Vater brummen, und dann betritt der feine Herr auch schon ein Hutgeschäft, erwirbt einen neuen Zylinder, gibt dem Verkäufer großzügig Trinkgeld für das Fräulein hinterm Tresen und eilt dem nächsten Malheur entgegen. 10. Januar 1915, sie sitzen im Parkett des Colisée an den Champs-Élysées, vor Kurzem im Stil von Louis XVI. erbaut.

Max Linder ist der Künstlername von Gabriel-Maximilien Leuvielle, jetzt Anfang 30 und so erfolgreich, dass er inzwischen seine Kurzfilme selbst produziert, vor der Kamera meist mit Zylinder, Smoking und Glacéhandschuhen versehen, Attribute jener Oberschicht, der bei ihm die Werktätigen eins auf den Deckel geben: Zum Paukenschlag aus dem kleinen Orchester sieht man, wie einem Handwerker eine Tür wegrutscht und auch den neuen Zylinder zum Akkordeon macht. Chouchou quietscht vor Vergnügen; ihr Vater registriert, dass Herr Max auch noch über das Geld für einen dritten Hut verfügt …

Im Orchester spielen Profis, die in den größeren der 180 Pariser Kinos gut verdienen – sofern sie jetzt, im Januar 1915, nicht schon eingezogen sind, womit alle im Alter von 20 bis 48 Jahren rechnen müssen. Einige Orchester wurden schon fusioniert, etwa die der Concerts Colonne und Lamoureux. Im Kino gibt es auch Zwischenmusiken, wenn die Rolle gewechselt wird, mehr als 600 Meter Film passen nicht darauf. Die Malheurs von Max enden nach gut vier Minuten. Zuletzt hat er bei seinen Schwiegereltern den Hut auf den Boden gestellt, der Haushund hat sein Bein darüber gehoben … Erstaunt stellt Chouchou fest, dass ihr Vater inzwischen so heftig lacht wie selten, seine Schultern beben geradezu!

Es folgt ein Drama von beinahe vierzig Minuten mit drei Filmrollenwechseln, *Schicksalsjahre einer Königin* mit Gabrielle Robinne, die den Komponisten berührt, sie erinnert ihn an seine erste Mélisande Mary Garden. Dann ein Film über die Schlacht von Vauchamps, in der vor gut 100 Jahren Napoléon die überlegenen Preußen und Russen schlug, dann einer über den tapferen belgischen König Albert, der zur Stunde an der

Seite seiner Truppen kämpft, und schließlich *Max in Monaco*. Diesmal macht Max Linder eine Hafenfahrt, und gegen seine Angst vorm Schaukeln des Ruderboots drückt man ihm eine Flasche schottischen Whisky in die Hand: Black & White. Er trinkt in großen Zügen, und danach kann natürlich alles nur noch schiefgehen ...

En blanc et noir heißen drei Stücke für zwei Klaviere, die Debussy im Juni des Jahres angeht. Eine rätselvoll sperrige Musik, fünfzehn Minuten voller offener und noch mehr verdeckter Anspielungen, jeder Satz mit einem literarischen Zitat versehen. Über dem zweiten Stück stehen Zeilen einer Villon'schen Ballade gegen die Feinde Frankreichs, und nicht zu überhören ist Luthers Choral «Ein feste Burg», den Debussy als Signet der Deutschen in einer Art Schlachtenskizze ertönen lässt. «Sie werden sehen, was einem Lobgesang von Luther ‹passieren› kann, wenn er sich unvorsichtigerweise in eine ‹Caprice› der französischen Art verirrt ...» Luthers Choral bleibt ohne Ende, und die Hymne der Franzosen ist nur ein leises Lächeln kurz vor Schluss, ohne ihren Rhythmus, nur der melodische Kern, «ein bescheidenes Glockenspiel».

Viele Zwischentöne, Grautöne hat das alles, Gedanken, auch an Siegfrieds Tod in Wagners *Götterdämmerung* – so, dass er eher für die Gefallenen schlechthin steht und nicht für einen toten Teutonen. Schon gar nicht stehen Schwarz und Weiß für Gut und Böse. «Diese Stücke», sagt Debussy, «wollen ihre Farbe, ihre Emotion aus einem einfachen Klavier holen! – wie die Grautöne bei Velázquez, wenn Sie so wollen.» Es geht nicht um die leuchtenden Farben, von denen er schon so viele dem Tasteninstrument entlockte. Es ist ein Nachdenken über das Sterben, wie es eines über die schwarzen und weißen Tasten ist und wohl auch über sein «deutsches» Klavier, das er «französisch» stimmen lässt.

Im März ist mit 78 Jahren Victorine Debussy gestorben, die

Mutter des Komponisten, ihr folgt im April Emmas Mutter. Und über seinen eigenen Zustand ahnt er etwas. «Ich bin zerstört wie ein kleines Dorf nach dem Besuch der Boches», hat er eine Woche nach dem Kinobesuch mit Chouchou an seinen Verleger geschrieben und auf eine Grippe verwiesen. Durand und Debussy können wissen, wie solche Dörfer aussehen; die Briefe, die Erzählungen von der Front, 60 Kilometer östlich von Paris, finden ihre Wege jenseits der Zeitungen. Wenn die Einwohner getötet, vergewaltigt, vertrieben sind, lassen die deutschen Soldaten ihre Wut an Möbeln und Türen aus. Häuser, die nicht ohnehin durch Granaten zerstört sind, werden verwüstet.

Es steckt mehr als eine Grippe hinter Debussys Erschöpfung; seit mehr als fünf Jahren schon machen ihm Schmerzen im Unterleib zu schaffen. Zugleich nimmt er ein Pensum auf sich wie selten zuvor. Für Durands neue *Édition classique* revidiert er Frédéric Chopins Klavierwerk, das als Ganzes bislang nur in deutschen Ausgaben zu erhalten ist – sie sind in Frankreich ohnehin nicht mehr zu haben. Alle 27 Etüden, 20 Nocturnes, 16 Polonaisen geht er durch, die Balladen, Walzer, Impromptus, Sonaten, Ausgaben vergleichend und Manuskripte, Fingersätze ergänzend, über Ungewissheiten brütend. 57 Mazurkas von Chopin begleiten Familie Debussy im Juli 1915 nach Pourville an der bretonischen Küste. Und natürlich Arkel, die Kröte.

Aufmerksam hat Chouchou zugesehen, wie ihr Vater den treuen hölzernen Begleiter auf den Schreibtisch im Ferienhaus setzte, benannt nach dem alten König Arkel in *Pelléas et Mélisande* und seit der Entstehung dieser Oper ein Hausgenosse des Komponisten. «Er guckt ernst», meint Chouchou. «Aber nicht traurig», meint Debussy, «ich habe ihn auch schon wirklich traurig gesehen.» Er streicht der kleinen Skulptur über den Kopf. Über seiner gewaltig geblähten Holzbrust blickt Arkel mit fest verschlossenem Maul aus unergründlichen, zu Schlitzen verengten Glasaugen ins Zimmer. «Er sollte aber wenigstens

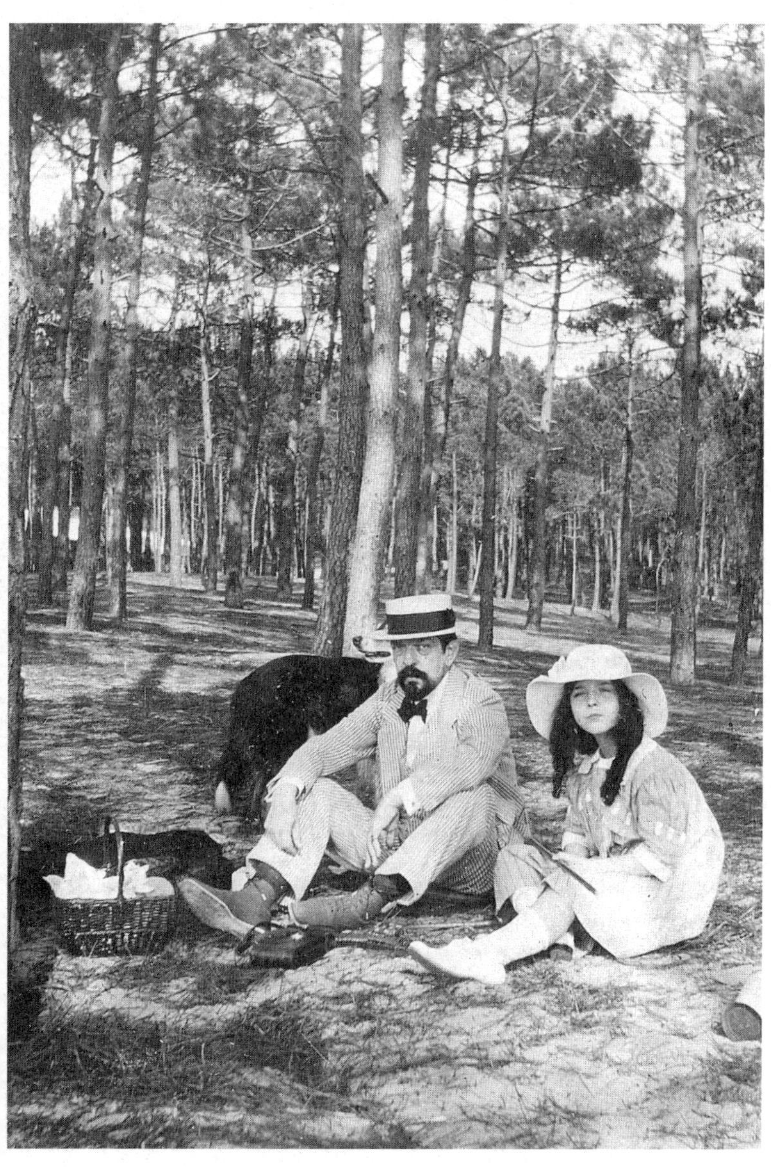

Claude Debussy, 54, und seine zehnjährige Tochter Emma-Claude, Chouchou genannt, beim Picknick im Oktober 1916 im Wald von Le Moulleau unfern von Bordeaux.

einmal das Meer sehen», findet Chouchou und dreht Arkel zum Fenster hin.

Arkels Augen haben schon Lilly kommen und gehen sehen, unter seinem Blick ist fast alles entstanden, was Debussy seit *Pelléas* schrieb. Doch was sich vor dem alten Krötenkönig in der Zeit vom 10. Juli bis zum 12. Oktober 1915 abspielt, könnte ein Fünkchen Erstaunen selbst in seine Augen zaubern. Es beginnt noch harmlos mit der Überarbeitung der Korrekturbögen von Chopins Mazurken und einem letzten Schliff an *En blanc et noir*, aber mit diesen Noten erhält Jacques Durand am 22. Juli bereits einen Plan für ganze sechs Sonaten mit verschiedenen Instrumenten, «composées par Claude Debussy, musiçien français». Die erste, für Violoncello und Klavier, ist schon im Entstehen, und am 3. August wird sie fertig, gefolgt von der *Sonate für Flöte, Viola und Harfe*, die er am 14. September vollendet. Zwei Wochen später sind die zwölf *Études* für Klavier abgeschlossen, an denen er seit Ende Juli parallel gearbeitet hat.

Er schreibt an gegen die Zeit und die Zeitläufte. Gegen den «verborgenen Tod», auf den seine Schmerzen ihn schließen lassen, und gegen den Krieg, in dem er eine «schreckliche Notwendigkeit» erkennt. «Es wäre mutlos, an nichts zu denken als an die verübten Schrecken, ohne den Versuch, darauf zu reagieren durch das Wiederherstellen – soweit meine Mittel es erlauben – jener Schönheit, gegen die diese ‹Leute› wüten, jener gründlichen Brutalität folgend, die wahrhaft ‹Made in Germany› ist.» Im April haben die Deutschen erstmals Giftgas eingesetzt, 150 Tonnen Chlor auf sieben Kilometern Frontlänge in Belgien.

Den eigenen Landsleuten wirft Debussy vor, sich schon vor dem Krieg dem östlichen Nachbarn kulturell ausgeliefert zu haben: «Dieses lastende Besetzen unserer Gedanken, unserer Formen, akzeptiert mit einer lächelnden Nachlässigkeit. Sie ist der große Fehler, unverzeihlich, schwierig zu reparieren, da sie in uns ist wie vergiftetes Blut. Denken Sie sich nur, dass die Intendanten den Boden unter den Füßen (was für Füße!) verlieren und nicht wissen, was tun, wenn sie nicht im wagnerischen Telefonbuch blättern können.»

So schreibt Debussy im Oktober, rückblickend auf sein sommerliches Wunder der Produktivität. Mag sein, dass ihm all das auch durch den Kopf ging, als er in seine *Sonate für Flöte, Viola und Harfe* hineinfand, zunächst auf dem Umweg über die Oboe, die dann der Flöte wich. Mag sein, dass er an den Gaskrieg dachte und an den Feind im eigenen Körper und dazu noch überzeugt war, die Franzosen hätten sich leichtfertig und schier unheilbar mit *wagnérisme* vergiften lassen – wogegen gerade jetzt eine Rückbesinnung auf die großen Franzosen des 18. Jahrhunderts helfen könnte, auf Rameau und Couperin und ihre Geschenke, ihre «Emotion ohne Epilepsie». Sie haben ihn zur barocken Konzeption von Kammermusiken für «verschiedene Instrumente» geführt. Nicht noch ein Streichquartett! Er würde damit in den eigenen Schatten geraten, den seines *opus 10*, das er vor mehr als zwanzig Jahren schrieb.

Aber das alles weicht, als dieses Trio entsteht, licht, klar und unergründlich, schwebend und leuchtend, so, als sei in der Luft über dem Meer eine Insel zu sehen. So frei von Behauptungen, dass es nichts zu widerlegen gibt, immateriell und unzerstörbar. Wer es hört, atmet reinere Luft – nicht «luft vom anderen planeten», sondern von dieser Erde, so friedlich, wie sie auch sein könnte. Es gibt in dem neuen Werk keinen Krieg und ebenso wenig die Notwendigkeit, Spuren zu verwischen und Brücken abzubrechen. Da ist Tradition mit Reprisen und der Flöte als dem Hirteninstrument in einer Pastorale, da schimmern auch jüngere Erinnerungen, Wellen aus *La Mer* und Tanzgesten aus *Le Sacre*.

Und ehe sie erscheinen, taucht wie das Fragment eines deutschen Märchens eine harmonische Sequenz auf, beiläufiges Biedermeier, von A-Dur mit Septe zu d-Moll, von G-Dur mit

Septe zu ... nein, da ist es schon verschwunden wie ein Boot am Horizont, aufgelöst in der Bindungskraft von Debussys Sprache, in der Balance seiner Kontraste. So souverän ist der Komponist, dass ein Durakkord, selbst der am Schluss, kräftiges blaues F-Dur, weder fremd wirkt noch als Zugeständnis an die mächtige Gravitation der alten Diatonik. Schon lange unterliegt ihr Debussy nicht mehr, weit voraus jenen Wienern, die sie so entschieden hinter sich lassen wollen. Die Sogkraft einer Kadenz ist bei ihm aufgehoben, er kann mit ihr spielen wie mit einem Ball. Er ist frei.

Von dieser glücklichen Insel aus kann jeder blicken, wohin er will. Während Debussy sie unter Arkels gleichmütigen Glasaugen entstehen lässt, könnte er, nach Norden schauend, wo hinter dem Horizont die britischen Inseln liegen, an eine seltsam energische Engländerin in London denken, die in einem französischen Lied für einige Takte Flöte, Viola und Harfe zusammenführte, vor unendlich weit zurückliegenden sieben Jahren, als er und Emma gerade geheiratet hatten und Chouchou zwei Jahre alt war ... noch weiter geht es zurück, zu den Junitagen auf Jersey, als Emma für ihn die «liebe kleine Meine» wurde, «chère petite Mienne». Von Jersey waren sie weitergereist hierher, nach Pourville. Und noch viel früher einmal ist Debussy in Pourville mit einer Frau gewesen, er zweiundzwanzig, sie sechsunddreißig, in jenen Jahren, als Claude Monet hier im Leuchten von Himmel, Meer und Klippen seine Farben fand ...

Diesmal weiß Verleger Durand, wofür das «P. M.» steht, das er in Klammern hinter die Widmung an Emma setzen soll. Noch ehe ihm Debussy in Paris die Noten selbst übergibt, sind dort seine zwölf Etüden für Klavier eingetroffen, jede von einem Parameter ausgehend, den Intervallen vom Halbton bis zur Oktave, den Arpeggien, den Repetitionen, die er schon im Zug nach Angers skizzierte. Und den Beginn macht die Hand des

Anfängers, der in C-Dur langsam fünf Töne hinauf und hinunter spielt, die einfachste Übung …

Er arbeitet in Pourville bis zur letzten Minute vor der Heimfahrt, «wie André Chénier, der Verse schrieb, bevor er aufs Schafott stieg». Dieser Vergleich, gesteht er seinem Verleger, enthalte «einen Anteil Wahrheit». Die ganze Wahrheit kennen die Ärzte, die er im November aufsucht, aber den Tumor im Enddarm nennen sie Debussy gegenüber nur «Rektitis». Es gehe da, meint er, um «ein Gewebe, das im Moment hart wie Eisen ist». Am 7. Dezember 1915 wird er operiert. Am Tag vorher reißt er stundenlang Skizzen und Skizzenhefte in Fetzen und schreibt an Emma einen Brief: «Ihr seid die einzigen beiden Wesen, deretwegen ich wahrhaftig nicht verschwinden will.» Am 14. Januar des nächsten Jahres beginnt man, ihn mit Radium zu behandeln.

KAPITEL 8

1917–1918. Ethel wird Röntgenassistentin. Die Deutschen bombardieren Paris. Claude raucht mit Jacques seine letzte Zigarette. Der deutsche Musketier Paul Hindemith wird im Elsass zum Europäer. Wann endet dieser Krieg?

Jetzt sehe ich Sie, Doktor.» Der scharfe Schatten der gekrümmten Zange ist auf dem Schirm erschienen; der Chirurg steht ihr gegenüber am Behandlungstisch. «On y est presque ... Weiter links. Attendez.» Sie schaltet die Röhre unter dem Tisch ab, auf dem der narkotisierte Soldat liegt, nimmt sich die Maske mit dem bariumbeschichteten Schirm vom Gesicht, verschiebt die Röhre. Maske wieder aufsetzen – sie könnte sonst im Tageslicht nichts auf dem Schirm erkennen –, Strahlung wieder an. «Noch drei Millimeter nach links.» «Je l'ai!», sagt der Chirurg. Während seine Zange den Granatsplitter im Oberschenkelknochen umfasst, schaltet Ethel die 50000-Volt-Röhre ganz aus. Zwei Milliampere haben genügt für klaren Kontrast. Zum Glück ist der Splitter nicht groß; weit genug von der Beinarterie hat er den Muskel durchschlagen. Sie haben hier schon Schlimmeres gesehen und bewältigt – oder eben auch nicht.

Dass der Mann überhaupt hier in Vichy auf dem Tisch liegt, im Juni 1917, ist schon ein Glück für ihn. Ein Mann? Ein Junge fast noch, vielleicht im vorigen Herbst eingezogen und im April vertrauensvoll dorthin ziehend, wo man ihn hinschickte für die große Sache, an die Aisne nördlich von Paris, mit fast einer Million weiterer Franzosen, von denen nach zehn Tagen schon 30000 nicht mehr lebten und 100000 verwundet waren. Vier

Wochen später haben die Verluste Ausmaße erreicht, über die sich Historiker noch hundert Jahre später nicht einig sein werden. Zum Abbruch der französischen Offensive kommt es auch, weil Einheiten an der Front offen gegen das Blutvergießen gemeutert haben. Im Jahr zuvor sind im zehnmonatigen Kampf um die Festung Verdun rund 700 000 Männer auf beiden Seiten getötet oder verwundet worden, zu gleicher Zeit in fünf Monaten an der Somme mehr als eine Million.

Aber wie kommt Ethel Smyth, 59 Jahre alt, Doctor of Music, in den schönen Kurort in der Auvergne, im Herzen Frankreichs, dessen 70 Hotels allesamt vom Militär requiriert und mit Verwundeten und Helfern belegt wurden? Warum steht sie hier in weißer Schwesterntracht als *manipulateur radiologique*, als Röntgenassistentin, und hilft beim Lokalisieren und Entfernen von Projektilen und Granatsplittern? Woher weiß sie, wie man die hochgefährliche Röntgenstrahlung reguliert, die Blende einstellt, die Position der Röhre verändert? Seit wenigen Wochen befindet sich ihr Arbeitsplatz im Hôpital Militaire mitten in Vichy, rue Lucas, in einem weiträumigen Gebäudekomplex aus dem 19. Jahrhundert. Seit August 1914 wird hier fast rund um die Uhr operiert und gerettet, was und wer zu retten ist.

«Lieber Herr Direktor!», hat Ethel im September 1916 aus ihrem Haus im südenglischen Woking an Emil Hertzka geschrieben, ihren Verleger in Wien. «Ich halte es mit der Kunst nicht mehr aus! Ich bin doch Soldaten-Kind + Schwester, + am 1. Nov. gehe ich nach Italien. Dort hat meine Schwester + eine Freundinn von ihr eine Radiografische Installation (mobil) und es ist vorgekommen dass sie in einem Tag 68 Fällen behandelt haben! Meine Schwester spricht nicht Italienisch – + ihre Freundinn (die alle Sprachen spricht) muss einige 2 oder 3 Monate Urlaub nehmen. Also fahre ich dorthin – selig darüber. Sollte es vorkommen dass ich mitunter mit Landsleuten von Ihnen zusammenkomme, Sie können sich denken mit welcher Freude es geschehen wird – Ich denke an Sie alle mit grosser Dankbarkeit + Liebe ...»

Über alle Kriegserklärungen hinweg, über alle Schlachten und Toten ist ihr Kontakt mit Hertzka nicht abgerissen, seit sie «offizielle Feinde» sind, wie sie im November 1914 «in doppelter Liebe + Freundschaft» schrieb. «Warum können wir nicht alle miteinander was anders erfinden als Krieg?» Freilich braucht sie auch die Hilfe der Universal Edition. 1915 werden ihre Werke in England so häufig gespielt wie noch nie, von ihr elf Mal selbst dirigiert und oft von Thomas Beecham, der in der Royal Albert Hall die Ouvertüre zu *Boatswain's Mate* uraufführt; die zu den *Wreckers* dirigiert er unablässig.

Das deutsche Repertoire entfällt weitgehend, wobei außer Mozarts *Entführung* sogar Wagners *Tristan* weiter gegeben wird. *British composers* sind gefragt, und Ethel braucht das Aufführungsmaterial aus Wien. Eine heikle Sache ist das. Hertzka muss darauf vertrauen, dass nach dem Krieg Einnahmen aus englischen Aufführungen mit seinem Verlag abgerechnet werden. Aber als 1916 endlich *Boatswain's Mate* komplett zur Aufführung kommt, in London zuerst, dann in Manchester und Aldwych, gibt es gar nicht so viel abzurechnen, obwohl sich die Leute gut zu amüsieren scheinen. Nur in drei von elf Vorstellungen wird so viel Kasse gemacht, dass überhaupt die Voraussetzung für Tantiemen erfüllt ist.

Dann macht die Einführung der Wehrpflicht in Großbritannien den einzigen Tenor, der für die *Wreckers* infrage kommt, zum Soldaten. Ethels Traum von einer weiteren Produktion dieser Oper, den Beecham ohnehin nur halbherzig unterstützt, platzt. Die Verbindung mit Emmeline ist inzwischen zwar nicht abgebrochen, aber nur noch eine Freundschaft am Rande. Mit Kriegsbeginn hat Mrs. Pankhurst offiziell die Militanz der WSPU beendet und ist zur patriotischen Feministin geworden, die wie ihre Älteste Christabel für den Krieg eintritt und sich ihrer pazifistischen jüngsten Töchter schämt. Während Ethel ihr darin nahesteht wie die Mehrheit der Briten, fehlt nun der gemeinsame Widerstand, in dem sie einander so nahe waren. Ethel braucht eine Aufgabe.

Da kommt, im Herbst 1916, eine Nachricht von Nina aus der Lombardei, Ethels jüngerer Schwester, deren Sohn Jack schon 1914 in Frankreich tödlich verwundet wurde. Mit ihrer Freundin Helena Gleichen betreibt sie in Udine eine ambulante Röntgenstation für das britische Rote Kreuz. Sie brauchen tatkräftige Unterstützung. Zu dieser Zeit leistet Ethel bereits moralischen Beistand für eine Frau, die zwei Söhne verloren hat, die 49-jährige Ettie Grenfell, Baroness Desborough. Mit Tränen in den Augen hatte Ethel das Gedicht des jungen Julian Grenfell gelesen, das nach seinem Tod im Mai 1915 in der *Times* abgedruckt wurde und ihn als Kriegspoeten berühmt machte, *Into Battle*, eine Verherrlichung von Natur, Krieg und Schicksal: Der Tod singt in der Luft, und wenn Blei und Stahl den Kämpfer treffen, ist es ihm so bestimmt.

War es Julian bestimmt, zwei Wochen lang zu leiden, ehe der Granatsplitter in seinem Gehirn ihn umbrachte? War es seiner Mutter bestimmt, kurz darauf auch den zweiten Sohn zu verlieren? In langen Briefen versucht Ethel, sie zu stärken, stellt die «joy of battle» über das Grauen des Krieges, zeigt sich hingerissen von den Briefen der Söhne, die ihre Mutter im Privatdruck hat erscheinen lassen. «Ich bewundere den Krieg», hat Julian geschrieben, seit Langem Offizier. «Das sollte ein Krieger tun», meint Ethel. Sie hoffe nur, ihre Vorstellung werde nicht an der Realität scheitern, in die sie sich nun begebe, nach Italien.

Vor der Abreise aber bannt sie in London auf Schellack, was im letzten Winter und Frühling vor dem Krieg entstand, in jenen seltsam entrückten ägyptischen Monaten von Helwan. Mit den Musikern der Londoner Bühnenproduktion nimmt sie am 2. Oktober 1916 Highlights aus *The Boatswain's Mate* auf, ihre

Rückkehr in den Schoß viktorianischer Vergnügungen, ihren Knicks vor Gilbert und Sullivan, mit lächelnder Melancholie. «What if I were young again ...», hört man Rosina Buckman singen, die Hoffnung eines nicht mehr jungen Menschen auf noch ein Erblühen von Leben und Liebe. Durch das Knistern von hundert Jahren hindurch klingt es wie der letzte Blick auf ein Ufer, auf ein Land in anderer Zeit, das man nie wieder erreichen wird.

Am 26. Oktober 1916 ist Ethel in Udine, energiegeladen, aber überfordert mit der heiklen Handhabung der Röntgengeräte, die unter widrigsten Umständen im Auto zu den Verwundeten transportiert werden. Der Automotor liefert per Dynamo die Energie für die Hochspannungsröhre. Nina und Helena haben sich sechs Monate lang ausbilden lassen, um diesen Job machen zu können. Vielleicht ist Ethel auch überfordert mit dem, was sie sieht – schon an ihrem zweiten Tag wird eine Frau untersucht, in deren Körper fünf Granatsplitter stecken. Am dritten Tag untersucht Helena Gleichen nicht weniger als dreißig Verwundete.

Ethel tut, was sie kann. Es gibt ein Klavier, und an dem spielt sie abends das *Deutsche Requiem* von Brahms – auswendig, wie Helena notiert, «und die verschiedenen Instrumente, Bläser und Streicher, so heraushebend, dass es wie ein riesiges Orchester klang. Was für eine wunderbare Künstlerin sie ist!»

Künstlerin will sie jetzt aber nicht sein, sondern Helferin, und wie immer, wenn sie sich für eine Sache entschieden hat, macht sie alles gründlich. Die Radiologie interessiert sie, und nach höchstens drei Wochen in Norditalien reist sie nach Paris, um sich dort zur Röntgenassistentin ausbilden zu lassen, zum *manipulateur radiologique.* Es gibt nur eine Person in Paris, die regelrechte Crashkurse dafür abhält, je sechs bis acht Wochen lang, zugänglich vor allem jungen Frauen jeglicher Bildungsstufe, aber auch Mitarbeitern des Roten Kreuzes, wozu Ethel gehört. Es ist die 49-jährige Marie Curie, zweifache Nobelpreisträgerin, Entdeckerin von Polonium und Radium, dank deren Bemühen seit Kriegsbeginn es in Frankreich mobile Röntgenstationen und an vielen Orten Krankenhäuser mit einer radiologischen Ausstattung gibt.

Die Kurse finden in ihrem Institut nahe dem Panthéon statt. Ethel Smyth schreibt nur, dass sie in Paris ihre «Prüfung als Radiograph» bestanden habe und schließlich als freiwillige Assistentin, als «localizer» nach Vichy gekommen sei. Sie, die auch als Chronistin sonst keinem Geschehen ausweicht, schlägt einen Bogen des Schweigens um jene fünf Monate, in denen sie wohl so viel Elend wie nie zuvor und danach sieht und sicher einige hundert von den 140660 Verwundeten zu operieren hilft, die in den Kriegsjahren nach Vichy gebracht werden. Nur einmal lässt sie darauf blicken, kurz und intensiv, neunzehn Jahre später, als sie sich an ihre Anfänge als Buchautorin während ihrer radiologischen Arbeit «in einem französischen Militärhospital» erinnert.

«Splitter von Granaten lokalisieren, dem Doktor exakt sagen, wie tief sie eingedrungen sind, und zusehen, wie er in einen lebendigen, wenn auch anästhetisierten Körper das Messer taucht, mit dem er sich als Experte oder Pfuscher erweisen wird, ist kein zur Musik inspirierender Job, doch zwischendrin Memoiren zu schreiben war eine freudenvolle Linderung.»

Sie hat mit den Memoiren schon in Paris begonnen, doch in Vichy kehrt sie erst recht in ihre Kindheit, ihre Familie, ihre Jugend zurück, zur Entdeckung der Musik, zur Nacht mit Willie Wilde, ins Leipzig von 1877. Sie schreibt drauflos, unbekümmert, offen, ohne Exposé, und aus dem wachsenden Manuskriptstapel liest sie, in irgendeinem der mit Lazarettbetten vollgestellten Hotels von Vichy, einem jungen, schwer verwundeten Mann vor, der zum Kreis der Impératrice Eugénie gehört und gerne mit Ethel flieht in die viktorianische Welt, in *Impres-*

sions that remained. Geschrieben, gut geschrieben hat sie schon lange, privat wie professionell, nun aber wird die Komponistin zur Buchautorin.

Manchmal genügt das nicht, um auszuhalten, was und wen sie sieht, wenn sie im Spital nicht in abstrahierendem Schwarz und Weiß die Umrisse von Metallteilen in Muskeln und Knochen auf ihrem bariumbeschichteten Schirm sucht und die Hand des Chirurgen lenkt.

Auf Schritt und Tritt sieht man in Vichy Amputierte, Blinde, Taube und Gelähmte, Kriegszitterer, Stotterer, und Ethel wird auch den *Gueules Cassées* begegnet sein, wie sie sich nennen, sofern sie noch sprechen oder schreiben können, den «zerhauenen Visagen». Im besten Fall, für den Betrachter, ein Kopfverband, aus dem nur ein Auge herausblickt, im Operationsaal aber Gesichter, Köpfe, die nicht mehr vollständig sind, die von der Menschenvernichtung auf eine Weise zeugen, das Innerste treffend, dass man diese ihrer letzten sichtbaren Identität beraubten und doch lebenden und denkenden und fühlenden Menschen versteckt und verstecken wird.

Ihr eigenes Leiden verschlimmert sich in dieser Zeit, das «Singen in den Ohren», und ein HNO-Arzt rät ihr dringend, auf den Höhen der Auvergne Erholung zu suchen. Und sie, die inzwischen für zwei arbeitet, die ihre radiologischen Kenntnisse systematisch für ihre Schwester tippt, entflieht im Juli der Stadt der Opfer, nimmt die Bahn nach Süden, quartiert sich ein in La Bouboule und marschiert los, nach Mont-Dore und hinauf zum Puy de Sancy, zwischen Wasserfällen, denen Dore und Dogne entspringen, mit weitem Blick auf die Berge der Auvergne, auf zottige Bergschafe in der Nähe, mitunter Gämsen.

Sie nimmt die schnellste und steilste Route, natürlich, dreieinhalb Stunden für gut sieben Kilometer, die von 1300 auf 1849 Meter steigen. Dann ist sie ganz oben und ganz allein, legt sich in die strahlende Sonne und steckt die bloßen Füße in einen Flecken Schnee, und nach einer Weile holt sie ein kleines Büchlein aus ihrem Rucksack und liest.

«Das Geheimnis des *Warum wir leben sollten* kann nur von einer Gottheit geflüstert werden; und ihre kleine, stille Stimme kann, wie die der Gottheit, die zum Propheten sprach, nur in uns selbst gehört werden. Was sie dabei sagt, ist weder in eine logische Form gefasst noch in sehr genauer Sprache artikuliert und hat, das muss ich bekennen, auf keine Weise den Charakter der reinen Vernunft. Tatsächlich ist es vor allem etwas Hervorbrechendes, so, dass das reinste Kind, der Einfältigste, ich fürchte, sogar Tiere (welch schreckliches Eingeständnis) seiner Bedeutung folgen können. Denn auf jene unaufhörliche Frage *Warum?* antwortet die winzige Stimme in uns mit unerschütterlicher Irrelevanz, ‹ich will›, ‹ich mache›, ‹ich denke› und gelegentlich auch ‹ich liebe› …»

Ethel lächelt beim Gedanken an Vernon Lee, die das im Jahr 1904 veröffentlichte, diese durchaus anstrengende Person, brillant und witzig, unerschrocken. Besonders Männern gegenüber genoss sie ihre intellektuelle Überlegenheit, als Ethel sie vor mehr als zwanzig Jahren in Italien kennenlernte. Ihre Essays sind voll von einem ruhigen Leuchten, kluger Sehnsucht, milder Ironie, reifem Nachdenken über Glück und Unglück, voll auch von dem Europa, das Ethel mit Henry Brewster bereiste. Er ist nun seit neun Jahren tot.

«Why we should live?», fragt sie sich halblaut. Sie schaut auf das zugeklappte, weit gereiste Büchlein, während sie die Füße aus dem Schneefleck in die Sonne zieht – nicht mehr die allerjüngsten Füße, wie sie findet. Dann blickt sie über die Berge. Eigentlich kommt es doch auf nichts anderes an, denkt sie, als auf Schönheit.

*

Am 2. Juli 1917 abends sind sie an der Gare d'Austerlitz in den Zug nach Bordeaux gestiegen, wieder mit mühevoll beschafftem Passierschein, Ankunft bei Sonnenaufgang, dann weiter nach Biarritz und schließlich hierher, nach Saint-Jean-de-Luz, 800 Schienenkilometer südlich von Paris, nur noch 130 Kilometer vom baskischen Bilbao entfernt am Atlantik. Man sieht das Meer nicht, dafür sanfte kleine Berge «ohne den Anspruch, berühmt zu werden», wie er an Durand schreibt. Man muss eine Viertelstunde gehen, bis die Bucht von Biskaya sichtbar wird. Bis zum Strand ist es noch weiter, zu weit für ihn, dem inzwischen schon die Morgentoilette wie eine Herkulesarbeit vorkommt. Aber Autos sind hier knapp und kostspielig, hat Emma herausgefunden, die zur immer noch verschwindend kleinen Zahl von Frauen mit Fahrerlaubnis zählt.

Vorerst gehen sie zu Fuß, gemeinsam mit Chouchou, wenn die ihre vormittägliche viertelstündige Qual hinter sich gebracht hat, die Invention in E-Dur von Johann Sebastian Bach, mit den einander von oben und unten sich nähernden Händen. «Gib nicht Bach die Schuld, Chouchou», sagt er und legt seiner Tochter die Hand auf die Schulter. «Es ist ja schon eine Kunst, sich mit diesem Klavier zu arrangieren.» Es bleiben nämlich immer andere Tasten hängen. Besonders gut hat Colonel Nicoll, dem die kleine Villa gehört, das Instrument nicht gepflegt, die üppigen Rosen draußen sehen umso besser aus. Seit Kriegsbeginn ist er an der Front. Mit alten Gewehren ist das Haus geschmückt, Lanzen aus Afrika, Familienporträts. Jeden Morgen begegnet Debussy dem vorwurfsvollen Blick eines strengen alten Briten.

Anfangs hat es ihn amüsiert, aber je erschöpfter, je müder er wird, je mehr Angefangenes er zur Seite legt, desto schrecklicher findet er den Herrn in seinem Rahmen mit dem bitteren Zug um den Mund. Er hat auf eine Welle der Produktivität gehofft wie vor zwei Jahren in Pourville, er wollte nicht nur den

Zyklus von Sonaten fortsetzen, sondern auch einen mit kleinen Konzerten beginnen. Stattdessen beginnt er, während auf dem Schreibtisch Arkel unergründlich an ihm vorbeisieht, Skizzen zu zerreißen. Zugleich spricht sich unter den Musikern in der Gegend herum, dass er hier ist; eine junge Geigerin mit Baskenmütze stürmt unangemeldet herein, von wer weiß wem empfohlen. Sie wisse gar nicht, wie sie bis jetzt ohne seine bewunderungswürdige Sonate für Violine und Klavier habe leben können, und wolle sie mit ihm ... Nein!

Immerhin, diese Sonate ist noch fertig geworden und seit Juni gedruckt, der letzte Satz ein Schmerzenskind, ein wildes, schönes. Gaston Poulet hat sich angekündigt, auch er will sie hier mit ihm im Konzert spielen, wie schon zur Pariser Uraufführung im Mai. Debussy erschrickt, Poulet kann er nicht abweisen wie die stürmische Geigerin. «Meine armen Finger sind etwas eingerostet», warnt er ihn, er möge ihm etwas Zeit lassen. Und Anfang September steht Poulet dann da, in der Frische seiner 25 Jahre, als sei es selbstverständlich, dass er da steht mit seinem Geigenkasten und nicht tot an der Somme liegt.

Der Musiker ist frappiert, als er den Komponisten auf der sonnigen Terrasse sieht. Emma, die neben ihm steht, sagt schnell: «Mein Mann ist noch erschöpft von seiner letzten Erkrankung.» «Nun, ich bin immer noch krank, dafür aber ein bisschen älter geworden», sagt Debussy sarkastisch. Noch? Ein bisschen? Die Wangen sind eingefallen, das Gesicht ist wächsern und blass, fast weiß, der helle Sommermantel, den er trägt, ist viel zu weit für ihn, selbst das weiße Einstecktüchlein hängt schlapp über der Brust wie eine Kapitulationsfahne.

«Cher Maître, Sie sehen eindeutig besser aus als im Mai!», ruft Poulet etwas zu laut und spürt, welch warme Sympathie seine Lüge auslöst. «Setzt euch doch», sagt Emma, «ich hole etwas zu trinken.» Debussy setzt sich nur allzu gern. Poulet hat den Eindruck, dass selbst die Hände ihm zu schwer, zu groß geworden sind, diese immer noch starken, runden, biegsamen, geradezu bischöflich fleischigen Hände. Sie plaudern, Nachrichten aus Paris und solche von hier, St.-Jean-de-Luz. «Ein Schola-Nest, wussten Sie das?», meint der Komponist. «Madame Ducourau-Petit hat hier einen Chor.» Er macht ein paar süffisante Bemerkungen über die Pariser Schola Cantorum, diese Bastion gegen das Neue in der Musik, über ihren Gründer Vincent d'Indy, der reichlich viel von einem *boche* habe, «wir werden hier in feindlichem Gebiet auftreten!».

Das Lächeln ist schattenhaft, mit dem er das sagt, und er blickt Poulet nicht an, er blickt wie einer, der nicht gesehen werden will. Es ist keine Flamme in seinen Augen, nicht einmal von Fieber, nur ein nebliger Reflex wie von einem schattigen Teich. Ekel vor dem Leiden, tiefe Scham darüber, und Angst.

Als sie proben, nicht hier am Klavier mit den klemmenden Tasten, sondern im *Magic-Cinéma* des Städtchens, wo sie zugunsten des «Hilfswerks für die verwüstete Somme» spielen werden, verliert Debussy seine abwesende Art, und seine Finger sind kein bisschen eingerostet. Jetzt scheinen die großen Hände keine Last mehr für den mageren Körper zu sein, durch sie strömt die Energie dieses Wunderwerks in ihn zurück, das er im Frühjahr schrieb, wie immer er das zustande brachte. Welche Delfinsprünge ins Licht im *Intermède*, diese Achtelbögen der Violine, die in den ersten Klavierakkord nur flüchtig eintauchen, in ein warm leuchtendes E-Dur mit Sept und großer None ...

Und was dann geschieht – nein, nichts «geschieht», alles träumt und ist real zugleich, in großer Klarheit, und die Perspektiven wechseln so rasch, dass nicht zu begreifen ist, warum man keinen Bruch empfindet, nicht zwischen Mozart'schem und Iberischem, nicht zwischen Improvisierendem und einer unendlich zärtlichen kleinen Erinnerung, vier Takte lang, die zugleich Ermunterung zu vielen weiteren Zärtlichkeiten ist, in den nächsten hundert, zweihundert Jahren. Die ganze Musik ist frei von Angst und so offen zur Zukunft, dass der Begriff «Meisterwerk» dafür lächerlich bleiern wirkt.

«Es schwebt, cher ami, es schwebt!», beteuert der alte Freund Paul-Jean Toulet, zur Probe herübergekommen aus Guéthary. «Misstrauen Sie Werken, die zu schweben scheinen», meint Debussy, «oft kommen sie aus der Finsternis eines maroden Hirns ...» Emma, immer in seiner Nähe, hört das mit Erleichterung; Sarkasmus ist bei ihm oft Ausdruck von Lebensenergie.

Aber am nächsten Morgen beim Frühstück sieht Debussy erschöpfter aus denn je, hat schlecht geschlafen oder gar nicht und brummt, niemanden anblickend, er fühle sich wie ein Schützengraben, den man eine Stunde lang hält und den die Krankheit in der folgenden Nacht wieder einnimmt. «Das tut mir leid, cher Maître», sagt Poulet. «Es sind halt lästige Wehwehchen ...», sagt Debussy, ehe er sich zurückzieht.

Emma hat inzwischen einen auberginefarbenen Renault DM aufgetrieben, Baujahr 1913, gut vier Meter lang und bis zu 50 Stundenkilometer schnell, bei gutem Wetter können alle im Freien sitzen. Damit kutschiert sie ihren Mann zum Auftritt ins nahe St. Jean und auch die achtzehn Kilometer nach Biarritz, drei Tage später, zum nächsten Wohltätigkeitskonzert. Sie steht entsetzliche Ängste um ihn aus, während er die Sonate mit Poulet spielt. Sie kann kaum zuhören, weil sie sieht, wie sehr es ihn anstrengt, am Klavier bis zum Ende dieser gerade mal zwölf, dreizehn Minuten zu kommen.

Aber die Autofahrten entlang der Küste genießt er so, dass Emma den Wagen nicht mehr abgeben möchte, und die Toulets arrangieren es für sie, dass die Mietkosten herabgesetzt werden. So fahren sie für den Rest des Spätsommers bis hinein in den Oktober morgens mit Chouchou zum Strand und abends zu den Felsen am Meer, die er so liebt, oder zu Konzerten im *Magic-Cinéma*.

«Ich gebe, was ich kann», schreibt Emma Debussy an den jungen Dirigenten André Caplet, an «mon cher Capié», «und mir scheint, es ist nie genug, es gibt so viel Schmerz zu lindern – ohne an meinen eigenen zu denken –, dass das Herz größer sein müsste, denn oft kann es nicht mehr!!» Sie möchte nicht nur noch eine Krankenpflegerin von 55 Jahren sein. Sie wäre gern eine *marraine* für Caplet, also eine jener Frauen, die mit Korrespondenz und Päckchen Soldaten ohne Familie unterstützen. Sie hat ihm Briefpapier und «viel zu blaue Umschläge» geschickt, damit er ihr häufiger schreibt. Sie ist einsam, schon lange. Dass sie sich auf einen Abschied einstellt, gesteht sie nicht; sie nennt ihren Mann einen «Genesenden». Er brauche mehr Ruhe, als man ihm in St. Jean gönne: «Ich glaube nicht, dass der Maître wieder herkommen wird.»

*

Die Wege im Bois de Boulogne sind steinhart gefroren, am vierten Tag des Jahres 1918, alles ist schneebedeckt, und hier stapft sie herum, am liebsten zwischen 9 und 11 Uhr, wenn sonst noch kaum jemand unterwegs ist. Eine Dame von 59 Jahren, die Atemübungen à la Wicart praktiziert, könnte befremdlich wirken, langsam schreitend mit geschlossenem Mund, ein Notizbuch in der Hand. Ethel soll durch die Nase atmen, hat der Laryngologe gesagt, und dabei die Nüstern weit aufspannen. Sie denkt an ihren Hund in Woking, bei dem das ganz von selbst geschieht. Sie selbst schafft es kaum. Ob es gegen das Singen in den Ohren helfen wird? Das Störgeräusch wird immer schlimmer, und deswegen ist Ethel Smyth seit Dezember wieder in Paris.

Doktor Alexis Wicart ist in Musikerkreisen bekannt, Anfang 40, der Sängerexperte schlechthin und ein Mann von Geist. «Die Stimme ist nichts, wenn sie sich nicht ganz den Ansprüchen der Gedanken unterwirft», hat Ethel ihn zu einer Sängerin sagen hören, bei der sie sich allerdings nicht ganz sicher war, ob da besonders viele Gedanken ihre Ansprüche erhoben ...

Sie selbst hat den Kopf voller Erinnerungen, seit sie an ihren Memoiren arbeitet, in der vertrauten Pension unfern des Arc de Triomphe, sie sprudeln hervor, und hier im Bois bleibt sie öfters stehen und macht sich eine Notiz. Wann immer wieder ein paar Seiten fertig sind, liest sie sie Hélène vor, der klugen Schwester von Anna de Noailles, der stets unglücklichen Dichterin, und Toche, der Zuspruch ermuntert sie. Besonders Toche ist sehr anspruchsvoll, Augustine Bulteau, früher einmal auratische Königin ihres Salons in der avenue de Wagram, Autorin von Romanen, der auch Vernon Lee zu Füßen lag ...

So hat Ethel ihre eigene, zweite Gegenwart inmitten dieser Stadt, die inzwischen voller Amerikaner ist. Wie man mit diesen Männern den Krieg gewinnen soll, fragt sie sich. Klein, schlecht ernährt, verwahrlost kommen sie ihr vor, besonders neben ihren geliebten Tommies, und anders als die gut gelaunten amerikanischen Frauen vom Roten Kreuz, deren laute Stimmen sie in jeder Tram hört. Vorerst sorgen die Neuankömmlinge für Zigarettenknappheit, mit Müh und Not hat Ethel heute ein Päckchen für ganze drei Francs bekommen.

Auch Claude Debussy raucht noch, aber anders als Ethel Smyth wird er es sich nicht mehr abgewöhnen. Seit dem 6. November ist er ans Bett gefesselt, nur mit großer Mühe schafft er es morgens, für eine Stunde aufzustehen. Sicher würde er gern mit seiner Tochter Chouchou in den Bois gehen, es sind ja nur wenige Minuten dorthin. Die englische Spaziergängerin würde aber nicht dem stattlichen Mann begegnen, dessen Kompliment sie vor zehn Jahren in London so ermutigte. Jeder Freund und Besucher, der dieses eingefallene Gesicht sieht, kennt die Wahrheit, die Emma und Claude beharrlich beschweigen.

Sein Zimmer ist das einzige, das im Haus ausreichend beheizt wird. Wie schon im vorigen Winter sind die Kohlen zu teuer für den Etat der Debussys, aber noch einmal kann er nicht dem musiksinnigen Kohlenhändler Monsieur Tronquin ein paar Klaviertakte als Entschädigung für seine Lieferung komponieren. Das Schreiben fällt ihm schwer; den letzten Brief hat er vor zwei Monaten an Jacques Durand geschickt, den Verlegerfreund. Am 8. Januar findet Emma ein paar Zeilen, die Claude ihr schrieb, während sie in der Stadt unterwegs war. Bleistift, kaum entzifferbar unter der aufgedruckten Adresse des Briefbogens. «Chère petite Mienne, ich möchte vor allem etwas über deine Gesundheit hören. Wenn ... es dir nicht schlechter geht ... geht gar nichts schlechter, und wir können auf neue, strahlendere Jahre zählen. Dein Cl.»

Ethel erneuert alte Freundschaften und macht neue Bekanntschaften. Der Bildhauer Antoine Bourdelle begeistert sie nicht weniger als Madeleine Charnaux, seine kaum sechzehnjährige Schülerin, zugleich sein Modell. Ihn hält Ethel für bedeutender als Rodin, dessen Assistent Bourdelle lange war, und das Mädchen ist ein Wunder an Intelligenz, Schönheit, Talent. «Wenn ihr das nicht den Kopf verdreht, wird sie weit kommen», notiert Ethel, die vom Studio direkt zum Invalidendom geht, in dem eine ergriffene Menge über die Balustrade auf die Sarkophage der Helden blickt. Im Hof hat man Trophäen gesammelt – deutsche Kanonen, Trümmer von Flugzeugen.

Schon wieder gibt es einen Fall Cailloux, doch geht es nicht um die Attentäterin, sondern um ihren Mann, den Pazifisten und früheren Minister, dem Verbindungen zu den Deutschen vorgeworfen werden. Ethel ist befremdet, dass manche ihrer Freunde ihn in Schutz nehmen. «Wer nicht für uns ist, ist gegen uns!», hat sie ihnen gesagt und sich allein gefühlt mit ihrer Entschlossenheit. Draußen sieht sie die amerikanischen Soldaten an den schönsten Plätzen der Stadt Champagner trinken, und die fernen russischen Verbündeten sind offenbar keine mehr.

Keiner weiß genau, was dort vor sich geht, seit vor knapp

einem Jahr in dem ausgebluteten Riesenreich der Zar abgedankt hat und die Deutschen einen Revolutionär aus dem Schweizer Exil mitten durch ihr Reich nach St. Petersburg reisen ließen. Immerhin scheint Dillon durchzublicken, Korrespondent des *Daily Telegraph*, einer der Freunde aus Ethels britischem Netzwerk in Paris. Schon im Herbst 1916 will er gewusst haben, dass im März 1917 eine erste Revolution in Russland stattfinden werde, erzählt er freimütig. Er habe dem Premierminister Lloyd George vorausgesagt, dass die Bolschewiken die Kadetten überrennen würden, der habe es nicht geglaubt. Inzwischen hat es eine weit größere Revolution gegeben ...

Im Februar ändert sich das Gesicht von Paris. Vor den Toren von Notre-Dame stapeln sich Säcke, Denkmäler werden eingepackt. Man fürchtet die Nächte. Denn in der Nacht zum 31. Januar erreichten vollkommen überraschend deutsche Flugzeuge die Stadt. Nicht mehr die kleinen «Tauben» von 1914 mit ihren Bömbchen, sondern Doppeldecker, die fünf Kilometer hoch fliegen, mit je 600 Kilogramm Sprengstoff beladen. Die sechzehn «Gothas» kamen zu der Stunde, da die Leute Theater und Restaurants verließen, es gab 36 Tote und 190 Verletzte. Am 8. März sind es schon vierzig Flugzeuge, am 11. März sechzig. Die Angst, die sie verbreiten, wird nur von der Gelassenheit der Straßenjungen übertroffen. Sie nennen die deutschen Bomber «godasses», Latschen.

«Die strahlendste Jugend, die die Welt je hervorgebracht hat», schreibt am 19. März Marguerite de Saint-Marceaux, genannt Meg, traurig in ihr Tagebuch, zwischen Notizen zu Sirenen, Angriffen, Angst. Lili Boulanger ist beerdigt worden, die erste Komponistin, die je den begehrten Rompreis errang. Mit 24 Jahren ist sie nach langem Leiden der Tuberkulose erlegen; bis zum Ende hat sie komponiert, ihrer Schwester Nadia diktierend, in Sichtweite die für sie signierte Fotografie eines bewunderten Kollegen, Claude Debussy.

Am 23. März geben die Sirenen zum ersten Mal ihr Alarmsignal bei Tag, und doch mit Verspätung. Die Gothas fliegen sonst in klaren Nächten. Doch es waren keine Gothas am Himmel, als man an diesem klaren Frühlingstag um acht eine dumpfe Detonation im 9. Arrondissement vernahm. Eine Viertelstunde später die nächste, woanders. Um 8.30 Uhr wieder eine Detonation. Um 8.50 Uhr hört Debussys Verleger Jacques Durand in seinem Büro die schaurigen Sirenen kreischen wie schon am Abend zuvor, beim jüngsten Angriff: Eine Viertel, dann einen Halbton tiefer eine Halbe. Ta-Taa, Ta-Taa, Ta-Taaa ...

Weiterhin keine Doppeldecker in Sicht, weiterhin Einschläge. Man hört, es seien 240er-Granaten, nicht die Bomben der Gothas, es habe Tote und Verwundete in der Gare de l'Est gegeben. Tram und Metro fahren nicht mehr, das Telefonnetz wird abgeschaltet. Jacques Durand kann sich gerade noch mit der 679–33 verbinden lassen, dem Anschluss der Debussys, und Emma seinen Besuch für den Nachmittag ankündigen. Um zehn ein behördliches Kommuniqué: Feindliche Flugzeuge seien in großer Höhe unterwegs, französische Flieger hätten die Jagd aufgenommen. Man möge in Kellern und Metrostationen bleiben. Die Detonationen setzen sich mit verblüffender Regelmäßigkeit fort, erst zwischen 14 und 15 Uhr kehrt Ruhe ein.

Die Pariser wagen sich schon lange vor der Entwarnung heraus, zuerst junge Leute, die auf die Metrotreppen steigen und die anderen unten wissen lassen, welch herrliches Wetter draußen ist – Frühling an der Seine, ein andalusischer Himmel, ein Blau von unendlicher Süße, Delikatesse und Leichtigkeit. Bald sind wieder alle auf den Straßen und blicken hinauf. Nichts als Blau, kein Wölkchen, auch nicht die weißen Wölkchen aus den Motoren, von denen Flugzeuge umgeben sind wie Engel auf Barockgemälden.

Um 17 Uhr ertönt an diesem Samstag endlich die *berloque*, von Trompeten geblasen, das «Rührt euch»-Signal, nach kurzer

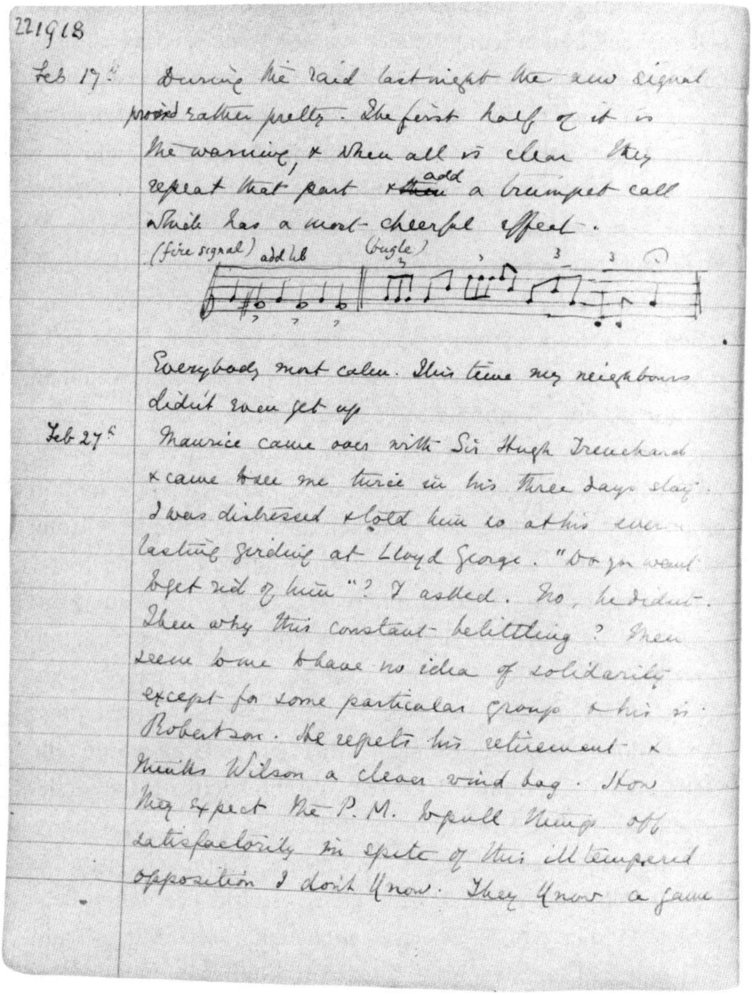

2.2.1918

Feb 17th During the raid last night the new signal ~~proved~~ rather pretty. The first half of it is the warning, & when all is clear they repeat that part & ~~then~~ add a trumpet call which has a most cheerful effect.

(fire signal) add lib (bugle)

Everybody most calm. This time my neighbours didn't even get up

Feb 27th Maurice came over with Sir Hugh Trenchard & came to see me twice in his three days stay. I was distressed & told him so at his ever-lasting girding at Lloyd George. "Do you want to get rid of him"? I asked. No, he didn't. Then why this constant belittling? Men seem to me to have no idea of solidarity except for some particular groups & his is Robertson. He regrets his retirement & thinks Wilson a clever wind bag. How they expect the P.M. to pull things off satisfactorily in spite of this ill tempered opposition I don't know. They know a game

Seit dem 31. Januar 1918 lassen immer wieder deutsche «Gothas» Bomben auf Paris fallen. «Während des Angriffs letzte Nacht erwies sich das neue Signal als ziemlich hübsch», schreibt Ethel Smyth am 17. Februar in ihr Tagebuch und notiert dazu die Töne für Alarm und Entwarnung.

Wiederholung des Alarmzeichens ein hübsches Fanfarenmotiv, fast wie aus einem Kinderstück, aus der *Boîte à joujoux*, die Debussy in seinem Brief an den Verleger im November erwähnte – er sei mit jeder Präsentation einverstanden, die Orchestrierung sei in Arbeit. Seither hat Jacques Durand keine Post mehr von ihm bekommen, nur immer schlechter werdende Nachrichten aus seinem Umkreis. Er nimmt an der Madeleine ein Taxi.

Inzwischen spricht sich in der Stadt herum, dass die rätselhaften Geschosse aus einer Kanone kommen, mit der die Deutschen 120 Kilometer weit von Nordosten schießen. Ethel lacht schallend, als eine Dame im Hotel ihr das erzählt. «Glauben Sie mir, so eine Kanone gibt es nicht!» Aber es gibt sie. Es ist ein 37 Meter langes Rohr der Firma Krupp, von einem Spannwerk gehalten, das die Deutschen auf neu verlegten Schienen in einen Wald bei Laon gefahren haben. Bis in 40 Kilometer Höhe werden die 106-Kilo-Granaten geschossen, um sich nach längerem Flug durch die Stratosphäre der Stadt Paris zuzuneigen.

Emma ist blass, als sie Durand empfängt, sie hat Schatten um die Augen. «Er hat Fieber», sagt sie, «und ich habe Angst.» «Es wird sicher bald besser werden, Madame. Immerhin, diese Detonationen haben aufgehört.» «Aber heute Abend werden die Gothas wiederkommen. Und wir können nicht in den Keller gehen, der Maître ist viel zu schwach dafür. Monsieur, wir können nur warten in unserer Bruchbude aus Pappmaché … und es ist fast Vollmond!» Gleich beim ersten Angriff der neuen deutschen Bomber wurde ein Haus nicht fern von hier in Trümmer gelegt. Über den Angriff gestern weiß man noch nichts Genaues – nur, dass die eigenen Kanonen, Suchscheinwerfer, Flugzeuge kaum halfen.

«Wie geht's der lieben Chouchou?», erkundigt sich Durand. «Wenigstens schläft sie gut», sagt Emma. «Ich hoffe, sie langweilt sich nicht zu sehr mit ihrer Mutter.» Sie wendet sich rasch ab. «Gehen wir, der Maître erwartet Sie.»

Ein schwaches Lächeln. «Lass uns allein, chère petite. Wie schön, Sie zu sehen, Jacques. War das nicht eine schreckliche Nacht? Und nur wegen mir sind sie nicht in den Keller gegangen, sie wollten mich nicht allein lassen ...» «Sie werden wieder zu Kräften kommen, cher Maître. Wir brauchen Sie, die Musik braucht Sie. Dieser Krieg wird bald enden.» Durand hilft Debussy, sich aufzusetzen, dessen Körper entsetzlich leicht ist. Mit dem schmalen Gesicht, dem knapp gestutzten Vollbart sieht er aus wie ein spanischer Heiliger. «Und der Frühling ist da», meint Durand, «was für ein Tag! Warten Sie.» Er geht zum Fenster und zieht den Vorhang so weit zu, dass Debussy nicht in die Abendsonne blinzeln muss. Der schaut ihn unverwandt an.

«Danke», sagt er. Sein Blick ist tiefgründig, dunkel. Claude Debussy sieht den alten Freund an, als sehe er hinter ihm etwas anderes als dieses Zimmer, diese Welt. «Mein lieber Jacques, es ist zu Ende. Es ist nur noch eine Frage von Stunden.» «Seien Sie doch nicht so ...» «Ich weiß es.» Claude hebt beide Arme, als wolle er den Freund umarmen, versucht, sich weiter aufzurichten, sinkt zurück. «Haben Sie eine Zigarette für mich?» «Natürlich, mein Lieber.» Jacques zieht sein Etui heraus, Claude nimmt eine und lässt sich Feuer geben. Nach einer kleinen Weile zündet sich auch Jacques eine an, und sie rauchen schweigend.

*

«Nicht so abreißen lassen, das Achtel», sagt er und spielt die zwei Takte allein auf der Geige, die Sexte hinauf zum B. Die Achtelpause danach – keine Pause, mehr eine kleine Luftbrücke zum folgenden Ton. Dagegen hat der Bratscher sein Achtel vor der Pause wie einen Akzent gespielt und viel zu laut. Beim nächsten Anlauf macht er beinahe ein Viertel daraus. «Philipp, du brauchst nicht gleich einzuschlafen auf dem G», sagt der junge Primarius, der Bratscher ihm gegenüber grinst. Der zweite Geiger lächelt solidarisch, mit wem auch immer, und Sergeant Leyh blickt so stoisch in seine Cellonoten, wie er sie spielt. Ihm kann es egal sein, er hat als Einziger keine Pause an der Stelle.

«Noch mal», sagt Paul Hindemith, der hier der Jüngste ist mit 22 Jahren, erster Geiger. Er probt akribisch, aber gut gelaunt, die drei anderen lassen sich das gefallen, auch der immer ernste Sergeant, den der junge Geiger siezt. Schließlich ist Hindemith selbst nur Musketier, wie das noch aus früheren Zeiten heißt. «Herr Leyh, das B in Takt zwanzig braucht nicht so heftig zu sein. Da hören sowieso alle nur aufs Cello.» «Da steht ‹expressiv› ...» «Expressif et soutenu.» «Ssutenüh! Diese Franzosen sollten mal deutsch lernen ...»

«Sostenuto, mein lieber Leyh. Gehalten!», lässt sich eine freundliche Stimme vernehmen. Der Graf hat den kleinen Saal in der Kaserne im Norden von Mülhausen betreten. «Kommen die Herren gut voran?» «Bestens», meint Hindemith. «Wir spielen den Satz jetzt mal ganz.»

Und dann spielen sie, mittags nach dem Karfreitag 1918, den ersten Satz aus dem Streichquartett von Claude Debussy, das frühe Wunderwerk, gedruckt im Jahre 1894 bei Jacques Durand. Sie spielen es in Mülhausen, im Quartier des kaiserlichen Reserve-Infanterie-Regiments 222, wenige Kilometer von der Front entfernt, an der seit dreieinhalb Jahren gekämpft wird, damit das Elsass deutsch bleibt. Aber, ja, sie spielen Debussy. Sie proben daran seit Wochen.

An das Trommelfeuer, das man ab und zu aus Burnhaupt hört, hat sich Hindemith schon gewöhnt. Was der mitunter tagelang anhaltende Dauerbeschuss mit allen Arten von Munition für die Männer in den Gräben bedeutet, weiß er nicht, noch nicht. Er muss vorerst nicht befürchten, ins Gefecht geschickt zu werden. «Man hat Sie mit Sehnsucht erwartet. Unserem Quartett fehlt der erste Geiger», so ist er im Januar in Tagolsheim begrüßt worden. Der ihn so begrüßte, war Regimentskommandeur Walter Graf von Kielmansegg, ein Mann von 48 Jahren, der offenbar wusste, dass er den jungen Konzertmeister der Frankfurter Oper vor sich hatte, den außerordentlich begabten Sohn eines Hanauer Handwerkers – der Vater war im September fünfzehn ‹gefallen›, im sogenannten Hexenkessel in der Champagne.

Der Graf ist ein Musikenthusiast und, was nicht so viele wissen, ein Bewunderer der französischen Kultur. Schon kurz nach Paul Hindemiths Ankunft hat er ihm die Noten von Claude Debussys *opus 10* in die Hand gedrückt – sie sollen es für ihn spielen, in kleiner Runde. Er weiß, dass die vier Musiker das für sich behalten werden; er hält sie dafür vom «Gedulle» fern.

Vorteile genießen sie ja schon als Mitglieder der offiziellen Regimentsmusik. Philipp Gross, der Bratscher des Quartetts und einen Kopf größer als der kleine Hindemith, spielt dort Klarinette, der Geiger und Gefreite August Rein ist Flügelhornist, Sergeant Leyh bläst Tenorhorn. Und Hindemith, dessen Geigenkunst in der Blaskapelle nicht gebraucht wird, schlägt da die große Trommel. Mit 32 Mitgliedern ist die Kapelle der 222er sicher eine der luxuriösesten in allen Armeen dieses Krieges. Sie spielen Marschmusik und Platzkonzerte rundum im Elsass, für die Bataillons in Rixheim, Zillisheim, Brunstadt, auf kühlen Straßen und Plätzen in Brubach und Walheim.

Und natürlich sind bei Soldatenfesten «Mist, Kitsch, Saumusik» gefordert, wie Hindemith das nennt, in wechselnden Besetzungen. *Ladenmädel, Wien, du Stadt meiner Träume*, da wird dann bis weit nach Mitternacht gesoffen. Ebenso, wenn im Walheimer Schloss das Quartett nur für die Leutnants spielt, die irgendwann miteinander tanzen, ehe sie das Mobiliar verwüsten. Ein Feldwebel ist als Pianist wendig genug, um Hindemith in

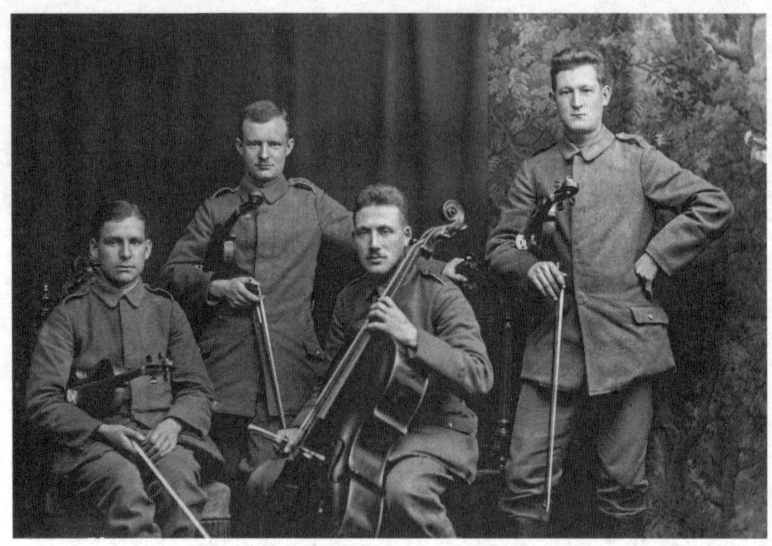

Feldgraue Quartettisten im Mülhauser Regimentsquartier, Frühjahr 1918: die Geiger August Rein und Paul Hindemith, der die Hand auf den Stuhl des Cellisten Sergeant Leyh legt. Ganz rechts: Bratscher Philipp Gross.

Sonaten von Bach und Beethoven zu begleiten, in Riedisheim gibt es einen noch besseren, mit dem er die d-Moll-Sonate von Saint-Saëns spielt, bei einer Familie mit musikalischer Tochter. Fast unwirklich ist das gegenüber der feldgrauen Männerwelt, in die er geraten ist und wo er in jeder freien Stunde komponiert.

Schon fünf Tage nach der Ankunft in Tagolsheim, wo er zuerst stationiert war, wurde ihm Notenpapier aus Mülhausen beschafft, und er ist rasend schnell: Nach acht Tagen ist der erste Satz eines Streichquartetts fertig, elf Tage später der zweite, jetzt sitzt er am Finale seines *opus 10*. All das in den Wochen und Monaten, in denen ihn ein anderes *opus 10* begleitet, dem Grafen sei Dank, jenes Streichquartett, das ein Vierteljahrhundert zuvor Claude Debussy vollendete, während er schon an *Pelléas* saß. Nicht einmal sich selbst gegenüber verliert Hindemith darüber ein Wort. Debussy, das ist sein Wegweiser.

Strauss dagegen, dessen *Alpensinfonie* er im November in Frankfurt hörte – ein Mordshokuspokus, lieber sich aufhängen, als je solche Musik zu schreiben! Oder dieses Zwerggestältlein, wie Hindemith, selbst recht klein, ihn nennt, dieser Pfitzner, der neulich aus Straßburg herüberkam und ein Sinfoniekonzert in Mülhausen dirigierte – wie der den Herkules markierte!

Paul hat keinen Vater mehr, er braucht auch keinen Ersatz, er genießt aber die ruhige Unterstützung des Grafen, der so alt ist, wie es der Malermeister Emil Hindemith nun wäre ... Der Graf, der ihn sogar von Tagolsheim nach Mülhausen mitnahm, um dort die Noten von Wagners *Träumen* zu besorgen, natürlich nicht den grauenvollen *Kaisermarsch* von 1871, der seit Kriegsbeginn in so vielen Konzerten gespielt wurde, patriotisch im Stehen anzuhören, dass man es nicht mehr aushält. An einem sonnigen Februartag sind sie im Wagen durchs Illtal gefahren. Der Graf sprach über Wagner anders, als Hindemith es je von jemandem vernahm.

Der eigentliche Boden Wagners, sagte er, sei doch Paris, er sei vor den Deutschen davongelaufen dorthin, wo die wahren Fanatiker des Ausdrucks wirkten, Berlioz, Delacroix, und keiner habe ihn so früh und so gut verstanden wie Baudelaire, diese psychologische Morbidität ...

Hindemith hat eingewandt, dass man den Meister doch besonders in Deutschland verehre, bis hoch zu den Strategen mit dem «Unternehmen Alberich» und der «Siegfriedstellung». Er halte es mit Nietzsche, hat Graf von Kielmansegg gesagt: «In Deutschland ist Wagner bloß ein Missverständnis.» Der späte Nietzsche habe es Wagner nicht verziehen, dass er reichsdeutsch wurde. Dann merkte der Kommandeur, dass der junge Musiker und Musketier von Friedrich Nietzsche nicht mehr als den Namen kannte.

In Mülhausen ging er mit ihm, noch ehe sie im Musikhaus Wolf Wagners *Träume* besorgten, zu einer Buchhandlung. In der Auslage prangte, frisch erschienen für drei Mark, *Entwelschung – Verdeutschungswörterbuch für Amt, Schule, Haus, Leben.* Und da blieb es auch. Der Graf hat ihm *Ecce homo* geschenkt, *Wie man wird, was man ist.* «Da werden Sie finden, woher ich meine Meinung habe, lieber Hindemith. Und die behalten Sie für sich.» «Zu Befehl, Herr Kommandeur.»

Der Musiker ist dann allein durch die Stadt gegangen in seiner Uniform, getaumelt eher, berauscht von Menschen und Häusern, vom normalen Leben, hat eingekauft von dem spärlichen Sold und sich sogar Milchkaffee und Kuchen gegönnt, in dem Buch geblättert, sich köstlich amüsiert über Überschriften wie *Warum ich so weise bin* und *Warum ich so klug bin*, sich festgelesen, sich hier wiedergefunden und da nicht, die ungeheure Attraktivität dieses Geistes gespürt und einen heißkalten Schrecken bei dem Satz: «Soweit Deutschland reicht, *verdirbt* es die Cultur.» Das wird er den Quartettgenossen nicht zeigen.

Und nun sitzt der Graf da bei ihnen, in der Kaserne im Norden Mülhausens, während sie das Quartett des 32-jährigen Debussy proben, vom «Assez vif» zum «Andantino doucement expressif» kommen, in Uniformen allesamt, mit schweren Stiefeln, boches, wie man die Deutschen in Frankreich verachtend nennt. Hindemith sitzt angelehnt, doch nicht wegen der vier Takte Pause der ersten Geige am Beginn, nicht aus Bequemlichkeit. Er spielt immer so, wenn er sitzt, einer von denen, die so viel Energie haben, dass sie sich zurückhalten müssen. «Dämpfer!», ruft er nach einem schnellen Blick. Bratscher Philipp hat keinen, irgendwo verlegt; Sergeant Leyh greift wortlos in die Rocktasche, holt eine Wäscheklammer hervor und reicht sie dem Nachbarn zur Linken, ohne den Kopf zu wenden. August Rein gluckst, der zweite Geiger, fasst sich aber schnell. Er muss ganz allein beginnen.

Das langsame Motiv klingt anrührend auf seiner G-Saite, gerade weil er etwas nervös ist und einen spröden Ton hat, es ist ja wie ein Versuch komponiert, ein sanfter Ansatz aus einer Traurigkeit heraus, der ins As mündet, zu dem das Cello zupft, der Sergeant ist nicht zu laut. Dann folgt Philipp mit demselben Motiv wie August, sinnlicher, trotz der Wäscheklammer, dann das erste Tutti, mit Paul, dem es zu laut ist, der aber weiterspielen lässt. Erst nach Takt neun bricht er ab. «Das Pianissimo nach dem Crescendo, das geht natürlich nicht ohne eine winzige Zäsur! Aber die muss ...» Ihm fehlen die Worte, er spielt die beiden Takte, die Zäsur wird fließend umfasst. «Und unser gemeinsamer Einsatz in Takt fünf, zum A der Viola ... das ist eben kein Einsatz, es ist ein ... ein Hinzutreten, ganz vorsichtig. Meine Herren, noch mal von vorn!»

Sie warten fernen Gefechtslärm ab, dann setzen sie an, und diesmal ist es ein ungeheurer Trost, der sich mit dem Hinzutreten ausbreitet, so, wie wenn zu einem Einsamen, Traurigen tatsächlich jemand hinzutritt, sanft, verstehend, einen Horizont um die Traurigkeit öffnend, die bleiben darf, um sich zu wandeln. Paul bricht nicht mehr ab, und sie folgen seiner Intensität zu dem langen Akkord in enger Lage, Es-F-As-Ces, schmerzvoll schön, mit dem Motiv im Cello, nach welchem Paul mit größter Zärtlichkeit die Bögen im Diskant formt. Von dort fallen die Töne sanft ab, eine kleine Erschöpfung, oder nicht so klein, hier muss geatmet werden, eine Achtelpause, dann Wiederholung der letzten beiden Achtel, aber leiser, noch eine Pause, und ein noch leiseres Ansetzen, mit dem nun ein anderes Fließen, ein neues Licht beginnt ...

Da hinein hört man Stimmen vor der Tür, die aufgeht, der Graf, ganz versunken, schreckt hoch. Seine milde Miene verschwindet hinter der eisernen Maske des Kommandeurs, der den Störer vergattern wird. Aber es ist kein Soldat, kein Offizier, es ist ein Junge, vielleicht fünfzehn, schlaksig, verstört, schnell atmend, in der Hand einen Umschlag. Die Musiker haben abgebrochen, Hindemith erkennt den Gehilfen aus dem Musikhaus Wolf. «Herr Graf, entschuldigen Sie, mein Chef schickt mich, der Herr Wolf, ich bin gelaufen ... er lässt verbindlichst grüßen, er sagt, das sollten Sie lesen. Ich weiß nicht, was es ist.»

Walter Graf von Kielmansegg hat sich erhoben, er blickt nicht mehr streng. «Ist schon gut, mein Junge. Lass dir in der Kantine etwas zu trinken geben.» Er geht vor die Tür und gibt der Ordonnanz eine Anweisung, dann winkt er den Jungen an sich vorbei hinaus, schließt die Tür und begibt sich wieder zu seinem Stuhl, wortlos. Reißt den Umschlag auf und zieht eine Zeitung heraus. «Feindpresse», murmelt August Rein, als er *Le Figaro* erkennt. «Mercredi ... vom Mittwoch», murmelt der Graf, überfliegt die Titelseite, blättert weiter.

«Claude Debussy», sagt er dann leise. «C'est avec une vive douleur que les musiciens français apprendront la mort de Claude Debussy», liest er, nun lauter, dann lässt er das Blatt sinken. «Das übersetze ich Ihnen nicht, meine Herren. Sie wissen, was es bedeutet.» Absolutes Schweigen. Der Graf blickt vor sich hin. Die Musiker stehen still einer nach dem andern auf, man hört das Knarren ihrer Stiefel, während sie zu den Instrumentenkästen gehen, um ihre Instrumente einzupacken. Wieder ein Trommelfeuer im Westen. Die Pulte mit den Noten lassen sie stehen. Von Kielmansegg steht als Letzter auf, geht zur Tür und ruft Hindemith zurück. «Herr Graf?» «Sie spielen das natürlich am Montag. Die ersten drei Sätze, bis zu diesem. Und nehmen Sie bitte die Noten mit.»

AUSBLICK

As time went on: Ethel Smyth, Paul Hindemith, Alban Berg, Igor Strawinsky – und Emma-Claude «Chouchou» Debussy

Ethel Smyth verlässt Paris am 1. April 1918, wie Zehntausende andere auf der Flucht vor dem Beschuss der Deutschen. Am 2. April um 23 Uhr hat sie Victoria Station erreicht. Den Tag des Waffenstillstands am 11. November 1918 erlebt sie nur halb bewusst, lebensgefährlich erkrankt an dem, was «Spanische Grippe» genannt wird, eine durch die US-Soldaten verbreitete Virusepidemie, der in zwei Jahren mindestens 50 Millionen Menschen erliegen, bei einer Weltbevölkerung von 1,8 Milliarden. Ethel verdankt ihr Leben einem Arzt, den Emmeline Pankhurst ihr schickt. Mit *Impressions that remained* wird sie 1919 zu einer erfolgreichen Autorin; viele autobiografische Bücher folgen. Auch als Komponistin bleibt sie präsent, solange sie sich trotz des Gehörleidens als Dirigentin selbst für ihre Musik einsetzen kann. Als 72-Jährige befreundet sie sich eng mit Virginia Woolf. Ethels Leben endet, als sie 86 Jahre alt ist, am 8. Mai 1944 in ihrem Haus in Woking.

Paul Hindemith muss am 3. April 1918 Mülhausen verlassen und wird mit seinem Regiment im nordfranzösischen Douai eingesetzt, wo er am 28. Juli notiert: «Unser Graf ist gefallen.» Am 2. September überlebt er «durch ein Wunder» einen Granatenangriff; als Musiker und Komponist hinter der Front ist er weiterhin tätig. Nach dem Krieg wird Hindemith als Bürgerschreck und *shooting star* einer der in Deutschland meistgespielten jungen Komponisten, ungeheuer produktiv und vielseitig, zugleich häufig auf Tournee als Bratscher im eigenen Streichquartett. Nach dem Verbot seiner Werke im «Dritten Reich» emigriert er mit seiner Frau 1938 über die Schweiz in die USA. Bis 1953 lehrt er in Yale, dann bezieht er eine Villa am Genfer See. International gefeiert, zeigt er sich in seiner Musik zunehmend konservativ und stößt auf die Skepsis der neuen Avantgarde. Am 28. Dezember 1963 stirbt Hindemith, 68 Jahre alt.

Alban Berg gerät im November 1915 in Lebensgefahr – nur 40 Kilometer von Wien entfernt, von Kriegsbegeisterung längst kuriert. Die Übungen in einer Reserveoffiziersschule lassen den Asthmatiker kollabieren. Helene interveniert bei ihrem unehelichen Vater, Kaiser Franz Joseph I. Berg wird Schreiber in einem Barackenlager, dann Kanzlist im Kriegsministerium. Die Erfahrungen militärischer Verrohung fließen ein in seine Oper *Wozzeck*, im Frühjahr 1914 begonnen, 1917 fortgesetzt. «Steckt ja auch ein Stück von mir in seiner Figur», schreibt Berg im August 1918 über den Soldaten Wozzeck. In extremer Verdichtung zeigt sein Werk das Zerbrechen des Ich – und macht ihn nach der Berliner Uraufführung 1925 weithin berühmt. Er, dem 1918 nach einer Grippeinfektion nur «1, 2 Tage recht mies» war, erliegt am 24. Dezember 1935 mit 50 Jahren einer Sepsis nach schlecht behandeltem Insektenstich. Seine Musik darf da im «Dritten Reich» bereits nicht mehr gespielt werden.

Igor Strawinsky, in der Schweiz lebend, gerät durch die Oktoberrevolution 1917 in Nöte, da ihn aus Russland kein Geld mehr erreicht. Der 35-Jährige komponiert darum ein Stück, mit dem ein Wandertheater herumziehen soll: *Die Geschichte vom Soldaten*, ein Märchen von einem Teufelspakt, für drei Sprecher und sechs Musiker. Der Uraufführung am 29. September 1918 in Lausanne folgt die Epidemie, an der Strawinsky und so viele Beteiligte erkranken, dass die Tournee entfällt. Die durchtriebene, knapp gefasste Partitur lässt bereits den Neoklassizismus ahnen, dessen vielseitigster Komponist Strawinsky dann wird –

Gegenwelt zur Eruptivität des *Sacre*, der ihn berühmt gemacht hat und den er häufig dirigiert. Bis 1939 lebt er in Frankreich, dann in den USA, wo sich der Komponist – nach dem Tod Schönbergs in Los Angeles – als 69-Jähriger der Zwölftonmusik zuwendet. Gefeiert als Jahrhundertgröße, stirbt Igor Strawinsky mit 88 Jahren in New York, am 6. April 1971. Beigesetzt wird er auf eigenen Wunsch in Venedig – wenige Meter vom Grab Serge Diaghilevs entfernt.

Chouchou, Emma-Claude Debussy, folgt ihrem Vater nach nur vierzehn Monaten. Mit dreizehn Jahren stirbt sie am 16. Juli 1919. Ob sie tatsächlich einer «schlecht behandelten Diphtherie» erlag? Es gab längst ein Serum gegen diese Atemwegserkrankung, die Teenager selten traf. Dagegen konnte die pandemische Grippe «durch ihre vielfältigen Ausprägungen nicht immer als Influenza erkannt werden». Der Brief, den Chouchou ihrem Halbbruder Raoul zwei Wochen nach dem Tod Claude Debussys schreibt, zeigt in jeder Zeile eine Zwölfjährige von exzeptioneller geistiger Reife und literarischer Kraft. «Die zurückgehaltenen Tränen haben den gleichen Wert wie die vergossenen Tränen, und jetzt ist es für immer Nacht.»

ANMERKUNGEN

KAPITEL 1

13 Als er in Passy …: Leblanc VI, 8f. Was, bis hin zum Riechsalz, in Debussys Wohnung geschah, hat sich Leblanc von Maeterlinck schildern lassen. Debussy bestätigt zumindest die Absurdität des Vorfalls ggü. Laloy (Danckert 48) mit den Worten: «Es fällt mir schwer, das Geschehene zu glauben.»

13 Niederlage vor dem Schiedsgericht: Vgl. Peter 199, CDCG 637–639

13 Schnur der Türglocke … Lilly hat das schon oft gesagt: Emile Vuillermoz in Nichols 65

14 Esszimmer, Katze, Arbeitszimmer, Klavier, Teppich, Geschrei von Schulkindern: Diese Details finden sich in den Erinnerungen von Mme de Romilly (Nichols 72), Louis Laloy (Nichols 216f.), René Peter (Nichols 155f.)

14 wie im vorigen Jahr: Im Sommer 1901 besuchte Debussy Maeterlinck und dessen Lebensgefährtin, die Sängerin Georgette Leblanc, um ihnen *Pelléas* vorzuspielen. Diese Begegnung hat Leblanc geschildert (VI, 5)

15 «Es gibt keinen Aufzug … t'aimer» CDCG 468f.

15 «die schlanke Anmut»: CDCG 472

15 Namen der Trauzeugen: CDBG 78, Anm. 5

15 für sechs Francs gefeiert: Lockspeiser 228f.

17 2000 Männer: Münchhausen 262

17 50 Straßenbahnlinien … gut 600 Automobile: Guide 1900 9, Holmes 84, Flonneau Tab. 1

17 fast jedes zweite eine Voiturette … 3500 Francs: knapp 20000 Euro, Merki 64

18 inoffizielles Diner: der in SoL 182ff. abgedruckte Brief von ES an ihre Schwester Alice Davidson aus dem Hotel Reichshof vom 11.3.1902 legt nahe, dass das Treffen am 5.3.1902 stattfand

19 burische Säuglinge: Dirigent Karl Muck verweigerte ES, deren Oper er gleichwohl dirigierte, wegen solcher Gräuelmeldungen sogar den Handschlag, WHN 221

19 den Kolonialminister brüskierte: in der «Granitbeißer-Rede» am 8.1.1902 kanzelte Reichskanzler Bülow den englischen Minister Joseph Chamberlain ab

19 Vollkommen lächerlich ... «reines Spielzeug»: SoL 154. ES kannte Laura bereits aus Rom

19 hauptberufliche Komponistinnen: Vgl. MUGI. Cécile Chaminade (1857–1947) sicherte sich ihr Einkommen als Komponistin vor allem von Klavierstücken und *mélodies*, die teils sechsstellige Auflagen erreichten. Louise Adolpha Le Beau (1850–1927) veröffentlichte 1910 *Lebenserinnerungen einer Komponistin*. Anfang der 1890er wurde sie aufgrund ihrer Arbeiten von einem Berliner Senator für den Professorentitel vorgeschlagen (Le Beau 193f.), doch der Titel wurde grundsätzlich nicht an Frauen vergeben. (Erstmals wurde eine deutsche Professur für Komposition 1994 mit einer Frau besetzt, der Südkoreanerin Younghi Pagh-Paan in Bremen.) Le Beaus Werke wurden teils aufgeführt, brachten ihr aber – ähnlich wie Smyth – nichts ein

20 «Lieber sehe ich dich ...»: «I would sooner see you under the sod», ITR 109

20 Bach-Fake für Brahms: ITR 240

21 Kritik an «Granitbeißer»-Rede: SoL 159ff.

21 Harnack: SoL 173, 183, Bülow I 288

21 Lichnowsky: Sol 172, 187

22 Schüler der 6th Form ... fließend spricht: SoL 183f.

23 Schildkrötensuppe: Über die Speisenfolge lässt ES nichts verlauten. Die Dialoge folgen ihrer Darstellung in SoL; nur *Der Wald* wurde als Gesprächsthema vom Autor ergänzt

23 «auf einer einsamen Insel» ... «in den Rinnstein»: Bülow I, 550

23 «Ein Mann ist in der Lage» ... «in einem Satz zusammengefasst!»: Sol 187

23 Regularien gegen Frauen: Deseyve 12

24 besonderes Besteck: SoL 187

24 Brief von Eugénie: SoL 183

25 Daten zur *Thistle*: Étienne Chilot, *Un jardin pour Eugénie*, Paris 2014, 22

25 Jachttour ... drei Passagiere: SoL 11, WHN 177

25 Graf Primoli: Denselben bat Debussy 1884 in Paris um Unterstüt-

zung bei seiner Affäre mit Marie Vasnier (vgl. S. 330, 405); 1885 stellte Primoli ihm seine Villa in Rom zur Verfügung (Lesure 56f., CDCG 18–20, 37, 49)

25 *Messe in D-Dur*: *Mass in D*, Pauline Trevelyan gewidmet, UA London 18.1.1893

25 Smyth bei Queen Victoria: SoL 103–109

26 Shaw über Smyth: Shaw II, 790–793. «Popular music» meint «relating to the general public» (Webster's Dictionary), öffentlich aufgeführt, im Gegensatz zu Aufführungen in Privatzirkeln

27 Rolle seines «Großpapas»: SoL 188

27 «Ich nehme Kiautschou ein!»: SoL 184

28 China fast ruiniert: Osterhammel 359–364

28 «uniformierte Automaten»: SoL 171

28 «Sie haben was Vegetatives»: Kerr 594. Pierre Loti (1850–1923) schrieb Bestseller des Exotismus

28 «Das britische Empire» ... «... dass Sie recht haben»: SoL 185

29 den Feind Nummer eins: Vgl. Gerd Fesser, «Wir verlangen auch unseren Platz an der Sonne»; ZEIT 11.1.1991

29 «Platz an der Sonne»: Bülows erste Rede als Staatssekretär des Auswärtigen Amtes, 6.12.1897

29 «Hammer oder Amboss»: Bülows Rede am 11.12.1899

29 negativ sprechen müssen: SoL 186

30 schriftliche Erlaubnis: Leblanc 8/15

31 Mischung aus Bankgebäude und Bahnhof: CDBG 53

31 Sieben Tramlinien: Baedeker Paris 1904. Anh. 30–32, online 662–664

31 «Ah, wie viele Jahre» ... «Messager ist gut»: Dialog aus CDBG 86 (Brief an Hartmann 4.2.1900) und der Besprechung von Catulle Mendès, die am 3.2.1900 in *Le Journal* erschien

32 «meine Tram»: Für 10 Centimes konnte Debussy mit der TN bis zur Étoile fahren und dort umsteigen in die TB bis zum Parc Monceau nahe seiner Wohnung. Die meisten Trams hatten elektrische Motoren, deren Akkus an den Endhaltestellen aufgeladen wurden. Im Gegensatz zu den (Pferde-)Bussen hielten sie nur an Haltestellen

32 «das Schicksal ...»: CDCG 55, 14.5.1900.

33 gigantisches Programm: Knapp 400 Konzerte und 2000 Opernabende, CDCG 553 Anm. 2

33 wie Pelléas: «... mouvantes et souples ondes de ta chevelure», CDCG 556. CD schreibt auch mit Pelléas' Worten an Lilly, CDCG 488: «Es scheint mir, als hätte ich dich seit hundert Jahren nicht gesehen.»

33 viel Ähnlichkeit: «Sie wirkte wie die reinste Verkörperung von Mélisande», laut Mme de Romilly, Nichols 72

33 Hauptattraktion der Expo: Guide 1900, 178, eine Runde 50 Centimes

33 Brüder Lumière: Expo-Filme auf youtube.com/watch?v=G3YY3M42_Aw, *trottoir roulant* ab 5'35

34 Proust über Flaubert: Essay von 1920, flaubert.univ-rouen.fr/etudes/proust.php

34 Als im Mai 1900 ... saubermachen: Smith 227 ff.

35 wie ein Charles Bovary: Kristeva (18): «Mélisande ist Emma Bovary, an den Sternenhimmel versetzt»

35 «Flug ihrer nackten Arme»: Opstad 14

36 Im Sommer 1901: so Debussys Aussage am 14.2.1902 zufolge (CDCG 639), Leblanc spricht 30 Jahre später irrtümlich von «Ende 1901»

36 Haus im Empirestil: *Norddeutsche Zeitung*, 10.4.1902, Morgenausgabe, «Besuch bei Maeterlinck»

36 «Er machte sparsame Gesten ... von seinem Genie aufgesogen»: Leblanc VI, 5/15 ff.

37 Grabesstimme: Emile Vuillermoz und André Messager, Nichols 65, 80

37 Tränen in den Augen ... «Au revoir»: Mary Garden in Nichols 84. Ähnlich erinnert sich Messager (Nichols 81)

38 «Wie geht's?» ... «das werden Sie tun, Mademoiselle»: Erinnerung von Mary Garden (Nichols 85)

39 erst aus dem *Menestrel* erfahren: Nichols 102

39 21. Februar: Von Peter (174) als dritter Anhörungstermin genannt. Dass Maeterlinck am selben Freitag CD zu Hause aufsuchte, ist wahrscheinlich, da Leblanc dies als unmittelbare Reaktion auf seine Überzeugung schildert, er sehe sich «vor dem Gesetz beraubt»

39 Lokalanzeiger ... Kaisergalerie: Baedeker, Berlin 1903, 52, 75 f.

40 1500 mit Benzin bewegte Autos: Glatzer 84, 87

40 9000 Droschken … weißer Hut: Baedeker Berlin 1903, 42, Merki 90f. E-Taxis wurden behördlich gefördert, bis 1915 stieg ihre Zahl in Berlin auf 565

40 Bogenlampen: seit 1888, gerdflaig.de/AEG_Geschichte/AEGalles.htm, *Tagesspiegel* 13.3.2010: «Der Bauchnabel Berlins»

40 Prostituierte: Kerr 609, GEO Epoche Nr. 12 *Deutschland um 1900*

42 Masern … «wie mit einer Axt»: Südekum passim, bes. 28. Im selben Jahr wie die Studie *Großstädtisches Wohnungselend* erscheinen 1908 die Grafikbände *Kinder der Straße* und *Berliner Rangen*, Sammlungen oft launig untertitelter Milieustudien Heinrich Zilles, Bestseller in bürgerlichen Kreisen

42 «Der heutige humanitäre Zug …»: *Volkszeitung* Morgenausgabe 5.4.1904, 3

43 Wirtschaftswunder in Berlin: Glatzer 95

43 Gut 50000 Anschlüsse: geschätzt. 1908 verzeichnete das Berliner Telefonbuch gut 80000 Anschlüsse.

43 Post elf Mal täglich: *Berliner Zeitung* 1.10.2018

44 «alter Giftmischer»: «ce vieil empoisonneur», Debussy über Wagner, 17.1.1896, CDCG 304

46 Buhs, Pfiffe, Miauen: WHN 198f.

46 «Ich irre mich nie»: WHN 199

47 Smyth dirigiert selbst … «trotz der Presse»: WHN 199f.

47 Met in New York: Nach Smyths *Der Wald* im März 1903 dauerte es 113 Jahre, bis an der Met 2016 mit *L'Amour de Loin* von Kaija Saariaho wieder die Oper einer Komponistin produziert wurde

47 Maeterlincks Protestbrief: *Le Figaro*, 14.4.1902, 4

48 Maeterlinck in der Probe: Lesure 184

48 Wahrsagerin: Von diesem Besuch berichtet Maeterlinck in *Le Temple enselevi* (1902), zit. bei Peter 202f.

48 im Nachthemd unmöglich: CDCG 646

49 CD überhört Kommentare: Peter 204

49 «als exotische Erscheinungen konsumiert»: Michael Fend in Chimènes 363

49 lebende Exponate … einen Ausweg: das Verhältnis zwischen kolonialistischer Aneignung von Musik und dem Aufbrechen abendländischer Traditionen bei Debussy wird ausführlich erörtert in Chimènes 357–369 und Fauser 165–215

49 «unendliche Arabesken»: CDBG 240

49 «Erinnere dich an die javanische Musik»: CDBG 273

50 «ohne europäischen Dünkel»: Debussy Croche 230

50 Tristanakkord: *Pelléas*, 4 Takte vor Z. 12, letzte Achtel in den Streichern

50 für 99 Jahre: Uraufführung in Kiel am 17.6.2001, Dirigent: Ulrich Windfuhr. Von dieser exzellenten Produktion existiert ein Mitschnitt, auf den sich der Autor ebenso bezieht wie auf seinen eigenen Premiereneindruck

51 «Wie eine Urpflanze»: Frank Harders-Wuthenow im Programmheft Kiel, 2001. Vgl. S. 235 dieses Buchs

54 neue Linkspartei: Vgl. *Le Temps* 29.4.1902 und en.wikipedia.org/wiki/1902_French_legislative_election

55 Valérys Ballettidee: CDCG 579f., Lesure 173f.

55 «Du sagst es»: Die Darstellung der Generalprobe mit Zwischenrufen folgt den detaillierten Erinnerungen des Dirigenten André Messager und seines Assistenten Henri Busser (CDCG 650f.)

59 «Was halten Sie vom Ehebruch?»: Barthes 479

59 «von der Wagnerschen Unterdrückung befreit!»: Erinnerung von Henri Busser, CDCG 651

60 «Das ist ein absolutes Meisterwerk»: Eintragung von Saint-Marceaux im Journal (270) am Tag der von ihr besuchten Generalprobe. Sie zeigt sich empört über die Kürzungsvorschläge

60 Modelle seiner Mme Verdurin: Als «kohärentestes» Modell nennt dagegen Barthes (479) Mme de Nerville

60 Hochgeschlossene Kleider ... für sechs Sous: Peter 204f.

60 beide Lager: Proust war z.B. Dreyfusard, Valéry nicht

62 «Crêpe-sur-le-cul-des-dieux»: CDCG 559

62 «wie eine kleine Närrin»: CDCG 675

62 mit Mary im Theater: Garden in Nichols 88

62 *Der Wald* in London: am 18. und 24.7.1902, von Otto Lohse dirigiert. Am 18.7. war CD in London

63 schreibender Engel: Das Verwertungsrecht am «His Master's Voice»-Bild war von Emil Berliner, Gründer der Gramophone Company, schon 1899 erworben worden. Ab 1909 ersetzte der Hund den Engel

63 eher kleiner Raum ... am Kleid zupft: Vgl. Hempel 193

63 «schmelzen wir ein»: unbrauchbare Matrizen kamen zum Ablösen der Wachsschicht in Wärmeschränke

63 «Ja, in eine Mischung»: Seit 1896 verwendete Berliner eine Mischung aus Bariumsulfat, Schiefermehl, Ruß und Baumwollflock, die vom Schellack, gewonnen aus Schildläusen, zu einer verschleißfesten Masse gebunden wurde

64 Emma Bardac näher kennengelernt: spätestens November 1903, Lesure 205

KAPITEL 2

65 «Soeben 1 Uhr»: RS an Pauline Strauss 17.5.1906, RSA

66 Vergeblich freilich: Zu diesem Zeitpunkt war schon ein *Salome*-Gastspiel der Breslauer Oper in Wien außerhalb der Hofoper im Gespräch. Mahler kämpfte bis Sept./Okt. 1906 um die Erlaubnis für die Hofoper

66 18000 Mark, Wohnungen in Berlin: Hanssen 26

67 «Die ‹Salome› müßte ja ...»: Lindner an RS am 10.3.1902, RSA

67 «Das wäre doch ein Opernstoff»: Strauss *Erinnerungen* 1942, zit. in Chapple 87

68 Sarah Bernhardt in London: Ellmann 1194

69 kein voyeuristischer Blick ... Mallarmé und Maeterlinck: Kramer 284, Ellmann 1206f.

69 Shaw gegen Zensur: Ellmann 1202

69 «seinen Vater töten»: Ellmann 2029

69 entsetzter Pierre Louÿs: Ellmann 1265

69 Zelle C.3.3: Ellmann 1600

69 Ende Juli 1896: *Wiener Rundschau*, Juliausgabe 1900

69 größerer Wortschatz: So wird aus «regarder» «ansehen», «besehen» oder «stieren», Chapple 50f., 56f.

70 gleich zwischen die ersten Worte ... c-Moll: Puffet 44

70 Er findet ihn abscheulich: «der perverseste der ganzen Gesellschaft ist – der Jochanaan», Strauss zu Schreker, in: Willy Schuh, *Richard Strauss und seine Libretti*, 1971

70 As-Dur und f-Moll für den Täufer: Werbeck 166

71 «die schöne Literatur»: Strauss *Erinnerungen* 1942, zit. in Chapple 87

71 «die rein gebliebene Seele ...»: zit. in Chapple 52
72 «Seit 10 Tagen täglich bis Nachts»: Brief an Josepha Strauss 9.1.1905, RSA
72 «Nachmittags und Abends»: an Josepha Strauss 8.4.1905, RSA
74 verklemmte Hauptdarstellerin ... 43 Länder: Werbeck 167
74 dabei gewesen zu sein: RS Briefe 392
74 Leverkühn: Th. Mann, *Dr. Faustus*, Kap. 19, 206–209.
74 Bahnverbindungen: *Die Südbahn und ihr Verkehrsgebiet*, 538 ff.
74 Ob er noch wisse ... «Kompilation des Übrigen»: Erinnerung Almas, zit. in Blaukopf 185 f.
75 «sein Höhepunkt ... Dramatiker»: GM an RS, 11.10.1905, RSA
75 «stählerner Blick, undurchschaubar»: Erinnerung aus Graz von Gemma Bellincioni, die im Dezember 1906 in Turin die Salome singen würde, Ross 19, Strauss HB 167
75 «ein solcher Saustall»: Blaukopf 190
75 Ausflug gestern: Vor der Premiere unternahmen GM, AM, RS einen Autoausflug, Blaukopf 189
75 «das ewig Weibliche»: GM an AM, Brief 13.1.1907, RSA
75 fremde Musikflut: AM Mein Leben 40
75 «Eine gewisse Kühle» ... «über Tantiemen gesprochen»: Briefzitate GM / AM bei Fischer 582–584
76 «Der Geist baut sich ...»: GM an AM, Brief 13.1.1907, RSA
76 ihre Entscheidung: Zweifel am «Komponierverbot» entwickelt Rode-Breymann 101–130, zitiert aber auch Frauke Severit mit dem Hinweis, dass Frauen «überdurchschnittliches Durchhaltevermögen» brauchten, um eigene Identität zu entwickeln
76 Männer aussuchen ... das Niveau ihrer Kreise: Rode-Breymann 107 f.
76 «alle diese Burckhards ...»: GM an AM 19.12.1901, Rode-Breymann 101 f., 106
78 liebte jeden Ton ... verletzend kritisieren: Rode-Breymann 103, Beaumont 135
78 Sie trifft Zemlinsky ... wie früher: Rode-Breymann 129
78 er liebt die Fahrpläne: Fischer 594
79 «Friedrich Schütz ist kein Päderast»: *Die Fackel* Nr. 150, 23.12.1909
80 Hermann Watznauer: Hailey 75. In seiner unvollendeten Berg-Biografie nennt Watznauer sich «Herrenried» und schreibt, dass dieser mit Berg nach Wien zurückgereist sei. Von dieser fragwür-

digen Quelle weicht der Autor ab. Dass Schönberg wie Mahler den Mittagszug nach Wien nahm, ist wahrscheinlich, ebenso, dass er neben Schwager Zemlinsky die Schüler um sich scharte, die nach Graz gekommen waren: neben Alban Berg und Erwin Stein: Heinrich Jalowetz, Karl Horwitz, Viktor Krüger, Zdzisław Jachimecki (Ross 617, Anm. 17)

80 «lieblicher Begleiter»: Knaus 15f.

80 «Die älteren Kritiker ... Kunstkampf»: Schönberg Stile 55. In seiner Abrechnung mit der Musikkritik (1909), einer der Quellen für das fiktive Eisenbahngespräch, ignorierte Schönberg zumindest Oskar Bie, Leiter der *Neuen Deutschen Rundschau*, der für mehrere deutsche Blätter über die Uraufführung der *Salome* schrieb (13.12.1905) und ausführlich auf Strauss' Libretto einging. Es sei «das Muster eines modernen Operntextes» (RSA)

81 «seine persönliche Galle»: Brief an AS 1902, Beaumont 192

81 «Hat man sie einzeln ... Weltmacht G.m.b.H.» Schönberg Stile 54

81 «Ich helf dir beim Abschreiben»: Beaumont 229. Die freudianisch inspirierte Märchenoper *Der Traumgörge*, von Mahler für 1907 angesetzt, wurde erst 1980 in Nürnberg uraufgeführt

82 Kühler geworden: *NFP* 17.5.1906, 16

82 Taktstock ergattert: Meier 14

82 fast eine Stunde mit der Elektrischen: Meier 84

83 «eine der schrecklichsten Verlogenheiten»: nach *Die Lüge* in Altenberg 48

83 «ich vergöttere Ihre Schwester»: Altenberg an Berg, Knaus 36

84 «einfach abgeläutet»: nach *Das Telephon* in Altenberg 47

84 Thema in Wien: *Fackel* Nr. 203, 12.5.1906, 17–24

85 längst ausgetreten: am 30.3.1899 (Beaumont 109). Zemlinsky kam am 14. Oktober 1871 als Sohn Adolf Semlinskys zur Welt. Seinerseits Sohn eines ungarischen Katholiken, gab dieser sich in der Hoffnung auf eine literarische Laufbahn den Namen von Zemlinszky. Vor der Ehe mit der sephardischen Jüdin Clara Semo trat er 1870 aus der katholischen Kirche aus und in die türkisch-israelitische Gemeinde ein. Sein Sohn Alexander Zemlinsky, auf das ungesicherte Adelsprädikat weitgehend verzichtend, verließ diese Gemeinde 1899 und konvertierte gemeinsam mit seiner künftigen Frau 1907 zum Protestantismus

85 «Christ zu sein ist einfach bequemer»: Beaumont 21

85 Kraus' Konfession: Kraus trat 1911 in die katholische Kirche ein und verließ sie elf Jahre später wieder

86 Nur zehn Prozent aller Wiener: Beaumont 108

86 «Gehts mir ... als hätte man einen Geburtsfehler»: In diesem Dialog wird zitiert aus Schweighofer 40, Schnitzler 37, Janik 72, Prokop 99 (Tagebuch Margaret Wittgenstein 1918)

87 jeglichen Charakter abgesprochen: so wörtlich Prokop 98

87 aus dem Fiaker: als einzige Metropole hatte Wien noch keine motorisierten Taxameter-Droschken, infolge des massiven Widerstands der Pferdebetriebler gegen Reformen. Vgl. *NFP* 16.2.1907, 11

87 Hotel Krantz: da ES in Briefen aus dem Hotel Tegethoff (vgl. 16.2. 1907) Briefpapier aus dem Hotel Krantz verwendet, dürfte sie mit Brewster zuerst dort abgestiegen sein

88 «Unsere Beziehung»: ATWO 165

89 um hundert Jahre voraus: z.B. Ottoline Morrells «offene Ehe», von der Brewster profitierte (Woolf Tagebücher III 476)

89 «vom Teufel gerittene alte Frau»: «Baroness von Stockhausen was as brillant, as violent, as devil-ridden an old woman as I have ever met, in or out of literature» (ATWO 10)

89 Die Diplomatentochter ... mit ihr brach: ATWO 6–11

89 Damentoilette ... Liebesrede: ITR 101 f.

90 Kein «Talent für die Ehe» ... «allein da stehn» ... Talent zur Treue: ATWO 54 f., 153–155

90 «Ich habe nichts ... nie erkalten»: Brewster 139 f, Übersetzung vom Autor (der erste Satz steht im Original am Ende). Dem Text eines zum Tode Verurteilten, den in Brewsters philosophischem Dialog *The Prison* vier Freunde kommentieren, entnahm ES die Zeilen für ihre letzte Komposition *The Prison* (1931)

91 Im *Kunstwart* abgekanzelt: Walter Niemann in *Der Kunstwart*, 1906, XX/6, 2. Dezemberheft, 563 f.

91 stößt auf Interesse ... Beethovens *Fidelio*: ES-ABM 30.1.1907, Sign. AM 31561 BaM

91 klanggesättigt: Kesting 262

91 Bis in die Gesten ... «hypernervös»: Wüstendörfer, Fischer 522–525

92 «unverhoffterweise morgen»: ES-ABM 30.1.1907, Sign. AM 31561 BaM

92 ein Herr Haslinger: Carl Haslinger, Kanzlist der Hofoper, Fischer 569

92 noch etwas kindlich Weiches: Vgl. Erika Mann, *Blitze überm Ozean*, Reinbek 2000, 418

92 das farblose Sackkleid: Walter 200

93 Proben zur neuen *Walküre*: Premiere war am 4.2.1907

94 «Das auserwählte Volk»: «God's chosen people shall not pay the price of sin» ist im zweisprachigen Klavierauszug der Universal Edition 1916 übersetzt mit «Der Heil'gen Seelen fürchten nun nicht mehr den Tod»

94 «... das muss er hören!»: Vgl. Walter 200f. «Sie hatte noch nicht zehn Minuten gespielt (...), als ich sie unterbrach, um zu Mahler hinüberzustürzen und ihn zu beschwören, mit mir zu kommen – mir spiele die Engländerin ihr Werk vor und sie sei ein wirklicher Komponist.»

95 über das Licht sprechen: Rollers sparsame Lichtgebung führte zu Konflikten mit Mahler und Mildenburg, die die Brünnhilde sang. La Grange Mahler II, 586

95 Tram nach Hietzing: Pendellinie 59 ab Neuer Markt über Mariahilferstraße, Gesamtplan Wien 1911, 41

96 trotz glänzender Konjunktur: Maderthaner 17

96 hohe Mieten: Maderthaner 67

96 «soziale Narkose»: Maderthaner 84

96 Kleinstwohnungen: Maderthaner 67

96 Baby im Wäschekorb: Maderthaner 160

96 sieben von hundert Mietshäusern: Janik 62

96 Obdachlose: Maderthaner 209

97 «etwa zwanzig Leute ...»: Maderthaner 73

97 «Es war wundervoll, hier zu leben»: Zweig 24

97 keine Erwähnung: Auf Klägers Reportagensammlung *Durch die Quartiere der Not und des Verbrechens* (Wien 1908) ging nicht einmal die *Fackel* ein

97 Verdrängung: Freud, *Die Verdrängung*, 1915, in Freud III 115

98 *Illustrirtes Wiener Extrablatt*: zit. in Maderthaner 152

98 umgezogen: vom 6. in den 13. Bezirk, vgl. Lehmann's Wohnungsanzeiger 1906, 1907

98 Porträt vollendet: Richard Gerstl, *Smaragda Berg*, Winter 1906/07, Öl auf Leinwand, 195 × 137 cm

99 steinreicher Galanteriefabrikant: Josef Weidmann, 1133.at/document/view/id/56#&gid=1&pid=1

99 40000 Kronen: Knaus 22

99 Hietzinger Hauptstr. 53: ABMs Adresse in Lehmann's Wohnungsanzeiger 1907, Bd. 2, 703

99 Hund Yellow: ABM über ihre Hunde in *NFP* 3.1.1926, 21 f.

100 «Zu gut für diese Welt»: ES an ABM, 8.3.1907, ES-ABM AM 31563 BaM/1–2

100 Anwesenheit nicht erwünscht ... «einem Vertragsbrecher widersetzt»: WHN 269–272

101 «beinahe nach Hamburg gekommen»: Paula Doenges (1874–1931), lehnte einen Ruf ans Hamburger Stadttheater ab, wo bis 1898 Anna von Mildenburg verpflichtet war

102 «Miß Smith scheint nicht berufen»: *Prager Tagblatt* 14.12.1906, 9

103 als höre sie England: Bahr-Mildenburg Erinnerungen 160–165

104 mit dem Kostümbuch: ES an ABM, 13.2,1907, ES-ABM AM 31517 BaM

105 «Impotenz im Einfall», Holzhammer, «der Jude Mahler»: Fischer 653, 651, 570

105 Volkstheater wird für *Salome* umgebaut: *NFP* 16.2.1907, 12

105 «fanatische Vorkämpferinnen»: *NFP* 16.2.1907, 8

106 die erste Komponistin: bis zur ersten großen Oper einer Komponistin dauerte es hier noch mehr als 100 Jahre. 2019 wurde an der Wiener Staatsoper Olga Neuwirths *Orlando* uraufgeführt

106 «my bad Englisch»: Briefentwurf von Mahler 1898, in Mahler-Willnauer 139

106 graublaue Augen: Bahr-Mildenburg Erinnerungen 12

108 «Lieber gar keine Aufführung ...»: Fischer 598

108 «There is only one man»: WHN 277

108 «Wenn es hier angenommen wird»: von Smyths Treffen mit Mahler ist nur überliefert, was sie im hier anschließend zitierten Brief an Mildenburg notiert. Mahlers Interesse war echt – vgl. S. 128 f. in diesem Buch

108 «Ich spielte dem Mahler vor»: ES-ABM, 16.2.1907, Sign. AM 31512 BaM

109 «H. hat unlängst prophezeit ...»: zit. in Hoffmann *«Gute Nacht ...»*, 130

109 Colette Willy und Mathilde de Morny: im Januar 1907, Lucey 103
109 «Das entsetzliche Geheimnis ...»: Smaragda Berg an Helene Nahowski, 7.7.1907, Knaus 32 ff.
110 *Salome*-Besprechung: *NFP* 26.5.1907, 15
112 tatsächlich eine Prinzessin ... 200 000 Gulden: Meier 48 f
112 Erfahrung mit einem Küchenmädchen: Meier 14 f.
113 drei Viertel aller Bürgersöhne: Maderthaner 96
113 «das dunkle Kellergewölbe»: Zweig 84
114 nach dem Vorbild Dr. Freuds: Knaus 44 ff.
114 «im Straßenstaub ...»: AB-HB I 21, 6.6.1907
114 sein «Du» ... «Nein, Nein!!»: AB-HB I 24, 41, 45
114 beiläufig gewährtes «Du»: AB-HB I 46, 13.8.1907
115 zwei Briefe im August und November: AB-HB I 50 f., 91

KAPITEL 3

116 «diese beiden Häuser ... Landhaus in Norfolk»: wiki.en Edgar Speyer
116 Underground Electric Railways Company of London, 1902 gegründete Holding, die vier Bahnlinien vereinte
116 mit Nikisch aufgetreten: Als Leonora von Stosch 1872 in Washington, D.C., geboren, studierte sie Violine in Paris und Leipzig, als etwa 20-Jährige trat sie unter Nikischs Leitung mit dem Boston Symphony Orchestra auf (blogs.bl.uk/sound-and-vision/2018/05/lady-speyer-a-forgotten-violinist.html)
116 an diesem Donnerstagabend: ES schildert die Begegnung mit CD bei Speyers, wo sie zu Ehren Debussys ihre Lieder dirigierte, in WHN 301 f., datiert auf «March or April» 1908. Debussys Londoner Auftritt fand aber am 1.2.1908 statt. Aus CDCG 1062–1064 geht hervor, dass die Debussys mit Victor Segalen frühestens am 28.1. nach London aufbrachen und dort am 30.1. abends «retenus en ville» waren, ohne Segalen eingeladen; am Probentag, dem 31.1., waren sie abends bei Henry Wood. Eine musikalische Soiree bei Speyers nach dem langen Nachmittagskonzert am 1.2. oder am Vorabend der Rückreise am 3.2. ist unwahrscheinlich, sodass für die Begegnung Debussy / Smyth der 30.1. angenommen werden kann

116 Traum in Weiß: John Singer Sargent, *Portrait of Lady Speyer*, 1907, Öl auf Leinwand, 147 × 97, Privatslg. USA

117 Richard Strauss: Strauss widmete Speyer *Salome*. 1912 ermöglichte Speyer die Londoner Uraufführung von Schönbergs *Fünf Orchesterstücken op. 16*, geleitet von Henry Wood

117 Lady Speyer selbst: nicht belegt. Sie übernahm diesen Part in Manchester im November 1918 (Hoffmann 557). Harfe spielte in London möglicherweise wie dann auch in Manchester Marguerite Stroobants, belgische Absolventin des Pariser Conservatoire und von 1899 bis 1908 im Kursaal-Orchester Oostende engagiert

117 archaisch: Henry Wood fühlte sich an «Köpfe des alten Ägypten» erinnert, Lesure 244

118 Kostümjacke, Faltenrock: Foto Barraqué 134/Gauthier 120 (Paris 1906)

118 Vier Lieder: *Four songs – Odelette, La Danse, Chrysilla, Ode anacréontique*, 1907, Mezzo oder Bariton, Violine, Viola, Violoncello, Flöte, Harfe, Schlagzeug (Triangel, Kleine Trommel, Becken, Tamburin)

118 Miss Dodge: Mary Dodge, Mäzenin von ES. Dort hörten auch Henry James und J.S. Sargent zu, WHN 301

119 morgen ist Orchesterprobe: CDCG 1062 ff. Für das Konzert am 1.2.1908 gab es einen Probentag, den 31.1.

119 «tout à fait remarquables» ... «meinte, was er sagte»: WHN 302

119 «Quoi? Cent guinées ...»: CD erhielt 200 Guineen (gut 26000 Euro), Wood, zit. in CDCG 1837

120 *Syrinx*: Louis Fleury spielte das Solostück erstmals am 1.12.1913, CDCG 1679

120 Insel melancholischer Schönheit: *Sonate für Flöte, Viola und Harfe*, 1915, vgl. S. 328–330

120 enthusiastisch gefeiert: Lesure 241 f.

120 «das Meer in Stücken» ... «Dirigent aus Java»: Brief von Victor Segalen, 31.1.1908, CDCG 1062 f.

121 zwischen Orchesterstücken von Männern: Vaughan Williams, Xaver Scharwenka, *Meistersinger*-Vorspiel, *Times* 13.11.1907, 14

121 Kritiker der *Times*: *Times* 3.2.1908, 11

122 «Mer belle à Queen's Hall»: CDCG 1064

122 «zu gut erzogen»: Lesure 225

122 «die gewaltigen Harmonien der Natur»: *Le Mercure Musical*, 1.3.1906, Sammlung Januar–Juni 1906, 196 (Gallica)
123 Grosvenor Hotel, Baustellenzäune: CDCG 1064. Bis Juli 1908 wurde Victoria Station erweitert
123 vier Pfund und 15 Shilling: Baedeker Paris, 1904, 423
123 Unterhaltszahlungen für Lilly: ab August 1905, rund 2000 Euro monatlich
123 dunkelrote Waggons: alamy.com/stock-photo-south-eastern-and-chatham-railway-carriage-date-circa-1910-105357967.html
123 4 Grad Celsius: *Times* 3.2.1908, 7
123 Zerlumpte Männer…: Bahr-Mildenburg 159 f., im Rückblick auf die Londoner Erstaufführung von Strauss' *Elektra* im März 1910, wo sie die Klytämnestra sang
124 Armutsgrenze: *Booth's London*: Maps, Legend. In Statistiken und Karten verzeichneten der Kaufmann Charles Booth und sein Team bis 1903 die soziale Realität in der damals größten Stadt der Welt
124 ein Dutzend Diener: Blom 44
124 Damenmoden auf Seite 10: *Times*, 3.2.1908, ggü. der Besprechung des Konzerts
124 Admiralty's Pier, neue *Empress*: channel-packets.com/ship/lcdr/empress_1887, clydeships.co.uk/view.php?ref=15309
125 rätselhafte Zeilen aus Jersey: CDBG 127
126 Liederzyklus für Emma: Gabriel Fauré, *La Bonne Chanson*, 1894
126 Stutzflügel von Blüthner: CDBG 128
126 Trennungsbrief an Lilly: CDCG 861 f.
127 zuvor einen Brief geschrieben: Erinnerung Mary Garden, Nichols 94
127 Louÿs schreibt verächtlich: CDBG 135
127 Presseecho zu Lillys Suizidversuch: Lesure 219, 442 (Anm. 105)
127 Nichte eines Milliardärs: Daniel Iffla Osiris vererbte Emma 1906 5000 Francs jährlich, Lesure 230. Gleichwohl blieb Debussy lebenslang «in einem Netz von Schulden gefangen», so Goetzke (CDBG 141)
127 Vergiftung Zolas: nachgewiesen von Jean Bedel, *Zola assassiné*, Paris 2002
128 in 26 Stunden nach Wien: Fahrplan Südbahn, 539
129 letztes Treffen mit Mahler: zwei Briefe aus dem Wiener Hotel Matschaker Hof, undatiert, sie können aber nur in den Wochen vor

Mahlers Finnlandreise am 2.10.1907 entstanden sein (ES-ABM AM 31559/31560 BaM)

129 «dass London sie bringen muss»: ES an Bahr-Mildenburg, 21.1.1908

129 Empfang in der britischen Botschaft: nicht genau datierbar, laut Brief ES an Bahr-Mildenburg vom 21.1.1908 vermutlich im Februar 1908. Von März bis Mai war ES zu Hause, Anfang Juni in Paris

129 Karl Kraus mutmaßt: Fischer 661 f.

129 Arnold Rosé: ES an Hertzka, 11.8.1913, NUE 62

130 «wozu Sie berufen sind»: WHN 299

130 mit diesen Worten: *Odelette* von Henri de Regnier, das erste der in *Four Songs* vertonten Gedichte

130 nach vorn gerufen: *Figaro* 6.6.1908, 4

130 Klavierquartett von Fauré: c-Moll (1880/83). Gespielt wurden außerdem Smyths Streichquartett e-Moll und Werke von O'Neill, Scott, Bowen

130 die schöne Helena: WHN 240

131 «Ich weiß, wen Sie suchen»: Proust, Bewunderer Greffulhes, versäumte in diesen Wochen keine Gelegenheit, sich Einladungen zu Bällen wie dem der im Konzert ebenfalls anwesenden Princesse de Polignac (12.6.1908) zu verschaffen, um der 21-jährigen Oriane de Goyon näherzukommen (Carter 449 ff), die ihn als Modell für sein Romanprojekt faszinierte. Für die Arbeit daran zog er sich ab 1909 aus dem öffentlichen Leben zurück. Dass er am 4.6.1908 in Smyths Konzert war, ist sehr gut möglich, aber nicht belegt

132 «Sie, der Sie ein Buch schreiben wollen ...»: So beginnt ein Satz der Mme de Guermantes in Prousts *Recherche*, zu deren Modellen Comtesse Greffulhe zählte (Proust VI, 2140)

132 dem *Figaro* eine Meldung wert: *Figaro* 5.6.1908, 7, «Courrier musical»

132 stets in der Nähe: Barnes 41. Dass Montesquiou, der Greffulhe zu vielen Konzerten begleitete, auch am 4.6.1908 dabei war, ist nicht belegt; die Details zum Attentat finden sich im *Figaro*, 5.6.1908, 2

133 Irrweg nach *Pelléas*: Lesure 226

133 fünf Spalten lang: Pierre Lalo in *Le Temps* 20.6.1908, 3

133 zwei Tage nach dem Konzert: Robert Brussel in *Le Figaro*, 6.6.1908, 4

134 meterlanger Pinsel ... Fechtkampf: Coffer 236

135 Brief ans Ministerium: 22.7.1908, Coffer 183

136 erste Begegnung Gerstl–Schönberg: Coffer 79

136 mäßig warmer 22. Juli.: *NFP* 21.7.1908, 17, 22.7.1908, 16

136 Prestgütl, Fehrermühle: Vgl. Plan Coffer 211

136 Zemlinsky am See: Alexander von Zemlinsky, Juli 1908, Öl auf Leinwand, 170 × 74 cm, Kunsthaus Zug

136 Gerstls Bild: *Porträt der Familie Schönberg*, 1908, Öl auf Leinwand, 88x109 cm, museum moderner kunst stiftung ludwig wien (Mumok)

138 «Die Köpfe der Eltern … der hat alles gesehen»: Adrian Rovatkay, Telefonat mit dem Autor am 31.8.2020

139 Briefe von Mathilde an Arnold Schönberg: 20.–24.6.1908, Coffer 344 ff.

140 Weberns neue Lieder … wieder einholen: Der Autor folgt hier den Argumenten Coffers (223 f.), demzufolge erst Webern bei seinem Besuch Schönberg auf die beiden George-Gedichte brachte

141 Brief vom 30. Juni 1908: Webern an Jalowetz, Coffer 212

141 schreibt Schönberg in sein Skizzenbuch: Schönberg ASC, *Streichquartett Nr.* 2, A. Originalfassung Skizzen und Teile der Ersten Niederschrift im sogenannten III. Skizzenbuch, Scan 19. Zur Datierung vgl. Coffer 220 ff

142 halb menschliche, halb tierische Stimmen: so zu erleben in der Aufnahme des Kuss Quartetts, Onyx 2016

142 «Bitter-Mandel-Cakes»: Coffer 232

143 «… der Staatsrat»: Vgl. Brief 4.7.1908 (Horwitz-Schönberg/ASC), betreffend u.a. die Finanzierung eines Konzerts im November des Jahres, Coffer 215

144 dass sie schwerhörig ist: Beaumont 243 f.

144 die ihn so wenig mögen: Coffer 261. An Schönbergs zweite Frau Gertrud schrieb Krüger 1952 über den «Maler Kerzl»: «echter Bohem und sonst kulturlos». Irene Bien spionierte Gerstl in Schönbergs Auftrag nach

144 «Ihre Symphonie, Horwitz»: Vgl. Brief 4.7.1908 (Horwitz–Schönberg/ASC, Coffer 215), in dem Horwitz den Abschluss seiner Sinfonie ankündigt.

145 «Warum auch nicht nachahmen?»: Vgl. AS Stile 32, 6.11.1925

145 … was er komponieren *muss*»: AS Stile 58: «Kunst kommt nicht von können, sondern vom Müssen.» (1910)

145 schlaksiger Junge: Vgl. Foto Gmunden 1908, Coffer 247

146 Richard Gerstl, *Gruppenbildnis mit Schönberg*, Juli 1908, Öl auf Leinwand, 169 x 110 cm, Kunsthaus Zug. Coffer (258) vermutet, dass die nicht sicher identifizierbaren Personen Karl Horwitz und dessen Frau Mizzi, geb. Kochem, sind

147 notiert im vorigen Dezember: Coffer 232 f.

147 erzählt mir Michael Gielen: Hagedorn, *Der Unbeugsame*, ZEIT 2010 Nr. 18, 51, 29.4.2010

148 wie in *Pelléas et Mélisande*: zu Maeterlincks Text hatte Schönberg 1902/03 ein Werk für Orchester geschrieben

148 «Zerbrechen ... Zustand der Exaltation»: Zitate von Jones 1994, Maur 2002, Galliari 2007 in Coffer 240 f.

149 passend datiert: Beaumont (246) datiert ungewisse Erinnerungen aus Familienkreisen ein halbes Jahrhundert später, Ehekonflikte um Gerstl betreffend, ohne Weiteres auf die Zeit vor dem Sommer 1908

150 Anfang Juli 1908 skizziert: ASC, *Streichquartett Nr. 2* – A. Originalfassung Skizzen und Teile der Ersten Niederschrift im sogenannten III. Skizzenbuch, Scan 19

150 «Tonart ... deutlich präsent»: AS *My Evolution*, 1949, ASC Archiv VR29

150 «Der entschlossene Fortschritt»: AS 1936, zit. bei Coffer 340

151 «Krüger, kommen Sie ...»: Erinnerungen, die Viktor Krüger 1955 an Schönbergs zweite Frau Gertrud schickte (Coffer 283). Krüger macht aus 1908 «1906 oder 1907», nennt Gerstl «Kerzl» und streicht heraus, wie wenig er von ihm und Mathilde Schönberg hält. Hier wird nur verwendet, was in seiner Schilderung der nächtlichen Situation realistisch erscheint. Dazu gehört nicht, dass er die 80 Minuten bis Gmunden barfuß ging und Schönberg vor diesem Marsch seine schlafende Tochter aufweckte

151 Hois'n, Kastanien: www.ooegeschichte.at/fileadmin/media/migrated/bibliografiedb/hbl1997_1_2_93-112.pdf

152 «Tatsachen beweisen nichts ...»: Aus Schönbergs «Testaments Entwurf» 1908, in AS Stile 355 ff.

152 «Jo, wo kommts denn ...»: die Transkription in die Mundart übernahm Corinna Jarosch

152 kleines Eingangsgewölbe: gmundens-schaetze.at/traungasse.html

152 *Goldenes Schiff, Austria etc*: Hotels, Hoteliers, Adressen aus dem Häuser-Verzeichnis und Adressen-Buch von Gmunden, 1885, digi.landesbibliothek.at/viewer/!metadata/AC08892828/6/LOG_0004/ sowie dem Allgemeinen Adreßbuch Linz 1894, das auch die Gewerbetreibenden aller oberösterreichischen Städte verzeichnet portal.zedhia.at/archive?urn=urn:nbn:at:AT-OOeLB-3949754

153 Die Fortgejagten übernachten …: Gmundner Fremdenliste vom 29.8.1908, Coffer 284

153 Durch die Liechtensteinstraße: Straßenbahn Nr. 36, vgl. Coffer 109

153 Im dritten Stock: Vgl. Plan Liechtensteinstraße 68/70 in Coffer 95

154 «Ich wollte dir nicht schreiben …»: Mathilde an AS, 28.8.1908, ASC ID 16523, Transkr. Coffer 348. Bis «vor Schmerz sterben» mit Bleistift geschrieben, danach – vermutlich andernorts – mit Blaustift

154 schon einmal gemalt: Richard Gerstl, *Zahnradbahn*, 1907

154 Pension einer Näherin …«Gatte Arnold»: Coffer 284f.

155 «Ein bisserl Liebe …»: Mathilde an AS, 28.8.1908, ASC ID 16523, Transkr. Coffer 348

155 Schmuck, Fünfkronenstück: Mathilde an AS,28./29.8.1908, ASC ID 16524, Transkr. Coffer 349

156 auf der zwölften Seite: richardgerstl.com/thesis-2/key-documents/schonbergs-testamentsentwurf. Transkription dort und in AS Stile 354

156 Meldezettel vom 18. Oktober: Abb. Coffer 188

156 «Gedächtnis- und Sprachirrtümer»: Freud III, 33

156 Hausdach an der Berggasse: vgl. Plan Wien 1911

156 Begriff der«Fehlleistung»: Zur Psychopathologie des Alltagslebens, 2. Aufl. 1907, 24 archive.org

157 Er fleht sie an …: Coffer 297

157 Konzert beginnt um 15 Uhr: laut *NFP* 4.11.1908 um «3 Uhr nachmittags», irrtümlich für den 5.11.1908 angekündigt. An diesem Tag erschien bereits eine Rezension im *Illustrirten Wiener Extrablatt*

157 Ein Dienstmädchen findet den 25-Jährigen: Coffer (298) zieht Notizen heran, die Otto Breicha, Kenner Gerstls, nach Gesprächen mit dessen Bruder Alois machte. Gerüchte, nach denen der Künstler sich unbekleidet, gar entmannt vor einem Spiegel aufgeknüpft haben soll, gehen auf die Sensationslust der Nachwelt zurück

158 rote Samtfauteuils: Eybl 203

158 Verhandlungen mit der Türkei: *NFP* 21.12.1908, 3. Die Annexion führte zu Spannungen zwischen mehreren Großmächten, darunter Russland und das Vereinigte Königreich; für einige Wochen bestand Kriegsgefahr

158 beeindruckt vom *d-Moll-Quartett*: Mahler an Strauss, 6.2.1907, Blaukopf 122f.

158 Formlose Klumpen ... entartete Musik etc: Eybl 110, 116f., 123

158 komponieren, aber nicht aufführen: Eybl 112

159 Korngold anwesend: Eybl 263. Julius Korngold rezensierte nicht; in der *NFP* vom 22.12.1908 erschien nur eine kurze Meldung zu «Lärmszenen während eines Konzerts». Später dementierte Korngold öffentlich, dass er einer der «Schluss!»-Rufer gewesen sei

159 «Jugend besitzt einen Instinkt»: Zweig 50f.

159 Weingartner mit Gemahlin: Eybl 179

161 Musik kaputtgelacht: so etwas war bis dahin nur in Paris vorgekommen: 1860 bei den drei *Tannhäuser*-Vorstellungen und 1902 bei *Pelléas et Mélisande* (vgl. S. 57ff.)

162 «Wir lassen uns nicht frotzeln»: Eybl 180

162 Rufende Kritiker: So stellt es das *Prager Tagblatt* (Eybl 213) dar. Karpath hat sich später reuig zu seinem Zwischenruf bekannt, will aber weder mitten im Satz noch als Erster gerufen haben (Eybl 261)

162 Keine Stimmung ...: Vgl. Elsa Bienenfeld im *Neuen Wiener Journal* (Eybl 196ff.). Bienenfeld, 1877 geboren, war Schülerin Schönbergs, erste Kritikerin in Wien, die unter eigenem Namen publizierte, und wurde 1942 in einem Vernichtungslager bei Minsk ermordet. Ihre Besprechung ist bei Weitem die differenzierteste, auch sprachlich den Kollegen überlegen. Sie übt scharfe Kritik an «provokanten Beifallsbezeugungen»

162 den Saal lüften lassen: Eybl 184

163 «An Schönberg glaub ich nicht»: Eybl 177

KAPITEL 4

164 In Sizilien war er noch nie: zu Freuds Reisen in Italien vgl. freudbiographik.de/berg3-1.htm

164 Tür des Goldenen Türken: Beginn und (mutmaßliche) Stationen

des Spaziergangs, Fotos des Interieurs: mahlerfoundation.org/mahler/locations/netherlands/leiden/meeting-with-freud/ sowie psychoanalyseleeft.nl/26-augustus-1910-freud-mahler-in-leiden/

166 in der Berggasse erschienen ...«die Augen aufmachen»: Walter 243

166 Walters Urlaub unterstützt: Mahler sorgte für unbefristeten Urlaub seines Assistenten und finanzielle Unterstützung durch die Intendanz, La Grange III 348

166 Treffen verschoben ... nicht der erste: Jones 88, Freud Ergänzungsband 185; «Gegen alle die, welche die Kur mit einem Aufschube beginnen wollen, sei man mißtrauisch.»

167 «gleichgültig, womit Sie beginnen»: Freud Erg. 194: Die «Wahl des Anfangspunktes» des Erzählens soll dem Patienten überlassen bleiben

167 neben Debussy gesessen: laut Alma Mahlers oft willkürlichen Erinnerungen (212). Zumindest dürfte die Gästeliste stimmen. AM schreibt, GM habe sich an dem Abend «unwohl und fremd» gefühlt, was angesichts der Runde am ehesten durch Debussys oft distanziertes Gebaren zu erklären ist

167 Paul Clemenceau: Er bewunderte Mahler seit 1900, sprach gut deutsch, und seine Frau Sophie vermittelte Mahlers folgenreiche Bekanntschaft mit ihrer Schwester Berta Zuckerkandl in Wien (La Grange 1989, 236)

167 an diesem Abend ... zu ruinieren: Vgl. die Anzeige in *Le Matin*, 26.1.1910, 6. Dass sie den Dreyfusards auffiel oder gar aufstieß, ist gut möglich. Als Gesprächsthema bei Pierné wurde sie vom Autor eingesetzt

167 Wohnung der Piernés: 8, rue de Tournon

169 den Saal verlassen: Alma Mahler (Erinnerungen 213) behauptet, Debussy, Dukas, Pierné hätten sich im 2. Satz erhoben. Dies trifft jedoch nur für Debussy zu, wie La Grange 1989, 245 belegt

169 zu den vielen Intellektuellen: Das Phänomen der «psychischen Impotenz» hat Freud 1912 als geradezu typisch für die Gebildeten seiner Zeit beschrieben (Freud V, 203 f.)

169 wie der Arzt später notiert: am 4.1.1935: «Sein Besuch erschien ihm notwendig, weil seine Frau sich damals gegen die Abwendung seiner Libido von ihr auflehnte.» (Fischer 803)

169 «Für dich leben!»: Notizen am Schluss des 5. Satzes. Auch Satz 3

und 4 sind mit Ausrufen versehen (Mahler Handbuch 384ff.). An der *Zehnten Sinfonie* arbeitete Mahler von Juli bis August 1910 (Handbuch XXIX)

170 «vom Hundertsten in Tausendste»: Vgl. Freud Erg. 194

171 ungesehen hinter den Patienten: Freud Erg. 193, 198

171 «die Treppe hinunter»: 1865 wohnte Familie Mahler in Iglau (heute tschech. Jihlava), Pirnitzergasse 265, erster Stock, über dem Ausschank (Fischer 31, 36)

171 vor den Augen des Sohnes ... «Ach, du lieber Augustin»: Mitchell 73f., Fischer 803f.

172 «von einem bestimmten Punkte aus»: 1907 hatte Mahler solche Vorbehalte ggü. Freud (Schmidl 248)

172 den das zutiefst enttäuscht: Vgl. de Wolf, bes. *Het onbevredigte verlangen/Unsatisfied needs*

173 «Was liegt eigentlich daran...»: Vgl. Mahler an Schönberg, 10.1.1910, Mahler Willnauer 377

173 Verbindungen offen ... Marie: Freud 1935: «Wir haben in höchst interessanten Streifzügen durch sein Leben seine Liebesbedingungen, insbesondere seinen Marienkomplex (Mutterbindung) aufgedeckt; Ich hatte Anlaß die geniale Verständnisfähigkeit des Mannes zu bewundern.» (Fischer 803)

173 ... es seien wunderbare Lieder: 1910 gab Mahler bei der UE fünf Lieder von Alma Mahler-Schindler heraus und ließ sie in Wien und New York uraufführen

174 *Victoria amazonica*: 1801 am Amazonas entdeckt, blüht in Leiden seit 1872, von Juni bis August alle sieben bis acht Tage

174 Automobile ... Zählmaschinen: *Neues Wiener Journal*, 10.9.1910, 3, *Bei einer Gustav-Mahler-Probe*. Bei den dort erwähnten «Zählmaschinen» handelt es sich möglicherweise um ein Kontrollsystem auf Basis der Hollerith-Lochkartentechnik. Auf den Eintrittskarten liest man den Hinweis «Ohne Kontroll-Coupon ungültig» (de.mahlerfoundation.org/mahler/locations/germany/munich/1910-concert-munich-12-09-1910/)

175 die riesige Halle: Die Neue Musik-Festhalle hatte 3500 Plätze (in diesem Fall weniger durch das für die *Achte* vergrößerte Podium) und war 1908 als eine von drei Messehallen eröffnet worden. Heute gehört sie zum Verkehrszentrum des Deutschen Museums

175 hellgrüne Klavierauszüge: Kastner 1

175 lässt sich in einen Sessel fallen … alle 350 rufen zurück: *Neues Wiener Journal*, 10.9.1910, 3

175 «Aber nur, wenn ich es sage»: «O-Töne» ohne Quellenhinweis sind, wie auch sonst, Konstruktionen des Autors, ebenso wie der Ablauf dieser Probe und die Platzierung überlieferter Aussagen Mahlers

175 Anna … Franz: die beliebtesten vier Vornamen in München 1900–1918 (mstatistik-muenchen.de). Deutschlandweit war 1900 Alma auf Platz 30, Gustav auf Platz 11 (beliebte-vornamen.de)

176 Kleiner Taktstock: La Grange Mahler III, 801

176 «die Pflicht, das zu tun»: Fischer 811

177 große Gitarre … in weiche Butter senken: La Grange Mahler III, 798. Probenerinnerungen Wilhelm Ritters, die sich auf den Kinderchor, aber auf keine bestimmte Passage beziehen

177 «Die Engel im Himmel» … die Wangen wischt: Bei Grange Mahler III, 396 für diese Passage belegt nebst Mahlers Zuruf, für den Takt 1370 infrage kommt

177 Werbestreifen in der Elektrischen: «Grüne Plakatstreifen schreien dir ‹Gustav Mahler› zu …» (Kastner 1)

177 Knabenchor verlangt: Mahler Willnauer 337

177 2000 Kronen: ca. 12000 Euro, La Grange Mahler III 714

178 schwer verkracht … das nur Rosé versteht: La Grange 789f., Mahler Willnauer 353

178 «Reclame» verbeten: Mahler Willnauer 341

178 Plakate, Fotos, Büste: Kastner 1

179 Das höchste D: Mahler Willnauer 350

179 Tram «ohne Glockenzeichen»: sueddeutsche.de/muenchen/sz-serie-ferientouren-durch-muenchen-molto-lamentoso-1.2599425

179 «Humbug»: Mahler Willnauer 341

180 43000 Mark: Diesen Betrag, etwa 255000 €, machte im Juni 1910 ein SPD-Abgeordneter öffentlich, der daraufhin im Parlament als «Hochverräter» beschimpft wurde (dhm.de/lemo/jahreschronik/1910). Ein Logenplatz in der Musik-Festhalle am 12.9.1910 kostete 12 Mark; bei einem Durchschnittspreis von 7 Mark (gut 40 €) können 43000 Mark Einnahmen an zwei Abenden angesetzt werden

180 weiß wie ein Laken … Verbesserung: Fischer 806f.

180 «Freud hat ganz recht»: Brief an Alma, 5.9.1910, Schmidl 254

180 den jungen Architekten: Walter Gropius

180 Dutzende von Bewunderern: Namen bei La Grange Mahler III 789f., 799f.

180 mürrischer Strauss: Kastner 1

181 «Die Deutschen …»: Lesure 265, Croche 291, in *L'Ouest-Artiste*, nachgedruckt im *Paris-Journal* vom 21.8.1910

181 Darmleiden: 1909 wurde nach anhaltenden Beschwerden eine Krebserkrankung diagnostiziert und behandelt (CDBG 178, Lesure 255), als solche Debussy aber offensichtlich nicht deutlich gemacht

181 «… das Beste an mir!»: 8.7.1910, CDBG 232

182 Bahrs Brahmsähnlichkeit: Kastner 1

182 ökonomische Motive: «Das Motiv des heutigen Literaten (…) ist der Lohn.» (Brehmer 206)

182 Mahler nie gemocht: Kastner 1

182 Schüler Mahlers: Pringsheim war 1906–1907 Korrepetitor an der Wiener Hofoper

182 Sonnen und Planeten: GM an Mengelberg, 18.8.1906 (Briefe 346f.) über die *Achte*: «Es sind nicht mehr menschliche Stimmen, sondern Planeten und Sonnen, welche kreisen. – Näheres mündlich.»

183 absolute Stille … Kinder drängen so nach vorn: La Grange Mahler III 803f.

183 «Das Lied ist schön!»: La Grange Mahler III 798

183 «On or about December 1910 …»: Woolf *Mr. Bennett and Mrs. Brown*, 4

184 «Die Zeit von Victoria ist vorbei»: Kenney, 49

184 «Zerbrechen und Fallen …»: Woolf, *Mr. Bennett and Mrs. Brown* 20

185 Bertha von Suttner: Brehmer 79f.

185 Pillen und Gasmasken: *Wie ein Komet Europa in Panik versetzte*, DIE ZEIT 19.5.2010

186 «… knock'em flat»: Elgar im Mai 1901 (boosey.com/shop/prod/Elgar-Edward-Pomp-Circumstance-March-No-1-Op-39-arr-military-band-set-of-parts/604226)

187 talentierte Briten … «strangely insignificant»: Stephen Banfield in Grove VIII, 217

188 zärtliches Vibrato: vgl. youtube.com/watch?v=6un_YIawX-E, Kreis-

ler spielt Massenet. Elgars Konzert hat er nicht aufgenommen. Der Komponist als Dirigent dieses Werkes ist zu erleben in der Aufnahme mit Yehudi Menuhin, 1932

188 «Die technischen Schwierigkeiten ... Entschiedenheit»: «... a gentle, chastened regret, with a certain touch of austerity.» *Times* 11.11.1910, 11

189 ... hat die *Times* gewarnt: *Times* 7.11.1910, 12

189 Mehr als 200 Exponate: Fry 15–38

189 «kranke Verirrungen»: Blom 324

189 So weit hinter dem Mond ...: Vgl. Berkowitz. Claude Monet, von Turner tief beeindruckt, erzielte seine ersten Verkaufserfolge in London und nicht in Paris

190 National Gallery: Später Tate Gallery

190 «schockieren und beunruhigen»: Fry 9

190 25000 Besucher: Berkowitz

190 «wie Figuren von Gauguin»: Clarke 154

190 um die fünf Grad: laut *Times* 19.11.1910, 16

191 mindestens eine Viertelmillion: Die WSPU-Parade am 23.7.1910 hatte 250000 Zuschauer, «all friendly» (Purvis 147)

191 rund eine Million Britinnen: Purvis 144

191 bestehendes Wahlrecht: Es schloss 40% der Männer aus. Vgl. Wiki «Representation of the People Act 1918»

191 Spruchbänder ... Christabel Pankhurst: Vgl. Christabel Pankhursts Augenzeugenbericht in *Votes for Women*, 25.11.1910, 120f., dazu die ihn umgebenden Nachrichten und Meldungen

193 «... hoffentlich nie wieder sehen werde»: Purvis 150

193 «Nichts Besonderes», Brief von ES, zit. in Bahr-Mildenburg 171

193 vorgestellt bei Lady Brassey: Hoffmann 371f.

193 kühl zuerst: «my reception was, if anything, chilly» (FP 191)

193 Autorität einer Königin: FP 192

193 Öffnen der Arme ... «Männer!»: FP 195f.

193 ohne zu schreien: Die ersten elektrischen Verstärker kamen erst 1912 auf den Markt (Wiki En «Amplifier»)

194 «was Sie einen Randalierer nennen würden»: Purvis 139

194 sie bewundern sie: Purvis 148

194 Brief vom 15.9.1910: Hoffmann 372

194 *Better late than never*: *VfW*, 18.11.1910, 99

195 Titelseite des *Daily Mirror*: Wiki «Black Friday». Ein anderes Foto aus der Reihe druckte *VfW*, 25.11.1910, 121

195 Arterienriss im Gehirn: Purvis 153

195 Henria Leech Williams: Wiki «Black Friday»

195 29 Frauen geben sie zu Protokoll: Wiki «Black Friday»

197 199 der 251 Abgeordneten: Times 19.11.1910, 10

197 Spendenaufkommen von 85000 Pfund: *VfW* 25.11.1910, 118

198 das Herrenhaus ihrer Familie: knebworthhouse.com/blog/?p=631. Litton hatte auch den Kontakt zwischen Pankhurst und Smyth vorbereitet, Hoffmann 371

198 *People's Suffrage Federation*: en.wikipedia.org, «Adult Suffrage Society»

198 «Zeitverschwendung» ... stoßen sie ab: Jane Goldman, *The Cambridge Introduction to Virginia Woolf*, 12

198 «triste, schäbige Kleidung»: Park 120

198 «durchweg guten Wesens»: «the police displayed great good temper and tact throughout and avoided making arrests, but as usual many of the Suffragettes refused to be happy until they were arrested», *Daily Mirror*, 19.11.1910, 4

198 Die *Times* erwähnt nur ...: *Times* 19.11.1910, 10. Unter diesem Einspalter wird Lady Stout mit der Aussage zitiert, die Polizisten seien «die gröbsten, aufgedunsensten Leute» gewesen, die sie je gesehen habe; sie hätten sogar eine 80-Jährige niedergeschlagen

199 Pankhurst kündigt den Marsch an: Purvis 157

199 Text zur fertig komponierten Musik: dazu eingehend Hoffmann 394

199 Rebecca Clarke: Als Bratscherin wurde sie 1912 eine der ersten Musikerinnen im Queen's Hall Orchestra, nach 1918 zählte sie zu den wichtigsten britischen Komponisten

199 Drei Tage später ... mit fürchterlichen Schlägen: *VfW* 27.1.1911, 270

200 Sogar Frauen ohne Grundbesitz: Ab 1918 hatten im UK nur Frauen ab 30 mit Grundbesitz ein Wahlrecht (en.wikipedia.org Representation of the People Act 1928)

200 die Köchin: in *Mr. Bennett and Mrs. Brown* registriert Woolf es 1924 als dramatische Veränderung, dass sie sich mit ihrer Köchin über Hutmoden austauscht – in edwardianischer Zeit war es undenkbar

202 halb sechs ... zertrümmern die Scheiben: *VfW* 8.3.1912, 352; Augenzeugenbericht. Hier ist von 17.45 Uhr als Zeitpunkt der Fensterattacke die Rede, Smyth spricht 1936 in der BBC von 17.30 Uhr, was mit weiteren Quellen übereinstimmt

202 Das Glas von Liberty's ... neun Scheiben bei den Hope Brothers: Liste «Shops that suffered», *VfW* 8.3.1912, 353

203 *Daily Mirror*: zitiert in *VfW* 8.3.12 354

203 «Krater von Leidenschaft» ... «mich nötig gehabt»: ES an ABM, zit. in ABM-Erinnerungen 171

204 wie ein Kind gelächelt: FP 209

204 Volkszählungsboykott: theguardian.com/lifeandstyle/2011/apr/01/suffragettes-census-1911-boycott

204 im Auge eines Orkans, «wie ein Ehemann»: FP 194, 197

205 «Was wir tun, ist ein Flohbiss dagegen»: *VfW* 8.3.1912, 360

205 «Ich wüsste nicht ...»: *VfW* 24.5.1912, 549

205 zahlt die Kaution: Dokumentiert ist nur Smyths Steinwurf vom 4.3.1912, für den sie inhaftiert wurde. Da sie (FP 209f.) aber von einer Freilassung per Kaution berichtet, war sie vermutlich auch am 1.3. dabei

206 kein Schaufenster unzertrümmert ... die Marseillaise: *VfW* 8.3.1912 354, 360

207 Mit Aileen im Wolseley: Den großen Wagen hatte Ethels Mäzenin Mary Dodge Pankhurst 1911 geschenkt. Deren Chauffeurin Aileen Preston war die erste Britin, die sich für eine Fahrerlaubnis qualifizierte (Purvis 157)

207 «Dieser Loulou»: en.wikipedia.org/wiki/Lewis_Harcourt,_1st_Viscount_Harcourt#Sexual_misconduct: Harcourts Übergriffe gegen Minderjährige waren in London bekannt, wurden aber nie verfolgt

208 Hände in den Taschen: Vgl. Foto von diesem Auftritt: iamnotafeminist-ijustlikepi-blog.tumblr.com/image/65232140255

208 «Man wird wohl kaum ...»: Die Rede von ES ist nicht dokumentiert. Hier wurde sie collagiert aus ihren Äußerungen in *VfW* 18.11.1910, 99, und *VfW* 24.5.1912, 549 (Zeugenaussage im Old Bailey)

209 10 Shilling: zwischen 50 und 60 Euro

209 Botschaft von EP ... «der einzige Weg»: *VfW* 18.3.1912, 356

209 Den Dialog mit dem Polizisten hat Smyth für eine BBC-Sendung 1936 rekonstruiert. Während sie von nur einem Beamten spricht, der Wache stand, waren es laut *VfW* 8.3.1912, 360, mehrere

210 keine Kautionsregelung angeboten: *VfW* 24.5.1912, 549

210 Ethels Leserbrief: *Times* 19.4.1912, 6, nachgedruckt in *VfW* 26.4.1912, 468

211 «Anna, was ist das Weib ...»: ABM Erinnerungen 171

211 Ende März (1912): geschätztes Datum für Beechams Besuch. Laut *The Woking News and Mail* 26.4.1912 wurde ES Mitte April aus gesundheitlichen Gründen vorzeitig aus der Haft entlassen, nach fünf Wochen

211 «Ich kam in den Haupthof ... begegnen durfte»: Beecham, *A Mingled Chime*, 1943, 137–139. *The Wreckers* nennt Beecham «eine der drei oder vier englischen Opern aus den letzten 40 Jahren, die wirklich musikalischen Wert und Lebendigkeit haben»

211 brutal zwangsernährt: *VfW* 18.4.1912, 452

211 zunehmend kritisch gesehen: *Times* 16.4.1912, 5

212 «TITANIC SUNK»: *Times* 16.4.1912, 9 f

212 nur 20 Minuten: Baedeker Paris 344

213 «Intelligenz ohnegleichen»: fr.wikipedia.org/wiki/Louis_Laloy

213 Austausch mit Sun Yat-sen: *L'indépendence de l ésprit: Correspondance entre Jean Guéhenno et Romain Rolland*, Paris 1975, 7.9.1928

213 Treffen der Chinesen: *Journal des Débats* 16.3.1912, 2, «Voix de l'Asie»

213 General Shikai: Osterhammel 369 ff.

214 «So, wie er das macht»: CD ggü. einem italienischen Journalisten, Lesure 287

214 «Es wird eigens vermeldet»: *Journal des débats* 2.6.12, 3

214 «Seine Schönheit ...»: Nachdem Rodin dafür im *Figaro* scharf angegriffen worden war, wurde bekannt, dass der Artikel nicht von ihm stammte. Er schätzte Nijinsky jedoch sehr, vgl. Kessler 836, 839, 844

215 «Monteux einen Schrecken eingejagt»: in Monte Carlo, vermutlich in der zweiten Aprilhälfte, als IS zu *Pétrouchka*-Proben dort war (Walsh 179 f.)

215 «Darf ich um Ihren Beistand bitten?»: Es besteht Uneinigkeit darüber, ob CD und IS im Juni 1912 oder im Mai 1913 zusammen den

Sacre spielten. Laloy lud Strawinsky für den 2.6.1912 nach Bellevue ein, wo auch die Debussys sein würden, empfahl ihm die Züge, die um 14.00, 14.30 und 15.00 ab Montparnasse fuhren, und bat ihn, *Le Sacre du Printemps* mitzubringen (CDCG 1554). Auf diesen Nachmittag bezieht sich CD noch am 7.11.1912 in einem Brief an IS («le souvenir de l'exécution de votre *Sacre* ...»), und Laloy schildert das Spiel der beiden in *La Musique retrouvée* (1928), wobei er die Begegnung aber auf «Frühjahr 1913» datiert. Lesure, Herausgeber von Debussys *Correspondance* (2005), hält das für einen Verschreiber. Strawinskys Biograf Walsh findet dagegen 1999, es müsse zwei Treffen gegeben haben. Im Juni 1912 habe CD nur IS am Klavier zugehört; es werde da noch keine «brauchbare vierhändige Fassung» gegeben haben. Der Herausgeber des Faksimiles einer solchen Fassung (2013) hält eine Entstehung «zwischen Frühjahr und Ende 1912» für möglich, vermutet aber ein Duospiel 1913 nach Erscheinen der gedruckten Fassung für vier Hände am 21.5., kurz vor der Generalprobe von *Le Sacre* am 28.5. Angesichts von 21 Proben in den zwei Wochen davor, bei denen Strawinsky dringend gebraucht wurde, ist das unwahrscheinlich. Ein stilles Statement zur Frage liefert Marie Rolf 2019 in ihrer englischen Übersetzung von Lesures Debussy-Biografie (2003), die sie um zahlreiche akribische Anmerkungen erweitert. Sie verweist mit keinem Wort auf die «1913»-These. Der Autor entschied sich für 1912

218 rief Frau Meck ihn ins Zarenreich: Lesure 38

219 schreibt er eine Acht ... später auch Holzbläser: Strawinsky/Meyer 63, *Sacre*, Ziffer 37

220 Tschechow aufführend, Himbeeren sammelnd: Burde 23ff.

220 «besser, diese Musik gar nicht zu hören»: IS-Mem 29

221 6. Februar 1909: Walsh 121

221 Strawinsky begibt sich ... Augen äußerst lebendig: Walsh 121–129, Diaghilev: Bowers 166, Bild 1906 Wiki

222 Rimski wäre entsetzt ... «kannte meine Kräfte noch nicht»: IS-Mem 35f.

222 der Tänzer improvisiert: Walsh 135

223 er lernt nun alle kennen ... Strawinskys Familie: Walsh 142–145

225 «Er hatte gerade erst angefangen»: Strawinsky/Meyer 9, und Le-

derman 128f. Monteux spricht vom «Klavierauszug der ganzen Partitur», aber die gab es noch nicht. Für IS, der vom Klavier aus komponierte, waren die Fassungen für 2 und 4 Hände Teil des Arbeitsprozesses; die Orchestrierung schloss er erst im Dezember 1912 ab

226 Strawinsky schwankt ein bisschen: Laloy *Grande Revue* 1912, zit. in Strawinsky / Meyer 10

227 «Das kennen Sie?»: CD *Nocturnes*, «Fêtes», 2 Takte vor Ziffer 12. Von Ziffer 10 bis 13 bildet das Streicherpizzicato eine metrisch perkussive Schicht verblüffend ähnlich der im *Sacre* Ziffer 129 bis 131

227 Nächste Seite, rechts oben: Strawinsky / Meyer 99, *Sacre* Ziffer 132

227 «tatsächlich an eine Oboe gedacht»: Danuser 86f.

228 Liste der Instrumente: Danuser 86, 404. Eine erste Liste der Instrumente, undatiert, wurde von Strawinsky mit Bleistift ergänzt um Tamtam, kleine Pauke, eine zweite Tuba. In der Reinschrift der Partitur kamen eine zweite Bassklarinette und ein zweites Kontrafagott hinzu, eine Basstrompete in Es, vier Perkussionsinstrumente

228 Hotel Kummer: ES-ABM Signatur AM 31523 BaM

229 der eifrige Journalist: *Neues Wiener Journal*, 5.11.1912, 5

229 aufs Podium gerufen: *The Suffragette* 15.11.1912, 66

229 Adrianopel zerniert: die Stadt, heute das türkische Edirne, war eingeschlossen worden

230 Keine Provokation ... Stabilitätsgarant: Vgl. Clark 318–327

230 von Großbritannien und Frankreich unterstützt: Wiki Balkankriege

231 Handgranaten aus Flugzeugen: Boeck; Greber, Wolfgang: *Von «großen» Siegern, die dann einander zerfleischen, Die Presse* 16.10.2012

231 Schneider-Creusot und Krupp: Daniel Stahl, *Zerschlagt das Waffenkartell!*, *ZEIT* 4.12.2014

231 «Konflagration unter den Großmächten»: *Neues Wiener Journal*, 5.11.1912, 5

231 Zar unterschreibt ... Teilmobilmachung: Clark 349f.

231 was Korngold schreibt: *NFP* 9.11.1912, 3

232 den Bulgaren zuvorgekommen: Clark 333

233 Erstaufführung von *Pierrot Lunaire*: am 2.11.1912 im Bösendorfer-Saal, nach der UA in Berlin am 16.10.1912

233 «Ja richtig: Ethel Smyth!» ... «Engländerin (!)»: AS-AB I, 310, 5.11.1912, AS-AB I 133

233 Briefkontakt: Rund 750 Briefe wurden von 1912 bis 1939 zwischen Smyth und Hertzka bzw. der UE gewechselt. Hoffmann 172 ff.

234 «Suffragette mit Vollbart»: *Fackel* 12.12.1912, 60

235 15.34 Uhr … Reisegeschwindigkeit: Vgl. Reichs-Kursbuch 1914, 580, online: deutsches-kursbuch.de/1914/155b_quer.htm

236 mannshohe Radspeichen: Die sechs Treibräder der ab 1910 gebauten S10, im Einsatz der Preußischen Staatseisenbahnen, hatten einen Durchmesser von 1980 mm

236 Wilhelm II, *Cléopâtre*: IS-Mem 50

236 «Es ist ein Fehler»: IS-Mem 50

236 «dieses erstaunliche Orchester» … Schönberg mag *Pétrouchka*: Walsh 189

237 Kunstspielklaviere: Hagmann 24 f.

238 zu nah an Beardsley: White 41: Erst 1935 sprach I.S., auf die Ästhetik des Werks bezogen, von einer «Rückkehr zum überholten Beardsley-Kult». Danach kam er seiner ersten Hochschätzung von *Pierrot Lunaire* immer näher und nannte ihn 1963 sogar den «Solar Plexus [Nervenzentrum] und das Gehirn der Musik des frühen 20. Jahrhunderts»

238 die Töne B, A, C, H: Nr. 10 «Raub», Takt 20

238 quietschend in der Höhe: Rezension Bienenfeld in Bryn-Julson 53 f.

238 «herausragender Künstler»: Walsh 190

239 kleiner seliger Terzgesang: *Pierrot* Nr. 21 «O alter Duft», Takt 26/27

239 vier Grad, ein bisschen sonnig: *Nordd. Ztg.* 8.12.1912, 8

239 das ewige Gebrüll: Vgl. Paul Boldts Sonett *Auf der Terrasse des Café Josty*, 1912

239 Karl Kraus im Choralion-Saal: *Tageblatt* 8.12.1912, 44. Die Vorschau der Agentur Emil Gutmann an diesem Tag umfasst Auftritte von u.a. Pianist Eugen d'Albert, Cellist Pablo Casals, den Dirigenten Oscar Fried, Felix Weingartner, Thomas Beecham

241 reserviertes Wiener Publikum: tanz.at/index.php/wiener-tanzgeschichten/1712-nijinski-in-wiendrama-in-drei-akten-mit-prolog-und-epilog

241 Brennglas des Balkankriegs: Vgl. IS-Mem 51: «Die Russen waren damals in Österreich nicht sehr beliebt»

242 … räumt sie Alban Berg beiseite: In wessen Beisein Smyth mit Schönberg bei den Proben ins Gespräch kam, ist nicht bekannt.

Berg half bei der Probenarbeit und schrieb einen 100-seitigen Führer zu den *Gurre-Liedern*. Was AS über Brahms und *Gurre-Lieder* sagte und dass er ES zum Pierrot einlud, schreibt sie – im Rahmen einer hymnischen Besprechung – in *The Suffragette*, 14.3.1913, 345. Für diese neue Wochenzeitung rezensierte sie auch – sehr kritisch – die Stuttgarter Uraufführung von Strauss' *Ariadne* (8.11.1912, 51) und die Wiener Produktion seines *Rosenkavalier* (21.2.1913, 291)

244 «Sonst wären wir da immer noch»: *The Suffragette*, 14.3.1913, 345. Weder in Smyths Rezension noch anderen ist die Rede davon, Schönberg habe sich nur vor den Musikern verbeugt, mit dem Rücken zum Publikum, wie bei Ross 72 zu lesen

244 Beschluss sabotiert: Clark 369

244 «Europa verhöhnt» ... «Große Lärmszenen»: *NFP* 1.4.1913, 1, 10, 12

245 Gelächter, free fight: FBoB, 110

245 Orchesterstücke von Webern: Das Programm umfasste die UA der *Sechs Orchesterstücke* op.6 (damals op.4), vier orchestrierte der sechs *Maeterlinck-Gesänge* von Zemlinsky (später op.13, Nr.1,2,3,5), Schönbergs *Kammersymphonie* op.9, die UA des zweiten und dritten der *Fünf Orchester-Lieder nach Ansichtskartentexten von Peter Altenberg* op.4 von Berg; zum Abschluss waren Mahlers *Kindertotenlieder* vorgesehen (AS-AB I 391f.). Zum Verlauf des Abends gibt es viele und widersprüchliche Quellen; die Rekonstruktion des Autors stützt sich vor allem auf Krones, Smyth FBoB 110, *NFP* 1.4.1913, 12

245 so etwas wie ein Dominantseptnonenakkord: *Altenberg-Lied* Nr.2, Takt 7

246 Steinhof: Wiener Irrenhaus

246 Dr. Viktor Albert, atemlose Stille: AS-AB I 406f., Schnitzler Tagebuch. Es kam zu einem Prozess, in dem der Zwischenrufer wie der Ohrfeigende zur Zahlung von je 100 Kronen verurteilt wurden

KAPITEL 6

248 Alle fünfzehn Minuten: Fahrplan 1914 fr.wikipedia.org/wiki/Ligne_de_Petite_Ceinture

248 «Natürlich liebe ich die Ringeisenbahn»: CDBG 177

249 Blick zum Pavillon: laurentbaziller-graphiste.fr/fortifs/images4.html
249 groß genug für Personal: Lesure 230, Foto: debussypiano.com/foch.htm
250 kurze weiße Höschen: Kessler 880
250 Da trippelte er ... schrecklich!: Vgl. Debussys Brief an Godet, 9.6.1913, CDCG 1618f.
250 Schweizer Rhythmusforscher: Nijinsky und Diaghilev hatten im Dezember 1912 von Berlin aus den Rhythmik-Pionier Émile Jaques-Dalcroze in Hellerau besucht, wo dieser die Bildungsanstalt für Musik und Rhythmus leitete
250 zu kurze Proben: Beginn am 8.5.1913, eine Woche vor der UA, CDCG 1602
250 «Ihr seid doch alle Schweine»: Kessler 879
250 Zeilen für *Le Matin*: Debussy Croche 242f.
251 «kein Geld flüssig»: CDCG 1605
252 der Puppe «ihre Geheimnisse entlocken»: Vgl. CDBG 296
252 Jahresmiete: CDCG 1546
252 der versoffene Miethai: CDBG 272
252 15 Grad, wenige Wolken: *Le Temps* 17.5.1913, 4
253 Friedensvertrag für den Balkan: Clark 371
253 der Zeitung entnehmen, dass Skutari ...: *Le siècle*, 15.5.1913, 1
254 Probleme mit dem Telefon: CDCG 1603, CDBG 290f.
254 *Das Meer ist böse*: Vgl. CDBG 272
255 *Españaña*: Letztes der drei Stücke in *Croquis et agaceries d'un gros bonhomme en bois, Skizzen und Neckereien eines dicken hölzernen Männchens*, Paris, E. Demets 1913
256 «mit allem Komfort der Moderne»: CDCG 1609
256 kurz nach acht: Die Vorstellung begann um 20.45, *Le siècle* 29.5.1913, 5, Avatar 416
256 Die Damen mondän ... Schirmmützen: Vgl. Cocteau 96, Danuser 70
256 Wo schon d'Annunzio sitzt: Kessler (886) erinnert sich, Debussy und d'Annunzio in Astrucs Loge gesehen zu haben, wo sie die Herren der Nachbarloge mit «Tas d'imbéciles» beschimpften. Kessler saß unmittelbar vor Strawinsky in Reihe 3
257 Damen von ausgesuchter Eleganz: Diese Loge schildert Pierre Lalo in *Le Temps*, 21.4.1914 (Danuser 65f.). Der Autor hat sie neben der von Astruc und CD platziert

257 Programmfolge am 29.5.1913: Danuser 416. I.S. orchestrierte Chopins op.18 und op. 32/2

258 ... ans Klavier sprang: Walsh 202f.

258 Plätze der Strawinskys: Craft 46, IS Interview, youtube.com/watch?v=LotnD652exY, Kessler 886

258 auf der Stelle hopsend: Vgl. die filmische Rekonstruktion der Choreografie in *Riot at the Rite*, BBC 2005

258 «... ihr Nutten aus dem Sechzehnten!» ... «schmeißt sie raus!»: Danuser 67, Craft 46, Kessler 886

258 «ein Haufen Schwachköpfe»: Kessler 886

259 Es wird etwas ruhiger: Der Autor folgt der Darstellung im Film *Riot at the Rite*, BBC 2005

259 Nach fünf Minuten aufgesprungen ... noch einmal: Kessler 886, Craft 46, IS Interview, IS-Mem 53

259 Die ganze *Nouvelle Revue* ... auf den Kopf trommelt: Kessler 886, Danuser 66, rondomagazin.de/artikel.php?artikel_id=179

259 Comtesse de Pourtalès: Cocteau 96, Danuser 70

260 Zahnarzt ... etwas Burleskes: Danuser 74f., Walsh 204f. Vom finalen Todestanz schreibt Nijinskys Assistentin später, es sei der Höhepunkt des Tumults gewesen, Nijinskys Schwester hingegen hat da den einzigen ruhigen Moment des Abends erlebt – beide im Rückblick nach sechzig Jahren. Dass das kein Widerspruch sein muss, zeigt der Bericht des russischen Kritikers Pjotr Potjomkin vom 5. Juni 1913 (Danuser 244)

260 ... gewinnt die Begeisterung ... allein auf die Bühne: Danuser 244, Walsh 205

260 Solo im *Spectre*: Danuser 416ff. Dem *Spectre*, von Léon Bakst ausgestattet, folgten noch *Danses Polovtsiennes* mit Musik von Borodin

262 die Runde im Larue: Kessler (886) ergänzt die Namen mit dem Hinweis «die übliche Gesellschaft». Zu ihr zählten (885) auch Ravel und Gide

262 «Genau, was ich wollte»: Craft 46

263 jungenhafter denn je: Foto aus Neuilly Juni 1913, Danuser 462

263 Brief vom vorigen November: CDCG 1554f., 7.11.1912: «Noch immer habe ich das Andenken an die Ausführung [l'exécution] Ihres *Sacre du Printemps* bei Laloy in meinem Gedächtnis ... Das verfolgt

mich wie ein schöner Alptraum, und ich versuche vergeblich, mir den schrecklichen Eindruck wachzurufen.»

264 Widmung für Debussy: Sie ist im Katalog einer Pariser Strawinsky-Ausstellung von 1980 dokumentiert, nach welcher Debussys persönliches Exemplar des Klavierauszugs abhandenkam. Strawinskys Datierung 9/VI 1913 kann mit einem Treffen CD/IS zum selben Datum neuen Kalenders nicht übereingebracht werden, da Emma Debussy noch am 11.6. nicht wusste, wohin die Strawinskys aus ihrem Hotel gezogen waren, und besorgt nachfragte (CG 1620). Die gregorianische Entsprechung für den orthodoxen 9.6. ist der 22.6., vermutlich Tag des Besuchs in Neuilly. Am 23.6. schrieb CD an Caplet: «Ich reserviere für Sie die Lektüre des *Sacre du Printemps*, die Sie nicht gleichgültig lassen wird.»

264 «Die Musik braucht Sie sehr»: Vgl. CDCG 1656

264 «Kammerdiener» Ravels: CDCG 996

264 «debussyistischer als Debussy»: Lesure 237

265 *Soupir, Seufzer*: erstmals erschienen 1866. Übersetzung vom Autor

266 «Phänomen von Autosuggestion»: CDBG 296f.

268 «verkauft wie eine Hure»: CDBG 287

268 nussbraune Schlafwagen: detailliert geschildert in Nabokov 192

268 Um 9 Uhr morgens: 1913 fuhr der Zug der PLM um 9 Uhr in Paris ab und erreichte Marseille um 21.25. (Wiki Ligne de Paris-Lyon à Marseille-Saint-Charles). Zur Reise von ES siehe S. 280–292 in diesem Buch

269 vor vielen Jahren flog Nadar: Vgl. Hagedorn, Der Klang von Paris, 328

269 mit Birkenscheiten befeuert: Nabokov 188. Die sibirischen Kohlevorkommen waren noch nicht erschlossen

269 Anblick eines Mädchens: CDCG 1708

269 Allee von Mineralwasserflaschen: Nabokov, 192

270 «unsere russische Musik bestehlen»: Bowers 87. Skrjabins Vertrauter Sabanejew ist offener, wenn er Debussy als einen Pionier der «Akkordpsychologie» würdigt (Lobanova 200f.)

270 westliche Impulse: Siloti dirigierte bis 1913 27 russische Erstaufführungen von elf Franzosen, CDCG 1644

270 Strawinsky, Mjaskowski: Lesure 305

271 planvoll gebaut ... verwinkelt, gewachsen: Hufen, *Geliebte Rivalen*, Elbphilharmonie Magazin Visionen, Hamburg 2020, 52ff.

271 sechstgrößte Handelsmacht: Ingold 12, 32

271 Krankenversicherung: Britannica 28/996

271 hierarchische Ordnung: Ingold 23

272 «Wir sind bald ‹alt›»: Emma am 13.11.1913, CDCG 1689 f.

272 «Groll gegen Deine Musik» ... «dich zu halten»: 8.12.1913, CDBG 425; Emmas Briefe nach Russland sind nicht erhalten

273 Musiker der Sinti und Roma: CDBG 423, CDCG 2113

273 preiswertes Ei: Ingold 48. 2002 wurde das «Winter-Ei» von Fabergé für 8,7 Millionen Dollar versteigert

274 «großer Bruch»: Ingold 13 Anm. 10

274 Blok arbeitet an *Nowaja Amerika:* Vollendet am 12.12.1913, Ingold 23 Anm. 15

275 russische Flugapparate: Ingold 56–58, Wiki «Russki Witjas»

275 Petersburger Dame: Nabokov 44 f.

275 Abgeordneter der Duma: Wladimir Dmitrijewitsch Nabokow, 1870–1922, Vater von Vladimir Nabokov

276 *Der streunende Hund*: Ingold 113 ff.

276 Salle de la Noblesse: heute die Sankt-Petersburger Akademische Philharmonie D. D. Schostakowitsch

277 mit dem Schlimmsten gerechnet: CDBG 426

278 «Nun muss ich dir gestehen»: 11.12.1913 an Emma, CDCG 1723. Der Brief enthält auch den Satz: «Also, etwas schrecklich Bitteres ist in mein Herz gestiegen (...).» Alle Gedanken und Assoziationen zum Konzert, die über diesen Brief hinausgehen, sind solche des Autors. Erstaunliche Koinzidenz: Am 8. Februar 1868 dirigierte im selben Saal auch Hector Berlioz eigene Werke; danach musste er «eine gute Viertelstunde lang wie ein hysterisches Mädchen weinen»

278 «Eine berührende Schönheit»: In *La Revue musicale*, 1.12.1920, 216, zit. in CDCG 1723

278 auf denselben Abend hat Skrjabin ...: Lesure 307

279 ist da schon skizziert: im Frühjahr 1913. Skrjabin, *Vers la flamme*, Vorwort der Henle-Ausgabe 2011 Das Stück wurde 1914 vollendet

279 *La Mer* bei Skrjabin: Sabaneew 188

279 «Sans prince» ... «sehr gern»: fiktiver Dialog auf Basis von Lesure 306, Lockspeiser 67, fr.rodovid.org/wk/Personne:416598. Sophia K. von Meck (1867–1935) war ab 1884 mit Alexander Rimski-

Korsakow verheiratet (aus derselben Familie wie der gleichnamige Komponist), mit dem sie fünf Kinder hatte. Die Ehe wurde 1895 geschieden, die zweite (kinderlose) Ehe mit Prinz Dmitri Michailowitsch Golizin endete vermutlich vier Jahre vor seinem Tod 1913. Auf Sophias Jugendflirt mit CD und dessen übertriebene Darstellung durch Zeitgenossen weist Lockspeiser hin

280 Holztäfelung, Nachtlampe: Nabokov 193

280 die längste Konzertreise: zu Reisedaten und Korrespondenz vgl. CDCG 1724ff.

280 Helwan: auch Helouan oder Ḥulwān (‹süßer Brunnen›)

281 Golfplatz: Baedeker Egypt 167ff.

282 im Korbsessel an der Balustrade: Foto in BaP ggü S. 102

282 «Ich arbeite so drauflos»: 22.12.1913, BaP 116

282 nach fünf stürmischen Tagen: Baedeker Egypt 4f., Schiffsverbindungen. Da Smyths Schiff in Neapel Station machte und am Montagvormittag, 8.12.1913, Alexandria erreichte, kommt nur die Verbindung des Norddeutschen Lloyd ab Marseille infrage, der auf dieser Linie die *Prinz Heinrich* und die *Prinzregent Luitpold* einsetzte

282 bei ihrer Tochter Christabel: FP 216, 11, avenue de La Grande Armée, unfern der Wohnung Debussys

282 271000 Pfund: Purvis 242

282 Mary Hunter, Rodin: tate.org.uk/art/artworks/rodin-mrs-charles-hunter-n04116

283 das volle Programm ... «Kitchenaire»: BaP 101

283 «für Europäer nicht geeignet»: Baedeker Egypt 22

284 «Wenn Sie nicht schreien ...»: BaP 160

284 «Ich hab gedacht, ein Mann ...»: Libretto in *The Boatswain's Mate*, Gesamtaufnahme, Retrospect Opera 2016

285 ihr populärstes Stück: St. John 163

286 «D. G.» nennt man ihn hier ... «Sie werden sehen, meine Liebe!»: BaP 104, 105, 111

287 auf den Bahnsteig gestoßen: FP 217

287 «My darling Em» ...» «dass du eine komische Oper schreibst ...»: Briefe in BaP 116, 118

288 «mit düsterer Wut»: BaP 136–139

289 «eine Atmosphäre wie von Jagdgründen»: Storrs, *Orientations*, 1943, zit. in Collis 136

289 «Aktionen im Ausland»: BaP 108–110. Dazu auch Jiracek in Bartsch 158

289 50 Pfund kostet die Lizenz: Baedeker Egypt 418

289 «Zerstörung großer Kunst»: BaP 149, der erste Satz abweichend davon aus einem Brief bei Collis 139

290 Hutchinsons Erklärung: Wiki Mary Hutchinson. Im Original heißt es «Iscariot politicians» in Anspielung auf den Verrat des Judas Ischariot. Hutchinson kandidierte nach der Einführung des Frauenwahlrechts 1919–1922 für Labour und wandte sich später den englischen Faschisten um Oswald Mosley zu

290 Smyth verteidigt die Attacke: *The Suffragette* 1.5.1914, 57–58

291 «die ganze Oper ruiniert»: Collis 140

291 «ich bin der Themen müde» ... «ich kam auf den Marsch»: BaP 175, 6.5.und 9.5.1914

292 sucht sich das Zimmer aus: BaP 177

KAPITEL 7

293 So schön wie nie: Zweig 203

293 Wie ein Schatten ... im Gefängnis einfinden: FP 235, Purvis 265

293 Schirm mit Umhang ... Hôtel des Panoramas: Vgl. Abb. in communes.com/photo-dinard,213405. Im genannten Hotel wohnte ES, vgl. Briefe an Hertzka 3.6.–29.7.1914, NUE 146–164

293 Dampftram: Abb. in cparama.com/forum/saint-briac-t15016.html

294 Golfplatz St. Briac: france-voyage.com/villes-villages/saint-briac-sur-mer-12386/golf-dinard-3728.htm

294 Korruptionsaffäre: Die Krupp AG hatte sich in den Besitz militärischer Informationen und solcher über Angebote der Konkurrenz gebracht, wurde aber von der deutschen Regierung gedeckt

295 Seite drei ... Seite eins: *Le Temps*, 23.7.1914

295 «Ich habe ihm geschrieben»: Purvis 266. Die Entgegennahme dieses Schreibens wurde am 23.7.1914 im Buckingham Palace abgelehnt

295 «dass Serbien in Europa Freunde habe»: Clark 570

296 Sand-Aale im Watt: Vgl. Postkarte, Bild 13 in communes.com/cartes-postales-anciennes-saint-briac-sur-mer

296 «Note seiner Regierung»: Clark 587

296 Antwort entgegenkommender ... Mobilmachung in Aussicht gestellt: Clark 598, 593

297 hofft nun auf den «klaren Geist»: *Le Temps* 27.7.1914, 1

297 «Die politischen Verhältnisse ...»: ES an Hertzka, 29.7.1914, NUE

298 die anderen fünf Deutschen ... «nicht im Stich lassen?»: FP 236

298 Grandes vacances: seit 1912 vom 14.7. bis 30.9.

298 Grey erklärt zu dieser Stunde: Clark 690

299 «diese Schweine da»: FP 235. Adam (20) berichtet, dass in diesen ungewissen Tagen Engländer in Frankreich offen angefeindet wurden; in Paris entfernten englische Kaufleute vorsorglich ihre Ladenschilder

299 «England wird kämpfen»: Mit diesen Worten nimmt der Autor Pankhursts Haltung zum Krieg voraus

299 Am frühen Nachmittag in St. Malo ...: laut Purvis (266f.) lauschte Pankhurst dort am 1.8.1914 einer Rede des Bürgermeisters zur Kriegserklärung Deutschlands an Frankreich. Diese erfolgte aber erst am 3. August. Indessen wurde in St. Malo am 1.8. die französische Generalmobilmachung ausgerufen: «Wir gingen auf dem Uferwall spazieren, als am 1. August 17 Uhr das Glockenläuten die Generalmobilmachung ankündigte.» (Handschriftliche Kommentierung in einem Ferienfotoalbum aus Saint-Malo, 30.7.–21.8.1914, orig. frz., gefunden bei ZVAB, Anbieter photovintagefrance, Bestandsnr. MO9484, abgerufen 7.5.2021)

299 Dampfer nach Southampton: ES merkt in FP 236 nur an «We managed somehow to get back to England». Es gab eine tägliche Schiffsverbindung Southampton-Malo-Southampton (Baedeker Northern France, XIII). Collis schreibt hingegen (142, ohne Quellenangabe), Pankhurst sei noch in St. Briac geblieben

299 rücklings im Meer ... «wenn du wieder raufkommst!»: FP 235

300 schwarzes Kriegsschiff: Vgl. Adam 17. Sie sah bereits am 31.7.1914 abends ein solches, vermutlich britisches Schiff vor der bretonischen Küste patroullieren

300 «Misshelligkeiten, die Sie kennen»: CDCG 1841

300 Pavillon d'Armenonville ... «um Mitternacht»: Tuchman 115

301 Regierungschef René Viviani ... bis 15.55 Uhr: Tuchman 114f., Wiki: Chronologie der Julikrise 1914

301 um 16 Uhr … zu den Bahnhöfen marschieren: laut Adam (19) geschah das bereits unmittelbar nach Ankündigung der Mobilmachung, nicht erst am 2.8.1914

302 Telegramm von Wilhelm II: Clark 679

302 8500 Francs Jahresmiete: CDBG 320

303 «Seit langem verliere ich mich»: 14.7.1914, CDCG 1836

303 kein «Sinn für das Militärische»: 8.8.1914, CDBG 319

303 «Konsequenzen eines Krieges»: 3.8.1914 CDBG 318

303 Auf den Pariser Bahnhöfen … deutsche Geschäfte angegriffen: *Le Temps* 4.8.1914, 2–3

304 Berliner Innenstadt … «Ansammlungen zu unterlassen»: Kessler 918, 1.8.1914, *Vossische* 3.8.1914,2–3

304 Bahnhof Friedrichstraße: *Berliner Volkszeitung* 3.8.1914, 3

304 «rings von Spionen umgeben»: *Vossische* 4.8.1914, 2

305 Erschießungen, «Brunnenvergifter» erhängt: Kessler 918, 1.8.1914

305 eine Bekannte retten: Mühsam 3.8.1914

305 *Impression III (Konzert)*: Wassili Kandinsky, 1911, Öl auf Leinwand, 77,5 × 100 cm, Städtische Galerie im Lenbachhaus und Kunstbau München, vgl. Cover dieses Buchs

305 Niesen, Räuspern … ‹Consonanz von morgen›: Dittmann 216 f.

306 «ins Auge springt»: zit. in Elisabeth Hahn, *Wesensverwandte – Die Freundschaft zwischen Arnold Schönberg und Wassily Kandinsky*, Deutschlandfunk Kultur 19.2.2021

306 «Ich dürfte das nicht sagen»: Knaus 80, Erinnerung von Erwin Stein, der ebenfalls in Murnau war

306 nach Südende: von Oktober 1911 bis Mai 1913 lebten Schönbergs in Berlin-Zehlendorf, dann bis zur Rückkehr nach Wien im September 1915 in Berlin-Südende (heute Steglitz) in der Berliner Str. 17A

307 «Lieber Herr Schönberg»: AS-AB 493, 2.8.14. Der Brief wird ohne Kenntlichmachung der Auslassungen zitiert

307 Möglichst in Silberkronen: Knaus 74

308 «die reinsten Prophezeihungen»: AS-AB 482, 10.4.1914

309 «Kern der Unruhezone»: Zweig 191

309 «Autos schossen …»: Musil, *Mann ohne Eigenschaften* Bd. 1, 9

309 674 Bewohner der Stadt Dinant: Wiki Massaker von Dinant

310 dem *Grazer Tagblatt* entnehmen: *Grazer Tagblatt*, 23.8.1914, Morgenausgabe, 2

310 bewaldete Hügel in Galizien ... Krasnystaw ist gestürmt worden: Die Darstellung folgt der von Waugh, 98–103

311 die ersten Deutschen sind schon in Senlis: CDCG 1846

311 trotzdem kam es ihm wie Selbstmord vor: an Durand 21.9.1914, CDBG 322

311 Bomben ... fast vor Angst gestorben: 30.9.1914 an Durand, CDBG 324, CDCG 1848

312 «M. Debussy et 4 personnes» ... Skizzen: *The Etude*, März 1933, S. 156, archive.org

313 abends um halb sieben ... Direktor des Grand Hôtel: an Paul Dukas, 5.10.1914, CDCG 1851

313 150 000 Soldaten verlieren das Leben: en.wikipedia.org/wiki/First_Battle_of_the_Marne

313 «Es kommt uns teuer zu stehen»: CDCG 1849

313 von Schönberg keinen Ton gehört: CD in einem Interview im Juni 1914, Lesure 316. Haselböck 76 weist darauf hin, dass CD Schönbergs *Gurrelieder* sowie op. 4, 7, 11, 16 und 21 kannte

313 «70 hatten *sie* Wagner»: CDCG 1845, 18.8.14

313 fast neuer Bechstein: erworben März 1913 (CDCG 1590), nicht bezahlt (CDCG 1850, Ende September 1914)

314 «diese mediokren Kitschisten»: Schönberg an Alma Mahler, 28.8.1914

314 «vom Blutdurst wie betrunken»: Zweig 218

314 «nimm dem Debussy u. Ravells Scriabins ...» AB-HB II 159, 6.11.1914

314 «Meine ganze Libido gehört Österreich-Ungarn»: Clark 602

314 Siebzehn Millionen Tote: Gesamtzahl der Todesopfer im Ersten Weltkriegs lt. Wiki. Mehr als neun Millionen davon waren Soldaten (dhm.de/lemo). Beides sind Schätzungen; je nach Kriterien fallen Angaben zur Zahl der Opfer in Publikationen unterschiedlich aus

315 der Krieg werde noch bis zum Frühjahr dauern: AS-AB I 496, 24.8.1914

315 Bänke voll von Arbeitslosen: Knaus 79, Brief Johanna Berg 27.8.1914

315 Handschriften von Mozart ... *Missa solemnis*: Flindell 310 ff.

315 vom Blatt transponiert: Beim Transponieren wird ein Stück in an-

derer Tonart als der notierten gespielt, um es z. B. der Stimmhöhe eines Sängers anzupassen. Leopoldine konnte das auf den ersten Blick

316 Krupp ausgebootet: Schwaner 64–70

316 940 Kronen abschwatzen: AS-AB I, 115

316 tagsüber schält er Kartoffeln: Nedo 120

316 «Alles, was wir sehen ...»: Wittgenstein, *Tractatus logico-philosophicus*, Abschnitt 5.634

316 «dass wir gegen England nicht aufkommen können»: Waugh 97

316 «Welcher Philosophie ...»: Nedo 122

317 Kiew, Minsk, Orel: Waugh 105 nennt ohne Beleg auch Moskau und St. Petersburg als – eher unwahrscheinliche – Stationen

317 Paul Wittgenstein in Omsk: Die Darstellung orientiert sich an Waugh 115, 118, 122, 130

320 «Es bedeutet mir wenig ...»: Brief Ravels vom 7. 6. 1916, rncm.ac.uk/fr/paris-manchester-1918/musiciens-au-front-musiciens-larriere/maurice-ravel/refuser-le-patriotisme-aveugle/

321 «den Waffengenossen zum ersten Mal ins Auge blickten»: Die bulgarische 1. Armee wurde mit der 3. k. u. k. Armee zusammengeführt, unter deutschem Befehl

321 Vom Heeresdienst freigestellt: Einberufen wurden alle männlichen Zivilisten zwischen 17 und 45 Jahren. Doch die Wehrordnung erlaubte Zurückstellungen, und besonders in Dresden machte das Stellvertretende Generalkommando «weitgehende Zugeständnisse» (Held) an die Leistungsfähigkeit des Orchesters. Dem Leipziger Gewandhausorchester wurden 1915 14 von 16 Anträgen auf Freistellung bewilligt

323 «Es ist widerlich ...»: Hanheide 208 f

323 Debussy im Kino: CDCG 1867, 10. 1. 1915 abends. Die Vorstellung im *Colisée* begann an diesem Tag um 14.30 (Figaro 10. 1. 1915, 4). CD erwähnt *Le Calvaire d'une Reine*, eine Produktion von Pathé Frères, die am 8. 1. in mehreren Pariser Kinos angelaufen war. Im täglich variierenden Programm des *Colisée* waren u. a. auch *Max à Monaco* (1914) und *Vauchamps après la bataille*. CD lobt Max Linder, ohne einen Titel zu nennen – *Le chapeau de Max* (1913) ist die Wahl des Autors –, außerdem einen Film über den belgischen König Albert I., der zu dieser Zeit mit seinen Truppen an der Yser kämpfte

324 alle von 20 bis 48 Jahren: CDBG 321 Anm. 4
324 einige Orchester wurden schon fusioniert: CDCG 1876 Anm. 3
325 «was einem Lobgesang von Luther ‹passieren› kann»: an Durand 22.7.15, CDBG 339
325 nicht für einen toten Teutonen: Tal 9f.
325 «wie die Grautöne bei Velázquez»: an Godet 4.2.16, CDCG 1972
325 das Klavier, ‹französisch› gestimmt: CDBG 334
326 «Ich bin zerstört ...»: CDBG 330
326 Briefe von der Front: *Histoire / Geschichte* Klett 2008 I, 203, Brief René Jacob, September 1914
326 Arkel, die Kröte: Foto in Macassar 28, CDBG 337, 460 Anm. 13
328 «verborgener Tod» ... «Emotion ohne Epilepsie»: alle Zitate in dieser Passage entstammen dem Brief von CD an Robert Godet, 14.10.1915, CDCG 1947f.
328 150 Tonnen Chlor: Geo Epoche *Der Erste Weltkrieg*, 86
329 Tanzgesten aus *Le Sacre*: Vgl. *Sacre*, Ziffer 25ff., Horn, und CD, Sonate 2, 3. Satz ab Ziffer 18, Takt 7 nach 18
329 Fragment eines deutschen Märchens: Sonate 2, Takt 5 nach Ziffer 16
330 Blaues F-Dur: Tal hält es für möglich, dass zu dieser Zeit bei Debussy F-Dur für La France stand, Tal 9
330 Junitage auf Jersey: Vgl. S. 124f.
330 ... mit einer Frau: Marie Vasnier, Sängerin und Ehefrau eines Mentors von CD, CDBG 128
331 «André Chenier», «hart wie Eisen», «Ihr seid die einzigen beiden ...»: CDBG 367, 371, CDCG 1960

KAPITEL 8

332 gekrümmte Zange ... 50.000 Volt: Curie 30, 86ff., Foto Maske: egora.fr/actus-pro/histoire/33463-comment-la-radiologie-a-sauve-la-vie-des-poilus-pendant-la-grande-guerre?nopaging=1
332 Schlacht an der Aisne: de.wikipedia.org/wiki/Schlacht_an_der_Aisne_(1917)
333 Verluste in Verdun und an der Somme: Geo Epoche *Der Erste Weltkrieg* 174

333 70 Hotels vom Militär requiriert … wer zu retten ist: Vgl. Interview mit Historiker Pascal Chambriard, 17.11.2012 in *La Semaine d'Allier*, lasemainedelallier.fr/2012/11/17/1914-1918-vichy-soignait-les-blesses-du-front/. Liste der Hotels: syt58.fr/genealogie/hopital%20militaire.php. ES war im Hotel Albert untergebracht (Brief an Davidson 7.6.1917)

333 «Lieber Herr Direktor!»: NUE 304, 16.9.1916

334 «was anders erfinden als Krieg?»: NUE 168, 8.11.1914

334 so häufig gespielt wie noch nie: NUE 211, 10.5.1915

334 *Wreckers* dirigiert er unablässig: Hoffmann 577ff.

334 Wagners *Tristan* weiter gegeben: NUE 304: «Die Leute hier wollen nur 3 Stücke sehen. Butterfly, Bohème + Tristan (…) die obengenannten + zuletzt ‹Die Entführung›, in glänzender Besetzung immer ganz ausverkauft»

334 Voraussetzung für Tantiemen … Sänger wird Soldat: NUE 304, 16.9.1916

334 pazifistische Pankhurst-Töchter: Purvis 285

335 John «Jack» Herbert Butler Hollings (siehe sites.google.com/site/frimleyandcamberley/lest-we-forget-my-family-s-military-memorial/nina-hollings-1862---1948)

335 Tränen in den Augen: ES an Desborough, 28.5.1915

335 Julian Grenfell: Eine kritische Würdigung Grenfells, der in einem Jagdbuch neben der Zahl erlegter Rebhühner auch die der von ihm getöteten Deutschen in Ypern vermerkte, findet sich in oxforddnb.com

335 «Joy of battle» … an der Realität scheitern: ES an Desborough, 3.9.1916.

335 Briefe der Söhne: *Pages from a family journal*, Eton 1916

335 Aufnahme vom 2.10.1916: CD-Album *The Boatswain's Mate*, Retrospect Opera RO 001, 2016

336 26. Oktober, energiegeladen: Gleichen 236

336 Smyth spielt Brahms' *Deutsches Requiem*: Gleichen 239

336 Ausbildung in Paris: ES arbeitete zugleich in einem Pariser Krankenhaus (Brief an Davidson 30.11.1916)

336 regelrechte Crashkurse: Curie 109f.

337 Prüfung als Radiograph: FP 239. Curie wird in FP an anderer Stelle (S. 23) erwähnt, im Zusammenhang mit Albert Einstein. Er soll

1931 in einem Interview erklärt haben, Curie sei «eine glänzende Ausnahme von der fundamentalen Schwäche des weiblichen Organismus», woraufhin Smyth ihm empört nach Berlin schrieb. Einstein antwortete, so etwas habe er nie gesagt; er sei immer für Chancengleichheit gewesen

337 fünf Monate: zwischen dem 13.1. und dem 1.7.1917, vgl. ES Briefe an Davidson

337 140660 Verwundete: Siehe Anm. «70 Hotels» zu S. 333

337 «Splitter von Granaten»: ATWO, 1936, Prolog

337 in Paris begonnnen: Brief an Davidson 13.1.1917

337 junger Schwerverwundeter: Collis 147

338 HNO-Arzt ... für ihre Schwester aufschreibt: Brief an Davidson 7.6.1917

338 die steilste Route: nicht belegt, aber naheliegend, da ES sich in Vichy mit 65-km-Radtouren fit hielt

338 ganz allein ... und liest: ATWO 276

339 «Das Geheimnis ...» Lee, *Hortus Vitae*, 247f. Passage vom Autor gewählt und übersetzt; ES nennt nur das Buch

339 Vernon Lee ... kennenlernte: ATWO, 241 passim. Vernon Lee: eigentl. Violet Paget (1856–1935)

339 nur Schönheit: «Nothing really matters except beauty», ATWO 250

340 am 2. Juli abends, Zug nach Bordeaux: CDBG 399, Fahrplan 1914

340 an Durand: 22.7.1917, CDBG 400

340 Herkulesarbeit: CDBG 401

340 Frauen mit Fahrerlaubnis: In Paris zwischen 1911 und 1914 waren es 300. Im Ersten Weltkrieg wurde es für Frauen einfacher, an eine Fahrerlaubnis zu kommen (Holmes 91)

340 Invention E-Dur: CD (CDCG 2142, 20.8.1917) nennt ein «petit prélude» in E-Dur, aber ein solches ist in *12 kleine Präludien* nicht enthalten, die *6. Invention* (BWV 777) dagegen ist ein beliebtes Unterrichtsstück

340 üppige Rosen: Erinnerung Emma Debussys 1924, CDBG 407

340 an der Front: CDCG 2133

340 strenger alter Brite: CDBG 400, CDCG 2133

341 Zyklus kleiner Konzerte: CDBG 406

341 Skizzen zerreißen: Brief von Emma am 5.10.1917, CDCG 2154

341 Geigerin mit Baskenmütze ... «etwas eingerostet»: CDBG 403f.

341 «immer noch krank»: Vgl. CDBG 403, 406, CD an Durand

341 Sommermantel, Einstecktüchlein: Fotos Gauthier 192–193

342 «ein Schola-Nest»: Vgl. CDBG 402

342 viel von einem *boche*: Vgl. CDCG 1947, Brief an Godet 14.10.1915

342 starke Hände ... Angst: Vgl. Erinnerung von André Suarès, Lockspeiser 485

342 *Magic-Cinéma*: Hier gaben auch andere Musiker Benefizkonzerte, vgl. CDCG 2151

342 Erinnerung, vier Takte lang: CD Violinsonate, 2. Satz, 8 Takte nach Ziffer 3

343 «Misstrauen Sie Werken ...»: Vgl. CDs Brief an Godet, 7.5.1917 CDCG 2106. Von einer Anwesenheit Toulets bei einer Probe ist nichts überliefert. Am 12.9.1917 erkundigte er sich per Postkarte nach dem Verlauf des Konzerts am 11.9. in St. Jean, und am 21.9. machten ihm die Debussys einen Besuch (CDCG 2151)

343 wie ein Schützengraben, Wehwehchen: Brief an Durand 27.5.1916, CDBG 376

343 Renault DM: Das Modell ist die Wahl des Autors

343 kutschiert sie ihren Mann ... entsetzliche Ängste: Erinnerung Emma Debussys 1924, CDBG 407

343 Mietkosten herabgesetzt: Das ist zu vermuten, wenn man CG 2150, Brief von Emma Debussy an Marie Toulet, vergleicht mit CDBG 407, Erinnerung Emmas 1924, und den Konzertterminen

343 Konzerte im *Magic-Cinéma*: Hier hörte CD auch Musik von Ravel, der im benachbarten Ciboure zur Welt kam und in St. Jean noch bei Kriegsausbruch an seinem Klaviertrio arbeitete (CDBG 407)

344 «Ich gebe, was ich kann ...»: Emma an Caplet, 5.10.1917, CDCG 2152 f.

344 Die Wege im Bois ... Singen in den Ohren: ES Diary 4.1.1918 und unpag. Seite 2

344 «Die Stimme ist nichts ...»: aus der von Reynaldo Hahn geschriebenen Einführung in Alexis-Éloi-Joseph Wicarts Buch *Le Chanteur* (1931)

345 vertraute Pension: 2, avenue Friedland

345 der Zuspruch ermuntert sie: ES Diary 13.1.1918. Ihre Zuhörerinnen verstanden Englisch

345 Bulteau und Vernon Lee: WHN 240

345 schlecht ernährt ... Frauen vom Roten Kreuz: ES Diary 15.12.1917

345 Zigarettenknappheit: ES Diary 4.1.1918

345 ausreichend beheizt: Brief von Emma, Januar 1918, CDCG 2173

346 musiksinniger Kohlenhändler: Tronquin hatte sich im Februar 1917 mit einem 24 Takte langen Klaviermanuskript «bezahlen» lassen – erst 2001 entdeckt –, das als Titel die Baudelaire-Zeile «die von der Glut der Kohle erleuchteten Abende» aus dem Gedicht *Le Balcon* trug. Dieses hatte CD schon 1888 vertont

346 «Chère petite ...»: 8.1.1918, CDBG 410

346 Bourdelle und Charnot, Invalidendom: ES Diary 13.1.1918

346 «Wer nicht für uns ist ...»: ES Diary 15.12.1917

347 Revolution vorausgesagt: ES Diary 25.3.1918

347 sechzehn deutsche Flugzeuge ... Godasses: Le Naour, Kapitel *Paris sous les bombes*

348 Motiv der Sirenen: so aufgezeichnet in ES Diary, 17.2.1918. Weitere Details zu Angriffen, Wetter etc. am 23.3.1918 sind entnommen aus ES Diary 24.3.1918, Saint-Marceaux 981, *Le Figaro* 24.3.1918, 1

348 679–33: Debussys Telefonanschluss, *Tout-Paris Annuaire* 1908, 168

350 Brief an den Verleger: CDBG 410

350 Durand nimmt ein Taxi: Sein Besuch bei CD am 23.3.1918 ist datierbar durch den Hinweis in Durands Erinnerungen (CDBG 454), zwei Tage später sei der Komponist gestorben. Trams und Busse fuhren ganztägig nicht, der Alarmzustand wurde um 17 Uhr vorläufig aufgehoben

350 «So eine Kanone gibt es nicht!»: Vgl. ES Diary 24.3.1918

350 37 Meter langes Rohr: Daten aus Wiki «Paris-Geschütz». Die bekanntere «Dicke Bertha» war ein Vorläufer

350 «Er hat Fieber ... Pappmaché»: Vgl. zwei Schreiben von Emma an Caplet, 20. und 23.3.1918, CDCG 2188

350 Haus in Trümmern: Vgl. CDBG 453 und Saint-Marceaux 975, sie nennt die avenue de la Grande-Armée

350 ... dass die eigenen Kanonen kaum halfen: Le Naour, Kap. *Paris sous les bombs*

350 «... sie langweilt sich nicht zu sehr»: Vgl. Brief von Emma im Januar 1918, CDCG 2173

351 wie ein spanischer Heiliger: Gauthier Abb. 194

351 Sein Blick … sie rauchen schweigend: Jacques Durand, *Erinnerungen eines Musikverlegers*, CDBG 453f. Die Darstellung der Begegnung folgt der von Durand, ergänzt wurden der Vorhang und die Zigarette, die der Verleger selbst raucht

352 gedruckt 1894 bei Jacques Durand: beider erste Zusammenarbeit, nach der Debussy zunächst zu Hartmann wechselte

352 Trommelfeuer in Burnhaupt: Hindemith Notizen 74

353 «mit Sehnsucht erwartet»: Hindemith Notizen 59f.

353 *opus 10* in die Hand gedrückt: Hindemith Notizen 63, 88, Briefe 66 Anm.

353 Kapelle der 222er: zur Besetzung vgl. Hindemith Notizen 68

353 Saumusik … *Ladenmädel*: Hindemith Notizen 62f.

353 Marschmusik … Beethoven zu begleiten: Vgl. Hindemith Notizen 63–85. Zu Hindemiths späteren Parodien von Märschen vgl. Hanheide 396f.

354 Saint-Saëns … musikalische Tochter: Hindemith Notizen 87, 75

354 … der erste Satz fertig: Hindemith Notizen 65, 70, 93

355 Debussy, der Wegweiser: Vgl. Hindemith Briefe 66, Anm.

355 Strauss, Pfitzner: Hindemith Briefe 68, Hindemith Notizen 77

355 nach Mülhausen mitnahm: Hindemith Notizen 67, 7.2.18

355 Wagners *Kaisermarsch*: Vgl. Hanheide 267f.

355 Der Graf sprach über Wagner: H. zufolge wurde hauptsächlich über Musik gesprochen. Der Autor lässt den Grafen über Nietzsche und Wagner sprechen und *Ecce homo* verschenken, da es zum einen um die Beschaffung der *Träume* ging, zum anderen Kielmansegg dem Musiker «einen Band ‹Nietzsche›» schenkte. 1921 wird er unter den «dem Nietzsche-Archiv nahestehenden, im Krieg gefallenen Helden» genannt (*Ausbreitung und Wirkung des Nietzscheschen Werkes im deutschen Sprachraum*, Berlin 1998, 73)

355 Wagner, ein Missverständnis: Nietzsche VI, 428 (*Nietzsche contra Wagner*)

355 Wagner, reichsdeutsch: Nietzsche VI, 289 (*Ecce homo*)

356 Musikhaus Wolf: Nicht von Hindemith erwähnt. Die Existenz des Geschäfts ist belegt durch eine Anzeige in *l'Express de Mulhouse* (1919–1939), 6.1.1919, 4, die die bevorstehende «réouverture» bewirbt (www.retronews.fr)

356 zu einer Buchhandlung: Hindemith Briefe 74

356 *Entwelschung:* Feldzeitung *Aus Sundgau und Waskenland* 18.3.1918, 4, digi.ub.uni-heidelberg.de

356 in Uniformen allesamt: Foto 18.3.1918, Hindemith Notizen 83

356 Bratscher Philipp: Das Streichquartett setzte sich zusammen aus Hindemith und August Rein (Vl), Philipp Gross (Vla), Sergt. Leyh (Vc) (Hindemith Notizen 64)

357 fließend umfasst: Vgl. die Aufnahme des Quatuor Ebène, Virgin Classics 2008

358 «Claude Debussy» ... «bis zu diesem»: Vgl. *Le Figaro*, 27.3.1918, S. 3, Nachruf von Henry Quittard. Dass Kielmansegg auf diesem Weg vom Tod des Komponisten am 25.3.1918 erfuhr, ist eine Konstruktion des Autors, die eine irreführende Erinnerung von Hindemith aus den 1950ern ersetzt. Ihm zufolge – Briefe 66, Anm. – berichtete ein Offizier, ein Privatkonzert nach dem 3. Satz störend, die Nachricht vom Tod Debussys sei «durchs Radio gekommen». Erste Versuche mit Radiosendungen gab es erst 1919. Dass die Nachricht im deutschen Militärfunk kursierte, ist undenkbar, und die deutsche Presse brachte sie in dieser Zeit nicht. In seinen Notizen vermerkt Hindemith für den 1.4.1918 «Quartett beim Grafen» mit u.a. «Debussy op.10 I II III.» sowie «allerlei musikalische Scherze». Den Tod des Komponisten erwähnt er nirgends. Für die Neukonstruktion der Begebenheit hat der Autor die Quartettprobe am Ostersamstag 30.3.1918 (Notizen 87) gewählt

AUSBLICK

359 am 2. April um 23 Uhr: ES Diary 3.4.1918

359 Viruserkrankung ... 50 Millionen Menschen: Gerste 371–378

359 Arzt von Pankhurst: FP 245f.

360 «ein Stück von mir in seiner Figur»: AB-HB II 599, 7.8.1919

360 «1, 2 Tage recht mies»: AB-HB II 581, 5.7.1918

361 Grippe nicht immer erkannt: Lorenz 9

361 «Die zurückgehaltenen Tränen»: CDBG 428

VERWENDETE LITERATUR UND QUELLEN

ABKÜRZUNGEN:

AB-HB – Alban und Helene Berg, Briefwechsel
AS-AB – Schönberg und Berg, Briefwechsel
ASC – Arnold Schönberg Center Wien, schoenberg.at
ATWO – Smyth, As Time Went On
BaP – Smyth, Beecham and Pharaoh
CDBG – Debussy, Briefe an seine Verleger
CDCG – Debussy, Correspondance générale
ES-ABM – Smyth, Briefe an Anna Bahr-Mildenburg
FBoB – Smyth, A Final Burning of Boats
FP – Smyth, Female Pipings in Eden
IS-Mem – Strawinsky, «Leben und Werk – von ihm selbst»
ITR – Smyth, Impressions That Remained
MUGI – Borchard, Musik und Gender im Internet
NFP – Neue Freie Presse
NUE – Smyth, Briefwechsel Universal Edition
RSA – Richard-Strauss-Ausgabe.de
SoL – Smyth, Streaks of Life
VfW – Votes for Women, Wochenblatt
WHN – Smyth, What Happened Next

*

Adam, Helen Pearl, *Paris sees it through – a diary 1914–1919*, London 1919

Altenberg, Peter, *Neues Altes*, Berlin 1919, über ds.ub.uni-bielefeld.de

Bahr-Mildenburg, Anna, *Erinnerungen*, Wien 1921

Barnes, Julian, *The Man in the Red Coat*, London 2019

Barthes, Roland, *Die Vorbereitung des Romans – Vorlesung am Collège de France 1978–1979 und 1979–1980*, Frankfurt a. M. 2008

Bartsch, Cornelia; Grotjahn, Rebecca; Unseld, Melanie (Hrsg.), *Felsensprengerin, Brückenbauerin, Wegbereiterin. Die Komponistin Ethel Smyth*, München 2010

Barraqué, Jean, *Debussy*, Reinbek bei Hamburg 1964
Beaumont, Antony, *Alexander Zemlinsky – Biographie*, Wien 2005
Beecham, Thomas, *A Mingled Chime – An Autobiography*, New York 1943
Berg, Alban und Helene, Hrsg. Knaus, Herwig, Leibnitz, Thomas *Briefwechsel, 1907–1911, 1912–1919*, Gesamtausgabe Bd. 1 und 2, Wilhelmshaven 2012/2014
Berkowitz, Elizabeth, *The 1910 «Manet and the Post-Expressionists» Exhibition – Importance and Critical Issues*, 2017, branchcollective.org
Blaukopf, Herta (Hrsg.), *Gustav Mahler – Richard Strauss –* Briefwechsel 1888–1911, München 1980
Blom, Philipp, *Der taumelnde Kontinent – Europa 1900–1914*, München 2009
Boeckh, Katrin, *Die Balkankriege 1912/13 – Kriegsführung, Kriegsgräuel, Kriegsopfer*, Regensburg 2014, osmikon.de
Borchard, Beatrix und Noeske, Nina (Hrsg.), *Musikvermittlung und Genderforschung: Musikerinnen-Lexikon und multimediale Präsentationen*, Hochschule für Musik und Theater Hamburg 2003ff., mugi.hfmt-hamburg.de
Bowers, Faubion, *Scriabin – A Biography*, New York 1996
Brehmer, Arthur (Hrsg.), *Die Welt in 100 Jahren*, Berlin 1910/Hildesheim 2012
Brewster, Henry Bennet, *The Prison – A Dialogue*, London 1891
Bryn-Julson, Phyllis, Mathews, Paul, *Inside Pierrot Lunaire – Performing the Sprechstimme in Schoenberg's Masterpiece*, Lanham (USA) 2009
Bülow, Bernhard Fürst von, *Denkwürdigkeiten*, Bd. 1–4, Berlin 1930/31, visuallibrary.net
Burde, Wolfgang, *Strawinsky – Leben, Werke, Dokumente*, Mainz 1993
Carter, William C., *Marcel Proust – A Life*, Yale 2013
Chapple, Norma, *Re-(en)visioning Salome: The Salomes of Hedwig Lachmann, Marcus Behmer, and Richard Strauss*, Waterloo (Canada) 2006, njchappl2006.pdf
Chimènes, Myriam und Laederich, Alexandra (Hrsg.), *Regards sur Debussy*, Paris 2013
Clark, Christopher, *Die Schlafwandler – Wie Europa in den Ersten Weltkrieg zog*, London 2012/München 2013
Clarke, Darren K., *The Politics of Partnership: Vanessa Bell and Duncan Grant, 1912–1961*, University of Sussex 2012, sro.sussex.ac.uk/id/eprint/46493/1/Clarke,_Darren_K..pdf

Cocteau, Jean, *Le Coq et l'Arlequin*, Paris 1918, archive.org

Coffer, Raymond Charles, *Richard Gerstl and Arnold Schönberg: A Reassessment of Their Relationship (1906 – 1908) and Its Impact on Their Artistic Works*, London 2011, richardgerstl.com

Collis, Louise, *Impetuous Heart – The Story of Ethel Smyth*, London 1984

Craft, Robert, *Conversations with Igor Stravinsky*, New York 1959/2013

Curie, Marie, *La radiologie et la guerre*, Paris 1921, archive.org

Danckert, Werner, *Claude Debussy*, Berlin 1950

Danuser, Hermann; Zimmermann, Heidi, *Avatar of Modernity – The Rite of Spring reconsidered*, London 2013

Debussy, Claude, Hrsg. Lesure, François, Übers. Häusler, Josef, *Monsieur Croche – Sämtliche Schriften und Interviews*, Stuttgart 1982

Debussy, Claude, Hrsg. Herlin, Denis u.a., *Correspondance 1872–1918*, Paris 2005

Debussy, Claude, Hrsg. und Übersetzer Goetzke, Bernd, *Claude Debussy – Briefe an seine Verleger*, Hildesheim 2018

Deseyve, Yvette und Gleis, Ralph (Hrsg.), *Kampf um Sichtbarkeit – Künstlerinnen der Nationalgalerie vor 1919*, Katalog, Berlin 2019

De Wolf, Thijs, *Sigmund Freud en Gustav Mahler / Mahler, Freud and a Walk*, Amsterdam, Abruf 27.7.2021 thijsdewolf.nl

Dittmann, Lorenz, *Schönberg und Kandinsky*, in: *Stil oder Gedanke?*, Saarbrücken 1995, 216–230

Ellmann, Richard, *Oscar Wilde*, London 1987, zitiert wird aus der Edition Vintage e-books

Encyclopædia Britannica, Fifteenth Edition, 31 Bde., Chicago 1992

Eybl, Martin (Hrsg.), *Die Befreiung des Augenblicks: Schönbergs Skandalkonzerte 1907 und 1908*, Wien 2004

Fauser, Annegret, *Musical Encounters at the 1889 Paris World's Fair*, Rochester (NY) 2005

Fischer, Jens Malte, *Gustav Mahler – Der fremde Vertraute*, Wien 2003

Flindell, E. Fred, *Ursprung und Geschichte der Sammlung Wittgenstein im 19. Jahrhundert*, in *Die Musikforschung*, Jul / Sep 1969, 298–314

Flonneau, Mathieu, *Paris au cœur de la révolution des usages de l'automobile 1884–1908*, in: *Histoire, Économie & Société*, 2007/2, 61–74, cairn.info

Freud, Sigmund, *Studienausgabe*, Band 1–10, Ergänzungsband, Frankfurt a. M., 2000

Fry, Roger (Kurator), *Manet and the Post-Impressionists*, 1. Katalog («under Revision») zur Ausstellung, London 1910, archive.org

Gauthier, André, *Debussy – Documents iconographiques*, Genève 1952

Geo Epoche (Magazin), *Der Erste Weltkrieg*, Hamburg 2004

Geo Epoche (Magazin), *Deutschland um 1900*, Hamburg 2004

Gerste, Ronald D., *Die Heilung der Welt – Das Goldene Zeitalter der Medizin 1840–1914*, Stuttgart 2021

Glatzer, Ruth (Hrsg.), *Das Wilhelminische Berlin – Panorama einer Metropole*, Berlin 1997

Gleichen, Helena, *Contacts and Contrasts*, London 1940, archive.org

[The New] Grove – Dictionary of Music and Musicians, Second Edition, 29 Bde., London 2000/Oxford Music Online

Hagmann, Peter, *Das Welte-Mignon-Klavier, die Welte-Philharmonie-Orgel und die Anfänge der Reproduktion von Musik*, Bern 1984, freidok.uni-freiburg.de/volltexte/608/

Hailey, Christopher (Hrsg.), *Alban Berg and his World*, Princeton 2010

Hanheide, Stefan (Hrsg): *Musik bezieht Stellung – Funktionalisierungen der Musik im Ersten Weltkrieg*, Göttingen 2013

Hanssen, Frederik, *Szenen einer Ehe – ein Besuch bei Richard und Pauline Strauss in Berlin*, in *128* 2019/4, Berlin 2019

Haselböck, Lukas, *Debussy und die Wiener Schule*, in: *Musiktheorie* 1/2013, Lilienthal 2013, 76–94

Held, Steffen, *Tags in der Militärkapelle, abends im Zivilorchester*, in: Gewandhaus Magazin Nr. 83, 2021

Hempel, Frieda, *Mein Leben dem Gesang – Erinnerungen*, Berlin 1955

Hindemith, Paul, Hrsg. Rexroth, Dieter, *Briefe*, Frankfurt/M. 1982

Hindemith, Paul, *Notizen zu meinen ‹Feldzugs-Erinnerungen›*, in: Hindemith-Jahrbuch 1989/XVIII, 55–158

Hoffmann, Marleen, *«Work is the only safe source of happiness.» Auktoriale Überlieferungstradition von Werk, Œuvre und Selbstbild bei Ethel Smyth*, masch. Dissertation, Universität Paderborn 2016

Hoffmann, Marleen, *«Gute Nacht, du mein geliebter Mensch» – Die Beziehung zwischen der Komponistin Ethel Smyth und der Sängerin Anna Bahr-Mildenburg*, in: *Musik und Homosexualität – Homosexualität und Musik* (= Jahrbuch für Musik und Gender Bd. 10), Hildesheim 2017, 119–133

Holmes, Diana und Tarr, Carrie (Hrsg.), *A «Belle Epoque»? – Women in French Society and Culture 1890–1914*, New York 2006

Illies, Florian, *1913 – Der Sommer des Jahrhunderts*, Frankfurt 2012

Ingold, Felix Philipp, *Der große Bruch – Russland im Epochenjahr 1913*, München 2000

Janik, Allan; Toulmin, Stephen, *Wittgensteins Wien*, New York 1973/München 1987

Jones, Ernest, *Sigmund Freud – Live and Work, Vol.II 1901–1919*, London 1955

Kastner, Rudolf, *Gustav Mahlers achte Sinfonie*, *Weser-Zeitung* 20.9.1910, 2. Morgenausgabe 1–2, Staats- und Universitätsbibliothek Bremen

Kenney, Edwin J., *The Moment, 1910: Virginia Woolf, Arnold Benett, and the Turn of the Century Consciousness*, in Colby Library Quarterly, Vol. 13, no.1, March 1977, 42–66

Kerr, Alfred, *Wo liegt Berlin? Briefe aus der Reichshauptstadt 1895–1900*, Berlin 1997

Kessler, Harry Graf; Hrsg. Schuster, Jörg, *Das Tagebuch – Vierter Band 1906–1914*, Stuttgart 2005

Kesting, Jürgen, *Die großen Sänger*, Bd. 1, Kassel 2010

Knaus, Herwig; Sinkovcz, Wilhelm, *Alban Berg – Zeitumstände – Lebenslinien*, Salzburg 2008

Kramer, Lawrence, *Culture and Musical Hermeneutics: The Salome Complex*, in: *Cambridge Opera Journal*, Vol. 2. No. 3, Nov. 1990, 269–294, Cambridge 1990

Kristeva, Julia, *Pelléas et Mélisande: Eine tönende Melancholie*, 1997, in: Programmheft zu *Pelléas et Mélisande*, Hannover 2003

Krones, Hartmut, *31. März 1913 – Wiens größtes «Skandalkonzert»*, Wien 2013, musikverein.at

La Grange, Henry-Louis de, *Gustav Mahler – [II] Vienna: Triumph and Disillusion (1904–1907)*, New York 1999

La Grange, Henry-Louis de, *Gustav Mahler – Chronique d'une vie, III Le génie foudroyé (1907–1911)*, Paris 1984

La Grange, Henry-Louis de, *Mahler and France*, in: *Das Gustav-Mahler-Fest Hamburg 1989*, 229–246, Kassel 1991

Le Beau, Louise Adolpha, *Lebenserinnerungen einer Komponistin*, Baden-Baden 1910, sophie.byu.edu

Leblanc, Georgette, *Souvenirs 1895–1918*, Paris 1931, E-Book 2012

Lederman, Minna (Hrsg.), *Stravinsky in the Theatre*, New York 1947/1975

Lee, Vernon, *Hortus vitae – essays on the gardening of life*, London 1904

Le Naour, Jean-Yves, *1918 – l'étrange victoire*, Paris 2016

Lesure, François, *Claude Debussy: a critical biography*, Revised edition, Rochester, NY 2019

Lockspeiser, Edward, *Claude Debussy*, London 1962 / Paris 1980

Lobanova, Marina, *Mystiker, Magier, Theosoph, Theurg: Alexander Skriabin und seine Zeit*, Hamburg 2004

Lorenz, Victoria Daniella, *Die Spanische Grippe von 1918/1919 in Köln: Darstellung durch die Kölner Presse und die Kölner Behörden*, Dissertation, Universität zu Köln 2011, repository.publisso.de/resource/frl:4149112-1/data

Lucey, Michael, *Never Say I – Sexuality and the First Person in Colette, Gide, and Proust*, London 2006

Macassar, Gilles; Mérigaud, Bernard, *Claude Debussy – Le plaisir et la passion*, Paris 1992

Maderthaner, Wolfgang; Musner, Lutz, *Die Anarchie der Vorstadt – Das andere Wien um 1900*, Frankfurt a. M. 1999

Mahler, Gustav, Hrsg. Hansen, Mathias, *Briefe*, Leipzig 1985

Mahler, Gustav; Hrsg. la Grange, Henry-Louis de, *Ein Glück ohne Ruh' – Die Briefe Gustav Mahlers an Alma*, Berlin 1995

Mahler, Gustav, Hrsg. Willnauer, Franz, *Verehrter Herr College! – Briefe an Komponisten, Dirigenten, Intendanten*, Wien 2010

Mahler-Werfel, Alma, *Gustav Mahler – Erinnerungen und Briefe*, Amsterdam 1949

Mahler-Werfel, Alma, *Mein Leben*, Frankfurt a. M. 1960/1993

Mann, Thomas, *Doktor Faustus*, Frankfurt a. M. 1947/1990

Meier, Barbara, *Alban Berg – Biographie*, Würzburg 2018

Merki, Christoph Maria, *Der holprige Siegeszug des Automobils 1895–1930 – zur Motorisierung des Straßenverkehrs in Frankreich, Deutschland und der Schweiz*, Wien 2002

Meusy, Jean-Jacques, *Palaces et bouis-bouis. État de l'exploitation parisienne à la veille de la Première Guerre mondiale*, in: *Revue d'histoire du cinéma*, Année 1993, H-S pp. 66–99, persee.fr

Mitchell, Donald, *Gustav Mahler – Vol.II: The Wunderhorn Years*, Los Angeles 1975/1995

Mühsam, Erich, *Tagebücher 1910–1924*, 2019, muehsam-tagebuch.de

Münchhausen, Thankmar von, *Paris – Geschichte einer Stadt. Von 1800 bis heute*, München 2007

Musil, Robert, *Der Mann ohne Eigenschaften*, Berlin und Lausanne 1933–1943/Reinbek bei Hamburg 2007

Nabokov, Vladimir, *Erinnerung, sprich – Wiedersehen mit einer Autobiographie*, New York 1966/Reinbek bei Hamburg 1999

Nedo, Michael und Ranchetti, Michele (Hrsg.), *Wittgenstein – Sein Leben in Bildern und Texten*, Frankfurt a.M. 1983

Nichols, Roger (Hrsg.), *Claude Debussy im Spiegel seiner Zeit – porträtiert von Zeitgenossen*, Zürich 1993

Nietzsche, Friedrich, *Sämtliche Werke*, München 1999

Opstad, Gillian, *Georgette Leblanc, Singer, Actress, «femme extraordinaire»*, in: *L'Opéra de Paris, la Comédie francaise et l'Opéra-Comique: Approches comparées*, Paris 2012

Osterhammel, Jürgen: [China-Beiträge] in: *Zeitalter des Nationalismus*, 352–380, Hamburg 2006

Park, Sowon S., *Suffrage and Virginia Woolf*, Oxford 2005

Peter, René, *Claude Debussy – Vues prisés de son intimité*, Paris 1931

Prokop, Ursula, *Margaret Stonborough-Wittgenstein: Bauherrin, Intellektuelle, Mäzenin*,Wien 2005

Proust, Marcel, Übers. Rechel-Mertens, Eva, *Auf der Suche nach der verlorenen Zeit*, 10 Bde., Frankfurt a.M. 1979

Puffet, Derek (Hrsg.), *Richard Strauss – Salome*, Cambridge 1989

Purvis, June, *Emmeline Pankhurst – A biography*, London 2002

Rode-Breymann, Susanne, *Die Komponistin Alma Mahler-Werfel*, Hannover 1999

Ross, Alex, *The Rest is Noise*, New York 2007/München 2008

Sabaneev, Leonid, *Erinnerungen an Alexander Skrjabin*, Moskau 1925/Berlin 2005

Saint-Marceaux, Marguerite de, *Journal 1894–1927*, Paris 2007

Schmidl, Stefan M., *«Freud hat ganz recht» – Gustav Mahler und die frühe Psychoanalyse*, in: *Mahler im Kontext* (243–255), Wien 2011

Schnitzler, Arthur, *Der Weg ins Freie*, Berlin 1908/Frankfurt/Main 2007

Schönberg, Arnold, Hrsg. Morazzoni, Anna Maria, *Stile herrschen, Gedanken siegen – Ausgewählte Schriften*, Mainz 2007

Schönberg, Arnold; Berg Alban, Hrsg. Brand, Juliane u.a., *Briefwechsel Arnold Schönberg–Alban Berg*, Teilband I, Mainz 2007

Schwaner, Birgit, *Die Wittgensteins – Kunst und Kalkül*, Wien 2008

Schweighofer, Astrid, *Religiöse Sucher in der Moderne – Konversionen vom Judentum zum Protestantismus in Wien um 1900*, Berlin 2015

Shaw, Bernard, Hrsg. Dan H. Laurence, *Shaw's Music – The Complete Musical Criticism*, 3 Bde., London 1981

Smith, Rollin, *Louis Vierne – Organist of Notre-Dame Cathedral*, New York 1999

Smyth, Ethel, *Impressions That Remained*, London 1919, archive.org

Smyth, Ethel, *Streaks of Life*, London 1921, babel.hathitrust.org

Smyth, Ethel, *A Final Burning of Boats etc.*, London 1928, babel.hathitrust.org

Smyth, Ethel, *Female Pipings in Eden*, Edinburgh 1933. rev. 2. Auflage 1934, babel.hathitrust.org

Smyth, Ethel, *Beecham and Pharaoh – Thomas Beecham (Fantasia in B# major) / Egypt before England's exodus (a fragment of autobiography)*, London 1935

Smyth, Ethel, *As Time Went On …*, London 1936, archive.org

Smyth, Ethel, *What Happened Next*, London 1940, babel.hathitrust.org

Smyth, Ethel, *[Diary I – VI, 15.12.1917 – August 1942]*, Ann Arbor, University of Michigan, Special Collections Library, US-AAscl Ethel Smyth collection, 1910 – 1962, Box II und III

Smyth, Ethel, *[Briefwechsel mit Anna Bahr-Mildenburg]*, Theatermuseum Wien, Nachlass Anna Bahr-Mildenburg

Smyth, Ethel, *[Briefwechsel mit Alice Davidson]*, US-NH Misc. Ms. 418, New Haven (Connecticut), Yale University, Music Library

Smyth, Ethel, *[Briefwechsel mit Lady Desborough (Ethel Fane)]*, Hertfordshire Record Office GB-HFrDE/Rv/C2440/1-28.

Smyth, Ethel, *[Briefwechsel mit Emil Hertzka]*, A-WSt Nachlass Universal Edition Wien

Sponheuer, Bernd; Steinbeck, Wolfram (Hrsg.), *Mahler Handbuch*, Stuttgart 2010

St. John, Christopher, *Ethel Smyth – A Biography*, London 1959

Strauss, Richard, Hrsg. Grasberger, Franz, *Eine Welt in Briefen*, Tutzing 1967

Strauss, Richard, *[Korrespondenz zu* Salome *1885 – 1944]*, richard-strauss-ausgabe.de

Strawinsky, Igor, Hrsg. Meyer, Felix, *Le Sacre du Printemps – Manuscript of the Version for Piano Four Hands, Facsimile*, London 2013

Strawinsky, Igor, *Leben und Werk – von ihm selbst*, Mainz 1957

Südekum, Albert, *Großstädtisches Wohnungselend*, Berlin 1908, digital.zlb.de

Tal, Yaara, *«Zurück vom Ring!» – Betrachtungen zu Claude Debussys drei Capricen «En blanc et noir» für zwei Klaviere und deren Bezug zu Richard Wagners «Ring des Nibelungen»*, München 2012, tal-groethuysen.de/pdf/En-blanc-et-noir-Text.pdf

Tuchman, Barbara W., *August 1914*, New York 1962/Frankfurt a.M. 1965

Walsh, Stephen, *Stravinsky – A Creative Spring: Russia and France 1882–1934*, Los Angeles 2002

Walter, Bruno, *Thema und Variationen*, Stockholm 1947/Frankfurt a.M. 1988

Waugh, Alexander, *Das Haus Wittgenstein – Geschichte einer ungewöhnlichen Familie*, London 2008/Frankfurt a.M. 2010

Werbeck, Walter (Hrsg.), *Richard-Strauss-Handbuch*, Stuttgart 2014

White, Eric Walter, *Stravinsky – The Composer and his Works*, Los Angeles 1966/1979

Woolf, Virginia, *Mr. Bennett and Mrs. Brown*, The Hogarth Press 1924, bl.uk/collection-items/mr-bennett-and-mrs-brown-by-virginia-woolf

Woolf, Virginia, Hrsg. Klaus Reichert, *Tagebücher 1915–1941*, 5 Bde., Frankfurt/Main 1990–2008

Wüstendörfer, Lena-Lisa, *Streit um Fidelio – Gustav Mahler und Felix Weingartner im Disput um Werktreue* in *Rund um Beethoven – Interpretationsforschung heute*, 238–248, Schliengen 2019

Zweig, Stefan, *Die Welt von Gestern – Erinnerungen eines Europäers*, Stockholm 1944/Frankfurt a.M. 1978

ZEITUNGEN

Deutsche Tageszeitungen: zefys.staatsbibliothek-berlin.de

Französische Tageszeitungen: Gallica.bnf.fr, Presse et revues – Les principaux quotidiens

Österreichische Tageszeitungen: anno.onb.ac.at

The Times: The Times Digital Archive, gale.com

Votes for Women, London 1907–1918, ab April 1908 wöchentlich erschienen, news.google.com/newspapers

The Suffragette, London 1912–1915, wöchentlich erschienen, digital.library.lse.ac.uk/

STADTPLÄNE, FAHRPLÄNE, REISEFÜHRER

Berlin, Stadtplan 1905: upload.wikimedia.org/wikipedia/commons/7/72/Berlin_Pharus-Plan_c1905.jpg

Berlin and its Environs – handbook for travellers, Baedeker, Karl (Verlag), Leipzig/London 1903, archive.org

Verzeichnis der Teilnehmer an den Fernsprechnetzen in Berlin und Umgebung, 1908, digital zlb.de

Reichs-Kursbuch 1914, deutsches-kursbuch.de

Paris, Stadtplan 1900: fr.map-of-paris.com/plans-ville/plan-paris-1900#&gid=1&pid=1

Tout-Paris: Annuaire de la Société Parisienne 1908 (mit Adressen und Telefonnummern)

Paris Exposition, 1900: guide pratique du visiteur de Paris et de l'exposition, archive.org

Paris es ses environs, Baedeker, Karl (Verlag), Leipzig/Paris 1903

Paris and Environs with routes from London to Paris, Baedeker, Karl (Verlag), Leipzig/London 1904, archive.org

Fahrplan frz. Eisenbahnen 1914: bcprioult.free.fr/horaireschaix191/index.html

Northern France – handbook for travellers, Baedeker, Karl (Verlag), Leipzig/London 1909, archive.org

London and its environs, Baedeker, Karl (Verlag), Leipzig/London 1908, archive.org

Charles Booth's London – Poverty maps and police notebooks (1903): booth.lse.ac.uk

Wien, Gesamtplan 1911, digital.wienbibliothek.at

Adolph Lehmann's allgemeiner Wohnungs-Anzeiger, Wien 1859–1922, digital.wienbibliothek.at

Fahrplan Südbahn: *Die Südbahn und ihr Verkehrsgebiet in Oesterreich-Ungarn*, 1899, unipub, uni-graz.at

Egypt and the Sûdân, Baedeker, Karl (Verlag), Leipzig/London 1914, archive.org

KAUFKRAFT VON MARK, FRANC, KRONE UND PFUND 1900 – 1908

	1 Mark/ Euro 2021	Franc	Österr. Krone	Engl. Pfund
1900	7,16		1. Kr. = € 7,27+	1 £ = 20 Shilling = € 129,40***
1901	6,96	1 Fr. = € 5,57++		
1902	6,96			
1903	6,96	1,25* 1 Fr. = € 5,57	1,19* 1 Kr. = € 5,85 / € 7,31+	1 Shilling* 1 £ = € 139 / € 128,47***
1904	6,65			
1905	6,55			
1906	6,34			
1907	6,24			
1908	6,24			1 £ = € 125 ***, 1 Guinea = 21 sh. = € 131
1909	6,03			
1910	5,93		1 Kr. = € 6,13+	
1911	5,83			
1912	5,42	1,25** 1 Fr. = € 4,34	1,17** 1 Kr. = € 4.63 / € 5,81+	1 Shilling** 1 £ = € 108 /€ 118,40***
1913	5,52			
1914	5,52			
1915	4,09			
1916	3,07			
1917	2,46			
1918	1,74	1 Fr. = € 2,47++	1 Kr. = € 0,52+	1 £ = € 58,27***

Kaufkraft der Mark 1900–1918, aus: *Kaufkraftäquivalente historischer Beträge in deutschen Währungen*, Quelle: bundesbank.de, Januar 2021, Eurobeträge korrigiert um 2,31 % entsprechend der Inflationsrate Jan.–Aug. 2021, Quelle: Statistisches Bundesamt.

Diesen Angaben werden in der Tabelle solche zur Kaufkraft in Frankreich, Österreich-Ungarn und UK gegenübergestellt bzw. über die Wechselkurse von 1903 und 1912 verbunden. Abweichungen bei Krone und Pfund ergeben sich, da Bundesbank, Österreichische Nationalbank und measuringworth auf unterschiedliche Preisindexe zurückgreifen und diese ohnehin nur Annäherungswerte gewährleisten können.

* Baedeker Paris 1903, Tableau des Monnaies (Wechselkurse)

** Wiki: Liste der Wechselkurse 1912

*** measuringworth.com (wissenschaftliche Stiftung)

\+ eurologisch.at (Österreichische Nationalbank)

++ france-inflation.com (Inflation in Frankreich 1901–1905: 0 %, 1915: 19,8 %, 1916: 11,2 %, 1917: 20 %)

NAMENREGISTER

Die kursiv gesetzten Zahlen verweisen auf die Abbildungen.

Albéniz, Isaac 446
Albert I., König von Belgien 324 f., 405
Albert, Eugen d' 393
Albert, Viktor 246, 394
Altenberg, Peter (eigtl. Richard Engländer) 82–85, 245, 308
Asquith, Herbert Henry 106, 191 f., 197, 203
Astruc, Gabriel 250, 256–259, 395
Auguste Viktoria, dt. Kaiserin und Königin von Preußen 22, 121
Ayrton, Hertha 192, 197

Bach, Johann Sebastian 20, 181, 187, 238, 315, 340, 354, 407
Bahr, Hermann 98, 102, 108 ff., 181 f., 234, 316
Bahr-Mildenburg, Anna, geb. von Mildenburg 91, 98 f., 101–104, 107–110, 129, 181, 193, 211, 373 f., 377
Bakst, Léon 236, 262, 396
Balzac, Honoré de 131
Banville, Théodore de 68
Bardac, Emma → Debussy, Emma
Bardac, Raoul 125, 303
Bardac, Sigismond 125 ff., 303, 361
Bartók, Béla 321, 446
Baudelaire, Charles 355, 409
Bauër, Henri 59, 61
Beardsley, Aubrey Vincent 70, 238, 393
Becker, Hugo 121
Beecham, Thomas 211, 236, 334, 390, 393
Beeg, George 110
Beethoven, Ludwig van 20, 87, 91 f., 106, 121, 162, 177, 271, 308, 313, 354, 372, 421
Bellincioni, Gemma 66, 75, 370
Bennett, William Sterndale 187, 189
Berchtold, Leopold Graf 296
Berg, Alban 74, 79–85, 99, 109 f., 112–115, 157, 159, 233, 242 f., 245, 306–310, 314 f., 320, 360, 370 f., 394
Berg, Charly 85, 307
Berg, Conrad 112
Berg, Helene 109 f., 112–115, 159, 307, 310, 360
Berg, Johanna 80, 99, 315
Berg, Smaragda 79, 82 ff., 98 f., 109 f., 113, 136, 159
Bergson, Henri 219
Berliner, Emil 368 f.
Berlioz, Hector 20, 167, 187, 276, 355, 398, 445
Bernhardt, Sarah 68
Bethmann Hollweg, Theobald 297
Bie, Oskar 371

Bien, Irene 140, 144, 157, 379
Bienenfeld, Elsa 382
Binder, Karl 320
Bismarck, Otto, Fürst von 27
Bizet, Georges 314
Blok, Alexander 274, 398
Bonnard, Pierre 135
Bonniot, Edmond 266
Borodin, Alexander 396
Borrutau, Alfred Julius 245f.
Bösendorfer, Ludwig 158, 162
Boulanger, Lili 347
Boulanger, Nadia 347
Bourdelle, Antoine 346
Bowen, York 378
Brackenbury, Hilda 210
Brahms, Johannes 20f., 93f., 121, 133, 159, 182, 188, 242f., 289, 315, 336, 394
Brassey, Muriel Lady, verh. Countess de la Warr 193
Breicha, Otto 381
Brewster, Henry 45, 87–90, 102, 108, 339, 372
Brewster, Julia, geb. von Stockhausen 88f.
Britten, Benjamin 318
Bruckner, Anton 163, 220
Buckman, Rosina 336
Bülow, Bernhard, Fürst von 18f., 21ff., 28f., 41, 364
Bülow, Maria, Fürstin von 18f., 21–24
Bulteau, Augustine, gen. Toche 345
Bulwer-Litton, Constance 198, 388
Buronfosse, Henri 128
Burckhard, Max 76
Buschbeck, Erhard 246, 394
Busoni, Ferruccio 271ff.
Butterworth, George 320
Buxbaum, Friedrich 158f., 162, 305

Cailloux, Henriette 294f., 297, 346
Cailloux, Joseph 294, 346
Calmette, Gaston 294, 297
Calvocoressi, Dimitri 264
Caplet, André 256, 344, 397
Caraman-Chimay, Hélène Princesse de, geb. Bibesco Bassaraba de Brancovan 130ff., 345
Carducci, Giosué 104
Carré, Albert 35ff., 38f., 47f.
Caruso, Enrico 119
Casals, Pablo 393
Cavaillé-Coll, Aristide 34
Cézanne, Paul 51, 189f.
Chamberlain, Joseph 28f., 364
Chaminade, Cécile 20, 364
Charnaux, Madeleine 346
Charpentier, Gustave 31f.
Chénier, André 331
Chopin, Frédéric 187, 222, 257, 312, 317, 326, 328, 396
Churchill, Winston 184, 194, 197f.
Clark, Christopher 444
Clarke, Mary 195
Clarke, Rebecca 199, 388
Claudel, Paul 223
Clemenceau, Georges (Benjamin) 104, 167

Clemenceau, Paul 167, 383
Clemenceau, Sophie 169, 383
Cocteau, Jean 214, 262
Coffer, Raymond Charles 149 f.
Colonne, Édouard 120
Corinth, Lovis 139
Corneille, Pierre 36
Cornelius, Peter 46
Cortot, Alfred 60 f.
Couperin, François 276, 320, 329
Curie, Marie 45, 71, 336 f., 407
Curie, Pierre 45

d'Annunzio, Gabriele 223, 256, 262, 395
Debussy, (Achille-)Claude 13 u. ö., *125*, *216*, *327*
Debussy, Adèle 18
Debussy, Claude-Emma, gen. Chouchou 118, 124, 128, 212, 215, 217, 219, 225–228, 249, 251–255, 268 f., 280, 300 f., 303, 311 f., 323 f., 326 ff., 330, 340, 343, 345, 350, 361, 443, *327*
Debussy, Emma 64, 118 ff., 123–128, 181, 215, 226, 249, 254, 256, 263, 268 f., 271 f., 277 f., 280, 302, 311 f., 326, 330 f., 340 f., 343–346, 348, 350 f., 369, 377, 391, 397 ff., *125*
Debussy, Manuel-Achille 18, 60, 303
Debussy, Rosalie, gen. Lilly, geb. Texier 14 f., 33, 35, 60, 62, 64, 123, 126 f.
Debussy, Victorine Joséphine Sophie 18, 325 f.
Dehmel, Richard 70
Delacroix, Eugène 51, 355
Delius, Frederick 314
Diaghilev, Serge (russ. Sergej Djagilew) 179, 214, 221–225, 233, 236 f., 239 f., 250, 262, 265, 270, 273 f., 361, 395
Diepenbrock, Alphons 180
Dillon, Emile Joseph 347
Dodge, Mary 118, 193, 376, 389
Doenges, Paula 101, 374
Domergue, Charles 313
Dostojewski, Fjodor 318
Dowland, John 187
Dreyfus, Alfred 15 ff., 55, 60, 84, 127, 132 f., 167 f., 368, 383, 445
Dreyfus, Mathieu 16
Ducourau-Petit, Marthe 342
Dufranne, Hector 37
Dukas, Paul 167, 181, 220, 270, 383, 446
Dumas d. Ä., Alexandre 59
Dunstaple, John 187
Durand, Jacques 125, 181, 264, 266, 280, 302 f., 326, 328, 330 f., 340, 346, 348, 350 ff., 409 f., 445
Dvořák, Antonín 26, 44, 188

Edward VII., König von England und Irland 121, 124, 184, 186
Eger, Adolf von, gen. Pips 99, 109
Eiffel, Gustave 49
Einstein, Albert 184, 407, 444, 447

Elgar, Edward 133, 186–189, 221, 387
Essberger, Carl 240
Essert, Bertha 223
Eugénie de Montijo, Kaiserin der Franzosen 24f., 27, 129, 337
Eysoldt, Gertrud 67

Falla, Manuel de 223
Fatima (Bauchtänzerin in Ägypten) 288
Fauré, Gabriel 60, 125, 130f., 133, 167, 181, 220, 270, 446
Fend, Michael 49
Ferenczi, Sándor 164
Feydeau, Georges 61
Fischer, Paul 159f., 162, 305
Fladnitzer, Luise 101
Flaubert, Gustave 34, 68f.
Fleury, Louis 117, 120, 130, 376
Fokin, Michail (frz. Michel Fokine) 222, 257
Franck, Césare 220
Franz Ferdinand, Erzherzog von Österreich 295
Franz Joseph I., Kaiser von Österreich 112, 158, 297, 360
Freud, Sigmund 86, 97f., 112ff., 156, 164ff., 169–174, 180, 314, 383f., 445, 447
Fried, Oscar 262, 393
Friedell, Egon 84
Friedrich II., der Große, König von Preußen 23
Fry, Roger 189f.
Gandhi, Mohandas Karamchand, gen. Mahatma 206
Garden, Mary 37ff., 55ff., 61–64, 132, 324, 56
Garrett Anderson, Elizabeth 192, 197
Gauguin, Paul 189f.
Georg V., König von England und Irland 295, 301
George, Stefan 140f., 143, 147, 379
Gerstl, Alois 381
Gerstl, Maria 157
Gerstl, Richard 98, 134–139, 141, 143–157, 160, 239, 373, 379ff.
Gerville-Réache, Jeanne 37
Gide, André 223, 259, 262, 396
Gielen, Michael 147
Giesl, Wladimir von, Freiherr von Gieslingen 296
Gilbert, Sir William Schwenck 282, 336
Giraud, Albert 237
Gleichen, Helena 333, 335f.
Glöckner, Pepi (eigtl. Josefine Kramer-Glöckner) 54
Godet, Robert 303
Godowsky, Leopold 317
Goetzke, Bernd 445
Goethe, Johann Wolfgang von 170, 172, 182
Gogh, Vincent van 135f., 189, 253
Golizin, Dmitri Prinz 399
Golizin, Sophia (auch Sonia) Karlowna, geb. von Meck, Prinzessin 279, 399
Goloubeff, Natascha de, gen. Tata 262

Goyon, Oriane de 132, 378
Granados Campiña, Enrique 320
Greffulhe, Élisabeth, Comtesse, geb. de Caraman-Chimay 130ff., 378
Greffulhe, Henri, Comte 131
Grenfell, Ethel Anne Priscilla, gen. Ettie, Baroness Desborough 335
Grenfell, Julian 335, 406
Grey, Sir Edward 298
Grieg, Edvard 20
Gropius, Walter 180, 386
Gross, Philipp 351ff., 356ff., 411, *354*
Gross, Valentine 261
Gutheil-Schoder, Marie 158, 161f., 305
Gutmann, Albert 179
Gutmann, Emil 179f., 393

Hagel, Richard 100f.
Hahn, Reynaldo 60, 131, 133, 223, 408
Halley, Edmond 185
Hals, Frans 139
Hamilton, Cicely 199
Händel, Georg Friedrich 133, 187
Harcourt, Lewis Vernon 207, 209, 389
Harders-Wuthenow, Frank 51
Harnack, Karl Gustav Adolf von 21
Hartleben, Otto Erich 237
Hartmann, Georges 32f., 410, 443
Haslinger, Carl 92, 373
Hauptmann, Gerhart 104
Haussmann, Georges-Eugène Baron 17
Haydn, Joseph 187
Heine, Heinrich 68, 223
Henry, Marc (eigtl. Achille Georges Thuret) 84
Hertzka, Emil 233ff., 241, 333f., 393, *234*
Hertzka, Yella 233
Herzogenberg, Elisabeth von, gen. Lisl, geb. von Stockhausen 20f., 89f.
Herzogenberg, Heinrich von 20, 88
Hindemith, Emil 353, 355
Hindemith, Paul 318, 351–360, 358ff., 410f., *354*
Hitler, Adolf 74, 96, 198
Hofmannsthal, Hugo von 182, 323
Hollings, John Herbert Butler, gen. Jack 335, 406
Horwitz, Karl 141, 143, 145f., 146, 371, 379f.
Horwitz, Maria Anna, gen. Mizzi, geb. Kochem 145f., 380
Hugo, Victor 27, 34
Humperdinck, Engelbert 43f.
Hunter, Mary, geb. Smyth 25, 132, 282
Hunter, William George 286, 289
Hutchinson, Mary 290, 400

d'Indy, Vincent 31, 342
Inghelbrecht, Désiré-Émile 280

Jachimecki, Zdzisław 85, 86, 371
Jacobs, William Wymark 284

Jacobsen, Jens Peter 241
Jadassohn, Salomon 20
Jalowetz, Heinrich 83, 85f., 142, 371
James, Henry 376
Janaček, Leoš 446
Jaques-Dalcroze, Émile (eigtl. Emmil Henry Jaques) 395
Jaurès, Jean 298
Joachim, Joseph 315
Joffre, Joseph 301, 313
Jorn, Asger 146
Juon, Paul 157f.

Kandinsky, Wassily 305f., 402
Karpath, Ludwig 162, 382
Keeney, Annie 192
Kerr, Alfred 28
Kessler, Harry Graf 262, 304f., 395
Kielmansegg, Walter Graf von 353–359, 410f.
Kindler, Hans 240
Kitchener, Horatio Herbert 283, 289
Kläger, Emil 97, 373
Klemperer, Otto 176
Klimt, Gustav 98, 135, 145, 322
Kodály, Zoltán 321
Kokoschka, Oskar 241
Kooning, Willem de 146
Korngold, Erich Wolfgang 318
Korngold, Julius 105, 158f., 231ff., 382
Kraus, Karl 79, 84f., 102, 129, 233ff., 235, 239, 372, 447
Kreisler, Fritz 186, 188, 387
Kroll, Joseph 236
Krüger, Viktor 140, 144, 151ff., 151, 371
Krupp, Friedrich Alfred 316
Kussewizki, Sergej 268, 270–274, 277, 279

Labor, Joseph 316, 318
La Bruyère, Jean de 36
Lachmann, Hedwig 69ff., 79
Lagerlöf, Selma 71
Lalo, Edouard 61
Lalo, Pierre 61, 133
Laloy, Jean 219
Laloy, Louis 122f., 212–215, 225f., 264, 391, 397
Laloy, Susanik 212, 215, 219
Lampedusa, Giulio Maria Tomasi, Fürst von 25
Landauer, Gustav 70
Lascelles, Florence 21
Lascelles, Frank 21
Le Beau, Louise Adolpha 20, 364
Leblanc, Georgette 13, 35ff., 35, 39, 48, 363, 366
Lee, Vernon (eigtl. Violet Paget) 339, 345, 407
Leech Williams, Henria 195
Leen, Dora → Pollak, Dora
Lehmann, Lilli 180
Lenbach, Franz 23
Lenin, Wladimir 347
Leuvielle, Gabriel-Maximilien → Linder, Max
Leyh (Sergeant, Cellist im Hindemith-Streichquartett) 352f., 356ff., 411, 354

Lichnowsky, Karl Max, Fürst von 21f.
Liebknecht, Karl 295
Lindauer, Josef und Katharina 153
Linder, Max (eigtl. Leuvielle, Gabriel-Maximilien) 323ff., 404
Lindner, Anton 67
Lippowitz, Jakob 84f.
Lisle, Leconte de 118, 133
Liszt, Franz 27, 276
Lloyd George, David 191, 244, 347
Loewy-Hartmann, Harry 320
Lohse, Otto 368
Loos, Adolf 246
Loti, Pierre 28, 365
Louis-Philippe I., König der Franzosen 253
Louis XVI., König von Frankreich 324
Louÿs, Louise 35
Louÿs, Pierre 15, 17, 31, 33, 35, 49, 55, 69, 127
Lueger, Karl 86, 104
Lumière, Auguste und Louis-Jean 33f.
Luther, Martin 325

Maas, Louis 20
Maeterlinck, Maurice 13f., 29f., 35f., 39, 47f., 55, 69, 363, 366, 380
Magnard, Albéric 320
Mahler, Alma, geb. Schindler 65f., 74–78, 82, 167 169, 173, 180, 306, 316, 370, 383f., 77
Mahler, Anna Justine, gen. Gucki 76, 172, 77
Mahler, Bernhard 171f.
Mahler, Gustav 54, 65f., 74–78, 81f., 85, 88, 91–95, 99, 104–108, 114, 128f., 135f., 144f., 147, 149, 158, 161–180, 182f., 229, 232f., 242, 246, 284, 307f., 322, 369ff., 373f., 378, 383ff., 394, 445, 77, 178
Mahler, Justine, verh. Rosé 130, 171
Mahler, Maria Anna, gen. Putzi 76, 145, 172, 177, 77
Mahler, Marie, geb. Hermann 171ff.
Mahler, Otto 171
Majakowski, Wladimir 274
Malewitsch, Kasimir 274
Malinjak, Jakob 240
Mallarmé, Stéphane 35, 68f., 265ff.
Manet, Édouard 135, 189
Mann, Katia 182
Mann, Thomas 74, 182
Manson, Willie B. 320
Marc, Franz 305
Marmontel, Antoine 218
Marshall, Katherine 206f., 209
Mascagni, Pietro 51f., 54
Massenet, Jules 31, 47f., 62, 387
Matisse, Henri 189
Mayer, Sarah 15
McKenna, Reginald 211
Meck, Karl von 218
Meck, Nadeschda von 218, 279

Mendelssohn Bartholdy, Felix 133, 187
Mengelberg, Willem 180
Menuhin, Yehudi 387
Messager, Alice Maude 38
Messager, André 32, 37, 48, 58f., 62, 90
Metternich, Klemens Wenzel Lothar, Fürst von 129
Metternich-Winneburg, Pauline, Fürstin von 129f.
Meyerbeer, Giacomo 31
Mildenburg, Anna von → Bahr-Mildenburg, Anna
Minghetti, Laura 19, 364
Mjaskowski, Nikolaj 270
Möbius, Paul Julius 45
Moltke, Helmuth Johannes von (d.J.) 301
Monet, Claude 330, 387
Montaigne, Michel de 36
Montenuovo, Alfred, Fürst von 128f.
Montesquiou, Robert de 132, 378
Monteux, Pierre 215, 225, 257f., 260, 392
Morny, Mathilde de 109, 375
Morrell, Ottoline 372
Mosley, Oswald 400
Moyse, Emma Léa, verh. Bardac → Debussy, Emma
Mozart, Wolfgang Amadeus 315, 334, 342, 406
Muck, Karl 46f., 93, 363
Mühsam, Erich 84, 305
Munch, Edvard 139
Münter, Gabriele 305f.
Musil, Robert 309
Musner, Lutz 96
Mussorgski, Modest 273, 277

Nabokow, Jelena 275f.
Nabokow, Wladimir D. 275
Nabokov, Vladimir 276
Nadar (eigtl. Félix Tournachon) 269
Nadar, Paul 269
Nahowska, Anna 112, 307
Nahowski, Franz 110
Nahowski, Franz Joseph 109, 112, 307
Nahowski, Helene → Berg, Helene
Napoléon I. Bonaparte, Kaiser der Franzosen 24, 280, 324
Napoléon III., Kaiser der Franzosen 24, 53, 109, 129
Nerville, Lydie Lemercie de, gen. Madame Aubernon 59, 368
Neuwirth, Olga 374
Nielsen, Carl 446
Nietzsche, Friedrich 322, 355, 410
Nijinsky, Vaclav 214, 240, 250, 259–262, 273, 390, 395f.
Nikisch, Arthur 100ff., 108, 116, 270, 320, 375
Nikola I., König von Montenegro 253
Nikolaj II., Zar von Russland 231, 271, 273, 298, 347
Noailles, Anna Comtesse de, geb. Bibesco de Brancovan 131, 345

Noligan (Suffragette, Schulleiterin in London) 192
Nossenko, Ljudmila 223

O'Neill, Norman 378
Offenbach, Jacques 54
Orage, Alfred Richard 184
Osiris, Daniel Iffla 377

Pagh-Paan, Younghi 364
Pankhurst, (Estelle) Sylvia 335
Pankhurst, Christabel 191–195, 206f., 282, 286, 293, 334
Pankhurst, Emmeline 106, 191–195, 197ff., 203–207, 209f., 244, 282, 285–299, 334, 359, 388f., 401f., *291*
Parker, Frances (Mutter und Tochter) 289
Parlaghy, Vilma 24
Pierné, Jean 37, 57
Pethick-Lawrence, Emmeline 206f.
Pethick-Lawrence, Frederick 205f.
Pfitzner, Hans 44, 355
Picquard, Marie-Georges 167, 169
Pierné, Gabriel 167, 383
Pierné, Louise, geb. Bergon 167
Pierson, Georg 23
Piltz, Maria 260, *261*
Poe, Edgar Allan 181
Poincaré, Raymond 295f.
Polignac, Princesse Edmond de 131f., 283, 378
Pollak, Dora (gen. Dora Leen) 51
Pollock, Jackson 146
Poulet, Gaston 341ff.
Pourtalés, Melanie Renouard de Bussière, Comtesse de 259f.
Pozzi, Samuel Jean 133
Preston, Aileen 207, 389
Primoli, Giuseppe Graf, gen. Gégé 25, 364f.
Pringsheim, Klaus 182, 386
Prokofjew, Sergej 269, 276, 318
Proust, Marcel 34, 60, 131ff., 223, 368, 378
Prüwer, Julius 110
Puccini, Giacomo 65, 263, 406
Purcell, Henry 129, 187
Puschkin, Alexander 262, 274

Rachmaninow, Sergej 269
Rameau, Jean-Philippe 329
Ravel, Maurice 60, 133, 181, 223, 242, 262–267, 270, 314, 318, 320, 396, 408
Redon, Odilon 189
Reger, Max 180, 446
Régnier, Henri de 118, 133, 378
Rein, August 352f., 356ff., 358, 411, *354*
Reinecke, Carl 20
Reinhardt, Max 67, 180
Rembrandt Harmenszoon van Rijn 135
Renoir, Pierre-Auguste 260
Rhodes, Cecil John 42
Rihm, Wolfgang 151
Rilke, Rainer Maria 113f.
Rimski-Korsakow, Alexander 399
Rimski-Korsakow, Nikolaj 220, 222, 276, 399

Robinne, Gabrielle 324
Roda Roda, Alexander 84
Rodin, Auguste 132, 178, 214, 282, 346, 390
Roerich, Nikolas 224
Rolland, Romain 122, 213, 264
Roller, Alfred 91, 95, 104, 373
Rosé, Arnold Josef 129, 148, 158ff., 162, 178, 305
Roslawez, Nikolaj 270
Rossini, Gioacchino 187
Roujon, Henry 59
Rovatkay, Adrian 138
Russell, Henry 251
Russell, Bertrand 316
Ruzitska, Anton 158f., 162, 305

Saariaho, Kaija 367
Sabanejew, Leonid 397
Saint-Marceaux, Marguerite de, gen. Meg 60, 347, 368
Saint-Saëns, Camille 180, 354
Salisbury, Robert Gascoyne-Cecil, 3. Marquess of 27
Saminski, Lasar (auch Lasare Saminsky) 278
Sanderson, Gobden 194
Sargent, John Singer 26, 289, 376
Satie, Erik 15, 216, 223, 254f., 264
Scharwenka, Xaver 376
Scheck, Franz 152
Scheuchl, Albine 113
Scheuchl, Marie 112f.
Schillings, Max von 180
Schlesinger, Robert 54
Schmitt, Florent 223, 263
Schnitzler, Arthur 54, 85, 97, 113, 159, 162f., 182
Schönberg, Arnold 53, 74, 78, 80ff., 85, 87, 114, 134–163, 181, 233f., 237–246, 267, 305–308, 313f., 316, 319f., 361, 371, 376, 379f., 382, 393f., 402, 445, *137*, *240*
Schönberg, Georg, gen. Görgi 134, 138f., 144, 151f., 154f., 306
Schönberg, Gertrud, gen. Trudi 134ff., 138f., 145, 151f., 154f., 306
Schönberg, Mathilde, geb. Zemlinsky 134–140, 142–146, 148f., 151–157, 160ff., 237, 239, 241, 306, 380, 402
Schönberg, Samuel 53
Schostakowitsch, Dmitri 221
Schrecker, Eleonore, geb. von Clossmann 53
Schrecker, Ignaz (eigtl. Isak) 53
Schreker (eigtl. Schrecker), Franz 50–53, 85f., 235, 242ff., 320, 446, *52*
Schubert, Franz 122
Schultz, Marie Louise 20
Schumann, Clara 20
Schütz, Friedrich 79f.
Scott, Cyril Meir 378
Segalen, Victor 120, 375
Seurat, Georges 139, 189
Shakespeare, William 36, 285
Shaw, George Bernard 26f., 69, 244
Sibelius, Jean 446

Signac, Paul 189
Sikorski, Igor 275
Siloti, Alexander 268, 397
Singer, Isaac Merritt 132
Singer, Winnaretta → Polignac, Princesse Edmond de
Singh, Sophia Duleep Prinzessin 192
Skrjabin, Alexander 242, 270, 278 f., 314, 397, 446
Sluszansky, Karl 320
Smyth, Ethel 18 u.ö., *26*, *281*
Smyth, John Henry 20, 24
Smyth, Mary → Hunter, Mary
Smyth, Nina (Mutter von ES) 20, 24 f.
Smyth, Nina Augusta Stracey, verh. Hollings 333, 335 f., 338
Sonja, gen. Baba Sonja (Pflegemutter von Katja Strawinsky) 223
Sophie Chotek von Chotkowa, Erzherzogin von Österreich 295
Specht, Richard 162
Speyer, Edgar, Lord 116–120, 306, 445
Speyer, Leonora, Lady, geb. von Stosch 116–119, 186, 376
Speyer, Leonora 118
Speyer, Pamela 118
Speyer, Vivian Claire 118
Stein, Erwin 79, 82, 84–86, 371, 402
Stephan, Rudi 318 ff.
Stephen, Vanessa 190
Stephen, Virginia → Woolf, Virginia
Steuermann, Eduard 147, 239 f., *240*
Stockhausen, Clotilde Baroness von 89, 372
Stokowski, Leopold 180
Storrs, Ronald 282 ff., 288 f.
Straßer, Alfred 54
Strauß, Henriette 66
Strauß, Johann 66
Strauss, Franz Alexander, gen. Bubi 66
Strauss, Josepha 72
Strauss-de Ahna, Pauline 65 f., 71, 75
Strauss, Richard 44 f., 65–68, 70–75, 78, 79 ff., 94, 104, 114, 117, 122, 180, 211, 236, 242, 272, 313, 318, 321 ff., 355, 371 f., 376 f., 390, 394, 446, *73*
Strawinsky, Anna 223
Strawinsky, Fjodor 220 f.
Strawinsky, Guri 223
Strawinsky, Igor 213–217, 219–228, 235–240, 250, 257–264, 267, 269 f., 278, 314, 360 f., 391 f., 395 ff., *216*
Strawinsky, Katja, geb. Nossenko 220, 223, 258, 263, 272
Strawinsky, Swjatoslaw 223
Stroobants, Marguerite 376
Suboff, Sophia Gräfin, geb. Ippa 262
Südekum, Albert 42

Sullivan, Sir Arthur 336
Sun Yat-sen 213
Suttner, Bertha von 185
Swinton, Elsie 117f., 130

Tallis, Thomas 187
Texier, Rosalie → Debussy, Rosalie
Tolstoj, Lew 220
Toulet, Marie 343
Toulet, Paul-Jean 343, 408
Tronquin (Pariser Kohlenhändler) 346, 409
Tschaikowsky, Peter 20, 188, 218, 220, 222, 271, 276
Tschechow, Anton 220
Tuke, Mabel Kate 206f.
Turner (Chouchous Hauslehrerin) 311
Turner, William 190, 251, 387

Valéry, Jeannie 55
Valéry, Paul 55, 368
Vasnier, Marie 330, 365, 405
Vechten, Carl von 259
Velázquez, Diego 290, 325
Verdi, Giuseppe 51f., 285
Verhunk, Fanchette 110, *111*
Verlaine, Paul 63, 125
Victoria, Königin von England und Irland 19, 25, 121, 184, 192, 202
Vierne, Louis 34f.
Vieuille, Félix 37
Villon, François 325
Viviani, René 301
Volkmann, Robert 121f.
Vries, Hans de 239f., 240

Wadstedt, Otto 317f.
Wagner, Cosima 23
Wagner, Richard 20, 31, 44, 49ff., 54, 59, 61f., 67, 72, 74, 85, 93, 95, 103ff., 108, 114, 129f., 170, 181, 187, 214, 220, 240f., 253f., 313, 315, 325, 334, 355f., 368, 373, 376, 406, 410
Wagner, Siegfried 44, 180
Walsh, Stephen 391
Walter, Bruno 85, 92–95, 100, 102f., 105ff., 128, 165f., 229, 232, 297, 373, 383
Walzl, Maria 154f.
Watznauer, Hermann 80, 370f.
Weber, Carl Maria von 260
Webern, Anton 140f., 151, 157, 159, 245f., 379
Wedekind, Frank 243
Weidmann, Josef 99, 374
Weingartner, Felix 128f., 144, 159, 393
Weininger, Otto 71, 87
Werndorff, Etta 305
Werner, Anton von 21, 23f., 40
Wicart, Alexis-Éloi-Joseph 344, 408
Wilde, Oscar 67ff., 71, 79, 89, 242
Wilde, William, gen. Willie 89f., 337
Wilhelm I., dt. Kaiser und König von Preußen 27
Wilhelm II., dt. Kaiser und König von Preußen 19, 21–24, 27f., 65f., 121, 180, 236, 297, 301, 304

Wilkinson, George Jerrard 320
Williams, Vaughan 376
Willy, Colette 109, 375
Windfuhr, Ulrich 368
Wittgenstein, Helene 315, *319*
Wittgenstein, Hermine 315
Wittgenstein, Karl 85, 315f., 319
Wittgenstein, Konrad 315
Wittgenstein, Leopoldine 315f., 404
Wittgenstein, Ludwig 7, 315ff.
Wittgenstein, Margaret 315
Wittgenstein, Paul 310f., 315–319, *319*
Wood, Henry 119–122, 186, 375f.
Woolf, Virginia 183ff., 190, 198, 200, 359, 388
Wright, Ada 195f., *196*
Yuan Shikai 213

Zehme, Albertine 237–240, 306, *240*
Zemlinsky, Adolf 139, 371
Zemlinsky, Alexander (von) 74, 76, 78–82, 85, 105, 136, 140, 143–146, 151, 153, 233, 245, 371, 394
Zemlinsky, Clara, geb. Semo 139, 151, 155, 371
Zemlinsky, Johanna Maria, gen. Hansi 140, 143f.
Zille, Heinrich 367
Zola, Émile 15f., 32, 60, 127f., 132, 168
Zuckerkandl, Berta 169, 383
Zweig, Stefan 97, 113, 159, 182, 314, 444

MUSIKALISCHE WERKE

Dieses Register umfasst nur die im Buch vorkommenden Werke der für die Erzählung wesentlichen Komponist*innen.

ALBAN BERG

Traumgekrönt (Rilke) in: Sieben frühe Lieder, Stimme und Klavier, 1905–1908 114
Zwölf Variationen über ein eigenes Thema, Klavier, 1908 157
Fünf Orchesterlieder nach Ansichtskartentexten von Peter Altenberg, opus 5, Sopran / Tenor, Orchester, 1912 245f., 308, 394f.
Drei Orchesterstücke – Präludium, Reigen, Marsch, opus 6, 1914–1915 307ff.
Wozzeck, Oper, 3 Akte (nach Büchners Woyzeck), opus 7, 1917–1922 360, 443

FERRUCCIO BUSONI

Klavierkonzert, Männerchor im Finale, 1903–1904 271ff.

GUSTAVE CHARPENTIER

Louise, roman musical, 4 Akte, 1889–1896 31f., 37, 43

CLAUDE DEBUSSY

Printemps, suite symphonique, Orchester, 1887 276
Streichquartett g-Moll op.10, 4 Sätze, 1893 33, 329, 351–358
Marche écossaise sur un thème populaire, Orchester, 1893 178
Prélude à l'après-midi d'un faune, Orchester, 1891–1894 60, 130, 265
Nocturnes, triptyque symphonique, Orchester und Chor, 1897–1899 167, 265, 270, 276
Pelléas et Mélisande, Oper in 5 Akten, Libretto: Maeterlinck / Debussy, 1893–1902 29–33, 35–39, 47–50, 54–61, 64, 122, 126f., 133, 148, 150,213, 256, 273, 278, 326, 328, 354, 363, 366, 368, 378, 380, 382, 417
Estampes, drei Stücke für Klavier, 1903 125
Ariettes oubliées (Paul Verlaine), sieben mélodies, 1903 63f.
Fêtes Galantes, Zweites Buch (Paul Verlaine), drei mélodies, 1904 125

La Mer, trois esquisses symphoniques, Orchester, 1903–1905 120–127, 133, 251, 270, 272, 276–279, 399
Children's Corner, sechs Stücke für Klavier, 1906/1908 254
Première Rhapsodie, Klarinette und Orchester, 1909–1910 276
Le Martyre de Saint Sébastien, Mysterium, Libretto: d'Annunzio, Sprecher, Sänger, Orchester, 1910–1911 256
Images, drei Stücke für Orchester, 1905–1912 278
Jeux, Ballett, 1912–1913 250 f., 257
Syrinx, für Flöte solo, 1913 120, 376
La Boîte à joujoux, Ballett für Kinder, 1913 251 f, 255, 350
Trois poèmes de Stéphane Mallarmé – Soupir, Placet futile, Éventail, Stimme und Klavier, 1913 265–268
Six Épigraphes antiques, Klavier zu vier Händen, 1914–1915 302
En blanc et noir, drei Stücke für zwei Klaviere, 1915 325, 328, 421
Douze Études, Klavier, 1915 312, 328, 330 f.
Sonate für Violoncello und Klavier, drei Sätze, 1915 328
Sonate für Flöte, Viola und Harfe, drei Sätze, 1915 120, 328 ff.
La chute de la maison Usher, Oper in drei Szenen nach E. A. Poe, unvollendet, 1908–1917 187
Sonate für Violine und Klavier, 3 Sätze, 1916–1917 341 ff., 405, 408, 444
«Les soirs illuminés par l'ardeur du charbon», Klavier, 1917 346, 409

EDWARD ELGAR

The Dream of Gerontius (Text: J. H. Newman), Oratorium, Mezzosopran, Tenor, Bass, Chor, Orchester, 1900 133
Military Marches «Pomp and Circumstance», Nr. 1 und 2, Orchester, 1901 186, 387
Coronation Ode, Sopran, Alt, Tenor, Bass, Chor, Orchester, 1902 186
Sinfonie Nr. 1, As-Dur, 1904, 1907–1908 189, 221
Violinkonzert h-Moll, 1905, 1909–1910 185–189, 387

PAUL HINDEMITH

Streichquartett Nr. 2 f-Moll, opus 10, 1918 354
Klaviermusik mit Orchester, Klavier für die linke Hand, 1923 318

GUSTAV MAHLER

1. Sinfonie D-Dur, 1888 147

2. Sinfonie c-Moll, Sopran- und Altsolo, Chor, Orchester, 1888–1894 169
5. Sinfonie cis-Moll / D-Dur, 1901–1902 136
Kindertotenlieder (F. Rückert), 5 Lieder für Stimme und Orchester, 1901–1904 145, 247, 394
6. Sinfonie a-Moll, 1903–1904, 1906 77, 105, 322
8. Sinfonie Es-Dur, 8 Vokalsolisten, Kinderchor, Chor, Orchester, 1906–1907 166, 170, 172–180, 182 f., 242, 384 ff., 417
Das Lied von der Erde (H. Bethge: Die chinesische Flöte), Tenor, Alt / Bariton, Orchester, 1908–1909 229–233
9. Sinfonie D-Dur / Des-Dur, 1908–1909 173 f.
10. Sinfonie fis-Moll / Fis-Dur, unvollendet, 1910 169, 384

MAURICE RAVEL

Introduction et Allegro, Harfe, Flöte, Klarinette, Streichquartett, 1905 134
Histoires naturelles (J. Renard), 5 mélodies, Stimme und Klavier, 1906 164
[Debussy, Nocturnes], Arrangement für 2 Klaviere, 1909 265
Daphnis et Chloé, symphonie choréographique, 3 Teile, 1909–1912 242, 265
Trois poèmes de Stéphane Mallarmé – Soupir, Placet futile, Surgi de la croupe et du bond, Stimme, Piccoloflöte, Flöte, Klarinette, Bassklarinette, Klavier, Streichquartett, 1913 266 ff.
Klaviertrio, 1914 408
Le tombeau de Couperin, 6 Sätze, Klavier, 1914–1917 320
Klavierkonzert für die linke Hand, 1929–1930 318

ERIC SATIE

Trois morceaux en forme de poire (Drei Stücke in Form einer Birne), Klavierduo, 1903 255
Croquis et agaceries d'un gros bonhomme en bois (Skizzen und Neckereien eines dicken hölzernen Männchens), Klavier, 1913 255

ALMA-MARIA SCHINDLER-MAHLER

Fünf Lieder, Stimme und Klavier, Die stille Stadt (Dehmel), In meines Vaters Garten (Hartleben), Laue Sommernacht (Bierbaum), Bei dir ist es traut (Rilke), Ich wandle unter Blumen (Heine), 1899/1901/1910 173

ARNOLD SCHÖNBERG

Verklärte Nacht op. 4, Sextett für 2 Violinen, 2 Violen und 2 Violoncelli, 1899 403

Gurre-Lieder für Soli, Chor und Orchester von Jens Peter Jacobsen, 1900–1911 241–244, 394, 403

Pelleas und Melisande op. 5, Symphonische Dichtung für Orchester (nach dem Drama von Maurice Maeterlinck) 1902/03 314, 380

Acht Lieder für eine Singstimme und Klavier op. 6, 1903–1905 305

Quartett (d-Moll) für 2 Violinen, Viola und Violoncello op. 7 (1904–1905) 147, 158, 305, 382

Kammersymphonie für fünfzehn Soloinstrumente op. 9 (1906) 158, 245, 394

Zweites Quartett (fis-Moll) für zwei Violinen, Viola, Violoncello und eine Sopranstimme op. 10, 1907–1908 140 ff., 146–154, 159–163, 233, 237–239, 305, 379, 403

Drei Klavierstücke op. 11, 1909 305, 403

Fünf Orchesterstücke für großes Orchester op. 16, 1909 306, 376

Pierrot Lunaire, Dreimal sieben Gedichte aus Albert Girauds «Pierrot lunaire» (1912) (Deutsch von Otto Erich Hartleben) für eine Sprechstimme, Klavier, Flöte (auch Piccolo), Klarinette (auch Bassklarinette), Geige (auch Bratsche) und Violoncello op. 21, 1912 233, 237–239, 243, 267, 306, 393 f., 414, 441

ALEXANDER SKRJABIN

Sinfonie Nr. 3, Le Divin Poème, 1902–1904 270

Prométhée – le poème du feu, Klavier, Orchester, Orgel, Chor, 1908–1910 242

Vers la flamme, poème, Klavier, 1913–1914 379

ETHEL SMYTH

Mass in D / Messe in D-Dur, Sopran, Alt, Tenor, Bass, Chor, Orchester, 1891 25 ff., 365

Der Wald / The Forest, Musik-Drama mit Prolog und Epilog in einem Akt, deutsches Libretto und englische Übersetzung: Henry Brewster und Ethel Smyth, 1896–1902 21, 23, 39, 43, 45 ff., 62, 90, 93, 117, 364, 367 f.

Les Naufrageurs / Strandrecht / The Wreckers, Lyrisches Drama in drei

Akten nach dem Drama Les Naufrageurs von Henry Brewster, 1903–1906 88, 90f., 93ff., 100–104, 128f., 201, 233, 284, 295, 297, 334, 390, 406
Four songs – Odelette, La Danse, Chrysilla, Ode anacréontique, Mezzo oder Bariton, Violine, Viola, Violoncello, Flöte, Harfe, Schlagzeug, 1907 116, 118ff., 129f., 133f., 199, 375f., 378
Hey Nonny No – From a Christ-Church M.-S. 16th Century, Chor und Orchester, 1910 233
Sleepless Dreams (Dante Gabriel Rosetti), Chor und Orchester, 1910 233
The March of the Women (Text: Cicely Hamilton, Chor/Solo mit optionaler Klavierbegleitung), 1910 199f., 211, 292
Streichquartett e-Moll, 4 Sätze, 1902/1912–1913 130, 378
The Boatswain's Mate, Oper in einem Akt nach W. W. Jacobs, Libretto: Ethel Smyth, 1913–1915 281f., 284f., 287f., 291f., 334ff., 400, 407
The Prison, Sinfonie für Sopran, Bariton, Chor und Orchester, Libretto von Ethel Smyth nach H. Brewsters The Prison, 1929–1930 90, 372

RICHARD STRAUSS

Don Juan, Tongedicht (nach Lenau), Orchester, 1888–1889 72
Tod und Verklärung, Tongedicht, Orchester, 1888–1889 72
Guntram, Oper, 3 Akte, 1892–1893 44, 67
Till Eulenspiegels lustige Streiche, Orchester, 1894–1895 72
Also sprach Zarathustra, Tongedicht (nach Nietzsche), Orchester, 1896 72
Ein Heldenleben, Tongedicht, Orchester, 1897–1898 72, 81, 117
Feuersnot, Singgedicht, 1 Akt, Libretto: v. Wolzogen, 1900–1901 44, 67, 75
Salome, Musikdrama, 1 Akt, nach Oscar Wilde, Libretto: Lachmann/Strauss, 1903–1905 65–76, 79f., 86, 105, 110ff., 211, 236, 322, 369ff., 374ff., 414, 417, 419f.
Elektra, Tragödie, 1 Akt, Libretto: v. Hofmannsthal, 1906–1908 211, 322, 377
Der Rosenkavalier, Komödie für Musik, 3 Akte, Libretto: v. Hofmannsthal, 1909–1910 211, 322, 394
Ariadne auf Naxos (1. Fassung), 1 Akt, Libretto: v. Hofmannsthal, 1911–1912 394
Eine Alpensinfonie, Orchester, 1911–1915 242, 321ff., 355

IGOR STRAWINSKY

Sinfonie Es-Dur, opus 1, Orchester, 1905–1907 220
Scherzo fantastique, opus 3, Orchester, 1907–1908 220
Feu d'artifice (Feuerwerk), opus 4, Orchester, 1908 221
[Nocturne op. 32/2 und Valse brillante op. 18 von Chopin], Orchesterarrangement für das Ballett Les sylphides, 1909 222, 257
L'oiseau de feu (Feuervogel), Ballett, 2 Szenen, Orchester, 1909–1910 216, 219, 222 ff., 236
Pétrouchka, Ballett, 4 Szenen, Orchester, 1910–1911 214, 224 f., 228, 237, 240, 391, 393
Le Sacre du Printemps, 2 Teile, Ballett, Orchester, 1911–1913 215 ff., 219 ff., 223–228, 235, 239, 250, 256–264, 267, 271, 329, 361, 392, 397, 405, 441, 443
Trois Poésies de la lyrique japonaise: Akahito, Mazatsumi, Tsaraiuki, Sopran, 2 Flöten, 2 Klarinetten, Klavier, Streichquartett, 1912–1913 267
Die Nachtigall, Lyrische Erzählung in drei Akten, 1908–1914 221 f.
Histoire du soldat, Text: C. F. Ramuz, für Schauspieler, Tänzer, Kammerensemble, 1918 360

ANTON WEBERN

Passacaglia, Orchester, opus 1, 1908 137
Fünf Lieder aus «Der siebente Ring» (George), opus 3, Stimme und Klavier, 1908–1909 140, 379
Sechs Orchesterstücke, opus 6, 1909 245, 394

ALEXANDER ZEMLINSKY

Der Traumgörge, Oper in 3 Akten, Libretto: L. Feld, 1904–1906 81, 105, 144, 371
Der chinesische Hund oder Der englische Apfelstrudel, Gesang und Tamburin, 1908 143 f.
Maeterlinck-Gesänge, op. 13 Nr. 1,2,3,5, Mezzosopran / Bariton, Orchester, 1910–1913 245, 394

NACHBEMERKUNG

Vielleicht war da zuerst dieses Foto. Claude Debussy sitzt mit seiner Tochter Chouchou zwischen Bäumen, klassisches «Frühstück im Grünen», beide hell gekleidet mit Hüten. Sommer 1916, mitten im Krieg. Sie, ungefähr elf, blickt mit interessierter Skepsis in die Kamera, er so grimmig, als wolle er uns wissen lassen, dass wir uns nicht allzu viel darauf einbilden sollten, im Gegensatz zu ihm seinen Todestag zu kennen, und dass der Inhalt des Picknickkörbchens ausschließlich für ihn und Chouchou reicht, also bitte mal weitergehen! Er hatte nicht mehr viel Zeit. Dennoch ist etwas Lichtes in dem Foto, eine Zukunft, ein Horizont von Leben, den wir hören können, in Debussys letzten drei Werken.

Das Foto verband sich mit einer Zeit, die mich schon lange faszinierte, mit dem Beginn des 20. Jahrhunderts und seiner unfassbaren Dichte kreativer Eruptionen und Durchbrüche besonders in der Musik. Eine solche Diversität von Musiksprachen hatte es zuvor nie gegeben. Es gibt sie jetzt wieder, aber noch immer ist der Aufbruch in die Moderne ab 1900 ein Impuls und eine unmittelbare Herausforderung. Es gibt auch jetzt wieder die Erfahrung sprunghafter Entwicklungen der Technik, der Hyperkomplexität der Welt und – wie schon häufiger – den Eindruck, an einer Zeitenwende zu leben. Dennoch ist die Zeit in Europa vor mehr als einem Jahrhundert seltsam entrückt.

Diese Zeit nach dem *fin de siècle* wird oft als eine gesehen, die *accelerando* auf den Krieg zuläuft, dabei gleichsam Angstblüten hervortreibend, deren Farben man die kommenden Blutströme schon ansieht. Man findet aber in *Pelléas*, *Salome*, *Pierrot*, *Sacre* und Hunderten weiteren Werken einen Elan, der von ganz anderen Ausblicken zeugt. Der zwar dann auf den Zivilisationsbruch reagiert, ihm aber auch trotzt – und dessen Wirkung durch das Trauma des Krieges so wenig neutralisiert werden konnte wie die Erkenntnisse, die Albert Einstein in diesen Jahren publizierte. Es interessierte mich, diese aufregende, dann jäh stürzende Welt jenseits dessen zu erkunden, was zu «Geschichte» erstarrt ist.

Eine Gegenwart, gesehen, erlebt, gestaltet von Individuen, die ungewiss, mit Hoffnungen, Ängsten und Vorhaben auf ihre Zeit reagieren – und die sich so wenig wie wir als Figuren in einem «alternativlosen» Geschehen erleben. Natürlich gibt es Zeiten, in denen sich der Horizont der Möglichkeiten verengt, persönlich wie historisch, bis hin zum Unausweichlichen. Aber gerade so etwas erlebten viele Menschen in diesem Buch sehr spät. Christopher Clark nennt sein Buch über den Weg in den Krieg *Die Schlafwandler* und beantwortet die Frage «Wie offen war die Zukunft?» mit der «Plausibilität einer ‹zweiten Zukunft›», einer friedlichen, die das Bewusstsein bis in den Sommer 1914 geprägt habe.

Was dann geschah, führte später dazu, dass das Europa der Jahre vor dem Ersten Weltkrieg nur noch als «Welt von Gestern» wahrgenommen wurde, wie Stefan Zweig sie nannte. Um das «Heute» jener Welt zu finden, ihre Menschen, gibt es kein besseres Medium als Musik, kein realeres. Musik braucht Menschen, um zu erklingen, immer neu und anders, sie braucht Luft und Zeit. Zeit vergeht in ihr im doppelten Sinn. Sie verändert und vertieft die Zeit, in der sie erklingt. Sie verbindet dabei jede Gegenwart, in der sie gespielt und gehört wird, mit der, in der sie ihren Anfang nahm – mit ihrem Alltag, den Realitäten, den Nuancen, dem Subjektiven, Unmessbaren, den Emotionen, mit dem, was in der Luft lag.

Die Musik führt uns in die Gegenwart von 1900 bis 1918, umgekehrt auch. Es ist nicht unerheblich, dass der Nuancenreichtum von *Pelléas* in Jahren entwickelt wurde, da sich Frankreich in der Affäre Dreyfus polarisierte und Freud an der *Traumdeutung* saß, dass *Salome* triumphierte, während die alten Geschlechterrollen brüchig wurden, dass der *Sacre* in einem durch die Balkankriege verunsicherten Europa entstand, dass die *Alpensinfonie* instrumentiert wurde, als schon Hunderttausende im Krieg ihr Leben verloren hatten, dass ein Militärkanzlist in diesem Krieg am *Wozzeck* arbeitete. Diese Umstände erklären die Werke nicht, sie verweisen aber auf ihr Potenzial.

Zu Beginn der Arbeit ahnte ich das eher, als ich es wusste. Klar war nur, dass ich mich in diesem Europa hoffnungslos verlaufen würde, wenn ich allen Spuren und Verbindungen folgte, die sich da ergeben. Noch ein Grund, sich an Individuen zu halten, diesmal mit zwei Hauptprotagonisten statt einem wie Berlioz in *Der Klang von Paris*. Durch Bernd Goetzkes kongeniale Übersetzung von Claude Debussys Briefen an seine Verleger hatte ich den französischen Komponisten erst wahrhaftig für mich entdeckt und dabei bemerkt, wie sehr ich mir die musikalische Moderne bis dahin aus deutschsprachiger Perspektive hatte definieren lassen – alles dreht sich da um die Achse Mahler-Schönberg.

Auf sie musste und wollte ich mich auch beziehen, anders als Debussy, aber zwei Arbeitsjahre lang mit Schönberg zusammen sein wollte ich nicht. Besser sollte eine Komponistin dem Maître aus Paris gegenüberstehen. Viele gab es nicht zu der Zeit. Ethel Smyth, das «niederträchtige englische Mädchen», wie eine ihrer Widersacherinnen sie nannte, übertraf alle meine Erwartungen. Sie beherrscht vier Sprachen, reist so gern wie Debussy ungern, liebt Frauen wie er und kämpft für deren Wahlrecht. Er ist als Briefschreiber brillant, sie besonders als Autobiografin. Und was sie komponierte, fand er «absolut bemerkenswert». Es wäre schön, wenn sich die beiden auch mal träfen, dachte ich – was dann der Londoner U-Bahn-Millionär Edgar Speyer ermöglichte. Das war eine von vielen Überraschungen, auf die man stößt, wenn man einzelnen Menschen folgt.

Das Buch ist eine Erzählung und ein Sachbuch. Die Erzählung bietet einen Weg, auf dem in diese Zeit zu kommen ist, und die narrativen Mittel. Einen enzyklopädischen Anspruch schließt sie aus. Kein Isaac Albéniz, kein Carl Nielsen, nicht einmal Sibelius! Genies für noch mal acht Kapitel ... Wir erfahren aber über Leoš Janáček auch etwas, wenn wir uns in dem Jahr 1902 bewegen, in dem er seine Oper *Jenůfa* schrieb. Dann wären da Paul Dukas und Béla Bartók, deren *Blaubart*-Opern die mörderische Seite des Mannes in den Fokus rücken. Da ist Max Reger, der die Traditionen wie ein Küstenschützer in die Ungewissheit der neuen Epoche hinein ausbaut. Da ist Gabriel Fauré, der so oft in der Nähe Debussys erscheint, bis 1917 beide die Violinsonate neu erfinden ...

Da ist aber auch die Welt, in der sich die Musiker bewegen, der Alltag, die Politik. Über jeden Tag in diesen europäischen Jahren ließe sich ein Roman verfassen. Aber so wie wir dem Sog der Ereignisfülle um uns unbewusst entgehen, tut es bewusst auch diese Erzählung: Sie geht von biografischen Situationen aus, die sich wie Fenster auf die Zeitläufte öffnen. «Alles sehen» kann man ohnehin nie und nirgends. Aber wahrnehmen, was Ereignisse verbindet, was eine «Epoche» von anderen unterscheidet, das kann man schon. Vielleicht konnte man es selten so gut wie in den Monaten der Lockdowns, in einer so stillen, gleichsam fadenscheinigen Gegenwart, dass mir die andere Gegenwart mit der Energie nahekam, die sich im Titel *Flammen* spiegelt.

Er steht nur zuletzt für die Zerstörungen des Krieges und das, was Richard Strauss schon 1915 ernüchtert «Morden» nannte. Der Titel steht für die eruptive Kreativität einer neuen Zeit, für die zum Leben führenden Flammen, die Schreker am Beginn und Skrjabin am Ende ihres Komponierens thematisierten, er steht für die Emotionen, die aus bröckelnden Rollenmodellen hervorschossen, Ehen sprengten und von einem Arzt in Wien so ernst genommen wurden wie von einem Patentbeamten in Bern die Frage nach der Beschaffenheit des Lichts.

Wie Freud und Einstein sind viele Menschen in diesem Buch jüdischer Herkunft. Nicht nur sie hat entsetzt, was aus dem Jahrhundert wurde, das sie kannten, «als es noch so klein war», um mit Karl Kraus zu sprechen. Es war gleichwohl sehr groß, als es klein war, mitsamt den destruktiven Anteilen, die in keiner Epoche, keinem Menschen fehlen. Es gab in aller Komplexität eine Intensität, ja Identität von Leben und Kunst, die uns herausfordern und stärken kann, damit wir nicht nur noch in Bits, Blasen und Projektionen existieren.

Den wichtigsten Bahnbrechern für die Arbeit an *Flammen* ist mit der Widmung gedankt. Ich danke darüber hinaus Florian Illies, der sich, 2019 Leiter des Rowohlt Verlags, auf das Risiko nicht nur einließ, sondern freute, und dem ebenso gesinnten Lektor Uwe Naumann, der anhaltend für Rückenwind sorgte. Gedankt sei auch Katrin Finkemeier, Corinna Jarosch, Alexandre Pateau und Adrian Rovatkay für ihre Expertise in Fragen des Russischen, Österreichischen, Französischen und der Malerei. Und danke, Emil und Gustav, fürs Durchhalten!

Kirchboitzen, September 2021
Volker Hagedorn

BILDNACHWEIS

Seite 26: bpk/National Portrait Gallery, London
Seite 41: ullstein bild – Imagno
Seite 52: Franz Schreker Foundation
Seite 56: Lebrecht Music & Arts/Alamy Stock Foto
Seite 73: akg-images
Seite 77: Lebrecht Music Arts/Bridgeman Images
Seite 111: KHM-Museumsverband, Theatermuseum Wien
Seite 125: ullstein bild – Roger-Viollet
Seite 137: bpk/DeAgostini/New Picture Library/A. Dagli Orti
Seite 163: anno.onb.ac.at
Seite 168: https://gallica.bnf.fr/ark:/12148/bpt6k569319m#
Seite 178: Stadtarchiv München, C1910103 (CC Lizenz BY-ND 4.0)
Seite 196: https://commons.wikimedia.org/wiki/File:The_Daily_Mirror,_19_November_1910,_front_page_(cleaned).png/Archives of «The Daily Mirror»/PD
Seite 216: ullstein bild – Roger-Viollet
Seite 226: Sammlung Igor Strawinsky, Paul Sacher Stiftung, Basel/© 1912, 1921 by Hawkes & Son (London) Ltd. – Mit freundlicher Genehmigung Boosey & Hawkes Bote & Bock, Berlin
Seite 234: akg-images
Seite 249: http://nosoundsforbidden.org/podcasts/moondrunk-pierrot lunaire-at-the-edge-of-modernity/
Seite 249: http://www.laurentbaziller-graphiste.fr/fortifs/images4.html
Seite 261: © Victoria and Albert Museum, London/Valentine Gross/VG Bild-Kunst, Bonn 2021
Seite 281: Aus: Ethel Smyth, *Beecham and Pharaoh*, London 1935
Seite 291: Jimmy Sime/Central Press/Hulton Archive/Getty Images
Seite 319: Copyright Wittgenstein Archive Cambridge
Seite 327: ullstein bild – Roger-Viollet
Seite 349: Ethel Smyth Collection, University of Michigan Library (Special Collections Research Center)
Seite 354: Mit freundlicher Genehmigung der Fondation Hindemith, Blonay (CH)